A Ycne González y
Matías Montes Huid[o]
que fueron los primer[os]
en reparar profesionalmente
en mis versos, en su
"Bibliografía crítica de la
poesía cubana" de 1973.
Con mi abrazo lleno de
gratitud y cariño,

Luis Mario
4-I-93

Ciencia y arte del verso castellano

COLECCIÓN POLYMITA

EDICIONES UNIVERSAL, Miami, Florida, 1992

Luis Mario

Ciencia y arte del verso castellano

SEGUNDA EDICION
CORREGIDA, AMPLIADA Y ACTUALIZADA

EDICIONES UNIVERSAL
Miami, Florida, 1992

© Copyright 1992 Luis Mario

Primera edición, 1991
Segunda edición, 1992

Dirección postal del autor:
P.O. Box 350-994
Miami, Florida, 33135
U.S.A.

Ediciones Universal
P.O. Box 450353
Miami, FL 33245-0353. USA.

Library of Congress Catalog Card No.: 91-72151

I.S.B.N.: 0-89729-607-9

Printed in the Dominican Republic
Impreso en República Dominicana

Editora Corripio C. x A.

A Magda, por supuesto.

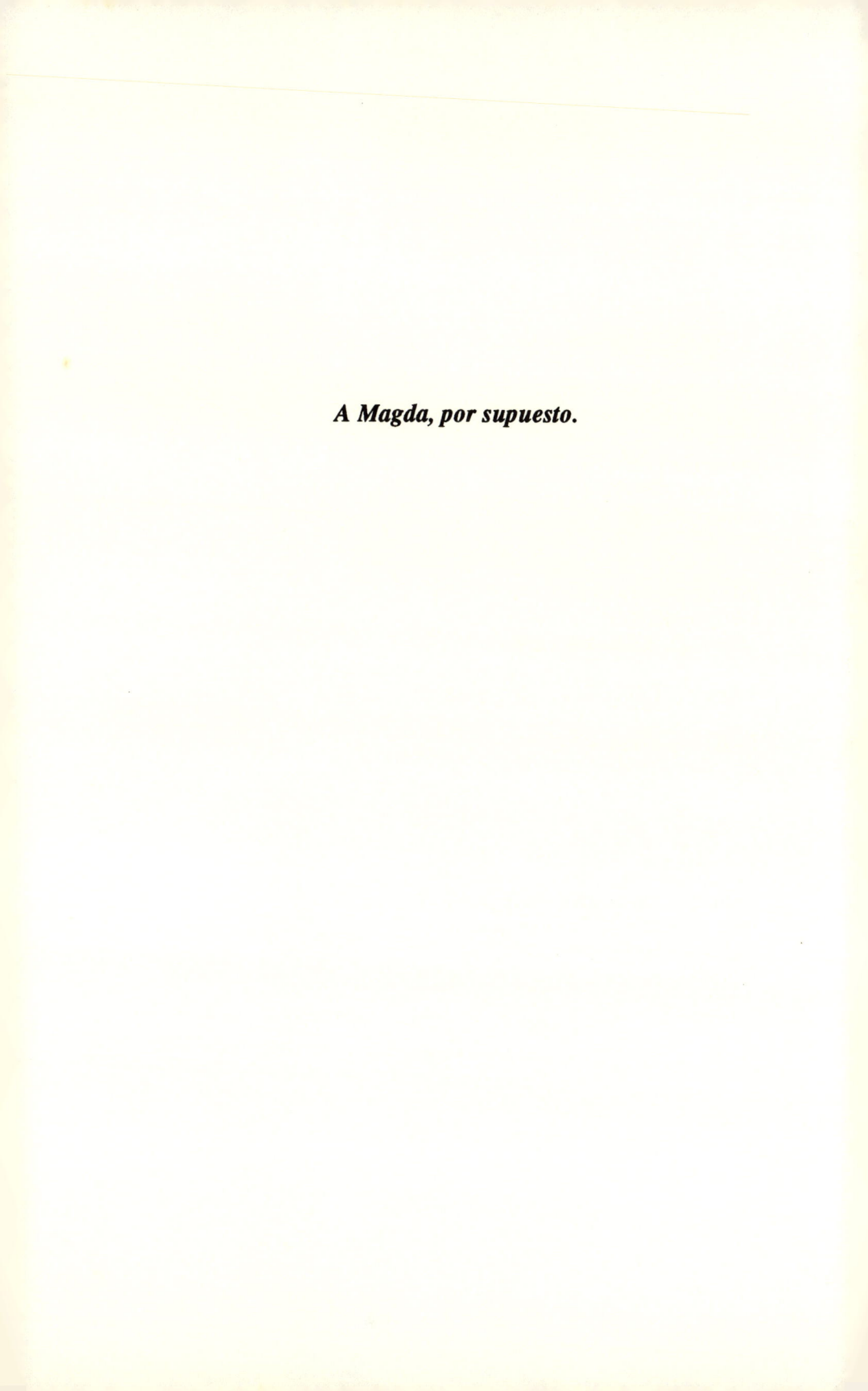

Conclusiones al principio

España e Hispanoamérica, unidas por el grillete sustancial y hermanador de la palabra, quedaron fundidas también por la sangre idéntica. Este libro es un homenaje a España en el Quingentésimo Aniversario del Descubrimiento. Cristóbal Colón fue el primer prosista poético en el Nuevo Mundo. Y la Poesía, desde una orilla del Atlántico hacia la otra, navegó en la carabela simbólica del verso castellano. La historia había empezado mucho antes, porque cruzando los siglos, desde un nacimiento de luz que se remonta al brote del habla misma, la señora Poesía prendió en el hombre con sus claros, aunque indefinibles contornos. Platón la desterró de su República, *pero no osó atentar contra las alabanzas poéticas a dioses y a héroes, que fue como dejar una rendija a la supervivencia épica. Así, la señora Poesía ha ido salvando y salvándose, huyendo a veces de cenáculos donde supuestamente la tenían atrapada, para surgir en el más modesto paraje o en el rincón menos exclusivo para el arte. Misterio. Rumbo inexplicable. Musa que lo mismo brota en mentes preclaras -Quevedo, Darío- que, como ave sin brújula, se posa caprichosamente en cerebros donde la preparación académica brilla por su ausencia -Santa Teresa de Jesús, Medardo Ángel Silva-. Todo depende de que, al momento de la concepción, una sensibilidad se torne en ala cantora, en fuego rítmico, en árbol musical. Y, teniendo en cuenta esa contradicción -una más- en la intrincada geografía poética, este libro no se ha impuesto la tarea imposible y cándida de explicar lo interior de la Poesía, pero sí aspira a definir parte de su mecanismo externo. José Martí dijo: "Poeta, cuando la idea acuda a tu mente, aunque sientas pereza de darle forma, obedece, que alguien te habla". Escuchar esa voz y vestirla con papel y tinta es la tarea de los elegidos. Volver después sobre la obra en bruto, limar sus asperezas y pulir sus engranajes líricos, es la labor del artista. Y es en ese recodo del camino hacia el poema, precisamente, donde estas páginas pueden encontrar su más noble justificación.*

TEMA PRIMERO

Figuras de reiteración

La reduplicación

Como su nombre indica, la *reduplicación* es acción y efecto de *reduplicar,* o sea: repetir, reiterar. En literatura, sobre todo en Poesía, se ve con harta frecuencia la reduplicación, sólo que ésta se presenta de disímiles formas, cada una con nombre o con nombres individuales.

Específicamente en Poesía, la reduplicación puede aparecer en distintos lugares: al principio, al centro o al final de un verso; al principio y al final de un mismo verso (o de una estrofa) y al final de un verso y al principio del siguiente. Y también la reduplicación puede formarse al principio o al final de varios versos seguidos, en cuyos casos asume otros nombres.

Para que la explicación sea menos densa es conveniente acudir a la enseñanza visual. Si representamos la reduplicación en forma de tres equis (XXX), y para las demás palabras del verso o de los versos usamos tres puntos (...), estamos ante un esquema eficientemente didáctico. He aquí ejemplos de distintas reduplicaciones:

AL PRINCIPIO DEL VERSO
(XXX...) *Epanalepsis* o *anáfora:*
Rosas, rosas, rosas a mis dedos crecen.
(Juana de Ibarbourou, uruguaya, "El dulce milagro")

AL PRINCIPIO DE VARIOS VERSOS SEGUIDOS
(XXX.../ XXX.../ XXX...) *Epanáfora:*

Allí acaban la fuerza y el talento,
allí acaban los goces y los males,
allí acaban la fe y el sentimiento.
(Manuel Acuña, mexicano, "Ante un cadáver")

AL FINAL DEL VERSO
(...XXX) *Epífora:*
Y de repente *llaman, llaman, llaman.*
(Luis Jiménez Martos, español, "2 de Diciembre de 1926")

AL FINAL DE UN VERSO Y PRINCIPIO DEL SIGUIENTE
(...X / X...) *Conduplicación* o *anadiplosis:*
Besar quisiera la *amarga,*
amarga flor de tus labios.
(Antonio Machado, español, *Soledades XVI*)

AL PRINCIPIO Y AL FINAL DE UN MISMO VERSO
(X...X) *Epanadiplosis:*
Mía... Así: más que todo y casi nada: *mía.*
(José Ángel Buesa, cubano, "Elegía V")

AL FINAL DE VARIOS VERSOS SEGUIDOS
(...XXX / ...XXX / ...XXX) *Conversión:*
Ante ti yo *respiro.*
Ante ti yo me postro y *respiro,*
y enmudezco y me quedo y *respiro.*
(Carlos Bousoño, español, "Oración ante el jarro")

Este último ejemplo, conocido con el nombre de *conversión,* es idéntico a una *epanáfora,* pero a la inversa; puede ser también una *epífora* que se multiplica y, por tratarse de repeticiones al final de los versos, crea la *rima de reiteración,* que se estudia en el *Tema tercero,* "La rima". Y ya casi está demás decir que se trata de una de las formas más difíciles de encontrar en Poesía.

DOS VERSOS CON EL MISMO PRINCIPIO Y EL MISMO FINAL
(A...B/ A...B) *Complexión:*
El mismo ejemplo anterior de Bousoño, pero teniendo en cuenta también la primera palabra de cada verso, que es la misma:

Ante ti yo *respiro.*
Ante ti yo me postro y *respiro.*

No son las ya expuestas las únicas formas de reduplicación en Poesía, aunque sí se trata de las más comunes. [1, pág. 437] Cabe ahora una pregunta: ¿Qué es la *reduplicación* en sí misma, identificada con su propio nombre? Es aquí donde el estudioso tropieza con definiciones académicas que pueden crearle confusiones. Pero si las *repeticiones* son llamadas *reduplicaciones,* y en los ejemplos anteriores cada uno asume un nombre diferente, sólo falta una definición:

EN EL CENTRO DEL VERSO
(...XXX...) *Reduplicación.*
Empecemos con la alta figura poética del Siglo de Oro español, Francisco de Quevedo, con una palabra dos veces, primero en la "Epístola satírica y censoria" y después en un soneto: [2, pág. 437]

Son la verdad y *Dios, Dios* verdadero.
Alma es del mundo *Amor; Amor* es mente.

La poetisa cubana Rafaela Chacón Nardi, en "Pequeño amor", sigue la ruta de Quevedo:

Oh *amor, amor,* tan mínimo, tan leve...

En el madrigal [3, pág. 439] más famoso del idioma castellano, del español Gutierre de Cetina, dedicado a unos ojos:

¿Por qué si me *miráis, miráis* airados?

Rodrigo Caro, en el Siglo XVII de España, acude a la reduplicación en otro poema famoso: "A las ruinas de Itálica":

>Aun se oyen llantos *hoy, hoy* ronco acento.

En el *Romanticismo* se siguió la misma norma. Así aparece en la dominicana Salomé Ureña, en el poema "Luz":

>¿Y *adónde, adónde* en infortunio tanto
>los ojos volverá, si tú le dejas?

Y en la gran obra cumbre de la poetisa madre de Pedro y Max Henríquez Ureña, *Anacaona:*

>Y *¡guerra!, ¡guerra* y venganza!

Por su parte, la cubana Luisa Pérez de Zambrana exclama en "La vuelta al bosque":

>Que ya todo *pasó, pasó* ¡Dios mío!

REDUPLICACIONES MODERNISTAS

El *Modernismo* y escuelas posteriores mantienen una línea idéntica, como puede apreciarse en los ejemplos siguientes:

>La gentil *primavera, primavera* le augura.
>(Rubén Darío, nicaragüense, "El reino interior")

>Y *olvidar, olvidar* cuando has vivido.
>(Carlos Préndez Saldías, chileno, "Hombre")

>Por qué en esta mañana *todo todo* es tan nuevo.
>(Gerardo Diego, español, "Corona")

>Y hacer de su *temblor, temblor* de trinos.
>(Ramón del Valle Inclán, español, "Rosa del paraíso")

Figuras de reiteración 13

> El *secreto secreto* nos oprime.
> (Miguel de Unamuno, español, "Soneto LII")
>
> Y es *mentira, mentira,* con su ciencia se esconde.
> Quien menos *oye, oye* amar a la semilla.
> (Andrés Eloy Blanco, venezolano, "La réplica" y "Autorretrato")
>
> Aquella *extraña, extraña* callejuela.
> (Elvio Romero, paraguayo, "Cuando estás lejos")
>
> Y el hombre... *pobre...pobre!* Vuelve los ojos como
> cuando por sobre el hombro nos llama una palmada...
> (César Vallejo, peruano, "Los heraldos negros")
>
> Todo es *noche, noche* oscura.
> (María Josefa Mujía, boliviana, "La ciega")
>
> ¡Vientos del Nuevo Mundo, *inflad, inflad* las velas!
> (Jorge Carrera Andrade, ecuatoriano, "La expedición naval")
>
> Manos *tibias...* ¡*tibias* manos fraternales!,
> ojos *claros...* ¡*claros* ojos pensativos!
> (Amado Nervo, mexicano, "Silenciosamente")
>
> Las aguas *todas, todas* formaban figurines.
> Mirábalas *morir, morir* entre las cañas.
> (José Sánchez Boudy, cubano, "La tortuga y el río")

COLORES EN LAS REDUPLICACIONES

He aquí varios ejemplos extraídos de toda una gama colorista reduplicada:

> Quiere beber *azul, azul* divino.
> (Enrique de Mesa, español, "Poema")
>
> En *negras, negras* siluetas.
> (Mario Marcilese, argentino, "La noche es larga o es corta")
>
> Las noches *blancas, blancas* ceñidas de luceros,
> las noches *negras, negras* ardidas de cocuyos.
> (Porfirio Barba Jacob, colombiano, "Elegía de un azul imposible")

Ojos *verdes, verdes* lunas.
De *soñar, soñar* -tan niña.
(Gerardo Diego, "Romance del Júcar")

LA MISMA PALABRA TRES VECES

Otra forma de reduplicación no aparece en el centro del verso, sino que lo llena por completo:

Besándote, besándote, besándote.
(Concha Zardoya, española nacida en Chile, "Desciende mi memoria...")

Cristales, cristales, cristales.
(Unamuno, "Poema")

Claveles, claveles, claveles.
(Valle Inclán, "Resol de verbena")

Invierno, invierno, invierno.
(Delmira Agustini, uruguaya, "Nocturno")

Solo, solo, solo,
lejos, lejos, lejos.
(Manuel Machado, español, "Lirio")

Pero volviendo al centro del verso, con tres palabras:

Es *mío, mío, mío,* Señor. Tú me lo diste.
(Joaquín Cifuentes Sepúlveda, chileno, "Oración")

Hay *horas, horas, horas* en que estás tan ausente...
(Jaime Sabines, mexicano, "Sitio de amor")

Hay un caso curioso en Darío -aunque nada sorprende en su obra rica en hallazgos- de un verso que comienza con una epanáfora y sigue con una reduplicación, en su poema "Bouquet":

Cirios, cirios, blancos, blancos, blancos lirios.

Figuras de reiteración

LA MISMA PALABRA CUATRO VECES

Alas, alas, alas, alas...
(Juan Ramón Jiménez, español, "¡Saltaré el mar por el cielo!")

REDUPLICACIONES CON FRASES

No sólo con palabras individuales, sino cuando se repite una frase de dos o más palabras, también se forma la reduplicación. En los siguientes ejemplos abundan las formas reduplicadas que llenan todo el verso:

¡Alerta, alerta, alerta!
¡Yo seré, yo seré!
(Jorge Guillén, español, "Los nombres")

Más sencilla, más sencilla.
(León Felipe, español, "Pie para el Niño de Velázquez")

El nombre, el nombre, el nombre.
(Antonio Pereira, español, "Meditaciones y preguntas")

El hombre, el hombre, el hombre, el hombre, el hombre.
(José García Nieto, español, "La hora undécima")

Se va el silencio... se va el silencio.
Vuelan gaviotas... vuelan gaviotas.
(Mary Massey de Sburlati, uruguaya, "Sobre las rocas")

¡Alegría del mar! ¡Alegría del mar! ¡Alegría del mar!
(Carlos Sabat Ercasty, uruguayo, "Alegría del mar")

Río de enero, río de enero.
(Alfonso Reyes, mexicano, "Río de olvido")

Vayamos ahora a las reduplicaciones con frases de dos y tres palabras en la parte central del verso:

Tan sólo *mi madre, mi madre* en su anhelo.
(Salomé Ureña, "A mi madre enferma")

Señor, danos *la paz, la paz* sencilla.
(Jorge Robledo Ortiz, colombiano, "Paz")

Y *muy lejos, muy lejos* la tristeza.
(Salvador Díaz Mirón, mexicano, "Mudanza")

Después *me voy, me voy* de bala en bala.
(Carlos Castro Saavedra, colombiano, "Plegaria desde América")

Tú, *la gracia, la gracia* que en las cosas...
(Mercedes García Tudurí, cubana, "Tú, la gracia")

No codicies *mi boca, mi boca* es de ceniza.
No trences *mis cabellos, mis cabellos* son tierra.
(Juana de Ibarbourou, "Lacería")

Hoy *la he visto... la he visto* y me ha mirado...
(Gustavo Adolfo Bécquer, español, "Rima XVIII")

La vida está *en los campos, en los campos* amigos.
(Antonio Montalvo, ecuatoriano, "Balada")

Para concluir, hay un ejemplo de frase de cuatro palabras que aparece dos veces en un verso encabalgado. El esquema sería el siguiente: (...ABCD AB/ CD...) Se trata de "Los cisnes", y aunque el poema no estuviera firmado, muy pocos dudarían de que se trata de otro golpe maestro de Rubén Darío:

Y uno blanco: *"¡La aurora es inmortal, la aurora es inmortal!"* ¡Oh tierras de sol y de armonía!

La epanalepsis

La *epanalepsis,* conocida también como *anáfora,* es la reiteración que aparece al principio del párrafo o del verso. Tiene una dificultad: arrastra cierto sabor antiguo, sobre todo cuando se trata de palabras individuales. Sin embargo, sigue usándose en fechas recientes, aun por poetas limpiamente modernos, como apreciaremos después.

Figuras de reiteración 17

En el *Romancero*, específicamente en la composición titulada "La doncella que fue a la guerra", aparece así:

Corre, corre, hijo del rey,
que no me habrás de alcanzar...

No es extraño que en el mismo poema se repita la epanalepsis, como sucede en la pieza titulada "A cazar iba don Pedro":

Diga, diga la mi suegra.
***
Viva, viva mi don Pedro.

En el Siglo XV se escribieron unas sátiras políticas contra Enrique IV de Castilla. Aunque se ha dicho que fueron escritas por Hernando del Pulgar, seguirán siendo anónimas mientras no haya pruebas fehacientes sobre el autor. Una de esas estrofas comienza con una epanalepsis:

¿*Sabes, sabes* el modorro...?

En el soneto renacentista número XXVII de Garcilaso de la Vega se lee:

Amor, amor, un hálito he vestido.

Y Juan Meléndez Valdés, en la época neoclásica española, escribe "Rosana, en los fuegos", con el siguiente verso:

Toda, toda eres perfecta.

Confundido entre el neoclasicismo y los primeros ecos románticos, Manuel José Quintana dice en el poema dedicado a su patria "A España, después de la Revolución de Marzo":

¡*Guerra, guerra,* españoles! En el Betis...

Ya en el *Romanticismo,* el poeta cubano Juan Clemente Zenea comienza en "Días de Esclavitud" con este endecasílabo: (4, pág. 439)

> *Señor, Señor,* el pájaro perdido...

Y una poetisa también nacida en Cuba, que vivió hasta 1922, Luisa Pérez de Zambrana, exclama en "La vuelta al bosque":

> *¿Dónde, dónde* está el mundo...?

En Salomé Ureña se destacan dos ejemplos con el verso octosílabo, (5, pág. 441) el primero en "Hecatombre":

> *Acaso, acaso* algún día.

El segundo, en *Anacaona:*

> *Corres, corres* a morir.

EPANALEPSIS EN POETAS POSTERIORES

> *¡Serenidad! ¡Serenidad!* El mar...
> (Amado Nervo, "Extasis")

Y hay un poeta que sigue la senda de Nervo:

> *Serenidad, Serenidad* decía...
> (Rafael Maya, colombiano, "En otro tiempo")

Con una cercanía prosódica en otro poeta:

> *Inmensidad, inmensidad* arriba.
> (Manuel José Othón, mexicano, "Idilio salvaje")

> *Todo, todo* y la noche extra sobre el cuadrante.
> *Claridad, claridad* de cielos míos.
> (Andrés Eloy Blanco, "Autorretrato" y "Canto a la espiga y el arado")

Figuras de reiteración　　　　　　　　　　　　　　　　　　　19

Después... después fue el tiempo de una gesta.
(Aurelio Salesky Ulibarri, argentino, "Sonetos del Chubut")

Ciudad, ciudad de rosa y de campana.
(José Enrique Silva, salvadoreño, "La angustia sin fronteras del silencio y tu recuerdo")

Venid, venid entonces, consumidas fervientes.
(Julio Barrenechea, chileno, "Ronda de vírgenes muertas")

Larga, larga, porque dueles...
(Mario Marcilese, "La noche es larga o es corta")

Adiós, adiós... -Me entregaste...
(Gerardo Diego, "La despedida")

Padre, Padre, la impura penitente...
(Laura Méndez, mexicana, "Magdalena")

Canta, canta, revuela incontenible.
(Emilio del Río, español, "La golondrina y la mano")

Rodar, rodar cual hoja por tus calles.
***
Nombrar, nombrar las calles con delicia.
***
Andar, andar por ti como una amante.
(Concha Zardoya, "Desciende mi memoria de las sierras")

Lanzar, lanzar sin miedo.
¡*Ser, ser,* y aún más remota, para el humo!
(Jorge Guillén, "La salida" y "Esos cerros")

LA MISMA PALABRA TRES VECES

El uruguayo Walter Homero Genta, en "Tránsito", comienza uno de los pareados de ese poema con tres interrogaciones:

¿Adónde? ¿Adónde? ¿Adónde? ¡Qué ríos de tragedia
con orillas de juncos, bordadas de leyendas!

Pero abundan los ejemplos de tres palabras repetidas al comienzo del verso, como los siguientes:

>*Dormir, dormir, dormir...* es el descanso.
>(Unamuno, "El Cristo yacente de Santa Clara")
>
>*Volar, volar, volar,* suelta la brida.
>(Alejandro Valladares, guatemalteco,"Bandera")
>
>*Abuela, abuela, abuela,* que Dios está esperando.
>(José Luis Núñez, español, "Aquella higuera sacra")
>
>*¡Pinos, pinos, pinos!* Y con los ojos cerrados.
>(Juana de Ibarbourou, "Los pinos")
>
>*Azul, azul, azul,* como de ensueño.
>(Luis G. Urbina, mexicano, "Noche Azul")

FRASES DE DOS PALABRAS

No se forma la epanalepsis solamente con palabras individuales repetidas. Está presente también cuando se repite una frase de dos o más palabras al principio del verso. Son muchos los ejemplos que pueden encontrarse, empezando con un soneto del poeta español Bartolomé Leonardo de Argensola, entre los siglos XVI y XVII:

>*En fin, en fin,* tras tanto andar corriendo...

Dos siglos después, otro español, Ramón de Campoamor, escribiría en "¡Quién supiera escribir!":

>*¡Señor Rector, señor Rector!,* en vano...

Dos destacados repentistas cubanos mantienen la misma tónica en décimas. [6, pág. 441] Pablo León, en "Tus cartas", exclama en la siguiente redondilla: [7, pág. 442]

>Tus cartas, tus cartas llenas
>de una lectura distinta,
>están hechas con la tinta

Figuras de reiteración

del tintero de tus venas.

Y Guillermo Sosa Curbelo, en "El árbol":

El árbol, el árbol es
-desde que al paisaje asoma-,
penitenciario que toma
el sustento por los pies.

Sigue ahora una serie de esa forma de epanalepsis, cercanas en el tiempo, lo que demuestra la aceptación moderna de las frases repetidas al comienzo del verso:

El mar, el mar, y no pensar en nada...!
(Manuel Machado, "Ocaso")

Esta quietud... Esta quietud... ¿Qué oscura
mano me dio la llama y la negrura...?
(Juana de Ibarbourou, "Inquietud")

El alma, el alma entera de Abril brilla en sus ojos.
Qué suavidad, qué suavidad de raso.
(Francisco Villaespesa, español, "Sonata de Abril" y "Convaleciente")

No saben, no saben que lo que se escucha...
(Virgilio Díaz Ordóñez, dominicano, "Canción de ausencia")

Estoy solo, estoy solo, como las rocas solas.
(Joaquín Cifuentes Sepúlveda, "Queja del hombre solitario")

Ya voy, ya voy, una ventana se abre.
(Luis Jiménez Martos, "2 de Diciembre de 1926")

Al ojeo, al ojeo! Las conozco.
(Claudio Rodríguez, español, "Caza mayor")

¡Oh tiempo! ¡Oh tiempo!, el corazón te siente.
(Rafael Maya, "¡Oh tiempo!")

Una tarde, una tarde tu corazón y el mío.

***

Una tarde, una tarde ya no estaremos juntos.
(Meira del Mar, colombiana, "Canción triste")

FRASES DE DOS PALABRAS TRES VECES

Las frases repetidas más veces son, naturalmente, más difíciles de encontrar:

Os amo, os amo, os amo siempre.
(Carlos Bousoño, "El mundo de cosas")

¿Qué hacer, qué hacer, qué hacer de mi destino?
(María Alicia Domínguez, argentina, de "Nocturno del dolor")

FRASES DE TRES PALABRAS DOS VECES

Gertrudis Gómez de Avellaneda, la famosa Tula del romanticismo español nacida en Cuba, repite la frase de tres palabras al comenzar el verso en dos poemas, "Canto triunfal" y "A mi amigo Zorrilla":

Ya no más, ya no más la estirpe humana.

***

Ven a mí, ven a mí cantor sublime.

Después del *Modernismo* regresa ese molde romántico al menos con dos poetas hispanoamericanos de indudable excelencia. Juana de Ibarbourou, en "Finis":

Ya me voy, ya me voy hacia el tremendo
y ciudadano vértigo.

Y Agustín Acosta, Poeta Nacional de Cuba, en "Date":

Tienes que darte, tienes que darte todo entero.

Y también un poeta español, Luis López Anglada, recoge la misma forma y la repite en dos versos de sus "Elegías del Capitán":

Figuras de reiteración 23

    No hay dolor. No hay dolor. Cubre, dorada,
    la luz del sol el pecho de la tierra...
            ***
    Es el mismo. Es el mismo Guadarrama.

FRASES DE CUATRO PALABRAS DOS VECES

Jorge Pincay Coronel, ecuatoriano, escribió esta curiosa figura de una frase de cuatro palabras dos veces al comienzo de un verso. Se trata de una epanalepsis que aparece en el poema largo y, acaso por lo mismo, de largo título, "La angustia del silencio y tu recuerdo":

    Al pie del mar, al pie del mar inmenso.

EPANALEPSIS FALSA

Finalmente, hay una figura que no puede ser aceptada como epanalepsis aunque lo parezca. Francisco de Quevedo, en "Letrilla satírica", dice:

    Como como un descosido.

Son vocablos homógrafos. El primero corresponde al verbo *comer,* el segundo es un adverbio de modo: *como.* Y ese es el motivo de que ambas palabras exactas, pero de distinto significado, no estén separadas por coma, punto o cualquier otro signo ortográfico.

La Epanáfora

La *epanáfora* es una de las formas retóricas más empleadas en versificación, como se verá en este recorrido de nueve siglos por la poesía castellana. Cuando dos o más versos tienen igual comienzo, se produce la epanáfora, como en el "Conde niño", del *Romancero:*

    Juntos vuelan por el cielo,

juntos vuelan par a par.

Lo que provoca mayor interés en el rastreo de la epanáfora es una vigencia que llega hasta nuestros días, y la primera que he encontrado se remonta al Siglo XII, cuando aparece en el *Cantar de Mio Cid.* Cuenta el poema que doña Elvira y doña Sol, hijas de don Rodrigo Díaz de Vivar, son maltratadas por sus esposos, los infantes. El legendario héroe español quiere vengarse de la afrenta y decide entrevistarse primero con el rey Alfonso VI. Al enumerar los personajes que lo acompañarán en ese viaje a Toledo, escena que se desarrolla en el cantar tercero, dice el Cid Campeador:

e Martín Antolínez, el burgalés de pro,
e Albar Albaroz -e Albar Salvadórez
e Martín Muñoz, -que en buen punto nació,
e mio sobrino -Félez Muñoz...

Aquí la vocal é abre cada verso, como conjunción copulativa, porque antiguamente se usaba en vez de la *ye*. Naturalmente, hoy la *e* se usa en esa función sólo cuando es necesario evitar el *hiato* (8, pág. 442) o la *cacofonía* (9, pág. 442) por el encuentro de dos vocales iguales: Hilda e Iliana, sin que importe que haya una *che* intermedia, puesto que es consonante muda: Iliana e Hilda. Pero lo que interesa ahora en el *Cantar de Mio Cid* es la epanáfora, que desde otro punto de vista es también un *polisíndeton*. (10, pág. 443)

Tiempo después, siempre en el Siglo XII, reaparece la epanáfora con la repetición de una preposición, en el *Cantar de los Infantes de Lara.* Se trata del cantar de gesta tan admirablemente reconstruido por el académico y filólogo español Ramón Menéndez Pidal:

de las vuestras buenas costumbres -un rey devía pagare:
de aves érades maestro, -en España no avié vuestro padre.

Pero esa forma leve, en sólo dos versos, se repite con harta frecuencia en ese y en otros cantares, por lo que no vale la pena insistir en esos ejemplos.

Figuras de reiteración

SIGLO XIII

En los *Milagros de Nuestra Señora,* dice el más antiguo poeta español de nombre conocido, Gonzalo de Berceo:

> *Ella* es dicha fuent de qui todos bebemos,
> *Ella* nos dio el cevo de qui todos comemos,
> *Ella* es dicha puerta a qui todos corremos...

La versión moderna de esta vocación mariana es de un misticismo conmovedor:

> *Ella* es la fuente clara de que todos bebemos,
> *Ella* nos trajo el pan de que todos comemos,
> *Ella* es refugio santo al que todos corremos...

Ella, la Virgen. Pronombre personal tres veces consecutivas al comienzo de tres versos de *cuaderna vía.* (11, pág. 444) Epanáfora religiosa de un ayer remoto. Y claro que el primer verso sería sintácticamente correcto de la siguiente forma: "Ella es la fuente clara *de la cual* todos bebemos", pero la exigencia métrica impone la otra forma que consigue, además, un fiel ajuste al texto. El segundo verso sí admite el cambio sin dañar el metro: "Ella nos trajo el pan *del cual* todos comemos", pero ya era necesario seguir con el estilo del verso anterior.

Concluyo con Berceo cuando, en *El duelo que hizo la Virgen el día de la Pasión de su Hijo,* repite ocho palabras en dos versos, lo que representa otra forma de epanáfora:

> *Ruégote que'm condones esto que io te* digo,
> *Ruégote que'm condones esto que io te* pido.

O sea:

> *Te ruego me concedas esto que yo te* digo,
> *Te ruego me concedas esto que yo te* pido.

También del Siglo XIII proviene un romance galaicoportugués que, según Menéndez Pidal en su *Flor nueva de romances viejos,* (12, pág. 444) "es un verdadero canto nacional para los asturianos; es el más sabido por ellos; es el más generalmente usado en esa danza prima, famosa desde que la describieron Jovellanos y Durán". (13, pág. 444) Y añade Menéndez Pidal en la obra citada que esta composición "es una reliquia, aunque muy destrozada, de los antiguos cantos que en versos paralelísticos (14, pág. 445) componían los juglares galaicoportugueses del Siglo XIII, y propagaban en sus viajes, no sólo por León y Castilla, sino hasta Navarra y Valencia". Lo que forma la epanáfora en esos versos es una interjección que aparece dieciséis veces, precediendo otros vocablos que también se repiten:

> *¡Ay!, un galán de esta* villa,
> *¡Ay!, un galán de esta* casa,
> *¡Ay!, de lejos que* venía,
> *¡Ay!, de lejos que* llegaba...

Pero la antiquísima pieza poética presenta también otras variantes, como las siguientes:

> *que tiene* voz delgadina,
> *que tiene* la voz de plata...
> ***
> *otra no hay en esta* villa,
> *otra no hay en esta* casa...
> ***
> *si no* era una mi prima,
> *si no* una prima hermana...

Y no puedo concluir con este viejo romance sin recordar una imitación hecha muchos años después, en una décima recogida y anotada por Juan Alfonso Carrizo (1895-1957), folclorista y escritor argentino: (15, pág. 445)

> *¡Ay!,* dolor y sentimiento.
> *¡Ay!,* pena y melancolía.
> *¡Ay!,* ingrata tiranía,

Figuras de reiteración

> *¡Ay!*, déjame con aliento.
> *¡Ay!*, de la aflicción que siento,
> *¡Ay!*, jamás olvidaré,
> *¡Ay!*, que siempre viviré,
> *¡Ay!*, rodeado de amarguras.
> *¡Ay!*, en tantas desventuras,
> *¡Ay*, triste de mí! ¿Qué haré?

En el *Libro de Alixandre* (16, pág. 445) hay dos ejemplos de epanáfora en cuatro versos consecutivos en la estrofa 718, según la versión que parece ser definitiva de Dana Arthur Nelson:

> *Maldixieron* a Paris el día que nasco;
> *maldixieron* el vientre que a Elena trasco;
> *maldixieron* las tetas e la leche que pasco;
> *maldixieron* a Venus que los fizo por asco.

Otros cuatro versos comienzan con el adverbio de modo *como*, pero distribuido entre el final de la estrofa 2589 y el principio de la siguiente. Son los únicos casos con la epanáfora en cuatro versos en el *Libro de Alixandre, (Alexandre)*, ya que es más frecuente en tres versos, como en la estrofa 263, con la voz latina *et*, conjunción copulativa anticuada que, en castellano, se convertiría en *y:*

> Desque perdieron tierra fueron más aquedando,
> *et fueron* de los ojos las lágremas mondando;
> *et fueron* poc a poco las razones mudando,
> *et fueron* contra Asia las cabezas tornando.

Epanáforas de tres versos, como la anterior, están en las estrofas 325, 326 y 1243; y con el adverbio *como*, en la 1792; con la preposición *a*, en las estrofas 1513 y 1663; con la preposición *antes*, en la estrofa 667; con el adverbio antiguo de negación *non*, en la estrofa 1929; y en otras formas diversas, en las estrofas 715, 2129, 2324, y 2405.

También en *Historia troyana*, composición que según Menéndez Pidal data del año 1270, aparece una epanáfora con el sustantivo *gente*. El erudito académico se apoya en esa fecha porque esos versos "están mucho más próximos a la rigurosidad isosilábica (17, pág. 445) de Berceo que del anisosilabismo del Arcipreste de Hita". Pero he aquí el ejemplo que nos interesa ahora, más que la edad del poema:

>*Gente* sin entendimiento,
>*gente* dura, gente fuerte...

Ya sin posible seguridad sobre la época en que fueron escritos, otros versos matusalenos ofrecen también ejemplos de epanáfora, como los que forman el número catorce de los *Romances del Cid:*

>*Padre e hijo son* entrambos:
>*padre e hijo son* los hombres...
>***
>*Y siquiera salgan* tres,
>*y siquiera salgan* cuatro...

SIGLO XIV

Asociado siempre a la belleza en su época remota como el primer poeta lírico español de la Edad Media, se hacen imprescindibles los ejemplos de Juan Ruiz. Así en el *Libro de buen amor,* el Arcipreste de Hita repite tres palabras al comienzo de dos versos:

>*Cuanto más te* usare, menos te preciará,
>*cuanto más te* probare, menos te amará.

Y en *Cánticas de loores de Santa María,* lo tenemos también repitiendo al principio de cada verso la preposición *de:*

>*De* muerte destrimiento,/ *De* gracia llena cumplida...

De la segunda mitad del Siglo XIV, aunque se supone que es una composición escrita con anterioridad, proviene un poema judeoespañol de autor desconocido. Se trata de las *Coplas de Yosef,* donde está patente la epanáfora, también con la consabida

Figuras de reiteración

conjunción *e,* en múltiples versos:

>   *e* luego sembraderes...
>   *e* el quinto daredes...
>   *e* siempre manternedes...

Y, finalmente, Pero López de Ayala sigue el mismo camino en sus *Cantares:*

>   *e* a sieruo [18, pág. 446] tan errado...
>   *e* con cruesa [19, pág. 446] no ande...
>   *e* séame otorgada...

Antiguamente, para lograr un necesario ajuste métrico, se tronchaba determinada palabra y se hacía desaparecer su parte final. El procedimiento se conoce con el nombre de *apócope,* [20, pág. 446] y el representado por *do* en vez de *donde* ha sido el más empleado en versificación castellana. Esa figura de dicción sobrevivió plenamente hasta el *Romanticismo,* y no parece necesario traer a colación su caduquez, ni el anacronismo de mal gusto que resultaría acudir en la actualidad a un recurso tan primitivo. Pero la apócope interesa en los ejemplos de epanáfora, porque un poeta español del Siglo XV la repite nada menos que al comienzo de veintidós versos. Se trata de Fernán Sánchez de Calavera, que para su compatriota Marcelino Menéndez y Pelayo, era Talavera, aunque es llamado Calavera después de los estudios de Dámaso Alonso. He aquí algunos versos que forman parte de un *Decir:* [21, pág. 446]

>   ¿A *do* los thesoros, vasallos, sirvientes;
>   a *do* los firmalles, [22, pág. 446] e piedras preciosas;
>   a *do* el aljófar, posadas cosstossas,
>   a *do* el algalia [23, pág. 446] e aguas olientes...?

Fray Hernando de Talavera -en el apellido de este otro poeta español no hay duda, pues nació en Talavera de la Reina-, en su *Obra docta y devota sobre la salutación angélica,* escribió:

> *Ven ya, ven* la mi paloma,
> *ven ya, ven,* amiga mía...

Y así, seis veces más, o sea, tres palabras repetidas al principio de ocho versos.

Otra epanáfora mediante el uso de la conjunción *ni,* del poeta español Rodrigo de Cota, dice:

> *ni* las ordenadas calles,
> *ni* los muros de jazmín;
> *ni* los arroyos corrientes...

Por cierto que a Rodrigo de Cota, natural de Toledo, se le conocía también con dos apodos: "El Viejo" y "El Tío", porque aparentemente tenía algún sobrino de su mismo nombre, y era necesario evitar la confusión.

SIGLO XV

No se le puede hacer una visita al Siglo XV español sin saludar a Jorge Manrique, autor de las célebres *Coplas por la muerte de su padre.* No en esas coplas, sino en otras muy interesantes, el poeta afirma en una introducción que "pone el nombre de una dama, y comienza y acaba en las letras primeras de todas las coplas (y versos)". La composición consta de seis estrofas y un *cabo.* [24, pág.446] Los ocho versos de la primera estrofa empiezan con la letra G:

> ¡Guay d' aquel que nunca atiende
> galardón por su servir...!

Lo mismo ocurre con las demás estrofas, y en la segunda aparece la letra V:

> Verdadero amor y pena
> vuestra belleza me dio...

En la tercera estrofa, la letra que comienza cada verso es la Y; en

Figuras de reiteración 31

la cuarta, la O; en la quinta, la M; en la sexta, la A y en la séptima, la R. El nombre de la dama, en este *acróstico* (25, pág. 446) diferente, queda formado así: Gvyomar, y me llega de inmediato el recuerdo de la poetisa española Pilar de Valderrama, la moderna Guiomar de Antonio Machado.

Pero esta digresión nos aparta de los ejemplos de epanáfora, que aparecen en las estrofas tercera, cuarta, sexta y séptima, reproducidas a continuación:

> Y estos males qu'he contado,
> *yo soy el* que los espera;
> *yo soy el* desesperado,
> *yo soy el que* desespera;
> *yo soy el que* pronto muera...
>
> ¡*Oh, si* aquestas mis pasiones,
> *oh, si* la pena en qu'estó,
> *oh, si* mis fuertes pasiones...!
>
> *Agora* que soy ya suelto,
> *agora* veo que muero;
> *agora* fuese yo vuelto
> a ser vuestro prisionero...
>
> *Rabia* terrible m'aqueja,
> *rabia* mortal me destruye,
> *rabia* que jamás me dexa,
> *rabia* que nunca concluye...

Cuatro ejemplos de epanáfora en el mismo poema y todos diferentes, con la repetición de un pronombre personal: *yo;* una interjección: *oh;* un adverbio de tiempo: *agora* y un sustantivo: *rabia.*

Y antes de despedirnos de Manrique, repasemos las mencionadas coplas que escribió al morir su padre don Rodrigo:

> ¡*Qué* amigo de sus amigos!
> ¡*Qué* señor para criados

> y parientes!
> *¡Qué* enemigo de enemigos!
> *¡Qué* maestro de esforzados
> y valientes!
> *¡Qué* seso para discretos!
> *Qué* gracia para donosos!
> *¡Qué* razón!

En Poesía siempre hay hechos coincidentes, influencias compartidas y corrientes de imitación. Tal vez por su tono popular, hay en el *Romancero* una tendencia a la repetición, un entusiasmo por recalcar lo dicho que, cuando aparece al principio de los versos -como hemos visto- forma la epanáfora. Los poetas cultos no quedarán aislados de esas corrientes, incluyendo al español Íñigo López de Mendoza, famoso Marqués de Santillana, que fue posiblemente el primero en llamar *romance* a la composición octosilábica, con rima en los versos pares y versos impares *sueltos*. (26, pág. 447) Inclusive, Santillana criticó a los "infinitos poetas" que "facen esos cantares e romances, de que las gentes de baja e servil condición se alegran". Sin embargo, Santillana no escapó a aquella espontaneidad de la poesía popular y, en sus canciones, (27, pág. 447) decires y serranillas, (28, pág. 447) aparece la epanáfora con cierta frecuencia, aunque en la levedad de dos versos en la mayoría de las veces. Hay, no obstante, un ejemplo más pronunciado, que es la estrofa XLI de "El sueño":

> ¿Quién los diversos linajes
> de canes bien enseñados,
> *quién los* montes elevados,
> *quién los* fermosos buscajes,
> *quién los* vestiglos salvajes
> que allí vi recontaría?

Y entre las incontables epanáforas del *Romancero,* hay por lo menos una con interrogaciones, como Santillana:

> *Quién* izava, quién bogava,
> *Quién* entraba, quién salía,

Figuras de reiteración

>*quién* las áncoras lavaba,
>*quién* mis entrañas rompía,
>*quién* mis proíses (29, pág. 448) desatava,
>*quién* mi corazón fería...

Pongo este ejemplo como modelo porque su autor fue Carvajal o Carvajales, primer poeta español cuya firma aparece al pie de un romance. Estos versos se hicieron más accesibles a los estudiosos y al público en general, cuando los compatriotas del poeta de nombre dudoso, José Sancho Rayón (30, pág. 448) con la colaboración de Menéndez Pelayo y M. R. Zarco del Valle, editaron en 1872 el *Cancionero de Lope de Stúñiga*, con más de la mitad de las composiciones firmadas por Carvajal. Pero no se trata sólo de romances, sino también de serranillas y, según el ensayista, historiador, crítico literario y poeta español, Federico Carlos Sainz de Robles, son "fáciles y graciosas, imitaciones afortunadas de las del Marqués de Santillana". Y ante los versos de uno y de otro poeta, con la repetición del pronombre relativo *quien* en ambos, además de las lagunas y oscuridades que se presentan en la confrontación de fechas, ya no parece fácil afirmar qué poeta crea y qué poeta imita. Además, siempre cabe la posibilidad de la simple coincidencia.

No está de más continuar con el *Romancero* y otras formas de epanáfora, no sólo con la reiteración de una sola palabra, sino también con dos o más:

>*Amargo* que lleva el fruto,
>*amargo* para la linda.
>("Conde niño")

>¡*Cuánto de* la adarga blanca!
>¡*Cuánto de* marlota (31, pág. 448) verde!
>***
>¡*Cuánta* aljuba (32, pág. 448) de escarlata!
>¡*Cuánta* pluma y gentileza!
>(*Romances fronterizos, Cerco de Baeza*)

>¿*Dónde vas*, caballero?
>¿*Dónde vas*, triste de ti?

Vive, vive enamorado,
vive, pues que yo morí...
("El Palmero")

¡Abreme la puerta, blanca,
ábreme la puerta, niña!
("El enamorado y la muerte")

¿Qué es aquesto, la infanta?
¿Qué es aquesto, hija mía?
***
Llorando se parte el conde,
llorando sin alegría;
llorando por la condesa
que más que a sí la quería.
("El conde Alarcos")

Mañanita de San Juan,
mañanita de primor.
("Romance de la hija del Rey de Francia")

Por supuesto, esta es sólo una serie de interesantes ejemplos del *Romancero,* en el que abundan las epanáforas y cuya reproducción sería tan innecesaria como tediosa.

LOS SIGLOS DE ORO

Carlos I de España, conocido como Carlos V porque ese número le correspondía como emperador alemán, heredó el trono español al morir Fernando de Aragón, hecho que ocurrió el 23 de enero de 1516. Hacía diez años que Felipe el Hermoso, padre de Carlos, había muerto en circunstancias extrañas y, naturalmente, la madre de Carlos, Juana la Loca, no estaba apta para gobernar. De esa manera se encargó Carlos -que a la sazón se encontraba en Flandes- del gobierno de España, entonces bajo la regencia del cardenal Jiménez de Cisneros, que seguiría hasta la llegada de Carlos V a Asturias el 19 de septiembre de 1517, con una ceremoniosa entrada en Valladolid el 18 de noviembre.

Sobre los vesánicos amores de la Reina de Castilla y Aragón por

Figuras de reiteración

Felipe el Hermoso, se han escrito innumerables obras y leyendas, pero lo destacable ahora es el comienzo del reinado del hijo de ambos, a quien se le sigue llamando Carlos V, aunque realmente debía de ser Carlos I. La época de ese reinado marca el inicio de la madurez en las letras españolas. Posteriormente, al asumir el trono Felipe II (hijo único de Carlos V e Isabel de Portugal), debido a la abdicación de su padre en 1556, es cuando se percibe más claramente una literatura nacional, de raza, sin que esta afirmación pretenda haber descubierto el Mediterráneo. Ciertamente, el período conocido como Siglo de Oro se extiende hasta el 25 de mayo de 1681, fecha en que muere el dramaturgo madrileño Pedro Calderón de la Barca. El Siglo de Oro ocupa, pues, casi dos siglos -165 años- y sus páginas coinciden con una época de esplendor. Una vez más la literatura correspondía a la realización histórica, y la potencia mundial que era España se reflejaba en la brillantez de sus letras.

Aunque no hay duda de que este preámbulo sobre la historia española es un tanto excesivo para servir de marco a sencillos ejemplos de epanáfora, empecemos, no obstante, con la forma más simple: la repetición de una palabra en dos versos solamente:

Róbate en una hora,
róbate licencioso su ardimiento.

Fue Francisco de Rioja quien escribió esos versos "A la rosa", mientras Baltasar del Alcázar, por su lado, exclamaba admirado ante "Una cena":

¡*Qué* suavidad! ¡Qué clareza!
¡*Qué* rancio gusto y olor!
¡*Qué* paladar! ¡Qué color!
Todo con tanta fineza.

En sus canciones, Fernando de Herrera diría en "Por la victoria de Lepanto":

Sobre la alta cerviz y su dureza,

> *sobre* derechos cedros encendidos,
> *sobre* empinados montes y crecidos,
> *sobre* torres, y muros, y las naves...

Siempre en el Siglo de Oro español, de un romance de Félix Lope de Vega Carpio puede tomarse el ejemplo de una epanáfora con dos palabras repetidas en dos versos:

> *La mejor* vida, el favor,
> *la mejor* sangre, el dinero.

También en una de sus odas, (33, pág. 448) el propio Lope repite la conjunción *ni* cuatro veces, en un breve discurso que es todo un tratado de dignidad poética:

> *Ni* temo al poderoso,
> *ni* al rico lisonjero,
> *ni* soy camaleón del que gobierna;
> *ni* me tiene envidioso
> la ambición y deseo
> de ajena gloria ni de fama eterna.

Como en el segundo cuarteto (34, pág. 448) de un soneto de otro poeta español, Lupercio Leonardo de Argensola:

> *Ni* las mejillas de color de grana;
> *ni* el cabello, que al oro es preferido;
> *ni* las manos, que a tantos han vencido;
> *ni* la voz, que está en duda si es humana.

Y esa misma conjunción aparece reiteradamente cuando Diego Hurtado de Mendoza (a quien no hay que confundir con el padre del Marqués de Santillana, aunque sí fue su descendiente) hace su "Definición de los celos":

> No es padre, suegro ni yerno,
> *ni* es hijo, hermano ni tío,
> *ni* es mar, arroyo ni río.
> Tampoco es noche ni día,

Figuras de reiteración 37

>   *ni* hora, ni mes, ni año,
>   *ni* es lienzo, seda ni paño,
>   *ni* es latín ni algarabía,
>   *ni* es hogaño ni fue antaño.

Y otro Hurtado de Mendoza, esta vez Antonio, repite tres palabras en dos versos de su soneto "La guerra":

>   *Como* si no costara solo el día,
>   *como* si no sobrara al ser humano.

Unas formas de epanáfora nos van llevando a otras, y la pureza religiosa queda expuesta en la ternura de San Juan de la Cruz, cuando el místico avileño canta en "La noche oscura del alma":

>   *¡Oh noche,* que guiaste!
>   *Oh noche* amable más que el alborada!
>   *¡Oh noche,* que juntaste
>   Amado con amada,
>   amada en el Amado transformada!

Santa Teresa de Jesús, que un día ayudó a San Juan a escapar de la prisión de Toledo, no podía ser menos. Así en "Vuestra soy", ofrece una entrega absoluta y totalmente agradecida a Dios. Empieza con una sola palabra repetida, sigue con dos y después escribe cuatro palabras repetidas en tres versos:

>   *Vuestra* soy, pues me criastes,
>   *vuestra, pues* me redimistes,
>   *vuestra, pues que me* sufristes,
>   *vuestra, pues que me* esperastes,
>   *vuestra, pues* no me perdí.
>   ¿Qué mandáis hacer de mí?

Luis Carrillo de Sotomayor termina el primer cuarteto de un soneto con la repetición de seis vocablos:

>   *Basten los pasos por mi mal* andados,

basten los pasos por mi mal perdidos.

En la antología de la que tomé este ejemplo, [35, pág. 448] *mí* está acentuado, y ejerce de esa forma la función de pronombre personal junto a la preposición *por*. Sin embargo, *mi*, sin acento, como apócope de *mío* antepuesto al sustantivo *mal*, parece ser lo correcto, tal como lo exige la acentuación sáfica [36, pág. 449] del endecasílabo en cuarta y octava sílabas. No tengo, naturalmente, copia del texto original de Carrillo de Sotomayor, pero como el sentido de la expresión no varía demasiado con o sin acento, me inclino por la cadencia, que sufriría con esos dos acentos: *mí-mál,* uno junto al otro, en séptima y octava sílabas.

En *El viage entretenido,* de Agustín de Rojas, [37, pág. 449] "natural de la villa de Madrid", se relata una de esas historias híbridas en verso y prosa, con múltiples epanáforas. Esta novela es del Siglo XVII, y aquí reproduzco ejemplos de los muchos que aparecen en el "entretenido viage". No voy a repetir las estrofas completas, sino la cantidad de repeticiones en versos subsiguientes. Respeto la grafía original:

Después de muchos trabajos;
después de muchas miserias...
(cinco veces)

¿Qué galas? ¿Qué compañeros?
¿Qué músicos de gran fama...?
(seis veces)

Tus hermosos edificios,
tus chapiteles de plata...
(siete veces)

A, milagroso combite!
A, combite de los cielos...
(ocho veces)

O, ciudad reyna del mundo
ó, amparo de gente extraña...!

Figuras de reiteración

> (diez veces)
>
> *Qual* dexana la comida,
> *qual* me cubre con su capa...
> (doce veces)
>
> *Con los* sabios trato veras,
> *con los* arrogantes, grave...
> (trece veces)

Salgamos ahora de los Siglos de Oro por la ancha puerta de Francisco de Quevedo, con este primer ejemplo de "Al pincel":

> *Y cuanto en* él los días,
> *y cuanto en* ellos trae y lleva el cielo.

Cuando define el amor en un soneto, Quevedo acude a dos epanáforas:

> *Es* herida que duele y no se siente,
> *es un* soñado bien, un mal presente,
> *es un* breve descanso muy cansado...
>
> *un* cobarde, con nombre de valiente,
> *un* andar solitario entre la gente,
> *un* amar solamente ser amado...

Hay muchas epanáforas en la obra de Quevedo, pero explotando su chispa humorística, el adverbio de cantidad *más* aparece consecutivamente al comienzo de ocho versos, en uno de sus sonetos: "Epitafio de una dueña, que idea también puede ser de todas":

> Fue más larga que paga de tramposo;
> *más* gorda que mentira de indiano;
> *más* sucia que pastel en el verano;
> *más* necia y presumida que un dichoso;
>
> *más* amiga de pícaros que el coso;

más engañosa que el primer manzano;
más que un coche alcahueta; por lo anciano
más pronosticadora que un potroso.

Más charló que una azuda y una aceña,
y tuvo más enredos que una araña;
más humos que seis mil hornos de leña.

De mula de alquiler sirvió en España,
que fue buen noviciado para dueña:
y muerta pide, y enterrada engaña.

SIGLOS XVIII Y XIX

Juan Meléndez Valdés, principal figura del *Neoclasicismo* español, repetía con frecuencia la misma palabra al comienzo de dos versos, que es la forma más leve de epanáfora. Así en "Rosana de los fuegos":

Cual el seno de una peña,
cual a lo ojoso de un sauce.
***
Todo es paz, silencio todo,
todo en estas soledades.

Sin embargo, en una "Letrilla [38, pág. 449] a unos lindos ojos", va graciosamente más allá:

O párense atentos,
o miren exentos,
o lánguidos miren,
o injustos aíren
culpando mi ardor,
tus lindos ojuelos
me matan de amor.

Y a veces eran dos palabras en vez de una:

¡Qué de suspiros se escuchan!
¡Qué de vivas y de salvas!

Figuras de reiteración 41

Un poeta del Siglo XVIII español, José María Vaca de Guzmán, fue el primero a quien premió la Academia Española en 1778, por su poema "Las naves de Cortés, destruidas". El siguiente ejemplo de epanáfora pertenece a ese poema:

> *¿Qué* borrasca, dirás, que airado noto,
> *qué* encalladoras artes las oprimen?
> *¿Qué* Escila, qué Caribdis las ha roto?
> *¿Qué* hado fatal que las Nereidas gimen?
> *¿Qué* tirano poder turba, importuno,
> la eterna paz que les juró Neptuno?

Las repeticiones son tantas a veces, que la estrofa llega a cansar. No obstante, la intención humorística puede salvar esa dificultad, como en el poema "Proclama de un solterón a las que aspiren a su mano", del poeta neoclásico español José Vargas y Ponce:

> Quédense, que ya es tarde, en el tintero
> *la que* al de Padua lo zambulle al pozo,
> *la que* jalbega el arrugado cuero,
> *la que* con vidrio y pez se rapa el bozo...

Y así, sucesivamente, diecisiete veces más.

El triunfo argentino es un extenso y heroico poema que fue escrito por Vicente López y Planes. (39, pág. 449) De esos versos entresaco la siguiente epanáfora:

> *El* dragón fuerte y el feroz marino;
> *el* infante aguerrido, el artillero;
> *el* castellano y diestro vizcaíno,
> *el* asturiano y cántabro invencible,
> *el* constante gallego, el temible hijo
> de Cataluña, el arribeño fuerte,
> y el andaluz, se aprestan al conflicto...

Románticamente, otro poeta argentino, Ricardo Gutiérrez, define lo que siente ante un cementerio. El poema se titula, precisamente,

"Campo Santo":

>*Allí* se abruma la existencia mía,
>*allí* su golpe el corazón desmaya,
>*allí* me cierra la opresión el pecho
>y allí un sollozo la ansiedad arranca.

En "El canto del cosaco", José de Espronceda desborda sus interrogaciones con la acostumbrada potencia de su voz, muy acorde con el *Romanticismo* (40, pág. 449) de su época. Irónicamente, el poeta y tribuno español murió en 1842 debido a una inflamación de la laringe:

>*¿Quién* en dolor trocó sus alegrías?
>*¿Quién* sus hijos triunfante encadenó?
>*¿Quién* puso fin a sus gloriosos días?
>*¿Quién* en su propia sangre los ahogó?

Con el tono de su época romántica, el catalán Juan Arolas parece erguirse para hacernos llegar su "Himno a la Divinidad":

>*Tu* amago de enojo produjo el diluvio;
>*tu* enojo, el infierno, do están los precitos...
>*Tú* miras al caos, la luz nace entonces;
>*Tú* mides las aguas que ciñen la tierra,
>*Tú* mides los siglos que muerden los bronces.

Aunque, como dije anteriormente, Luisa Pérez de Zambrana murió en 1922, esta poetisa no superó la escuela romántica, lo que es evidente hasta en los títulos de sus poemas. "La noche de los sepulcros", por ejemplo, se lo dedicó a "El señor Enrique José Varona", (41, pág. 450) y su versión de la epanáfora se produce en la repetición de cuatro palabras en dos versos:

>*¿Con qué poder el* sentimiento hielas?
>*¿Con qué poder el* pensamiento apagas?

Hay un poeta y patriota cubano que fue yerno de Benito Juárez,

Figuras de reiteración   43

estadista y político mexicano. A su suegro le dedicó el poema "Al Benemérito de las Américas". Se trata de Pedro Santacilia, muerto en tierras mexicanas en 1910. Y hay otro poeta, Gregorio Romero Larrañaga, abogado que nació en Madrid en 1815 y murió en la misma ciudad en 1872, autor de "El de la cruz colorada". Traigo a colación las fechas de estos dos poetas más o menos contemporáneos entre sí, por la coincidencia (¿coincidencia?) de una epanáfora escrita por ambos. Dice Santacilia en "El desterrado":

> -Bello río, bello río,
> *el de las* ondas de plata,
> *el de las* mil tradiciones,
> *el de* la corriente clara,
> *el de* los bosques sombríos,
> *el de las* praderas anchas,
> *el de las* verdes colinas,
> *el de las* montañas altas...

He aquí ahora los versos de Romero Larrañaga:

> Dime tú, rey de los moros,
> *el de los* bellos jardines,
> *el de los* ricos tesoros,
> *el de los* cien paladines,
> *el de* las torres caladas...

Pongo estos ejemplos sin tener a mano las fechas en que los poemas fueron escritos o publicados. Ello, en fin, nada probaría, porque puede tratarse de una noble captación de estilo -posiblemente involuntaria- o una simple casualidad. Y señalo el hecho por lo que tiene de curioso, sin acusar de plagiario, [42, pág. 450] por supuesto, ni al español, ni al cubano.

Por otro lado, el poeta peruano Manuel González Prada, cuyos intentos de renovación lírica dejaron valiosos aportes a la versificación castellana, repite la conjunción de tiempo *cuando* al menos en dos poemas: "Balada" y "Rondel". Del primero son los siguientes versos:

> *Cuando* me abraza enardecida y tierna,
> *cuando* mi pecho con su pecho toca...

Y del segundo poema:

> Cuando la luz expire en Occidente,
> *cuando* la tarde asome silenciosa,
> *cuando* en celajes de carmín y rosa...

Pero el ejemplo más bello de epanáfora de González Prada, resalta en los dos tercetos (43, pág. 452) del soneto "El amor":

> *Si eres* nieve, ¿por qué tus vivas llamas?
> *Si eres* llama, ¿por qué tu hielo inerte?
> *si eres* sombra, ¿por qué la luz derramas?
>
> ¿Por qué la sombra si eres luz querida?
> *Si eres* vida, ¿por qué me das la muerte?
> *Si eres* muerte, ¿por qué me das la vida?

Admirables tercetos, con sus paradojas y su retruécano (44, pág. 452) final, que es también la epifonema. (45, pág. 452)

Y otro peruano, pero este con los ímpetus de la época romántica, Carlos Augusto Salaverry, en "Cartas a un ángel" da una versión amarga del género femenino:

> *¡Mujer!,* dulce caricia de un instante...
> *¡Mujer!,* hermosa lágrima de cielo...
> *¡Mujer!,* confusa unión de fuego y hielo,
> de amor y de desdén.

En su poema "Profecía de Guatimoc", que Menéndez Pelayo consideraba como una obra maestra del romanticismo en México, el poeta Ignacio Rodríguez Galván ofrece otro interesante ejemplo de epanáfora:

Figuras de reiteración 45

> ¿*Qué de* sus naves de riqueza llenas?
> ¿*Qué de* su rabia y su furor impío?

Bajando hacia el Sur, es conocido en Venezuela y en otros países el poema romántico que José Antonio Maitín le dedicó a su esposa muerta. Me refiero a "Canto fúnebre", que inspiró la musa desaparecida, Luisa Antonia Sosa de Maitín. He aquí parte del canto desesperado:

> ¿Cómo contar el mar de tibias gotas
> *que* sobre estos despojos se ha vertido,
> *que* estas humildes cruces ha mojado,
> *que* en estas inscripciones ha corrido,
> *que* esta hierba creciente ha salpicado,
> *que* el polvo de estas tumbas ha embebido...?

El 21 de octubre de 1853, en la Ciudadela, las tropas del ex gobernador de Tucumán, Celedonio Gutiérrez, fueron derrotadas por el presbítero José María del Campo. Poco después fue escrita una glosa ^(46, pág. 453) en cuatro décimas con rimas traídas por los pelos y que, por su grandilocuencia, se le atribuyen a Domingo Díaz. Su título: "¡Viva nuestro invicto Campo!" La última de las espinelas presenta un buen ejemplo de epanáfora, aunque es un pésimo ejemplo poético:

> ¡*Viva* y sobreviva siempre!
> ¡*Viva* el nuevo astro argentino!
> ¡*Viva* el Cid valiente y fino!
> ¡*Viva* ese Adonis luciente!
> ¡*Viva* con su celo ardiente!
> ¡*Viva* en la sierra y el llano!
> ¡*Viva* el gobierno en su mano!
> ¡*Viva* con sus fuertes filas!
> Y sobre todas las vidas,
> ¡viva el fuerte americano!

Y acaso no lejos de esa época, ni de la misma zona, alguien escribió otra glosa en cuatro décimas: "Adiós, perla apetecida", con la particularidad de que los primeros nueve versos de cada espinela comienzan con el sustantivo *adiós*. Reproduzco la primera de esas décimas, que es la más aceptable, por ser la menos defectuosa:

> *¡Adiós,* imán de mi amor,
> *adiós,* hechizo de mi alma;
> *adiós,* mi florida palma,
> *adiós,* cielo encantador;
> *adiós,* mi fragante flor,
> *adiós,* mi joya pulida,
> *adiós,* dulzura escogida,
> *adiós,* mi pleno contento;
> *adiós,* de mi vida aliento,
> *adiós,* perla apetecida!

En la poesía gauchesca también suele usarse la epanáfora, y José Hernández no podía ser menos con su definitivo *Martín Fierro*. Así, la conjunción *ni* aparece cuatro veces en los versos que van desde el 1077 al 1080:

> *Ni* ramada ande ganarse,
> *ni* un rincón donde meterse,
> *ni* camisa que ponerse,
> *ni* poncho con qué taparse.

Más adelante, en *La vuelta de Martín Fierro,* se repite la idea casi al dedillo y esta vez es el hijo del héroe quien habla desde una cárcel, en los versos que van desde el 1715 al 1718:

> *ni* ramada ande ganarnos,
> *ni* rincón ande meternos,
> *ni* camisa que ponernos,
> *ni* poncho con qué taparnos

Sin buscar comparaciones imposibles, España tiene en José María Gabriel y Galán su poeta campesino. Lo rústico de sus versos, anecdóticos y de gran expresividad, cautivaron en su tiempo a muchos lectores enamorados del paisaje español y de la tradición sentimental. La poesía "El ama", acaso la más famosa de Gabriel y

Figuras de reiteración 47

Galán, tiene 25 epanáforas, lo cual casi rompe una marca en un poema de 272 versos. Una de las estrofas más bellamente románticas, dice:

> Será puro el ambiente, como antes,
> *y la* atmósfera azul será serena,
> *y la* brisa amorosa
> moverá con sus alas la alameda,
> *los* zarzales floridos,
> *los* guindos de la vega,
> las mieses de la hoja,
> la copa verde de la encina vieja...

Pero si salimos del Siglo de Oro por la "puerta ancha" de Quevedo, salgamos del XIX con el maravilloso tono menor del primero de los románticos en lengua española. Así sella Bécquer su epanáfora henchida de amor y Poesía:

> *Hoy* la tierra y los cielos me sonríen;
> *hoy* llega al fondo de mi alma el sol;
> *hoy* la he visto, la he visto y me ha mirado...
> *¡Hoy* creo en Dios!

En esta estrofa de Bécquer resalta su excelencia, porque dicha con otras palabras, haría resucitar a Torquemada en una larga fila de protestas teológicas. Hay que ser muy poeta para negar a Dios sin negarlo: sutil manera de blasfemar sin blasfemia, cuando se circunscribe la existencia de Dios a la presencia de la mujer que se ama. Aquí, el mensaje poético becqueriano vibra de amor, y es precisamente el amor lo que salva al renegado.

SIGLO XX: VANGUARDISMO Y POESÍA

Llegamos a nuestro siglo. Época de contrastes, rupturas, desquiciamientos. Hipos dadaístas, arabescos a lo Apollinaire, futurismos carentes de futuro, estridentismos para sordos. Obscenidades por un lado. Telegramas sin música por el otro.

Idioma con las coyunturas flexibles hacia arriba. Poetas que no escriben como poetas y prosistas que imitan la tipografía del verso. Toda la amalgama unida bajo un nombre genérico: *Vanguardismo*. Honestas experimentaciones poéticas que casi siempre son eventuales en las altas voces, pero que se hacen interminables en los cuadernos de la ineptitud. Sí, pero en el fondo de la amalgama retórica, detrás de los espejismos y las confusiones académicas, la Poesía: incólume, triunfadora, indemne. No siempre impecable, pero siempre inconfundible. Poesía que aprovecha lo mejor de los vericuetos del vanguardismo para enriquecerse. Poesía que extrae de la experiencia del siglo, de los atajos de la incongruencia, los mejores moldes que favorezcan su avenida lírica. Poesía que cambia el sentido de la imagen acorde con las nuevas reglas del juego, en busca de otro tipo de emoción, atenuada por sus ribetes herméticos, pero emoción, de todas formas. Poesía de los que buscan la música por sobre todas las cosas, al decir de Verlaine: "De la musique avant toute chose..." Paul Verlaine: la bohemia francesa vestida con traje poético. Verlaine: ritmo, sencillamente, al que pueden retornar los poetas que un día lo abandonan. Ritmo al que no pueden volver los que nunca lo han tenido.

REPETICIÓN DE UNA SOLA PALABRA

Comienzo con los ejemplos más simples de repetición de una sola palabra, y avanzo hacia los más complejos. Muchos versos pueden haber sido escritos en el siglo pasado, pero son de poetas que vivieron en este siglo. Y entre las formas interesantes de epanáfora, el español Rafael Morales dice en "Los traperos":

> Turbos de vieja pana y lejanía
> *se* borran silenciosos a lo lejos,
> *se* adentran en la noche con sus trapos,
> *se* pierden en la noche con sus sueños.

En el soneto "A mi hermana Ubalda", un poeta español muy renombrado en su tiempo, Salvador Rueda, escribió tres símiles

Figuras de reiteración   49

fraternales con la repetición de un adjetivo en plural:

>   *Juntos,* como de un ave las dos alas,
>   *juntos* cual de un esquife las dos palas,
>   *juntos* cual de una faz las dos pupilas.

El advenimiento de una época más moderna canta desde los versos de un poeta mexicano contemporáneo, Fernando Sánchez Mayáns. He aquí un fragmento de su "Poema a un artista difunto":

>   ...*la* nota que se hunde
>   *la* piedra que se gasta
>   *la* danza que agoniza
>   *la* palabra la palabra la palabra.

El poeta cubano Arturo Doreste lanzó su grito de soledad en un soneto lacerante:

>   *Solo* en la adversidad. Solo conmigo,
>   *solo* con el escudo y la trinchera,
>   *solo* con la canción y la palmera,
>   *solo* con la orfandad del enemigo.
>
>   *Solo* en la cruz y solo en el castigo,
>   *solo* con el paisaje y la bandera,
>   *solo* en la desventura sin espera,
>   *solo:* en la soledad sólo un testigo.
>
>   *Solo* en la patria, solo en el encierro,
>   *solo* en el sacrificio y el destierro,
>   *solo* en la indignación, solo en la guerra;
>
>   y solo he de arrastrar ludibrio y dolo
>   hasta morir estoicamente solo
>   en el rincón más solo de la tierra.

El sustantivo *verdad* es recalcado cinco veces en una estrofa del ensayista, crítico, novelista y poeta español Salvador de Madariaga:

>   Sólo el invierno es sincero.

> *Verdad* es su alba cabeza,
> *verdad* es su helado aliento,
> *verdad* son sus secos brazos,
> *verdad*, sus ojos de acero,
> *verdad* son los alaridos
> que en la noche lanza el viento.

En la poetisa cubana Sara Martínez Castro, la epanáfora se da con espontaneidad lírica. De su poema "Presente", entresaco los siguientes versos en los que canta una doble epanáfora con el fuego nostálgico del amor patriótico:

> Catorce años de exilio,
> *con* el alma sin voz en las pisadas,
> *con* un paisaje huérfano en los ojos,
> *con* la emoción prendida de crisálidas.
>
> Hoy me voy por la senda de Dos Ríos ^(47, pág. 453)
> *a* pintarme de sol las madrugadas,
> *a* sacudir el miedo por los hombros,
> *a* convertir las piedras en palabras,
> *a* fabricar un sueño
> donde acaso no duela la esperanza.

Los *Sonetos del amor oscuro*, del poeta granadino de la generación española del 27, Federico García Lorca, fueron dados a conocer finalmente el 17 de marzo de 1984 por el diario madrileño *ABC*. La interjección *¡ay!*, ya conocida en el romance galaicoportugués y posteriores imitaciones, tiene también su versión lorquiana en uno de los once sonetos:

> *Ay* voz secreta del amor oscuro
> *¡ay* balido sin lanas! ¡ay herida!
> *¡ay* aguja de hiel, camelia hundida!
> *¡ay* corriente sin mar, ciudad sin muro!

Pero García Lorca cultivó la epanáfora en otras muchas ocasiones, no sólo con una sola palabra, sino con dos, tres y hasta cuatro, como en los siguientes versos:

Figuras de reiteración 51

  ¡Cuántas veces te esperó!
  ¡Cuántas veces te esperara!
    ***
  Dejando un rastro de sangre.
  Dejando un rastro de. lágrimas.
  ("Romance sonámbulo")

  La mitad llenos de lumbre,
  la mitad llenos de frío.
  ("La casada infiel")

  Hay otro poema de García Lorca en el que abundan las epanáforas. Se trata de "La sangre derramada":

   ¡Qué gran torero en la plaza!
   ¡Qué buen serrano en la sierra!
   (Y cinco versos más que comienzan igual)

   ¡Oh blanco muro de España!
   ¡Oh negro toro de pena!
   (Y dos versos más)

   Que no hay cáliz que la contenga,
   que no hay golondrinas que se la beban.
     ***
   No hay escarcha de luz que la enfríe,
   no hay canto ni diluvio de azucenas,
   no hay cristal que la cubra de plata.

CURIOSIDADES CON NÚMEROS

  Hay también epanáforas formadas con números, y Juana de Ibarbourou lo demuestra en su "Romance de las vírgenes fatuas":

   Cinco sonrisas le faltan,
   cinco varas de azucena,
   cinco túnicas de plata,
   cinco besos, los más frescos
   sobre el ardor de sus plantas.

La poetisa española contemporánea, Mercedes Alario, hace su ensayo en el poema "Seis":

> *Seis* perlas en el hueco de mi mano. Seis cisnes.
> *Seis* campanas de plata. Seis panales. Seis lagos.
> *Seis* botones pujantes en la rama tensada.
> *Seis* montes de esperanza. Seis espigas. Seis nardos.

José García Nieto, en su poema "Los profetas", describe la pintura de Miguel Ángel [48, pág. 453] en la Capilla Sixtina:

> *Siete* profetas hay bajo la bóveda;
> *siete* profetas hay, siete clarines;
> *siete* profetas hay en siete cuerpos
> enaltecidos, siete latigazos;
> *siete* profetas, siete luminarias,
> *siete* cuerdas que afirman una tienda,
> *siete* tiendas para un solo guerrero,
> *siete* colinas para alzar un trono,
> *siete* estrellas doradas en la noche,
> *siete* lunas en siete meridianos,
> *siete* velos rasgados en el cielo.

Más adelante en el mismo poema hay otros diez versos que comienzan también con el número siete.

REPETICIÓN DE DOS PALABRAS

Como ya hemos visto, es natural que si se comienzan dos versos o más con las mismas dos palabras, se tiene otro caso de epanáfora. Como escribió Delmira Agustini, al finalizar su poema "Para tus manos":

> *¡Manos que* sois de la vida!
> *¡Manos que* me disteis miedo!

Pero volvamos a Juana de Ibarbourou, que de las poetisas americanas es la que parece haber usado más frecuentemente la

Figuras de reiteración 53

epanáfora. Otros poemas suyos con esa forma retórica son "Romance de la fuga", "Despertar", "Santa María del Perpetuo Socorro", "Medianoche de la ausencia", "En voz baja", "A esta primavera", "Evasión", "La barca"...

Sin embargo, hay una estrofa insoslayable de Juana de América, en "Evocación de Lima", escrita en el cuarto centenario de la fundación de la capital del Perú: [49, pág. 454]

> Ay, Micaela Villegas,
> *con* tu gracia y tus lunares,
> *con tus* divinas locuras,
> *con tus* tacones dorados,
> *con* tu cascada de risas
> y con tu río de llanto!

Sigo con el poeta colombiano Gerardo Valencia en "Alina sobre el mar":

> *Alina sobre* el huerto del jardín familiar;
> *Alina sobre* un fondo de estancias aleladas;
> *Alina sobre* ritmos y fugas de alboradas;
> ansia no contentada de un ingenuo soñar.
> *Alina sobre* el vértigo de largas carreteras,
> ¡*Alina sobre* el mar!

Y otro bardo de la misma nacionalidad, Horacio Zúñiga, en su "Oda a la lengua", empieza seis versos con los mismos dos vocablos. He aquí los dos primeros:

> *Lengua que* tiene trinos, lengua que tiene aromas,
> *lengua que* finge un velo de espuma hecho palomas.

Jaime Ibáñez, poeta colombiano, acaba su "Odilos [50, pág. 454] innominados", también con una epanáfora de dos palabras:

> *Por ti* los ojos y por ti las manos,
> *por ti* la piel, las uñas y los dientes,
> *por ti* la boca y el oído. Todo

por ti el amor y para ti el olvido.

Por su parte, la poetisa chilena Gladys Thein acude a voces aborígenes para manifestarse desde su "Canto inicial":

>*Desde tu* ruca, (51, pág. 454) desde tu granero,
>*desde tu* chicha (52, pág. 454) de estrujadas mieses,
>*desde tu* puma de terroso acecho.

Y un formidable poeta da una versión nocturna dedicada a su país. Se trata de Elvio Romero con sus octosílabos del "Nocturno paraguayo":

>*¿Quién* tomará los crespones,
>*quién nos* tenderá la caja,
>*quién nos* cruzará las manos,
>*quién nos* mesará la barba,
>*quién nos* peinará el cabello,
>*quién nos* tapará la cara?

Otro ejemplo interesante: Al concluir su soneto "Ocaso", Manuel Machado repite dos palabras al comenzar cuatro versos (para mi), y dos más al final (el mar). Pero también repite dos palabras (el mar) al principio del último verso. Se trata de dos epanáforas, y la segunda se enlaza con una epanalepsis por la repetición dentro del mismo verso final:

>*Para mi* pobre cuerpo dolorido,
>*para mi* triste alma lacerada,
>*para mi* yerto corazón herido,
>
>*para mi* amarga vida fatigada...,
>¡*el mar* amado, el mar apetecido,
>*el mar, el mar,* y no pensar en nada!

Un poeta y escritor cubano, Octavio R. Costa, coloca trece epanáforas que van de dos a cuatro palabras, en su soneto en versos blancos (53, pág. 454) "Ojos":

Figuras de reiteración 55

Hay ojos con furores de tigresa.
Hay ojos con malicias de una gata.
Hay ojos que fascinan como abismo.
Hay ojos que nos retan implacables.

Hay ojos que nos miran sutilmente.
Hay ojos que acarician en silencio.
Hay ojos que nos aman con ternura.
Hay ojos que nos claman suplicantes.

Hay ojos que nos queman con su fuego.
Hay ojos que se brindan como mieles.
Hay ojos sibilinos que hipnotizan.

Hay ojos que se entregan sin reserva.
Hay ojos que subyugan con su enigma
y que embrujan malditos para siempre.

LA SOLEDAD DE BOLÍVAR

Una de las páginas más gravemente tristes de la historia de América fue la muerte de Simón Bolívar. Con los bolsillos y los pulmones destrozados, el mismo Libertador que había renunciado a todo, tenía que renunciar también a vivir. En los instantes últimos, Santa Marta lo vio perdonar a sus enemigos. Después, se fue. De la soledad del lecho pasó a la soledad de la tumba. Colombia lo abandonó, pero después un gran poeta colombiano, Jorge Robledo Ortiz, hizo temblar las cuerdas del desagravio, y su inspiración patriótica dictó el soneto "Varón de soledades":

> Soledad sin fronteras, soledad del relámpago
> que iluminó los Andes y se perdió en el mar;
> soledad del reproche que recogió el Atlántico
> en un cuenco de arena mojada en libertad.
>
> Soledad de Bolívar, el capitán más diáfano
> de esta América India, pobre y elemental;
> soledad remansada en la estrechez del cráneo
> que empujó -grito arriba- la luz de Boyacá.

> *Soledad* del recuerdo, soledad de la Gloria,
> *soledad de* su espada, soledad de su historia,
> *soledad de* rescoldos apagando su voz...
>
> *Soledad de* utopías en su pulso vencido,
> *soledad* a la orilla de Dios y del olvido,
> *soledad* que convierte en isla el corazón.

Grandiosa pieza ésta de catorce alejandrinos. (54, pág. 454) Tan así es, que puede parecer una profanación reparar en las epanáforas de una y de dos palabras que forman sus tercetos...

REPETICIÓN DE TRES PALABRAS

Hay innumerables epanáforas con tres palabras, y un buen comienzo puede ser con el poeta cubano Carlos Fojo Hermida, en "Canto de amor en primavera":

> *Y decir que* aquí hay rosas porque beso tus manos,
> *y decir que* yo sueño porque sé que me quieres.

Amado Nervo hizo gala en sus poemas de variadas epanáforas. Su famoso "Silenciosamente" es un típico ejemplo:

> *Silenciosamente* miraré tus ojos,
> *silenciosamente* cogeré tus manos...

Pero algo menos conocido del autor de *La amada inmóvil* aparece en "Los cuatro coroneles de la reina":

> *Y un coronel* rojo,
> *y un coronel* negro,
> *y un coronel* verde.

Más arriba reproduje versos de Sara Martínez Castro y llamé la atención sobre su espontánea aptitud para la epanáfora. Si las expuestas fueron de una sola palabra, en "Mi padre" aparece con dos:

Figuras de reiteración 57

>*Con un* cariño grande como un árbol,
>*con un* estrecho y hondo te comprendo.

Vamos ahora al ejemplo de tres palabras, de la misma poetisa, en "Todo en orden":

>*Pero debo seguir* aunque me pierda,
>*pero debo seguir* sin un amigo.

El ecuatoriano Aurelio Elías Mera, con epanáforas de una y de tres palabras, canta con música de himno, [55, pág. 454] en "La noche del bosque" excepto en los dos hexasílabos [56, pág. 455] centrales:

>*Y es un* chorro de vivos destellos,
>*y es un* manto de hilos de plata,
>*ya* encaje de luces
>*ya* vivas, ya opacas,
>*ya* son blancas estrellas que miro
>a través de las hojas de palma.

Del poeta puertorriqueño Juan Antonio Corretjer, siguen tres versos de un serventesio [57, pág. 455] del soneto "Calabozo":

>*He aquí mi* pie tan corto que no anda.
>*He aquí mi* mano que no tiene sombra.
>*He aquí mi* voz que sueña y que no manda.

De León de Greiff, poeta colombiano, en "Ritmos":

>*Entre la noche* muda,
>*entre la noche* ingrávida, despavorida, trémula,
>*entre la noche* cándida y desnuda.

Es interesante el ejemplo de otro poeta colombiano, cuyo poema me llega sin título. Con un lenguaje crudamente pesimista, Julio Arboleda entrelaza epanáforas de una palabra, de dos y de tres:

>*Nos* miente la criatura a quien amamos,

> *nos* mienten los objetos que miramos,
> *nos miente* y nos engaña el corazón;
> *nos miente la* esperanza que nos guía,
> *nos miente la* lisonja y nos acecha,
> *nos miente la* venganza aun satisfecha,
> *nos miente* aun victoriosa la ambición.

Si Manuel Machado entrelazó epanáfora y epanalepsis al finalizar su soneto "Ocaso", Unamuno entrelaza epanáfora y epífora, como aparece en "El Cristo Yacente de Santa Clara (Iglesia de la Cruz) Palencia":

> *Todo no es* más que tierra;
> *todo no es* sino *nada, nada, nada...*

REPETICIÓN DE CUATRO PALABRAS

En cuanto a las epanáforas con cuatro palabras, hay que hacer un aparte con Andrés Eloy Blanco, no sólo por tratarse de él, sino porque en este caso evocamos la reciedumbre paternal de uno de los mejores poemas americanos: *Canto a los hijos*. Y debo advertir que en este caso las epanáforas no sólo son de cuatro palabras, sino también de dos y de tres:

> Pero aquí estamos cerca de los hijos.
> *Para darles la Patria* como es buena,
> *para darles la Patria* sin dolor de palabra,
> *como se dan* las patrias, sin mojar sus ojeras,
> *como se dan* los ojos, sin cortarles el día,
> *como se da la* noche, sin cortarle la estrella,
> *como se da la* tierra, sin cortarle los árboles,
> *como se* dan los árboles, sin cortarles la tierra.

De un gran poeta puertorriqueño, Luis Lloréns Torres, en "Caminos de Arecibo":

> *Caminitos que bajan de* Ciales.
> *Caminitos que bajan de* Utuado.
> *Caminitos de* curvas y cuestas...

Figuras de reiteración 59

En el académico dominicano Mariano Lebrón Saviñón, florecen con igual excelencia ciencia y arte. Médico poeta, el siguiente ejemplo de epanáfora es de su "Elegía absurda":

> *Tengo necesidad de mi* alegría.
> *Tengo necesidad de mi* dolor.

Rubén Darío escribió epanáforas con su maestría sin igual, aunque es en el *Canto a la Argentina* donde aparecen con más reiteración:

> *Sobre* el construir, sobre el bregar, sobre el soñar
> *sobre la* blanca sierra,
> *sobre la* extensa tierra,
> *sobre la* vasta mar.

Además de ésta, hay otras cincuenta y una epanáforas en ese poema. Pero hay un ejemplo que simboliza la elegancia dariana, marcado con el número XVII en la sección "Otros poemas" del libro *Cantos de vida y esperanza*. Son los versos que comienzan así:

> ¡Carne, celeste carne de la mujer! Arcilla,
> -dijo Hugo-; ambrosía más bien, ¡oh maravilla!

Al final de esa estrofa, exclama:

> *En ella está la* lira,
> *en ella está la* rosa,
> *en ella está la* ciencia armoniosa,
> *en ella* se respira
> el perfume vital de toda cosa.

Miguel Hernández, el poeta español de tan potente elocuencia, iba en sus epanáforas de la repetición de una palabra hasta la de cuatro, y así podemos disfrutarlo en "Elegía":

> *Temprano* levantó la muerte el vuelo,
> *temprano* madrugó la madrugada,
> *temprano* estás rodando por el suelo.

> ***
> *No perdono a la* muerte enamorada,
> *no perdono a la* vida desatenta,
> *no perdono a la* tierra ni a la nada.

Y lo mismo ocurre con "Sino sangriento":

> *Cayó* un planeta de azafrán en celo,
> *cayó* una nube toda enfurecida,
> *cayó* un mar malherido, cayó un cielo.
> ***
> *Y se me van* los brazos detrás de ella,
> *y se me van* las ansias en los brazos.

En una poetisa salvadoreña, Lilliam Jiménez, también está la epanáfora de cuatro palabras, que acaba con tres, en el poema "Y yo te amaba":

> *A través de la* lluvia y de los mares,
> *a través de la* sombra y del abismo,
> *a través de* mi grito y de mi sueño.

Y aquí tenemos a Antonio Machado en "El Dios ibero":

> ¿No es él quien puso a Dios sobre la guerra,
> *más allá de la* suerte,
> *más allá de la* mar y de la muerte?

Baldomero Fernández Moreno, gran poeta de lo cotidiano en la poesía argentina, con su melancolía habitual nos dice en el soneto "Inquietud":

> *Hoy no me sirves,* calle luminosa;
> *hoy no me sirves,* plazoleta oscura;
> *hoy no me sirves,* serranía pura,
> *hoy no me sirves,* pampa generosa.
>
> *Hoy no me sirves,* tierra populosa;
> *hoy no me sirves,* mar de la aventura...

Figuras de reiteración

Rafael Arévalo Martínez, poeta guatemalteco y alta figura de las letras hispanoamericanas, escribió en "El Señor que lo veía":

> *Vivir en un pueblo* de claro horizonte,
> *vivir en un pueblo* no lejos de un río.

El talento múltiple del poeta mexicano Enrique González Martínez, se desarrolló en muchas formas. Fue Doctor en Medicina, político, académico, diplomático y periodista. De todo ello sólo sobreviven sus versos, lo que nos advierte, una vez más, sobre la importancia de la Poesía. Va ahora un ejemplo de epanáfora de González Martínez, tomado de "A veces, una hoja desprendida", donde afirma que:

> *Ya sé lo que* murmuras, fuente clara;
> *ya sé lo que* me dices, brisa errante.

REPETICIÓN DE CINCO PALABRAS

Uno de los primeros poetas puertorriqueños de todos los tiempos, Luis Palés Matos, canta en "Este olor a brea" con epanáforas de cuatro a cinco palabras:

> *Se humedecen de llanto* las campanas,
> *se humedecen de llanto* los rosales,
> *se humedecen de llanto las* palmeras,
> *se humedecen de llanto las* orillas,
> *se humedecen de llanto las* llanuras,
> *se humedecen de llanto las* montañas,
> *se humedecen de llanto los* amores,
> *se humedecen de llanto los* recuerdos...

En el poema "Paisaje", Francisco A. de Icaza, poeta mexicano cuya vida profesional se desarrolló en España, escribe:

> *¡Y a esto se llama* juventud y vida!
> *¡Y a esto se llama* abril y primavera!

Pero el poeta peruano José Gálvez parece querer borrar el pesimismo de Icaza con sus versos de "Tarde florida":

>*Cuál fue la tarde más amada,*
>*cuál fue la tarde más querida.*

Nació en la Suiza italiana en 1892, pero es una poetisa netamente argentina. Así dice Alfonsina Storni en "El divino amor":

>*Te ando buscando, amor, que nunca llegas;*
>*te ando buscando, amor, que te mezquinas.*

REPETICIÓN DE SEIS PALABRAS

Prosigo con Alfonsina Storni, ahora con un poema que ha influido mucho entre las plumas femeninas. Me refiero a "La caricia perdida":

>*Se me va de los dedos la caricia sin causa,*
>*se me va de los dedos... En el viento, al pasar...*

El poeta español Eduardo Marquina, en un poema ampliamente divulgado en múltiples antologías, intercala epanáforas de cinco y de seis palabras. Me refiero a "Salmo de amor":

>*¡Dios te bendiga, amor, porque eres bella!*
>*¡Dios te bendiga, amor, porque eres mía!*
>*¡Dios te bendiga, amor, cuando te miro!*
>*¡Dios te bendiga, amor, cuando me miras!*

Evaristo Ribera Chevremont, poeta puertorriqueño especialmente considerado por la crítica, escribió epanáforas que van de dos vocablos a cinco y a seis, como en su soneto "Un mar y un sol":

>*Un mar y un sol en ligazón pungente;*
>*un mar y un sol en desnudez pintada;*
>*un mar y un sol. A viva marejada*
>*ha de corresponder viva corriente.*

Figuras de reiteración 63

    Mundo en desbordes y en inmensidades.
    Mundo en purezas y en profundidades.
    Mundo en profundidades y en purezas.

REPETICIÓN DE SIETE PALABRAS

Termino estos ejemplos generales de epanáfora -de los que hay millares en castellano- con los tercetos del soneto "Nocturno", de otro gran poeta argentino, Francisco Luis Bernárdez. Antes del poema, Bernárdez invoca a San Juan de la Cruz, y escribe: "En una noche obscura". Pero no sólo por la dedicatoria, sino por el contenido de las interrogaciones, tan mística y poéticamente expuestas, se adivina que la voz que acompaña al poeta es la de Dios:

    ¿De quién es esta voz que me serena?
    ¿De quién es esta voz que me levanta?
    ¿De quién es esta voz que me enajena?

    ¿De quién es esta voz que, cuando canta,
    de quién es esta voz que, cuando suena,
    me anuda el corazón y la garganta?

CÉSAR VALLEJO: ALGO EXCEPCIONAL

En relación con la epanáfora, el caso de César Vallejo es algo especialmente único. No creo posible que otro poeta haya acudido con más frecuencia que Vallejo a esa figura retórica. Inclusive, aumenta su uso según pasan los años, y si en *Los heraldos negros,* (58, pág. 455) libro de 1918, hay veintiséis epanáforas, ya en *Trilce,* en 1922, la cantidad es de cincuenta y ocho. Después, en *Poemas humanos* de 1938, si incluimos *España, aparta de mí este cáliz,* las epanáforas llegan a la asombrosa cantidad de 214.

Lo más curioso en Vallejo es que acude a todo tipo de epanáforas; y, por ejemplo, si se empieza a contar desde *Poemas humanos,* son más las composiciones que tienen epanáforas que las que no las tienen. Así sucede con los primeros treinta y un poemas, porque el primero que está libre de epanáforas es el trigésimo segundo: "Piedra negra sobre una piedra blanca". Se trata nada menos que del soneto que comienza con un vaticinio genial:

>Me moriré en París con aguacero,
>un día del cual tengo ya el recuerdo.

De esa serie, sólo en nueve poemas no hay epanáforas, incluyendo el soneto mencionado. Además, hay ejemplos agobiantes como en el poema número XIV de *España, aparta de mí este cáliz,* porque de sus veintidós versos, quince empiezan con el imperativo *cuídate*.
Por otro lado, a veces Vallejo declina la epanáfora, pero con versos de gran parecido al principio, con la variación del género, del plural y el singular y hasta con un superlativo. Así sucede con el poema VII, del mismo libro:

>*Muchos* días, Gijón;
>*mucho* tiempo, Gijón;
>*mucha* tierra, Gijón;
>*mucho* hombre, Gijón,
>*muchísimas* Españas ¡ay! Gijón.

Otras veces la epanáfora es soslayada de distinta manera. En el poema de veinte versos "La cólera que quiebra al hombre en niños...", ocho versos comienzan con "la cólera", pero ninguno aparece junto al otro, sino con versos intercalados.
Al principio de este tema puse el ejemplo del romance galaicoportugués: "*¡Ay!,* un galán de esta villa..."; posteriormente, ya en el Siglo XX, traje a colación el soneto de García Lorca: "*¡Ay,* aguja de hiel, camelia hundida...!" Tiene el turno ahora el poema "Traspié entre dos estrellas", de Vallejo:

>*¡Ay de* tanto! ¡ay de tan poco! ¡ay de ellas!
>*¡Ay de mi* cuarto, oyéndolas con lentes!
>*¡Ay de mi* tórax, cuando compran trajes!
>*¡Ay de mi* mugre blanca, en su hez mancomunada!

Figuras de reiteración

En el molde antiquísimo resalta el original lenguaje del poeta, con el tropezón acentual del primer verso y la ausencia de rima, que eran frecuentes en Vallejo. Y creo innecesario reproducir más repeticiones, que en la obra de este poeta saltan a la vista. Me limito a copiar el último ejemplo de epanáfora de cinco palabras. Son los últimos versos del poema LXVII del libro "Trilce":

> *Me acababa la vida ¿para qué?*
> *Me acababa la vida para alzarnos*
> sólo de espejo a espejo.

La epífora o epifora

Etimológicamente, con su raíz griega *epiphorá,* epífora significa "aflujo". En patología, muy certeramente, se le da la acepción de *lagrimeo.* Por eso, también muy certeramente, el término *epífora* se usa en filología para designar a la repetición de una o varias palabras al final de una frase o de un párrafo. La Real Academia Española prefiere el nombre de *epifora,* palabra grave, y el filólogo Fernando Lázaro Carreter, que desde el 9 de enero de 1992 dirige esa Academia, escribe *epífora,* voz esdrújula, que se acoge en esta obra.

Un poeta y prosista español del Siglo XV, Gómez Manrique, en un poema que consta de cinco *quintillas* [59, pág. 455] y que titula "El planto de la poesía" (planto viene del latín *planctus,* que quiere decir "llanto con gemidos y sollozos"), comienza, precisamente, con el siguiente verso:

> Oh Castilla!, *llora, llora...*

Pocas veces una idea queda mejor definida con el apoyo de un recurso nemotécnico:

> epífora = lagrimeo = "llora, llora..."

Porque lo que hace la epífora es, naturalmente, la repetición del imperativo a Castilla: *llora,* al final del verso.

Sin ninguna evidente relación entre sí, una epífora formada con palabras iguales puede cruzar de un siglo a otro. Por ejemplo, en "La misa de amor", del *Romancero,* hay una doble epífora:

> Por decir *amén, amén,*
> decían *amor, amor.*

Posteriormente, Calderón de la Barca repetiría también el vocablo *amor:*

> ¿Cuál es la gloria mayor
> desta vida?
> *amor, amor.*

Y dando un gran salto hacia la poesía contemporánea, con la misma palabra que sirve de título al poema: "Amor", pero tres veces en vez de dos, tenemos a Juana de Ibarbourou que nos dice:

> Y en la vida y la muerte, en lecho y sepultura,
> ya no seré otra cosa que *amor, amor, amor.*

En "El Cristo Yacente de Santa Clara...", Unamuno recurre a la epífora en dos ocasiones:

> ¡Carne y sangre hechos *tierra, tierra, tierra!*

Pero el otro verso es el que me interesa destacar ahora:

> Todo no es sino *nada, nada, nada...*

Porque el poeta argentino Pedro Miguel Obligado escribió un verso que termina igual:

> La lluvia parece cansada
> cual un rosal que se desflora;
> no dice *nada, nada, nada,*
> y llora.

Figuras de reiteración 67

Es verdad que Obligado nació en 1892, cuando ya Unamuno tenía 28 años de edad; y también es cierto que cuando murió Unamuno en 1936, a Obligado le quedaban treinta y un años de vida. Pero aunque todo parece indicar una copia, no hay parecido alguno entre el poema místico del español y el moderno con aire filosófico del argentino, cuyo título es "La lluvia no dice nada".

Además, el prestigio de Pedro Miguel Obligado como crítico y prosista, profesor de Psicología, fundador de la Sociedad Argentina de Escritores (SADE) y presidente de la Sociedad de Estudios Lingüísticos de su país, es más que suficiente para que se piense en influencia de estilo o simple coincidencia, pero jamás en la fea palabra *plagio*.

En su "Romance del Júcar", Gerardo Diego emplea el adjetivo *verde* en dos epíforas:

>Cuando de tan *verde, verde...*
>Agua *verde, verde, verde...*

Un poeta cubano, Aurelio Torrente Iglesias, evoca también ese color -que con el azul, el blanco y el negro parecen ser los más usados en Poesía-, pero este bardo se refiere a su isla, que es también la mía, y vale la pena transcribir una estrofa de su poema "Verde", en la que hay una epífora de dos palabras repetidas, en vez de una:

>Eras verde cual verdes tus cañas,
>tus verdes praderas,
>tus verdes sabanas
>y el verdor claroscuro
>de tus verdes montañas,
>y *muy verdes, muy verdes,*
>tus orillas de costas cubanas.

CON UNA SOLA PALABRA

La forma más sencilla de epífora, desde luego, es la de una sola palabra repetida. En época tan remota como la del *Libro de buen amor,* ya el Arcipreste de Hita escribía:

> Fácesmes andar de balde e díjome, *dijo, dijo...*

Y gracias al *Cancionero de Palacio,* sobreviven el nombre y los versos de un poeta del Siglo XV, llamado García de Medina. En una canción suya, en el primer verso, hay una epífora. Así comienza:

> Corazón, *morir, morir*
> te conviene, pues fortuna
> muchas muertes que no una
> nos quieren facer sofrir...

Y en pleno Siglo de Oro español, es Francisco de Quevedo quien, en otra canción, escribe una epífora con el mismo verbo, aunque no en infinitivo:

> Pues sólo para ti, si *mueres, mueres.*

Más de nuestro tiempo, he aquí ejemplos de dos poetas también españoles. En "Claro de luna", Antonio Espina dice:

> Risa de amor que dice: *estrella... estrella...*

Y Juan Gil-Albert, en "A mi madre Deméter":

> ¡Por las sendas del bosque! *¡Mira, mira...!*

El gran filólogo, crítico literario, académico y poeta español, Dámaso Alonso, cita los siguientes versos del catalán Juan Maragall:

> Dins la cambra, xica, xica,
> en la nit dormo tot sol:
> part de fora: negra, negra,
> la muntanya, em vetlla el son.
> La muntanya, alta, alta... (60, pág. 455)

Al hacer la cita, Dámaso Alonso no se refiere a las epífaras, ya que su tema es otro. No está de más, por ende, reproducir la versión al

Figuras de reiteración

castellano, con las epíforas en cursivas:

> En mi alcoba *chica, chica,*
> yo en la noche solo duermo:
> allá afuera, *negra, negra,*
> la montaña vela el sueño.
> La montaña *alta, alta...*

CON PALABRAS HOMÓGRAFAS

A veces la epífora engaña con dos palabras iguales que, sin embargo, no corresponden a la misma semántica. Y claro que esta particularidad puede aplicarse también a todas las *figuras de reiteración.* En el soneto "Amor de la belleza", de Evaristo Ribera Chevremont, hay dos epíforas con esas características. La primera aparece al final del segundo cuarteto:

> ...y que al amarte con su *llama, llama.*

Es evidente que la primera vez, *llama* es sustantivo, sinónimo de fuego; la segunda *llama,* naturalmente, es verbo, de *llamar.*

El otro ejemplo en el mismo poema está en el último verso:

> ...le da su amor al que es *amante amante.*

Aquí, el primer *amante* es sustantivo (el amante), mientras que el segundo es adjetivo (que ama), razón por la cual ambas palabras no están separadas por una coma. Y del mismo poeta puertorriqueño, en "Voluntad gozosa", hay otro caso de sustantivo más adjetivo con palabras homófonas:

> Colores y chispazos. *Suma suma.*

O sea: *suma* como agregado de muchas cosas, y *suma* como lo más importante de una cosa (belleza suma... gracia suma...)

CON UNA MISMA PALABRA TRES VECES

Es bastante común la epífora que se forma con una misma palabra tres veces. Viene al recuerdo, de inmediato, un verso de El Viejo Pancho, poeta uruguayo nacido en España, cuyo nombre era José Alonso y Trelles. En su poema "¡Hopa... hopa... hopa!", un verso dice: "Y el grito campero de *¡hopa!, ¡hopa!, ¡hopa!*"

Continúo con una lista de esta muestra de epífora, con variados y creo que suficientes ejemplos:

> Fue un sabio en sus abismos y *humilde, humilde, humilde...*
> (Porfirio Barba Jacob, "Futuro")

> Y la sombra que *avanza..., avanza...., avanza.*
> (Manuel José Othón, "Idilio Salvaje")

> Todo mi ser con *hambre, hambre, hambre...*
> (Juana de Ibarbourou, "Un lirio sin raíz en la mañana")

> ...y de los ríos públicos! *Inmenso! Inmenso! Inmenso!*
> (César Vallejo, "Gleba")

> Todos estamos *muertos, muertos, muertos...*
> (Eduardo Carranza, colombiano, "Epístola mortal")

> Era la tierra *muerta, muerta, muerta.*
> (Hugo Lindo, salvadoreño, "2 P.M.")

> ...viven para la muerte sin fronteras
> y *nacen, nacen... ¡nacen!*
> (Adela Jaume, cubana, "Latido eterno")

> Y de repente *llaman, llaman, llaman.*
> (Luis Jiménez Martos, "2 de Diciembre de 1926")

VARIANTES

Una conjunción copulativa en un poema famoso del chileno Daniel de la Vega, "El bordado inconcluso", rompe una epífora:

Figuras de reiteración 71

Con *quimeras, quimeras* (y) *quimeras.*

Del poeta contemporáneo José Luis Núñez, de su poema "De aquella higuera sacra", tomo un verso:

Ese sueño perfecto... *Abuela, abuela, abuela.*

Dos versos antes, es apreciable una epanalepsis con la misma exclamación:

¡*Abuela, abuela, abuela!* Hoy me siento más crío.

Y para finalizar con las epíforas de una misma palabra tres veces, debe ser reproducido el soneto "La siesta", del uruguayo Pedro Montero López. Descriptivamente, verso a verso, el poeta va retratando una siesta, hasta dar la apariencia de haberse quedado dormido en los tres puntos suspensivos del final. El adverbio de cantidad *tan,* apócope de *tanto,* repetido veinticinco veces, llega al último verso para reproducir, onomatopéyicamente, (61, pág. 455) el sonido de la campana de la iglesia. Y en esa epífora, a las tres de la tarde, ya el poeta parece haber caído "en brazos de Morfeo", como se dice tan manidamente:

La casa tan de siesta; con rigor,
tan íntima quietud, tan poro a poro
y tan afuera, tan azul, tan oro
y tan aire, y tan pájaro, y tan flor.

Del patio, tan campante, al corredor,
tan verde moscardón y tan sonoro
y el balde en el aljibe tan en lloro,
tan gota, gota y gota de frescor.

Alcoba tan callada; celosía
tan baja; tan dormida todavía
la tarde y yo tan solo con mi afán

tan atento a las tres de la campana

de la iglesia que suena tan sin gana
y tan lejos, tan lejos, *tan... tan... tan...*

DOS PALABRAS DOS VECES

También forman epífora dos palabras repetidas al final del verso. León de Greiff, en "Ritmos", nos dice:

Solitario en la noche voy *sin rumbo, sin rumbo.*

El poeta chileno Luis Felipe Contardo, en "Estrellas en la sombra":

Que el agua del camino *es amarga, es amarga.*

De la poetisa cubana Margarita Robles, hay varios ejemplos en los poemas "Me llegas", "Por tu inmenso dolor" y "Cruza el umbral":

Y así, como la luz, tú *me llegas, me llegas.*
***
Búscalo en la mañana y que *te hable, te hable.*
***
Ya no sientas temor *a nada, a nada.*

Un caso de epífora y epanalepsis resalta en dos versos de "Oye", de Alfonsina Storni:

Yo seré a tu lado *silencio, silencio;*
perfume, perfume: no sabré pensar...

Pero acaso el poema con epíforas de dos palabras repetidas más popular en castellano es "La canción de la vida profunda", de Porfirio Barba Jacob. Además, tiene la particularidad de repetir la imagen al principio de cada una de las siete estrofas del poema. Reproduzco el primer verso de las primeras seis estrofas:

Figuras de reiteración 73

> Hay días en que somos *tan móviles, tan móviles...*
> Y hay días en que somos *tan fértiles, tan fértiles...*
> Y hay días en que somos *tan plácidos, tan plácidos...*
> Y hay días en que somos *tan sórdidos, tan sórdidos...*
> Y hay días en que somos *tan lúbricos, tan lúbricos...*
> Y hay días en que somos *tan lúgubres, tan lúgubres...*

DOS PALABRAS TRES VECES

El poema que acabo de citar, de Barba Jacob, tiene en la última estrofa una epífora de dos palabras tres veces

> Mas hay también ¡oh Tierra! *un día, un día, un día*
> en que levamos anclas para jamás volver.
> Un día en que discurren vientos ineluctables...
> ¡Un día en que ya nadie nos puede retener!

Y exclama Antonio Pereira, en un verso decasílabo de "El nombre":

> Y *yo creo, yo creo, yo creo.*

Mientras, dice Hugo Lindo, en un endecasílabo de "9 A.M.", de *El libro de las horas:*

> Amada mía: ¡*el tiempo, el tiempo, el tiempo...!*

TRES PALABRAS DOS VECES

Es natural que haya una inmensa cantidad de otros ejemplos en la enorme producción poética en idioma español, pero pongo punto final a las epífras con el siguiente verso de Gerardo Diego, tomado de "Segundo sueño":

> pero es *el otro sueño, el otro sueño.*

La conduplicación

La *conduplicación* es una figura reiterativa agradable al oído y, por lo mismo, a la sensibilidad. En este caso, la repetición se produce entre el final de un verso y el principio del siguiente. El uso de la conduplicación se remonta, por lo menos, al clasicismo latino. Cuando el poeta colombiano Miguel Antonio Caro traduce a Catulo, deja constancia de un artículo y un sustantivo conduplicados:

> Mas, ¡ay!, de la mujer *el juramento,*
> *el juramento* que hace a quien adora,
> en alas del vïento
> escrito está, y en onda brilladora.

Con esa ascendencia latina era natural que la conduplicación apareciera después en un romance galaicoportugués del Siglo XIII:

> La tan fresca *mañanica*
> *mañanica* la tan clara.

Y ya en esa onda, la figura de repetición llegaría al siglo XV en una de las coplas de Jorge Manrique:

> ...virtud pudiera *valerme,*
> *valerme,* mas no valió.

De Manrique salta al *Renacimiento* español con Juan Boscán, que escribe en *Octava rima:* (62, pág. 455)

> ...inventa contra mí mil *maleficios,*
> *maleficios* que dan malos ejemplos
> contra los sacrificios de mis templos.

Y del mismo poema:

> Amor, tú lo gobiernas con tu *ruego,*
> *ruego* que es mando y fuerza incomprensible.

Figuras de reiteración

En un soneto de Fernando de Herrera, leemos:

> ¿Do vas, do vas, cruel? ¿Do vas? *Refrena,*
> *refrena* el presuroso paso, en tanto...

Lope de Vega, también en un soneto:

> Pues cuando más segura, quien la *tiene,*
> *tiene* polvo, humo, nada, viento y sombra.

En un análisis sobre los versos de Sor Juana Inés de la Cruz, el poeta, polígrafo, ensayista, historiador, crítico y pensador mexicano Octavio Paz [63, pag. 456] -sobresaliente en todo lo enumerado y además ganador del Premio Nobel de Literatura en 1990- dice que "en el romance 20, que celebra un cumpleaños de la condesa de Paredes, se enreda en sus alabanzas con el adverbio más: *que suele moler un más/ más que un mazo y un martillo*". Esa repetición adverbial forma, naturalmente, una simpática conduplicación de la gran poetisa que fue Juana Inés Ramírez de Asbaje.

Si de la Edad Media pasamos hacia el renacimiento clásico, también entramos en el *Neoclasicismo*. En la segunda parte titulada "La tarde", del romance "Rosana, en los fuegos", dice Juan Meléndez Valdés:

> Todo es paz, silencio es *todo,*
> *todo* en estas soledades
> me conmueve y hace dulce
> la memoria de mis males.

Y para concluir en el *Romanticismo* con esta síntesis cronológica, el poeta uruguayo Juan Zorrilla de San Martín, en su poema universal *Tabaré,* también hizo uso de la conduplicación:

> ¿Por qué le hieres con tu voz *tranquila,*
> *tranquila* como el canto del sabiá?

REPETICIÓN DE UNA SOLA PALABRA

En los ejemplos expuestos hasta ahora, sólo en el romance galaicoportugués aparece la conduplicación formada por dos palabras: "el juramento". Conviene seguir ahora, en orden alfabético, con poetas que han escrito conduplicaciones de una sola palabra:

> Vuelo que sigue su propia *sombra*
> *sombra* perdida sobre los mares.
> (Luis Aguilar León, cubano, "Gaviota")
>
> Cristalino *manantial,*
> *manantial* inagotable.
> (Olegario Víctor Andrade, argentino, "Las ideas")
>
> Canción del alto velero
> que, callando lo que *quiere,*
> *quiere* del mar marinero
> el jazminero de enero
> para el agua donde muere.
> (Ignacio B. Anzoátegui, argentino, "Lamentación de Andrómeda)

Otras conduplicaciones van apareciendo en poemas de diversas latitudes, sin visibles lazos entre sí, pero siempre con la finalidad común de enriquecer a la Poesía:

> El amor sólo es una pipa de opio. *Fumo,*
> *fumo* en mi pipa y sueño.
> (Ángel Corao, venezolano, "La balada del humo")
>
> Ruinas que son memoria de los *dioses,*
> *dioses* que son en Dios más comprendidos.
> (José García Nieto, "Elegía en el Pincio")
>
> Ni al Támesis, ni al Pó debemos *nada,*
> *nada* tenemos que envidiar al Sena.
> (Gabriel de la Concenpción Valdés, cubano, "A la señora doña María de las Mercedes Santa Cruz y Montalvo, condesa Merlín")

Figuras de reiteración

> Con los ojos *clavados,*
> *clavados* en el libro.
> (Baldomero Fernández Moreno, "Silencio")

> ...olvidarme de sombra, decir *pena...*
> *Pena* que es sombra comprensiva y buena.
> (Manuel Joglar Cacho, puertorriqueño, "La canción que va contigo")

> Santa María, Madre de Dios, ruega, Señora,
> por nosotros los tristes pecadores de *ahora,*
> *ahora* y en la hora de nuestra muerte. Amén.
> (Aurelio Martínez Mutis, colombiano, "Ave María")

Del chileno Pablo Neruda, Premio Nobel de Literatura en 1973, pueden entresacarse dos bellos ejemplos. El primero, del poema "Para que tú me oigas..."; el segundo, "Poema en diez versos":

> Amame, compañera. No me abandones. *Sígueme.*
> *Sígueme,* compañera, en esa ola de angustia.
> ***
> Ella, -la que me amaba- cerró los ojos. *Tarde.*
> *Tarde* de campo, azul. Tarde de alas y vuelos.

El poeta español Blas de Otero cierra una estrofa de "A la inmensa mayoría" con otra conduplicación:

> Así es, así fue. Salió una noche
> echando espuma por los ojos, ebrio
> de amor, huyendo sin saber *adónde:*
> *adónde* el aire no apestase a muerto.

Otro ejemplo en el marco de la interrogación:

> ¿Quién serás en ti misma a esta instancia de *ahora,*
> *ahora* que mi lecho se retuerce y te ama?
> (Athilano Pacheco, venezolano, "Mujer, yo te amaría")

> Parece que me olvido de que estás *esperándome,*
> *esperándome* siempre, asomada a tus ojos...
> (Rafael de Penagos, español, "Canto a mi madre")

> Sin mí te quedas para estar *conmigo,*
> *conmigo* vas cuando de ti me ausento.
> (Ernesto Luis Rodríguez, venezolano, "Vamos al mar")

Elvio Romero, con su originalidad a flor de verso, se da también a la conduplicación en dos poemas: "Galope en la selva" y "Te llevaré a los montes":

> Sólo calor, oscuras *polvaredas;*
> *polvaredas,* calor, breñal abierto.
> ***
> Aquí se es simple, *mira,*
> *mira* esos rostros de apretadas aguas.

En el poema "Claridad del día", el poeta español Carlos Sahagún expresa:

> ...tan flor, tan luz de primavera, *dime,*
> *dime* que no es mentira este milagro...

Las voces femeninas sudamericanas se ponen de acuerdo en el uso de la conduplicación:

> Monstruo de amor, elemental *olvido,*
> *olvido* de mi ser en el gemido.
> (Clara Silva, uruguaya, "Derrumbada en mi cuerpo")

> Cada herida en la piedra de la montaña *canta.*
> *Canta* la huella honda del buey sobre la tierra.
> (Piedad R. Soria, ecuatoriana, "Colmenar humano")

Unamuno, en el poema "El Cristo de Velázquez", forma una conduplicación con el vocablo *noche,* que repite posteriormente en "Escrito en el cuarto en que vi mi mocedad", aunque entonces pluraliza el sustantivo:

> ¡Oh noche, madre de los blandos sueños,
> madre de la esperanza, dulce *noche,*
> *noche* oscura del alma, eres nodriza

Figuras de reiteración

> de la esperanza en Cristo Salvador!
> ***
> Vuelven a mí las *noches,*
> *noches* vacías.

En "Salamanca", también el pensador y poeta vizcaíno dice:

> Como el crecer de las encinas, *lento,*
> *lento* y seguro.

Y para concluir con las conduplicaciones de una sola palabra, el poeta también español, Fernando Villalón, escribe en "Giralda, madre de artistas":

> Los ocho caballos *negros;*
> *negros* con sus atalajes...

CON DOS PALABRAS

> Ya le influye *otra estrella;*
> *otra estrella* de aspecto riguroso.
> (Fray José Manuel Martínez de Navarrete, mexicano, "Mi fantasía")

Del poeta argentino Enrique Banchs, dos ejemplos. El primero, de un soneto; el segundo, de "Balbuceo":

> La vida a un lado me dejó, *sin duda;*
> *sin duda,* a un lado me dejó la muerte.
> ***
> Pero siento que *no quieres,*
> *no quieres* que yo me muera.

Reproduzco ahora otros interesantes ejemplos:

> Y un cielo *para querer,*
> *para querer* ir al cielo.
> (Andrés Eloy Blanco, "Aparición de Giraluna")

Este es el río, pero *¿en dónde,*
en donde queda la ciudad?
(José Santos Chocano, peruano, "Ahí, no más")

Gerardo Diego, en los poemas "La ola" y "Tú te llamabas isla", expone sus conduplicaciones de dos palabras:

La libertad también *no quieras,*
no quieras nada ya, sólo mi abrazo.
***
Y tú *me preguntabas,*
me preguntabas siempre.

Otros versos:

Yo quise desprenderme de *las sombras,*
las sombras de mí mismo.
(Carlos Fojo Hermida, "Encuentro")

Tiene el deber agrario de *las lluvias:*
las lluvias alimentan y se van.
(Jaime Fontana, hondureño, "Color naval")

Escribo a los *mil años,*
mil años de tierna labranza.
(José García Nieto, *Nuevo elogio de la Lengua Española*)

Salióse en busca de un *amor primero,*
amor primero que le fue brindado.
(José Jurado Morales, español, "Sonetos del amor, II")

Y en cuyo fondo pasa como *un río,*
un río de tristísima ribera...
(Aquiles Nazoa, venezolano, "Para Alvaro Sanclemente")

Dibujar *tu perfil,*
tu perfil de medallón.
(Amado Nervo, "Canto de amor")

Dejé mis versos *una mañana,*
una mañana de primavera.
(Francisco A. de Icaza, "Estancias")

Figuras de reiteración

En sus décimas tituladas "En el abismo", el poeta argentino Pedro Bonifacio Palacios, que hizo famoso el seudónimo de *Almafuerte,* acude a dos conduplicaciones:

> Soy el resuello *del mar,*
> *del mar* augusto y perverso.
> ***
> La floración *del orgullo,*
> *del orgullo* sublimado.

Abundan las conduplicaciones con dos palabras:

> No es verdad *esta mano,*
> *esta mano* -¡mentira!- no me duele.
> (Mariano Roldán, español, "Mujer fuerte")

> ¡Otra vez *Buenos Aires!*
> *¡Buenos Aires,* mi tierra!
> (Raúl Rubianes, (64, pág. 456) argentino, "Emoción del retorno")

> Si estuvieras conmigo, yo hablaría *de cosas,*
> *de cosas* nada más, sencillas y desnudas.
> (José María Valverde, español, "Salmo inicial")

CON TRES PALABRAS

> Yo clamaba, yo clamo: *¡Amor o muerte!*
> *¡Amor o muerte* quiero!
> (Rafael Alberto Arrieta, argentino, "Lied")

> ...a marea, *de tan alta,*
> *de tan alta,* sin vaivén.
> (Jorge Guillén, "Beato sillón")

> Coronada de pie *sobre el altar,*
> *sobre el altar* de flores matizado.
> (Bartolomé Mitre, argentino, "Nada diré")

> Me vuelve con ellas *aquella alma buena,*
> *aquella alma buena* de cuando leía.
> (Luis Rechani Agrait, puertorriqueño, "Marginal")

> Así es la voz *de mi tierra,*
> *de mi tierra* colombiana.
> (Leonor Rodríguez Uribe, colombiana, "Voz de mi tierra")

> Era la madre *de un niño,*
> *de un niño* que deliraba.
> (Antonio Ros de Olano, "Sin hijo")

CON CUATRO PALABRAS

Es natural que, proporcionalmente, haya menos conduplicaciones con más cantidad de palabras repetidas. En los versos endecasílabos, con su doble necesidad métrica y acentual, repetir una frase de cuatro palabras depende de la propia frase, que a veces resulta "irrepetible" debido a la colocación del acento o de los acentos constituyentes. La poetisa cubana Sara Martínez Castro vence esa dificultad en el soneto "Nuestro hogar...", con dos endecasílabos yámbicos, el primero *melódico* (acentuación en tercera y sexta sílabas); y el segundo *heroico* (acentuación en segunda y sexta sílabas). Y es necesario anotar que en el primer verso el acento constituyente recae en la palabra *sueño,* y en el segundo, en *parédes,* ambos sustantivos pertenecientes a la misma frase conduplicada:

> Nuestro hogar será *un sueño entre paredes,*
> *un sueño entre paredes* de alegría.

Otro poeta también cubano, Sergio Enríque Hernández Rivera, acude a cuatro palabras, pero sin problemas acentuales, porque es la repetición de un hemistiquio [65, pág. 456] heptasilábico [66, pág. 456] en dos alejandrinos. Así está en el poema "Diálogo", cuyo final reproduzco:

> ...pero alguien, que sin duda me cree un pobre loco,

Figuras de reiteración 83

responde compasivo: -*Cuando el invierno pase...*
-*Cuando el invierno pase* ¿vendrá el amor? -Amigo,
sospecho que tu inútil deambular será eterno,
porque leo en tus ojos la verdad que te digo:
¡que cualquier estación para ti será invierno!

CON SEIS PALABRAS

Habrá más, pero he encontrado una sola conduplicación con seis palabras. Así brilla en el poema "Soledad herida", de Jaime Fontana:

Ella en nada ha cambiado, *pero ya no es la misma,*
pero ya no es la misma porque he cambiado yo.

ENTRE ESTROFAS

Hasta aquí he reproducido conduplicaciones entre versos de una misma estrofa. Ello no quiere decir que esta figura no aparezca también entre el último verso de una estrofa y el primero de la siguiente. Si nos remontamos a la poesía española de los siglos XIV y XV, la encontramos al menos en dos ocasiones, con la firma de Alfonso Álvarez de Villasandino:

Pensando en vuestra dolencia,
nin puedo tocar *laúd.*

Laúd, rrabé (67, pág. 456) nin vyuela...
      ***
No querría este cordojo (68, pág. 456)
por sser señor de *Pozuela.*

Pozuela é Torrejoncillo...

En la poesía argentina, Juan Alfonso Carrizo publica, en el *Cancionero popular de Tucumán,* (69, pág. 456) ejemplos como el siguiente:

Aunque tú me pagues mal
en mí no hallarás *mudanza.*

Mudanza en mí no hallarás...

Y otro más, con evidente influencia del Siglo de Oro español, en la "Boda de negros" de Francisco de Quevedo y el romance también de negros de Luis de Góngora y Argote. Y no sólo por el tema:

> Negro el cura que los casa,
> negro el que arma el *casamiento*.
>
> *Casamiento* me ha salido,
> yo no me quiero casar...

En el soneto "Desde lejos", de Carlos Bousoño, hay dos ejemplos de conduplicaciones entre estrofas. Entre los cuartetos primero, con una sola palabra; entre los tercetos después, con dos palabras:

> ...la patria densa, inmóvil y *dormida.*
>
> *Dormida,* en sueño para siempre, olvida.
> ***
> Patria, profundidad, *piedra perdida.*
>
> *Piedra perdida,* hundida, vivos muertos.

Gerardo Diego, entre dos estrofas de "El amor":

> Treinta de mayo: la madre
> del Amor Hermoso... *Deja,*
>
> *deja* que llore la noche.
> Esta lluvia mansa riega...

Baldomero Fernández Moreno honra a un poeta mexicano, cuando en la elegía titulada "Amado Nervo", escribe una conduplicación de tres palabras entre estrofas, en otro caso de dos endecasílabos. A diferencia de los versos de Sara Martínez Castro, aquí el primero es yámbico del tipo *enfático* (acentuación en primera y sexta sílabas), y el acento constituyente en sexta sílaba cae fuera de la frase

Figuras de reiteración

conduplicada, exactamente en la palabra *memória*. El segundo verso es *sáfico*, con acentuación en cuarta y octava sílabas. El primer acento cae en la frase conduplicada, sobre el vocablo *nuéstro;* el segundo, sobre *lábios:*

> Reza, por su memoria, *un Padre Nuestro.*
>
> *Un Padre Nuestro* de tus labios puros...

RUBEN DARÍO

También Darío cultivó la conduplicación, y así le dio legitimidad modernista para que fuera captada por generaciones futuras. Los siguientes ejemplos, con una, dos y tres palabras, pertenecen a los poemas "Divagación", "Canto trunco a Bolívar" y "La página blanca":

> Ninfalias guía a la divina *hoguera,*
> *hoguera* que hace llamear las rosas...
>
> Yo te saludo el alma *en alegría,*
> *en alegría,* en fuego y esperanza.
> ***
> Y fueron visiones *de extraños poemas,*
> *de extraños poemas* de besos y lágrimas...

JUANA DE IBARBOUROU

Con Juana de América ocurre lo mismo. La primera conduplicación de una palabra es del poema "Cansancio"; la segunda, de dos palabras, es de "Elegía"; y, finalmente, los otros cuatro versos en los que hay una conduplicación de dos palabras y otra de tres, corresponden a "Ausencia":

> Como a veces te *sueño,*
> *sueño* del ataúd.
> ***
> Pero yo me incliné y en *su cabeza,*

su cabeza perdida,
puse un beso.
***
Cuando regreses, *¿qué rostro,*
qué rostro me encontrarás?

Vuelve pronto, *no me dejes,*
no me dejes sin tu voz...

DELMIRA AGUSTINI

En Delmira Agustini, con una obra brevísima frente a la de Darío y la de Juana de Ibarbourou, pueden detectarse más fácilmente las conduplicaciones. Las dos primeras con una sola palabra son de los poemas "Tres pétalos a tu perfil" y "En tus ojos", respectivamente; la de dos palabras es de "A una cruz"; la de tres es de "Un alma" y la de cuatro pertenece al poema "Mis amores":

...tu wagneriano *perfil;*
perfil supremo y arcano...
***
...Eléctricos cerrojos
de profundas estancias; claros *broches,*
broches oscuros, húmedos, temblantes...
***
...¡El cielo
estaba vivo como un alma...!, *el velo,*
el velo blanco y temblador crecía...
***
¡Pasad...! Yo miro *indiferente y fija,*
¡indiferente y fija como un astro!
***
Ellos me dieron sed *de todas esas bocas...*
De todas esas bocas que florecen mi lecho.

ANTONIO MACHADO

En una misma estrofa de *Proverbios y cantares,* Antonio Machado enlaza dos conduplicaciones de una palabra; en *Soledades VI,* de tres; y en "Cante hondo", hay una curiosa conjunción de

Figuras de reiteración　　　　　　　　　　　　　　　　87

epanadiplosis de tres palabras y conduplicación de dos. Van en el mismo orden expuesto:

>Todo pasa y todo queda,
>pero lo nuestro es *pasar,*
>*pasar* haciendo *caminos,*
>*caminos* sobre la mar.
>***
>Y en la clara tarde *dijeron tu pena.*
>*Dijeron tu pena* tus labios que ardían.
>***
>*Detén el paso,* belleza
>esquiva, *detén el paso.*
>Besar quisiera *la amarga,*
>*la amarga* flor de tus labios.

EVARISTO RIBERA CHEVREMONT

En Ribera Chevremont (70, pag. 457) las palabras que se repiten abundan extraordinariamente. Empezando por las conduplicaciones de una sola palabra, las encontraremos entre estrofas, después llegaremos a las de dos palabras y, al final, de cinco palabras y una de ellas entre estrofas también. Las reproduzco individualmente con el título de cada poema al pie:

>El infinito empenachado en *grana*
>-*grana* fogoso en verde requemante-.
>("Grana y verde")
>***
>Mirabel de los cielos, en *punzada*
>-*punzada* de centellas y cinceles-.
>("Mirabel")
>***
>Y es que la esencia divinal encaja
>en lo humano; y lo humano se hace *alhaja.*
>*Alhaja* que es alhaja de fineza...
>("Formación del semblante")
>***
>De finuras. Carbúnculo, diamante,
>topacio y calcedonia. Mi *universo.*

Universo de perla y coralina.
("Universo del color")
***
Hilo del iris y el relumbre. *Hilo.*

Hilo multicolor: hilo y madeja.
("Hilo y madeja")
***
Claridad que me envuelve y torna *ciego.*

Ciego para ver más en lo que miro...
("Tira y lazada")
***
...es generoso y es cabal *el mundo.*
El mundo es de firmeza en su eficacia.
("Origen de la gracia")
***
Porque no hay sangre para mí, no hay vena
para mí, que mi vena, si *se llena,*
se llena de su sangre sin medida.
("Filo que no quebranta")
***
El cabello *se encrespa y se amontaña.*
Se encrespa y se amontaña. Se hace hielo.
("Totalidad radiante")
***
El es. *Es pensamiento y es sonido.*

Es pensamiento y es sonido. Mente...
("Presencia")

En el ejemplo tomado de "Hilo y madeja" aparece también una epanadiplosis:

Hilo del iris y el relumbre. *Hilo.*

Exactamente como en el poema "Queja del hombre solitario", de Joaquín Cifuentes Sepúlveda, sólo que tanto la epanadiplosis como la conduplicación contienen una frase de cuatro palabras cada una. Interesante ejemplo éste de Cifuentes Sepúlveda para finalizar con las conduplicaciones:

Figuras de reiteración   89

> *Como un jilguero ciego, toda mi vida canta,*
> *toda mi vida canta como un jilguero ciego.*

La epanadiplosis

La *epanadiplosis* se crea, como acabamos de ver, cuando una misma palabra aparece al principio y al final de un verso. Por extensión, puede ser tambien al principio y al final de dos versos o más, de una estrofa y hasta de un poema. Si en vez de una sola palabra se trata de más de una, los ejemplos de epanadiplosis se multiplican. Según la definición académica, esa figura consiste en "repetir al fin de una cláusula o frase el mismo vocablo con que empieza". En versificación, la cláusula puede quedar rota por un encabalgamiento, y en esos casos, los puntos suspensivos que pondré en los ejemplos advertirán que no se trata de una epanadiplosis exacta a la anterior definición, sino supeditada a la fonética del verso.

Un poeta que vivió entre 1075 y 1170, Yehudá Ha-Leví, escribió los siguientes versos:

> Ven, cidi, vení,
> el querer es tanto bieni
> d'est al-zameni,
> con filyod d'Ibn al-Dayyen.

La traducción es:

> *Ven*, señor mío,*ven*,
> ¡el querer es tan grande bien
> de este tiempo!
> Con el hijo de Ibn al-Dayyen.

En el primer verso de esa estrofa del *Cancionerillo mozárabe*, considerado como un inicio de la poesía lírica castellana, puede apreciarse ya una antiquísima epanadiplosis.

Ya desde la Edad Media, dos poetas contemporáneos (se supone que ambos nacieron en el mismo año de 1440), repiten una palabra al principio y al final de un verso. Así escribió Juan Álvarez Gato en "Canción":

> *Venida* es *venida*
> al mundo la vida.

Mientras Jorge Manrique, en sus famosísimas "Coplas por la muerte del Maestre Santiago, Don Rodrigo Manrique, su padre", dice:

> *No* se engañe nadie, *no*...

El Siglo de Oro español tampoco fue indiferente a esta figura retórica, como puede advertirse en Francisco de la Torre cuando escribe:

> *Ellas* saben amar, y saben *ellas*...

Lope de Vega, en un soneto místico que ha gozado de larga popularidad, cuyo primer verso dice: "¿Qué tengo yo que mi amistad procuras?", usa correctamente una epanadiplosis en los dos últimos versos del último terceto:

> ...*mañana* le abriremos, respondía,
> para lo mismo responder *mañana*!

Y Cristóbal Suárez de Figueroa, también en España, escribió unas tiernas "Endechas" como la siguiente:

> *Si viese*, ¡ay *si viese*!
> ¡Ay si viese un día
> la tristeza mía
> que mía no fuese!

En su *Diccionario de términos filológicos,* Fernando Lázaro Carreter pone el siguiente ejemplo de epanadiplosis:

Figuras de reiteración

> *Crece* su furia, y la tormenta *crece*.

Aunque el erudito catedrático español no dice el nombre del autor de ese verso, se trata de Juan de Arguijo, y muchos años después, el eco de ese endecasílabo siglodorista repercutiría en el soneto "Lluvia", del panameño Manuel S. Guillén:

> *Crece* la lluvia y la tormenta *crece*.

Pero recordemos también a los románticos, con el poema "El nacimiento de mi primogénito", dedicado, evidentemente, al gran humanista dominicano Pedro Henríquez Ureña, en el que Salomé Ureña escribe:

> *Ajeno* a la maldad, al vicio *ajeno*.

Unos años antes, Bécquer había escrito la "Rima LVI":

> *Hoy* como ayer, mañana como *hoy*.

Y en Venezuela, el noble poeta Elías Calixto Pompa, en su soneto "Trabaja", aconsejaba a la juventud con otro verso endecasílabo memorable:

> *Trabaja* joven, sin cesar *trabaja*.

Posteriormente, en el *Modernismo* y tendencias subsiguientes, la epanadiplosis ha sido un recurso poético que ha salido a relucir con harta frecuencia. También hay poetas -y no poetas simplemente, sino grandes poetas-, en cuyos versos aparece esta figura con cierta reiteración. Así sucede con Gerardo Diego y con Andrés Eloy Blanco. Empiezo con algunos versos de Diego:

> *Duerme* a tu arrullo en paz, dichosa, *duerme*.
> ("Sé más feliz que yo")

Arte de amar cantando, todo el *arte*.
("Entre miles")

Palabras de amor, *palabras*.
("Romance del Duero")

Álamos, y cuántos *álamos.*
("Romance del Júcar")

Si consideramos la epanadiplosis con más de un vocablo (como la endecha de Suárez de Figueroa: *"Si viese* ¡ay *si viese!"*), se pueden reproducir otros versos, también de Gerardo Diego:

Eres tú, sí, *eres tú.*
("Allegro de concierto")

Tú sola al fin llegaste, amor, *tú sola.*
("Entre miles")

Como tu frente, amor, *como tu frente.*
("Amor")

Ahora, la versión americana con Andrés Eloy Blanco, siguiendo el mismo procedimiento:

¿Europa? ¿Nueva York? ¿Qué vale *Europa?*
("Los navegantes")

Tiene un abuelo que hizo leyes, *tiene...*
("Llano alto")

Ahora comprendo, *ahora.*
("El poema del apure")

Santiago!, clame el Justo, y el contumaz: -*Santiago!*
("Canto LVII")

Valencia del rey, *Valencia.*
("Aparición de Giraluna")

Figuras de reiteración

> *Quiero* y porque quiero, *quiero*...
> ("Pleito de amar y querer")

Y con dos palabras:

> *La Guerra* de los indios. Yo digo que es *la Guerra*...
> ("Canto LVII")

> *Qué hermosa* estás, *qué hermosa*...
> ("Anunciación")

Con los ejemplos anteriores se aprecia que la repetición de un vocablo -o más de uno- al principio y al final de un verso, produce un agradable impacto poético. He aquí más epanadiplosis en grupos de distintos metros, con los poetas ordenados alfabéticamente:

HEPTASÍLABOS

> *Restos* de cartas, *restos*...
> (Miguel Ángel de Argumosa, español, "Nevada")

> *Blanco* camino *blanco*.
> (Víctor F. Corugedo, español, "Pico con nieve")

> ¡*Más*, todavía *más*!
> (Jorge Guillén, "Cima de la delicia")

> En vano
> *Conozco* ya, *conozco*.
> (Elvio Romero, "Conozco lo que traes")

> *Plural,* todo *plural.*
> (Pedro Salinas, español, "Roca descansa en roca")

> *Llora* tu muerte y *llora*...
> (Jorge Suárez, boliviano, "Infancia muerta")

> *Día* de plaza, *día*...
> (José Juan Tablada, mexicano, "Tianguis")

Estas epanadiplosis en versos heptasílabos se producen, también, con palabras homógrafas. Como el ejemplo de epanalepsis incompleta de Quevedo: *"como como* un descosido", el poeta cubano nacido en Uruguay, Pablo Le Riverend, dice en "El hombre del espejo":

> *Sólo* se mira y *solo...*

Porque es de notar que *sólo* equivale al adverbio *solamente,* y *solo,* sin tilde, se refiere a estar sin compañía.

OCTOSÍLABOS

> *Día* de las madres, *día...*
> (Natividad Pérez de Cáceres, [71, pág. 457] cubana, "Décimas en respuesta a mi hijo")

> *Yo soy* del campo, *yo soy...*
> (Oscar Pérez Moro, cubano, "Desde la fronda escondido")

> *Aguas* turbias, mansas *aguas.*
> (Ulises Prieto, cubano, "Cantar de dos ríos")

> *Me muero* de amor, *me muero.*
> (José Suárez Carreño, español, "Canción desesperada")

> *Mía,* solamente *mía.*
> (Josefina de la Torre, española, "Poema 13")

Hay un caso digno de ponerlo aparte, del poeta español José Hierro:

> *Ya no hay* caminos, *ya no hay*
> *caminos,* ya no hay *caminos.*

El primer verso forma una epanadiplosis de tres palabras: "ya no hay", y otra epanadiplosis de una palabra, el segundo: "caminos". Pero también se forma una epanadiplosis de cuatro palabras entre un

Figuras de reiteración　　　　　　　　　　　　　　　　95

verso y el otro:

> *Ya no hay caminos,* ya no hay
> caminos, *ya no hay caminos.*

Finalmente, vista como una simple reduplicación en una línea de corrido, se trata de una frase escrita tres veces: "Ya no hay caminos, ya no hay caminos, ya no hay caminos".

ENDECASÍLABOS

Lejos de todo lo que soy, y *lejos...*
(Agustín Acosta, "Última cena")

Más alto que las águilas, *más alto.*
(Carlomagno Araya, costarricense, "El poema de mi dignidad")

Para que yo te descubriera, *para...*
(Francisco Luis Bernárdez, "Soneto al Niño Dios")

Rema, remero misterioso, *rema...*
　　　***
Quema -me dice por las noches-, *quema...*
(Arturo Capdevila, argentino, "Alta mar")

Bueno para cantar lo humano. *Bueno...*
(Luis Ángel Casas, cubano, "El idioma español en Norteamérica")

El dueño de las tórtolas, *el dueño...*
(Rubén Darío, *Cantos de vida y esperanza*)

Pasa la tierra y con la tierra *pasa...*
(Jaime Ferrán, español, "Más allá de la muerte")

Sombra fugaz, empecinada *sombra.*
(Alberto Franco, argentino, "Nada")

Deseo de la muerte, ¡oh, Dios!, *deseo.*
(Vicente Gaos, español, "Descanso en Dios")

Me crece la mirada en ti, *me crece.*
(Rafael Guillén, español, "La carne toda en rosas")

En vano intento recordarlo. *En vano...*
(Andrés Holguín, colombiano, "Imagen del olvido")

Un viejo amor es siempre *un viejo amor.*
(Adolfo León Ossorio, mexicano, "Un viejo amor")

Besos de alma quizás o alma de *besos.*
(Pedro Lezcano, español, "Nevada")

Entro en mi ayer cuando en tu cuerpo *entro.*
(Manuel Mantero, español, "Lo encantado")

Cada cosa que encierras, *cada cosa.*
(Rafael Morales, "Cántico doloroso al cubo de la basura")

Todo lo llenas tú, *todo lo llenas.*
***
Todo lo ocupas tú, *todo lo ocupas.*
(Pablo Neruda, "Para que tú me oigas...")

Madera dulce de razón, *madera...*
(Tomás Preciado, español, "A la madera del confesionario")

Desgarrado va el fuego, *desgarrado.*
(Brígido Redondo, mexicano, "Ya no hay mundo sin ti")

Conmigo marchas, sombra, vas *conmigo.*
(Ana Sampol Herrero, argentina, "Encuentro feliz")

Viejo piano sin dueño, *viejo piano...*
(Gustavo Sánchez Galarraga, cubano, "Al amigo mudo")

Piensa, -el poeta te lo dice-, *piensa.*
(Alberto J. Ureta, peruano, "El dolor pensativo")

Vibro tan sólo por un sueño, *vibro...*
(Rafael Heliodoro Valle, hondureño, "Éxtasis humilde")

Cierro los ejemplos de epanadiplosis en versos endecasílabos, con

Figuras de reiteración

una del poema "9 A.M.", de Hugo Lindo, en el que puede verse también una epífora, por la repetición de las mismas dos palabras al final del verso:

¡El tiempo, amada mía, *el tiempo, el tiempo!*

ALEJANDRINO

La princesa está triste. ¿Qué tendrá *la princesa?*
(Darío, "Sonatina")

TRECE EN UN SONETO

Posiblemente, el caso más interesante es el múltiple, como en el soneto "A una azucena", con una epanadiplosis en cada verso, excepto en el primero. Esta curiosa pieza literaria fue escrita por el poeta argentino Nicolás Cócaro. (72, pág. 457)

Pena escondida, pena de azucena,
siento pureza y en su forma *siento*
viento celeste, celestial y *viento;*
vena de savia vegetal su *vena.*

Plena de vida, su campana *plena,*
presiento el cielo y su latir *presiento.*
Momento santo, dulce del *momento,*
llena tus fuentes en mis besos, *llena.*

Pura, ella sabe que es la flor más *pura.*
Todo es la estrella por la sed de *todo;*
ternura quiere sin cesar, *ternura.*

Pide en tu copa, clamorosa *pide,*
modo implacable de querer su *modo,*
mide su sed, en la de Dios la *mide.*

Sin embargo, el soneto de Cócaro tiene un ilustre antecedente en Miguel Hernández, sólo que el argentino escribió trece epanadiplosis y doce el español. Pero no hay duda de que Hernández se anticipó a

Cócaro, porque su soneto salió publicado en el libro *El rayo que no cesa,* en 1936, con poemas que fueron escritos entre 1934 y 1935; y, en 1935, Cócaro tenía solamente nueve años de edad. Sin más dilación, he aquí el soneto de Miguel Hernández:

Fuera menos penado, si no *fuera*
nardo tu tez para mi vista, *nardo,*
cardo tu piel para mi tacto, *cardo,*
tuera tu voz para mi oído, *tuera.*

Tuera es tu voz para mi oído, *tuera,*
y ardo en tu voz y en tu alrededor ardo,
y tardo a arder lo que a ofrecerte tardo
miera, mi voz para la tuya, *miera.*

Zarza es tu mano si la tiento, *zarza,*
ola tu cuerpo si lo alcanzo, *ola,*
cerca una vez, pero un millar no *cerca.*

Garza es mi pena, esbelta y negra *garza,*
sola como un suspiro y un ay, *sola,*
terca en su error y en su desgracia *terca.*

Como puede observarse, las conjunciones copulativas con que comienzan los versos centrales del segundo cuarteto bloquean la epanadiplosis en "ardo" y "tardo". Y, en otro orden de cosas, aun con el mérito de lo experimental, es evidente que en uno y otro soneto predomina el esfuerzo sobre la espontaneidad, y ello deriva hacia una literatura parecida a la redacción de un telegrama, ya que no parece haber otra forma de escribir una epanadiplosis detrás de otra sin ese inconveniente.

ENTRE UN VERSO Y EL SIGUIENTE, DE UNA, DOS, TRES Y CUATRO PALABRAS

Con el antecedente de Lope *"mañana* le abriremos, respondía/ para lo mismo responder *mañana",* hay también abundantes formas de epanadiplosis entre un verso y el siguiente, y no sólo con una

Figuras de reiteración

palabra, sino con dos, tres y cuatro. Van ahora en ese mismo orden:

-*Trabajo,* en fin pero trabajo amado,
si hay amable *trabajo*-.
(Sor Juana Inés de la Cruz, *Primero sueño*)

Quería tener toda la plenitud, buscaba
descender a las fuentes de su origen, *quería*...
(Elvio Romero, "Hallazgo")

Ah, mujer! Por ti existe
la carne hecha de instinto. *Ah, mujer!*
(Vallejo, "La copa negra")

Hora por hora en la desierta espera
y en la tensa pasión, *hora por hora.*
(Sixto Pondal Ríos, argentino, "Del tiempo, no de mí")

Potro sin freno se lanzó mi instinto,
mi juventud montó *potro sin freno.*
(Darío, *Cantos de vida y esperanza*)

El Harpa y Dina: sabias musicales...
Mujer en música es *el Harpa y Dina.*
(Julio Herrera y Reissig, uruguayo, "El Harpa y Dina")

Se deja de querer, y no se sabe
por qué *se deja de querer.*
(José Ángel Buesa, "Se deja de querer")

DIVERSAS FORMAS

Dentro de lo más tradicional, los ejemplos de epanadiplosis se suceden en constante estética. Pero hay formas que nada tienen que ver con otras, en las que el talento poético individual puede servir de paradigma. Así sucede con el español Florencio Llanos Borrell, en su soneto "A un amor todo arena", cuyo primer terceto presenta una epanadiplosis simple de una sola palabra en el primer verso, y una de tres palabras en el último:

> *Llena* de vaciedad y de ocio *llena,*
> te me has ido muriendo poco a poco
> *casi sin pena,* amor, *casi sin pena.*

Algo distinto resalta en una cuarteta (73, pág. 457) de Antonio Machado, en "Meditaciones rurales", que presenta tres formas de reduplicación. El vocablo "llueve", repetido al principio, es una epanalepsis. Ese mismo vocablo, repetido al final, crea una epífora. Y ya sólo hay que añadir que, por empezar la estrofa con las mismas dos palabras con las que termina, salta a la vista la epanadiplosis, que se repite, además, en el último verso, individualmente:

> *¡Llueve, llueve;* tu neblina
> que se torne en aguanieve,
> y otra vez en agua fina!
> *¡Llueve,* Señor, *llueve, llueve!*

UN MISMO VERSO AL PRINCIPIO Y AL FINAL DE UNA ESTROFA

Ampliando los ejemplos nos alejamos poco a poco de la epanadiplosis en su forma más sencilla, o sea, una sola palabra repetida al principio y al final de un verso. Si continuamos por esa vía, ¿cómo ubicar la estrofa que principia con el mismo verso con que termina? Es difícil que toda una estrofa represente una sola cláusula, como académicamente ha sido definida la epanadiplosis. Por eso, ya sin nombre exacto -aunque con indudable parentesco-, copio algunas estrofas como la descrita. Así la siguiente quintilla:

> *Niña de casa morena*
> que estás lavando en el río,
> ¿por qué das al río pena,
> echando tu llanto al río,
> *niña de casa morena?*

El ejemplo anterior, de Carlos Préndez Saldías, tiene un antecedente en un conocido tocayo suyo, Carlos Guido y Spano, también de

Figuras de reiteración

Sudamérica. Préndez Saldías nació en Chile en 1892 y Guido y Spano nació en Argentina en 1827. Se trata del poema "Trova", que consta de quince quintillas. Cada una empieza y acaba con el mismo verso. Esta es la primera:

> *He nacido en Buenos Aires*
> ¡qué me importan los desaires
> con que me trate la suerte!
> Argentino hasta la muerte
> *he nacido en Buenos Aires.*

Al parecer, Guido y Spano sentía especial atracción por esa forma, puesto que, al menos, hay otro poema suyo: "Nenita", cuyas nueve quintillas corresponden a la misma configuración:

> *En idioma guaraní*
> una joven paraguaya
> tiernas endechas ensaya
> cantando en el arpa así,
> *en idioma guaraní.*

Sin embargo, también desde el Siglo XIX y también con estrofas de cinco versos, pero de arte mayor, un joven poeta cubano usó la misma forma. El poema "Recuerdo de la infancia", de Julián del Casal, consta de siete quintetos [74, pág. 457] en versos dodecasílabos. [75, pág. 457] El comienzo de ese poema es de una conmovedora ternura filial:

> *Una noche mi padre, siendo yo niño,*
> mirando que la pena me consumía,
> con las frases que dicta sólo el cariño,
> lanzó de mi destino la profecía,
> *una noche mi padre, siendo yo niño.*

DOS VERSOS REPETIDOS AL PRINCIPIO Y AL FINAL DE UNA MISMA ESTROFA

Manuel González Prada va más lejos cuando, en una misma estrofa, repite el comienzo y el final, pero con dos versos, en

"Triolet". La estrofa tiene ocho versos endecasílabos y, exactamente en el cuarto, repite también -solitariamente- el primer verso:

> *Suspira, ¡oh corazón!, tan silencioso*
> *que nadie sienta el eco del suspiro.*
> Por no turbar los sueños del dichoso,
> *suspira, ¡oh corazón!, tan silencioso.*
> Fingiendo la alegría y el reposo,
> en la quietud y sombra de un retiro,
> *suspira, ¡oh corazón!, tan silencioso*
> *que nadie sienta el eco del suspiro.*

Con heptasílabos y pentasílabos, en una estrofita de siete versos, Alberto J. Ureta hace lo mismo, aunque sin repetición central:

> *Hoy he tenido la visión*
> *de mi niñez.*
> Tú tenías un corazón
> blanco de ensueño y candidez.
> Al encontrarnos otra vez
> *hoy he tenido la visión*
> *de mi niñez.*

EL MISMO O LOS MISMOS VERSOS AL PRINCIPIO Y AL FINAL DE UN POEMA

Hay dos redondillas que, por su contenido de cristiana bondad y por haber sido escritas durante un destierro luminoso, tienen un especial y entrañable significado para el pueblo cubano, que también es mi pueblo. Se trata, como bien fueron titulados, de *Versos sencillos,* pero con una vigencia permanente en su contenido moral, que fue la moral quimérica y limpia -crisol apostólico- del poeta José Martí. Es el mensaje purísimo del amor, presente en dos breves estrofas con los pétalos algodonados de la rosa del perdón martiano:

> *Cultivo una rosa blanca,*
> en julio como en enero,
> para el amigo sincero
> que me da su mano franca.

Figuras de reiteración

> Y para el cruel que me arranca
> el corazón con que vivo,
> cardo ni ortiga cultivo:
> *cultivo la rosa blanca.*

Un extraordinario poema de un gran poeta mexicano, Manuel Gutiérrez Nájera, abre la primera estrofa y cierra la novena y última con el mismo verso. Se trata de "Non Omnis Moriar", que es un verso de Homero, y no puedo sustraerme a la intención de reproducir el primer cuarteto:

> *¡No moriré del todo, amiga mía!*
> De mi ondulante espíritu disperso
> algo en la urna diáfana del verso,
> piadosa guardará la poesía.

Y el último:

> ...porque existe la Santa Poesía
> y en ella irradias tú, mientras disperso
> átomo de mi ser esconda el verso
> *¡no moriré del todo, amiga mía!*

Posterior a Gutiérrez Nájera, otro poeta mexicano, Efrén Rebolledo, hizo algo similar, pero con dos versos, en "Ausencia". Son tres estrofas, sólo que termina la segunda con los mismos dos versos, pero invertidos:

> *Mi corazón enfermo de tu ausencia*
> *expira de dolor porque te has ido.*
> ¿En dónde está tu rostro bendecido?
> ¿Qué sitios ilumina tu presencia?
>
> Ya mis males no alivia tu clemencia,
> ya no dices ternuras a mi oído,
> y *expira de dolor porque te has ido*
> *mi corazón enfermo de tu ausencia.*
>
> Es inútil que finja indiferencia,

> en balde busco el ala del olvido
> para calmar un poco mi dolencia,
> *mi corazón enfermo de tu ausencia*
> *expira de dolor porque te has ido.*

LA MISMA ESTROFA AL PRINCIPIO Y AL FINAL DE UN POEMA

Empezar un poema con la misma estrofa con que se termina, tiene ya una relación muy lejana con la epanadiplosis simple. No obstante, vale la pena exponer un ejemplo del poeta español Agustín de Foxá, que cuando escribió "Un niño provinciano", terminó la historia con la misma estrofa del comienzo. Porque aquel niño se hizo hombre y dejó un hijo: "...un hijo que será

> Un niño provinciano, de familia modesta.
> Aulas del Instituto, charlas del profesor;
> los jueves, un mal cine, y los días de fiesta,
> banda del regimiento en la Plaza Mayor".

Finalmente, hay que detenerse en *Piedra de sol,* de Octavio Paz:

> un sauce de cristal, un chopo de agua,
> un alto surtidor que el viento arquea,
> un árbol bien plantado mas danzante,
> un caminar de río que se curva,
> avanza, retrocede, da un rodeo
> y llega siempre:

Ese es el comienzo y el final del poema más celebrado de Paz. Son 589 endecasílabos y un pentasílabo que termina en dos puntos, como para volver a empezar por el principio. Escrito en México en 1957, cerrando el ciclo igual a un tiempo que vuelve sobre sí mismo, la poesía del Siglo XX tiene en *Piedra de sol* la más ilustre forma de epanadiplosis, si llevamos a esa figura a la máxima expresión de viajar desde la primera estrofa de un poema hacia la última. Y, conceptualmente, tal vez el mismo poeta lo confiesa en tres versos:

Figuras de reiteración

> Oh vida por vivir y ya vivida,
> tiempo que vuelve en una marejada
> y se retira sin volver el rostro...

La complexión

La *complexión* cierra este tema de las *figuras de reiteración*, que el sabio profesor cubano Manuel Gayol Fernández [76, pág. 458] ubicaba en su definición de las "elegancias o figuras de dicción". Se trata ahora de repetir una palabra al principio y otra palabra distinta al final, en dos o más versos. Son, por ende, versos que comienzan y terminan exactamente iguales.

Si la *epanáfora* se produce cuando hay versos que empiezan con una misma palabra, y la *conversión* se realiza con versos que terminan con palabras iguales, se deduce que la *complexión* es una convergencia de *epanáfora* y *conversión*.

No es fácil encontrar lo que podría bautizarse como *complexión pura*, pero leyendo "La canción de la niebla", del poeta valenciano Vicente Gaos, di al fin con dos versos que empezaban con una misma palabra y terminaban con otra misma palabra:

> *El* pensamiento sólo piensa *niebla*.
> *El* corazón no intuye más que *niebla*.

Y lo más cercano a esa complexión está en el poeta español Leopoldo Panero, en su poema "César Vallejo", con una misma palabra al principio, pero con dos al final, separadas por verbos:

> *Sin* saber *nunca, muerto,*
> *sin* llegar *nunca, muerto.*

Esquema que aparece también en el Premio Nobel de Literatura español de 1977, Vicente Aleixandre, en "Humana voz":

> *Duele* el dolor. *Te amo.*
> *Duele,* duele. *Te amo.*

Con una palabra primero y tres después, Delmira Agustini expresa en "Vida":

> *El* olor *de tu sangre.*
> *El* color *de tu sangre.*

Manuel del Cabral, en "Negro sin nada en tu casa", repite la forma de Delmira Agustini, pero doblando la extensión del verso, ya que se trata de dos alejandrinos, mientras que la complexión de la poetisa aparece en dos heptasílabos. He aquí el ejemplo del poeta dominicano:

> *Tu* silencio es de carne, tu palabra *es de carne,*
> *tu* inquietud es de carne, tu paciencia *es de carne.*

El propio Manuel del Cabral, en el poema "Huésped en polvo", va más lejos con dos palabras al principio y cinco al final. Solamente un adverbio de tiempo "ya" y otro de negación "no" hacen que los dos versos sean diferentes para formar así la complexión:

> *Esto que* ya *te sale de tu cuerpo.*
> *Esto que* no *te sale de tu cuerpo.*

Claro que muchas veces es una sola palabra la que hace que dos versos sean diferentes, como los sustantivos "vida" y "muerte" en el poema "Pasa el viento", de Esther de Cáceres:

> *¿Viene de la* vida *el sueño?*
> *¿Viene de la* muerte *el sueño?*

Esta poetisa uruguaya usó tres palabras iguales primero y dos después, mientras que César Vallejo, en "Fue domingo en las claras orejas de mi burro", amplía la segunda sección del verso con cuatro palabras:

> *De una sola* burrada *clavada en pleno pecho,*
> *de una sola* hecatombe *clavada en pleno pecho.*

Figuras de reiteración

Por su parte, Gerardo Diego va de cuatro palabras a una, en dos octosílabos de "Con quien te acompañaría":

> *Y sé que estás en* tu *cielo*
> *y sé que estás en* mi *cielo.*

Pero el cubano Félix Pita Rodríguez, más conocido como libretista de programas radiales y cuentista que como poeta, en "Algo que va surgiendo", nos ha legado una complexión en tres versos, con tres palabras primero y cinco después, separadas solamente por tres sustantivos en plural: "manos", "párpados" y "labios":

> *Y sé que tengo* manos *porque tú lo has querido.*
> *Y sé que tengo* párpados *porque tú lo has querido.*
> *Y sé que tengo* labios *porque tú lo has querido.*

El poeta Rafael Alberti le canta a su tierra nativa, y su "Balada para los poetas andaluces de hoy" ofrece ejemplos reiterados y diferentes de complexión:

> *¿Qué* cantan *los poetas andaluces de ahora?*
> *¿Qué* miran *los poetas andaluces de ahora?*
> *¿Qué* sienten *los poetas andaluces de ahora?*
> ***
> *Con* ojos de hombre miran, *¿pero dónde los hombres?*
> *Con* pecho de hombre sienten, *¿pero dónde los hombres?*
> ***
> *¿Es que* ya Andalucía se ha quedado sin *nadie?*
> *¿Es que* acaso en los montes andaluces no hay *nadie?*

Dentro de la complexión hay todavía otra forma que difiere de las anteriores, cuando no son dos o más palabras diferentes las que hacen que dos versos sean distintos, sino una sola. Así sucede en "Pie para el Niño de Vallecas de Velázquez", cuando a la frase que forma un primer verso pentasílabo, León Felipe le repite la última palabra -el adverbio de tiempo "siempre"- en el segundo verso, que se transforma entonces en un heptasílabo:

> *Se vuelve siempre.*
> *Se vuelve* siempre. *Siempre.*

Y esta forma adquiere excelencia de ternura filial en el poema "Madre", del célebre poeta boliviano Guillermo Riveros Tejada, con los tres sustantivos hogar, taller y amor:

> Madre:
> *En el* hogar *tus manos.*
> *En el* taller *tus manos.*
> *En el* amor *tus manos*
> confeccionan el mundo.

CAMILO JOSÉ CELA

Cuando en 1945 Camilo José Cela publicó en Barcelona *Pisando la dudosa luz del día,* (77, pág. 458) dejó en ese libro su sello de joven inelectual nato, siempre poeta, en el mágico ensayo de un surrealismo métrico. Pero también ofreció una larga serie de figuras de reiteración, aunque con la ausencia de epíforas. Casi podría decirse que el porcentaje de ese tipo de figuras es el mismo que prevalece en la poesía castellana en general. Por eso una de las formas menos encontradas, la complexión, aparece una sola vez en esas páginas, en "El lagarto del miedo":

> *O a* montones de nieve con manchitas *de sangre,*
> *o a* dibujantes muertos por un golpe *de sangre.*

Resumiendo las figuras de reiteración con este libro del Premio Nóbel de Literatura 1989, llego a las siguientes conclusiones:

•Hay dos *reduplicaciones* propiamente dichas en el "Himno a la Muerte", como "¡Sólo te pido *Muerte, Muerte* de un golpe, Muerte!"

•Hay diez *epanalepsis,* tan sencillas como "Ven, ven, estupefacta, limpia rosa del tifus...", de "La vacuna del tifus"; de dos palabras, como "*Los árboles, los árboles,* los bueyes vegetales", de

Figuras de reiteración 109

"Inventario de la oscuridad"; y tan reiteradas como *"Muerte, Muerte..."*, que aparece en el comienzo de cinco versos del "Himno de la Muerte".

•Hay veintitrés *epanáforas,* que parece ser la figura más frecuente en versificación. La primera vez aparece doble en la cuarta estrofa de los versos que abren el libro: "Poema de la sangre en las venas":

> *Oh* el sabor de granito como voz en un túnel!
> *Oh* deslindada senda desde la voz del cuerpo!
> *Oh* tan graciosa espera, tan graciosa, tan cierta
> *como el agua que* en río nos atraviesa enteros;
> *como el agua que* mana cuando miramos fijos
> *como* mana la sombra por redondeles grises
> cuando la sombra llega transportada de esquinas;
> oh la graciosa espera tan odiosa, el rubor
> de redimidos juncos!

Hay también una *conduplicación* -figura frecuentada por menos poetas- en el himno anteriormente mencionado:

> Violinista del trigo, tus esperanzas *todas,*
> *todas* se han estrellado contra mi fiera frente.

Hay dos *epanadiplosis,* exactamente iguales, de dos palabras, en el poema "El lagarto del miedo":

> ¡*El lagarto* del miedo! ¡Rojo y verde *el lagarto!*

Finalmente, una difícil figura de reiteración, la *conversión,* -que es también una rima de reiteración, por supuesto-, aparece primero en "Regulación del sueño":

> Es muy triste mi sueño, que ni siquiera es *sueño.*
> Pero este es el consuelo: soñar que ha sido un *sueño...,*

y después en el insoslayable "Himno de la Muerte":

> Pero olvidemos todo *que ya llega la Muerte*
> con su vapor sin tiempo. *Que ya llega la Muerte.*

Y es precisamente la Muerte -sustantivo trágico, cruz del adiós, himno desesperado en la voz poética de Camilo José Cela- la que cierra simbólicamente estas *figuras de reiteración*.

TEMA SEGUNDO

La eufonía

IMPORTANCIA DE LAS VOCALES

En el *Método de versificación* (78, pág. 458) de José Ángel Buesa, específicamente en el capítulo titulado "Sinónimos y cacofonías", hay un verso de Antonio Machado que el poeta de *Oasis* pone como ejemplo de perfecta eufonía:

    Contempla silencioso la lumbre del hogar.

Escogió Buesa ese alejandrino con la primera sección llana y la segunda aguda, que es una forma de gran musicalidad en castellano, pero lo hizo también porque en ese verso ni siquiera hay sinalefas, (79, pág. 458) y aparecen en él las cinco vocales bien distribuidas:

    o e a i e i o o a u e e o a

En otro libro también de Buesa, *Año bisiesto,* el poeta habla de un verso suyo, el único que se salvó de un soneto desechado:

    Los meditados pliegues de tu bufanda roja.

A fuerza de recordar ese verso, acabó por incluirlo en uno de los *Cuartetos del transeúnte,* de su *Libro secreto.* Pero lo anecdóticamente curioso es que Buesa atribuía la supervivencia de ese verso suyo a una especie de "entusiasmo inconsciente" por una perfecta eufonía. Y es utópico pensar que un poeta pueda, por breve que sea su obra, escribir todos sus versos perfectamente eufónicos y hasta con ausencia de sinalefas, pero también es verdad que, un verso así, salva a veces todo un poema. Yo nunca olvido la primera lectura de "Esfinge", de uno de los más importantes poetas de Hispanoamérica, el colombiano Guillermo Valencia. Y siempre recuerdo el poema porque, al llegar a un verso, me detuvo en vilo la corriente eléctrica de la belleza artística:

> Eres una mentira con los ojos azules.

En aquel momento, pensé solamente en el contenido conceptual del alejandrino, que describe con unas pocas palabras la falsedad de una bella mujer. Posteriormente, más adentrado en el estudio del *Arte poética,* comprendí de repente que el verso de Valencia encerraba una admirable eufonía con las cinco vocales: (e e u a e i a o o o o a u e), a pesar de las cuatro oes consecutivas. Y también advertí entonces la razón de Buesa en relación con los sonidos agradables al oído, porque un "entusiasmo inconsciente" me traía frecuentemente a la memoria aquella mentira de mirada azul en el verso del gran poeta parnasiano.

NATURALIDAD DE LA SINALEFA

El uso de la sinalefa es completamente normal en la fonética castellana. No se trata de una licencia, sino de una característica prosódica inherente a la versificación. Teniendo en cuenta el sonido vocálico, podrá advertirse fácilmente que los ejemplos que utilizaré de versos eufónicos, tendrán siempre las cinco vocales, excepto en los que haga alguna aclaración pertinente, por supuesto. Entre los versos eufónicos con una sinalefa, hay un ejemplo notable en el final de "Una confesión", de la poetisa cubana Nieves Xenes. Aparece la sinalefa en *último{}aliento:*

> Con el último aliento de mi vida.

Algo similar sucede con el verso, también endecasílabo, del

La eufonía

colombiano Germán Pardo García, en su poema "A una mujer". En este y otros ejemplos marco las palabras entre las que se produce la sinalefa:

> Sobre un sitial de mármoles sombríos.
> *sobre{}un*

La letra hache, por ser muda, no afecta en nada a la sinalefa, y una doble muestra es la siguiente, de "La Parca", del dominicano Guarionex López:

> Con un trágico horario que se habrá de cumplir.
> *Trágico{}horario / se{}habrá*

El alejandrino anterior tiene una sinalefa en cada hemistiquio, aunque el salvadoreño Alfonso Morales, en su "Oleo de sueño", presenta dos sinalefas en la primera sección de su versión alejandrina, y una en la segunda:

> Planeta de una órbita que se cierra en la muerte.
> *de{}una{}órbita / cierra{}en*

Rafael Alberti, en "Retoño del amor tal como era", muestra tres sinalefas en un endecasílabo que ya empieza a adquirir lentitud por ese motivo. (Ver las págs. 222-223).

> Yo me volqué en tu espuma en aquel tiempo.
> *volqué{}en tu{}espuma{}en*

Y Vicente Aleixandre coloca cuatro sinalefas en un alejandrino, dos en cada hemistiquio, en su poema "A ti, viva":

> De este mundo absoluto que siento ahora en los labios.
> *de{}este mundo{}absoluto / siento{}ahora{}en*

Todos los versos anteriores tienen una gracia atrayente por la concurrencia de las cinco vocales. ¿Y qué decir de esas mismas cinco vocales cuando aparecen unidas para formar una sinalefa? La figura no es fácil... pero fue escrita por un humanista y polígrafo universal nacido en Venezuela, Andrés Bello:

>Del helado Danubio a Eufrates fuerte.
>*Danubio( )a( )Eufrates*

Porque es interesante que "bio a Eu" formen una sola sílaba poética, lo que hace que el verso tenga once sílabas para la prosodia y trece para la Gramática.

ASONANCIAS INTERNAS

Otra enemiga de la eufonía en un verso es la *asonancia interna*. Cuando en dos palabras distintas a partir de la última vocal acentuada las demás vocales son iguales, independientemente de que sean distintas las letras consonantes, se forma una correspondencia de sonidos conocida como *rima asonante*. En "anclas" y "palas", por ejemplo, se produce un efecto nada agradable: A-A, y ello ocurre en el verso de la poetisa uruguaya Norma Suiffet, tomado de "La gaviota":

>Silenciaron sus velas, sus *anclas* y sus *palas*.

He aquí un alejandrino sin sinalefas, donde están presentes las cinco vocales, pero con la dificultad auditiva de la asonancia casi al final. Y es natural que si esas palabras asonantes están a cierta distancia, el efecto queda auditivamente atenuado. Me refiero a "solos" y "asombro", que el ecuatoriano Hugo Salazar Tamariz usa al principio y al final de un verso tomado de su "Sinfonía de los antepasados". Sólo un oído muy adiestrado en versificación puede notar, en primera lectura, esa leve anomalía:

>*Solos* y de puntillas al borde del *asombro*.

Pero hay el caso del contenido intelectual que vence a la técnica y

La eufonía   115

se sobrepone a ella. Un verso cuyo mensaje poético hace olvidar toda argumentación de procedimiento, y que resulta a todas luces intocable en su compacta comunicación. Y esa es la lección que nos ofrece el profundo poeta argentino Horacio Rega Molina, en el verso final de su soneto "Filosofía":

>La rosa en una *espina arrepentida*.

Porque ese endecasílabo, a pesar de tener las cinco vocales, pierde eufonía con un sustantivo y un adjetivo asonantados en I-A: "espina arrepentida". Además, en una consideración innecesariamente más estricta, tiene tres sinalefas:

>*La rosa()es una()espina()arrepentida.*

Y, sin embargo, "La rosa es una espina arrepentida" dice tanto con tan pocas palabras, que el tecnicismo sucumbe ante la belleza poética.

CONSONANCIAS INTERNAS

No hay duda de que las asonancias internas son indeseadas, pero otra cosa sucede cuando se trata de rimas consonantes en vez de asonantes, o sea, aquellas en las que a partir de la última vocal acentuada, todas las letras son iguales. En este caso se advierte la intención del poeta, siempre a la caza de lo bello. Y ejemplos de rimas consonantes internas en profusión aparecen en el libro *Invasión de la realidad*, de Carlos Bousoño. Así afloran en los dos tercetos del soneto "La mañana":

>Grita su luz, avanza *arrolladora*
>por la pradera *vencedora* y *mueve*
>el árbol *leve* del espacio *ahora*.
>
>Todo en el aire, luminoso, *llueve*,
>*gira, delira* entre la luz sonora,
>y allí *suspira* entre el follaje leve.

A las rimas normales de los versos: "arrolladora-ahora", "mueve-llueve", hay que añadir dos palabras que hacen consonancia interna en el primer terceto: "vencedora" y "leve". Y ya sin relación con la consonancia que marca la rima al final de los versos, en el segundo terceto hay tres palabras que también riman, pero internamente: "gira-delira-suspira".

El admirable poeta paraguayo Manuel Ortiz Guerrero, en "Delirio de pizzicatos", escribió ocho estrofas con rimas internas de principio a fin. He aquí la primera de ellas:

Serenata grata
mi *verso perverso*
preludia en tu *puerta*. ¡*Despierta*, mi amor!
El *encanto canto*
de la *bella estrella*
que con su luz *baña* tu *pestaña* en flor.

Las consonancias internas son eufónicas siempre que no se abuse de ellas, como evidentemente ocurre con el ejemplo anterior de Ortiz Guerrero. A ese exceso de rimas consonantes se puede anteponer la excelencia de un verso de Agustín Acosta, tomado del poema "Hacia la Gloria". Y es con la gloria, precisamente, con la que el Poeta Nacional de Cuba rima en su alejandrino limpio, sonoro:

La *Gloria*! Qué tristeza, que luz tan *ilusoria!*

VERSOS EUFÓNICOS SIN DETERMINADA VOCAL

Otra curiosidad radica en los versos cargados de eufonía que, si se observan con más cuidado, denotan la ausencia de una de las cinco vocales. Así tenemos a Chocano en "Pregón lírico":

Pones en mis oídos tu trémulo pregón.

Puede notarse que a ese verso le falta la vocal A. Y lo mismo ocurre con la ausencia de la E, en el siguiente endecasílabo del mexicano Enrique García Carpy, de "Guirnalda lírica", soneto No. I:

La eufonía

> Tu más pulcra, vivaz fotografía.

En *Los motivos del lobo,* uno de los más trascendentales poemas del idioma castellano de todos los tiempos, Darío escribió un dodecasílabo eufónico, pero sin la vocal I:

> Los hermanos hombres, los hermanos bueyes.

Un alejandrino con todas las vocales, menos la O, puede tomarse de Buesa, desde el marco de su regio "Poema del domingo triste":

> Y tendría la tarde fragantemente muda
> el ingenuo impudor de una niña desnuda.

Desde luego, me refiero al primer verso, pero es difícil sustraerse al deseo de reproducir el pareado.

Finalmente, un endecasílabo también sin sinalefas como los versos anteriores, y también eufónico, pero sin la vocal U, demuestra su eufonía acaso más vivamente que los otros ejemplos, ya que esa vocal es la que menos se usa en idioma castellano. Del poema "Velero", del poeta español José de Ciria y Escalante:

> Gimen por los rincones de la barca.

Son interesantes estos ejemplos de versos que, a pesar de faltarles el complemento de una de las cinco vocales, mantienen su eufonía debido a la razonable distribución de las otras cuatro. Naturalmente, se trata de ejemplos tomados al azar, que fueron escritos también al azar por los poetas mencionados, que no tenían por qué evitar determinada vocal en un verso específico.

POEMA COMPLETO SIN DETERMINADA VOCAL

Otra cosa ocurre cuando hay una intención deliberada, y traigo a colación un certamen que realizó la revista *Juventud,* de la provincia de Camagüey en Cuba, a finales del Siglo XIX. Al parecer, se pedía un soneto en el que no apareciera la vocal A, y Francisco de Agüero y Agüero -que no parece tener nada que ver con el patriota cubano Joaquín de Agüero y Agüero, libertador de sus esclavos en 1843- envió su simpático soneto:

SIN LA LETRA A

Proponerse escribir un buen soneto,
vencedor del sepulcro y del olvido,
es círculo vicioso protegido
por el dique imponente del respeto.

Es mucho pretender, error completo
por todos por doquier reconocido;
y yo que entiendo y lucho decidido,
con el silencio responder prometo.

¿De dónde, "Juventud", de dónde viene
el principio despótico que impones?
¿Quién del numen los ímpetus detiene

del modo estoico que feliz propones?
No tu precepto en mis oídos vibre.
Libre es el genio porque el hombre es libre.

Y este soneto no será un modelo del género, pero al menos parece bastante espontáneo, aunque el poeta se vio obligado al esfuerzo de evitar la vocal A. Por lo demás, ayudamos aquí a rescatar ese soneto "vencedor del sepulcro y del olvido", aunque sin dejar de reparar en el último verso del primer terceto, tercamente eufónico a pesar de que la vocal A brilla por su ausencia:

¿Quién del numen los ímpetus detiene...?

USO REITERADO DE DETERMINADA VOCAL

En eso de evitar vocales hay experimentos a la inversa, o sea, el sistema de recurrir a la repetición de una vocal, como en el soneto de título elocuente de Herrera y Reissig: "Sólo verde-amarillo para

La eufonía 119

flauta. Llave de U" (Manera de Mallarmé). (80, pág. 458) El poeta uruguayo utiliza en ese soneto 40 palabras asonantadas con las vocales U-A, como "punta, lujuria, fruta, ondula", etc. Aunque la vocal que más se hace notar es la U, precisamente porque es la que menos se usa, hay en esos versos 77 aes contra 47 úes. El resto es como sigue: 19 vocales E, 15 íes y 12 oes. Pero no está de más reproducir la extraña pieza, cuyo valor es netamente experimental y antieufónico:

> Úrsula punta la boyuna yunta;
> la lujuria perfuma con su fruta,
> la púbera frescura de la ruta
> por donde ondula la venusta junta.
>
> Recién la hirsuta barba rubia apunta
> al dios Agricultura. La impoluta
> uña fecunda del amor, debuta
> cual una duda de nupcial pregunta.
>
> Anuncian lluvias, las adustas lunas.
> Almizcladuras, uvas, aceitunas,
> gulas de mar, fortunas de las musas;
>
> hay bilis en las rudas armaduras;
> han madurado todas las verduras,
> y una burra hace hablar las cornamusas.

DÁMASO ALONSO Y LA EPÍSTOLA MORAL A FABIO

No cabe duda de que el poema más conflictivo del Siglo de Oro español es la *Epístola moral a Fabio*. Repetido hasta la saciedad en diversas antologías, copiadas en unas las inexactitudes de otras, con un arrastre de errores que duraron siglos, estudiosos y filólogos no sabían qué hacer con ese poema. Inclusive, su autor permanecía en el misterio, ya que no parecía, y aún hoy no parece probable, que un tal Fernández de Andrada, de quien no se conoce ningún poema medianamente bueno, hubiera escrito de la noche a la mañana una obra maestra de la poesía castellana. Pero fueron cuarenta años de estudio en Dámaso Alonso los que propiciaron el libro *La "Epístola moral a Fabio", de Andrés Fernández de Andrada.* (81, pág. 458) Y fueron catorce manuscritos los sometidos a estudio, en un trabajo paciente y erudito que se suspendía cada vez que un manuscrito nuevo hacía su aparición. Pero ahora lo que nos interesa es la famosa *Epístola* con seis versos que, por su eufonía, sobresalen de los demás. Quedan expuestos aquí, en su gracia individual, acompañados del sonido de sus vocales entre paréntesis:

> augur de los semblantes del privado (a u u e o e a e e i a o)
> murieron y pasaron sus carreras (u i e o i a a o u a e a)
> piensas acaso tú que fue criado (i e a a a o u e u e i a o)
> sacra razón y pura me despierta (a a a o i u a e e i e a)
> que no perduren deudas ni pesares (e o e u e e u a i e a e)
> como sueles venir en la saeta (o o u e e e i e a a e a)

Es pasmoso el amor por la Poesía, que fue un símbolo en la vida de Dámaso Alonso. La investigación perseverante, en este caso, ha legado los versos definitivos de un poema insoslayable de la literatura castellana, tanto en España como en Hispanoamérica.

VERSOS EJEMPLARES DE OCTAVIO PAZ

Con la repetición del título *Libertad bajo palabra,* (82, pág. 459) es famosa una antología en verso y prosa de Octavio Paz. La obra poética va de 1935 a 1957, y de una serie de sonetos que apareció originalmente en el libro *Bajo tu clara sombra,* sobresale la eufonía de versos como:

> Inmóvil en la luz, pero danzante.

Pero lo que más llama la atención en esa selección antológica es el "Soneto V", con seis versos plenamente eufónicos, de admirable perfección, que señalo con letras itálicas:

> Cielo que gira y nube no asentada
> sino en la danza de la luz huidiza,

La eufonía

cuerpos que brotan como la sonrisa
de la luz en la playa no pisada.

¡Qué fértil sed bajo tu luz gozada!,
¡qué tierna voluntad de nube y brisa
en torbellino puro nos realiza
y mueve en danza nuestra sangre atada!

Vértigo inmóvil, avidez primera,
aire de amor que nos exalta y libra:
danzan los cuerpos su quietud ociosa,

danzan su propia muerte venidera,
y nuestra sangre obscuramente vibra
su miserable desnudez gozosa.

OTROS EJEMPLOS

En un soneto del poeta y antólogo argentino, Oscar Abel Ligaluppi, resalta una eufonía igual en cuatro versos:

Quebrada luz, harina del poema.
Molino del amor, ilustre gema.
Diabólico violín, ángel que huye.
En tu claro país siempre concluye.

Hasta aquí, los principales ejemplos han sido con versos endecasílabos. Y es natural que, mientras más sílabas tiene un verso, más importancia tiene su eufonía. En "El pino de mi pueblo", Jaime Fontana escribió un endecasílabo ejemplar:

La geometría funcional del grito.

En "Soneto hacia el poema", aparecen dos alejandrinos con la misma tónica:

Catorce son tus años. Catorce son mis versos.
Catorce mayos plenos. Azul y primavera.

Y en otra configuración métrica, con un primer hemistiquio de once sílabas y el segundo de siete -que en este caso también puede leerse con siete sílabas primero y once después-, Fontana dejó también tres ejemplos dignos de atención en su poema de versos blancos "Este volver a Honduras":

>Recuperar las voces salpicadas de burlas familiares.
>Los sueños, alegrías y peligros de los antiguos campos.
>Más allá de las nieves absolutas, de selvas y de mares.

Amado Nervo, en "Égloga", logra que la música del habla femenina cante, sin que tres sinalefas -una en cada uno de los tres primeros versos- tengan importancia, en un cuarteto en el que la amada le dice al amado:

>Cual rayito de sol, tibio y riente,
>como enjambre de párvulos traviesos,
>del nido de mi boca huyen mis besos
>al cielo misterioso de tu frente.

REPETICIÓN DE LETRAS CONSONANTES

Hasta ahora he tenido en cuenta solamente el uso de las vocales. Y es lógico que cuando hay *aliteración* (83, pág. 459) de consonantes, aunque las cinco vocales estén bien repartidas, el verso deja de ser eufónico. La reiteración de letras consonantes iguales, por otro lado, es utilizada, preferiblemente, para el logro de sonidos onomatopéyicos. (84, pág. 459) Así, en un verso del poeta y médico español Tomás Morales, cuando en su "Canto a la ciudad comercial", dice:

>*Tráfago, fragores,* ruido de motores.

O en otro verso del poema "Círculo", del chileno Pablo de Rokha:

>*Entonas la tonada* de los últimos novios.

La eufonía

Y ese es el motivo por el cual en este tema no aparecen ejemplos de versos limpios de sinalefas, con las cinco vocales colocadas eufónicamente, pero con la dificultad de ciertas letras consonantes repetidas, porque están colocadas en el *Tema décimo* "La onomatopeya".

NOMBRES UTILIZADOS EUFÓNICAMENTE

José Hierro comienza una estrofa del poema "El héroe" con un alejandrino ejemplar:

> Los jóvenes que pasan navegan por la música.

Pero diez versos atrás demuestra que un simple eneasílabo puede recoger la música del idioma con más lógica, por tratarse de apellidos relacionados con la mejor música universal:

> Bach, Schumann, Brahms o Debussy.

Sin embargo, un dodecasílabo del poeta, escritor y profesor puertorriqueño, José Agustín Balseiro, tomado de "Ritornello", ofrece una más equitativa participación de las vocales, aunque repite tres veces el sonido de la che:

> Mendelssohn y Schubert, Schumann y Chopin.

Los sonidos de la vocal I están representados por las dos conjunciones copulativas yes (o íes griegas, como eran llamadas antes). Naturalmente, la I de Chopin, por ser voz francesa, se acerca más al sonido de la A.

Ampliando la cantidad de nombres y cambiando el tema musical por el de la mejor literatura de América Latina, el poeta cubano Francisco Lorié Bertot dice en un magnífico alejandrino de "El sembrador":

> Hostos, Bello, Montalvo, Rodó, Rubén Darío.

En "Retratos", un poema que en su libro *Cantos de vida y esperanza* Darío le dedicó al doctor Adolfo Altamirano, aparece el siguiente verso:

> Don Gil, don Juan, don Lope, don Carlos, don Rodrigo.

Ese verso, idéntico, aparece también en el poema "España", del poeta Eugenio de Nora, nacido el 13 de febrero de 1924, seis años y siete días después de la muerte de Darío. Y otro dato curioso, aunque intrascendente: Darío murió en León, Nicaragua, y De Nora nació en León, España. Pero aunque De Nora repitió el verso dariano, tuvo el cuidado de ponerlo entre comillas para destacar que no era suyo, aunque en la antología [85, pág. 459] donde yo lo leí no se aclara que fue escrito por Darío. Y volviendo al verso, es de notar que el respetuoso tratamiento de *don* antepuesto a los nombres de pila, conlleva la dificultad de que tenga demasiadas oes, que suman nueve.

El poeta francés Catulle Mendès escribió un poema con nombres de mujer, y la idea fue recogida en castellano por Buesa en un soneto eneasilábico que tituló "Recapitulación". El primer verso de ese soneto es inobjetable:

> Laura, Raquel, Flora, Gabriela...

Pero no todos han de ser nombres, y Rafael Morales encerró cuatro adjetivos en un endecasílabo de su poema "Los traperos":

> Redondos, pardos, silenciosos, muertos...,

y aunque hace uso de las cinco vocales, hay que reparar en la desagradable asonancia interna (O-O) que se forma entre las voces "redondos" y "silenciosos".

La eufonía 125

CÓMO LLEGÓ A CUBA EL MODERNISMO EUFÓNICO

El llamado *Trío de modernistas cubanos* estuvo formado, a principios de siglo, por Regino Boti, Agustín Acosta y José Manuel Poveda. En ese mismo orden fue publicado el primer libro de poesías de cada uno de esos poetas, que en Poveda iba a ser el único. Así se dieron a conocer *Arabescos mentales,* de Boti, en 1913; *Ala,* de Acosta, en 1915 y *Versos precursores,* de Poveda, en 1917. Regino Boti fue el teórico de la expresión modernista. José Manuel Poveda fue el técnico creador de imágenes dentro de esa misma escuela. Agustín Acosta fue el Embajador de Rubén Darío. Su tarea consistió en mostrarles a sus compatriotas en qué consistía la revolución estética que, tomada de simbolistas y parnasianos de ultramar, venía calzada con una firma nicaragüense.

Evidentemente, Cuba había quedado rezagada ante los cambios poéticos que estremecían al mundo hispano, y aunque esté un poco traído por los pelos hablar de ello en estas páginas de temas diferentes, no está de más justificar aquella situación con el recuerdo de que la isla había sido el último territorio en lograr su independencia de España. Como toda república naciente, Cuba no era una excepción, y el panorama político cambiante, con sus inquietas adaptaciones, amén de los ecos de la Primera Guerra Mundial que gritaban desde el exterior, afectaban el desarrollo normal del arte.

Si hubo entonces poetas que sobresalieron con inseguros pasos más allá del *Romanticismo,* como Bonifacio Byrne y los hermanos Carlos Pío y Federico Uhrbach, también había cruzado por el mundo de la poesía cubana otro poeta, Julián del Casal, muerto en 1893, considerado por la mayoría de los críticos como precursor modernista. Y así las cosas, todo parecía favorecer a Agustín Acosta para que su libro *Ala* se convirtiera en el primer gran aporte de Cuba al *Modernismo.*

En *Ala,* independientemente de otros muchos aspectos relacionados directamente con la escuela dariana, [86, pág. 459] hay brillantes ejemplos de eufonía. No por casualidad el tercer verso del primer poema del libro dice así:

> El ala no teme la cruz de los vientos.

No por casualidad tampoco el último verso de la obra, que es la epifonema del soneto "Tus manos", deja un cierre sonoro gravitando en el recuerdo:

> Cuando ya tú no sientas latir mi corazón.

Y aunque el Poeta Nacional de Cuba les dijo a otros lo mismo que me dijo a mí, que sus versos habían sido "modernistas siempre", lo cierto es que un sereno posmodernismo fue llenando su obra posterior, cercanamente a la expresión poética de Enrique González Martínez. Nótese, en el siguiente cuarteto del poeta médico mexicano, que bien pudo haber sido escrito por Agustín Acosta, algo así como el resumen de una obertura de Beethoven. Se trata de una estrofa de "La plegaria de la noche en la selva", de completa eufonía en cada línea, con una solitaria sinalefa al principio del tercer verso, *y{}en:*

> De tus augustas bóvedas sentí bajo las naves
> extinguirse las luces y callar el salterio,
> y en el ara solemne del nocturno misterio
> elevar su plegaria de silencio las aves.

LO QUE SE APRENDE DE UN POETA

Fue José Ángel Buesa quien me interesó en la eufonía. A su estímulo debo, por ejemplo, el cierre de un pareado en un poema mío dedicado al papa polaco Juan Pablo II. Es un verso alejandrino que, en este caso específico, me esmeré en la distribución de sus vocales:

> En el cielo soleado del amor
> *pinta rutas de siglos tu siembra de pastor.*

La eufonía

No hay que sorprenderse mucho de lo que puede enseñar un poeta, puesto que la obra de Buesa es pródiga en eufonía. Y esa es una de las respuestas a la interrogación de por qué sus versos son tan bien acogidos por el público. Buesa, desdeñado por la crítica debido a su popularidad, y contrariamente a lo que opinan algunos, fue un poeta exacto y riguroso, como se desprende de los siguientes ejemplos de versos suyos, tomados casi al azar:

>Pórticos agrietados y techos derruidos.
>("La lámpara")

>Adiós, por si tu sombra se me va para siempre.
>("Nocturno VI")

>Las lluvias del otoño la vieron impasible.
>("La piedra")

>Y me quema los labios la sed de tu recuerdo.
>("Canciones III")

>Roncaré la prosaica beatitud de la siesta.
>(*Lamentaciones de Proteo*)

>Y sembraré canciones en los surcos del tiempo.
>Volarán mariposas de mis cuencas vacías.
>("Canto final")

>Mujer que tantas veces cruzaste mi sendero.
>Más allá de la bruma de mis ojos huraños.
>Pues quizás esté mustia tu frente soñadora.
>("Canción de la búsqueda")

Y para finalizar con estos ejemplos de Buesa, transcribo cuatro versos de "Naufragio de Simbad", con la particularidad de que todos comienzan igual, pero son distintos en su sonoridad eufónica:

>Y Simbad descendía con los ojos ausentes.
>Y Simbad descendía por las aguas profundas.
>Y Simbad descendía huérfano de sí mismo.

Y Simbad descendía con impulso de plomo.

En el poema hay otros once versos que son modelos de eufonía, pero hay uno digno de ponerse aparte, como el mejor de todos:

La mansedumbre triste del mirar de los bueyes.

VERSOS EUFÓNICOS EN UN MISMO POEMA

Convergen a veces, en un mismo poema, varios versos de notable eufonía, como en el "Naufragio de Simbad", de Buesa. Así, Guarionex López, [87, pág. 459] en un serventesio de "Entre amigos", escribió dos versos que destaco tipográficamente:

Hablamos de la vida, de la muerte, del hombre,
del tedio, de la nada, del hoy como el ayer,
de los que viajan solos por la ruta sin nombre
sin soles de esperanza en cada amanecer.

Un poeta chileno, Ángel Cruchaga Santa María, autor de tantas páginas de excelente poesía, dejó en "Canto de los mares solos" uno de sus mejores poemas. De una cuidadosa selección, surge airoso el siguiente verso:

Los árboles nos dieron sus moribundos días.

Pero hay tres versos que cierran una estrofa magnífica, en los que sólo podría objetarse, en el campo del perfeccionamiento exigente, la sinalefa en *semejando( )un:*

En nuestras olas vibran inmortales tormentos,
la voz de Cristo rueda semejando un sollozo
lanzado de la cruz hacia los cuatro vientos.

Los siguientes alejandrinos, que son un canto a la eufonía, pertenecen al "Poema en tiempo de niño", del poeta argentino José

La eufonía

María Plaza:

> Y los primeros trinos inauguren el día.
> Caperucita Roja retornará del bosque.
> Vuelves a mi memoria cual los libros aquellos.
> Y tú serás realmente mi más hermoso sueño.

En una estrofa del poema "La Caridad", Darío se desborda en tanta música poética y eufónica, que no se advierten en el tercer verso la ausencia de las vocales U e I, ni la sinalefa impropia, porque está en la cesura, *sólo{ }era*. Claro que, excepto entre dos hemistiquios, la sinalefa es normal en la fonética castellana, y nunca se la puede "hallar", sino "encontrar". El hallazgo viene acompañado de la sorpresa, el encuentro es algo premeditado. La sinalefa nunca sorprende, porque cruza por la versificación completamente inadvertida. De ahí que no se la halle, sino que se la encuentre mediante la búsqueda. (88, pág. 460) Y, sin más demora, la estrofa dariana:

> En el inmenso caos, en la profunda niebla,
> sonó rauda, vibrante, la voz del Creador.
> Era la sombra, sólo era la noche densa;
> y refulgente, vívida, la luz apareció.

El estilo depurado, personal, conciso y radiante, aun con su reminiscencia romántica en este caso, pero con fuerza y originalidad en su adjetivación, no resulta fácil de igualar. Estrofas como esta son las que debieron servir de patrón a ciertos imitadores de Darío, que con su voz oscura desfiguraron el *Modernismo*.

EUFONÍA EN VERSIFICACIÓN ACENTUAL

A los ejemplos en versificación métrica y acentual como el verso endecasílabo, que además de sus once sílabas requiere del acento o de los acentos constituyentes; y a los de versificación solamente métrica, como todos los demás, suceden ahora los comprendidos en versificación solamente acentual. Porque hay versos que, acentualmente, se deslizan con notable eufonía entre vocales y consonantes, como en "Consolación por el burro muerto", del mexicano Joaquín Antonio Peñalosa:

> Y que nadie pregunte si murió de vejez o de pena.

Desde luego, hay otras dos formas de presentar este verso. Primero, compuesto por dos hemistiquios, uno heptasílabo y el otro decasílabo de himno:

> Y que nadie pregunte }{ si murió de dolor o de pena...,

o con un hemistiquio endecasílabo agudo primero, y otro heptasílabo después:

> Y que nadie pregunte si murió }{ de dolor o de pena.

Pero es imposible escribir sobre los versos netamente acentuales sin reparar en el poeta colombiano José Asunción Silva y, una vez más, en Rubén Darío. De Silva, cantan tres versos sus sonoridades íntimas de su tan difundido "Nocturno":

> Por los cielos azulosos, infinitos y profundos esparcía su luz blanca.
> Tus mejillas y tus sienes y tus manos adoradas.

Y el último verso del poema, a pesar de su triple asonancia interna en U-A: *buscan-juntas-negruras:*

> ¡Oh las sombras que se buscan y se juntan en las noches de negruras y de lágrimas!

De Darío, como es casi obligado, me refiero a la "Marcha triunfal", expuesta en estos dos versos:

> Los arcos triunfales en donde las Famas erigen sus largas trompetas.

La eufonía 131

    Y bajo los pórticos vense sus rostros de rosa.

Y los dos versos finales, en los que hay dos asonancias tan perfectamente colocadas en el centro, que hacen sospechar de una acción deliberada de Darío, en plena etapa de experimentación en el libro *Cantos de vida y esperanza:*

    Saludan con *voces* de *bronce* las *trompas* de guerra que *tocan* la marcha/ triunfal.

CONCURSO DE VERSOS ENDECASÍLABOS

Además de todos los versos endecasílabos eufónicos ya reproducidos, queda sobre mi mesa de trabajo una serie ejemplar que me resisto a darle pasaporte hacia el cesto. Nótese la eufonía de estos versos, en los que ni siquiera una sinalefa hace su escurridizo acto de presencia. Los nombres de los poetas aparecen en orden alfabético; en seguida, su nacionalidad, como es norma de este libro, si el poeta no ha sido mencionado todavía; y, finalmente, el título del poema del cual tomé el ejemplo:

    Las calandrias susurran sus requiebros.
    (Nair Areco de Gañi, uruguaya, "Amanece")

    Por un gajo de cielo matutino.
    (Mario Busignani, argentino, "Soneto")

    Envidiable de brazos y tributos.
    (Héctor Cossío Salinas, boliviano, "Vida")

    Una pena sin nombre me circunda.
    (Virgilio Díaz Ordóñez, "Soneto")

    Por la núbil frescura de la rosa.
    (Luis Ricardo Furlan, argentino, "El hombre de la rosa")

    Porque yo soy naturalmente triste.
    (Fernando González, español, "Alba en el campo")

Con salvaje lujuria de pantera.
(Javier del Granados, boliviano, "La selva")

Porque no pudo vislumbrar el cielo.
(Juana de Ibarbourou, "La pasajera")

El último lenguaje de las hojas.
(Alfonso Larrahona Kästen, chileno, "El último lenguaje de las hojas")

Los pueblos se castigan o consuelan.
(Lupercio Leonardo de Argensola, "Tercetos en loor de Aranjuez")

La música sagrada de las horas.
(Francisco Matos Paoli, puertorriqueño, "Queremos ser eternos")

Brinca mi pobre corazón de náufrago.
(Luis Merino Reyes, chileno, "Responso")

Yo sufriré por ti mientras tú sueñas.
(Carmen Natalia, dominicana, "Diálogo con mi alma")

Sol limpio, nubes claras, pan mordiente.
(José M. Oxholm, puertorriqueño, "Por el cauce")

Más amplia que mis brazos extendidos.
(Raúl Otero Reiche, boliviano, "Canto del hombre de la selva")

Cuando la pena doblegó mi frente.
(Antonio Plaza, mexicano, "Flor de un día")

Desprecio del naufragio de mis ojos.
(Francisco de Quevedo, "Canción")

Víctima de profundas depresiones.
(Vicente Rincón, español, "Sueño de amor")

Bañan de juventud el débil cuerpo.
(Gerardo Rodríguez Miranda, cubano, "Es tarde")

Recuerdo mi país de largas lluvias.
(Marcial Toledo, argentino, "Soneto")

La eufonía   133

> Esperando la suma de mis días.
> (Gloria Vega de Alba, uruguaya, "Las horas")
>
> Al golpe de sus cánticos triunfales.
> (Ricardo Walter Stubbs, peruano, "Canto a la Unión Panamericana")

Son dieciséis versos que se prenden a la memoria con su música total, aunque no todos pueden contener el mismo grado de eufonía. El mejor parece ser aquel que no presenta dos vocales iguales, una junto a la otra; tiene las vocales debidamente repartidas y no tiene menos de dos vocales iguales ni más de cuatro. Podrían ser dos vocales A, dos vocales E, tres vocales I, cuatro vocales O y dos vocales U. Si además no está presente la aliteración de determinada letra consonante, y la distribución de las vocales aparece de la manera siguiente: o u a o e i e o a u i o, convendríamos en que habría que premiar a Mario Busignani. Y acaso este poeta escribió su endecasílabo memorable: "Por un gajo de cielo matutino", de forma intuitiva, sin proponérselo, porque a veces sorprenden esas sonoridades interiores sin pulimento exterior.

De Busignani sólo sé que nació en San Salvador de Jujuí; no está clara la fecha de su nacimiento, aunque fue en este siglo; además de poeta es -o era- jurisconsulto y, por lo menos, ha escrito dos libros: *Tiempo ensimismado* y *Memoria del asombro*. (89, pág. 460)

ALEJANDRINOS EUFÓNICOS

Ha llegado el momento de resumir este capítulo sobre la eufonía con una serie de versos alejandrinos ejemplares:

> Apaga las bujías para ver cosas bellas.
> (Delmira Agustini, "La cita")
>
> Las tristes azucenas letales de tus noches.
> (Dámaso Alonso, "Insomnio")
>
> Reproduciendo llaves en un decir amén.
> (Ángeles Amber, española, "Romance del hombre que hacía llaves")

La remota comarca sin nombre ni recuerdo.
(Julio Ameller Ramallo, boliviano, "Éxodo")

Duró por luengos años su gracia creadora.
(Rafael Arévalo Martínez, "Fin")

Las sombras agrupadas cubrían la ribera.
(Rafael Alberto Arrieta, "La preferida")

Más que palabras dulces fui recordando sueños.
(Alberto Baeza Flores, chileno, "El viajero sin fin")

En un solo cariño se funden dos amores.
(Joaquín Balaguer, dominicano, "Amor paternal")

¡Niñez en el crepúsculo! ¡Lagunas de zafir!
(Porfirio Barba Jacob, "Canción de la vida profunda")

Y ruedan las corolas de tu voz de cristal.
(Claudio Barrera, hondureño, "La mujer vegetal")

Sus cabellos el oro, sus pupilas el mar.
(Andrés Eloy Blanco, "Del siglo libre")

Mujeres en mi vida que se desvanecieron.
(Héctor Pedro Blomberg, argentino, "Precio de la verdad")

Tu dualidad perenne la marcó mi sed ávida.
(Julia de Burgos, puertorriqueña, "Yo fui la más callada")

Saltan a flor de labio mis íntimas saudades.
(Hilarión Cabrisas, cubano, "La plegaria del peregrino absurdo")

Paz en la frente quieta; el corazón, en ruinas.
(Hérib Campos Cervera, paraguayo, "Un hombre frente al mar")

En las aguas inmóviles ateridas de luna.
(Victoriano Crémer, español, "Recuerdo de la nada")

Esta fragancia tuya se volvió sufrimiento.
(Ángel Cruchaga Santa María, "El aroma tenaz")

La eufonía 135

Con el luto las almas de tristeza se visten.
(Hernando d'Aquino, cubano, *Sinfonía Martiana*)

Rozo tu piel y tiemblo si me ve tu mirada.
(Pedro Díaz-Landa, cubano, "Tu piel")

Y frutos y semillas bostezaron sus fuerzas.
(Jorge Antonio Doré, cubano, "Génesis")

El vetusto jardín se muere flor a flor.
(Baldomero Fernández Moreno, "A un señor muy rico para que nos regale una casa")

Amo los utensilios que nos dan la cosecha.
(Antonio Fernández Spencer, dominicano, "El niño que cantaba")

Hasta lavar el último recuerdo del pecado.
(Pablo García Baena, español, "Tentación en el aire")

Decir conmigo lengua para que suene patria.
(José García Nieto, *Nuevo elogio de la lengua española*) [90, pág. 460]

Muchos de los llamados gritarán ¡crucifícale!
(Mercedes García Tudurí, "En otro Jueves Santo")

Las manos habituadas al control de la brida.
(María Gómez Carbonell, cubana, "El Generalísimo")

Que coloquen los búhos ordenados en fila.
(León de Greiff, "Balada de los búhos estáticos")

Me llenará de rosas el yermo de la muerte.
(Blanca Isaza de Jaramillo Meza, colombiana, "El renuevo")

En tu piel de gacela moran mundos de fuego.
(Raúl Leiva, guatemalteco, "Eternidad tu nombre")

Sobre la roja pulpa de sus labios carnales.
(Juan Francisco López, cubano, "Renunciación")

La nómada tristeza de viajes sin fortuna.
(Ramón López Velarde, mexicano, "Noches de hotel")

Amada por los vivos, piadosa con los muertos.
(Leopoldo Lugones, argentino, "El canto")

El agua más hermosa surtió de su sequía.
(Leopoldo de Luis, español, "Renuncio a la luna")

En el fúnebre manto de la noche de gloria.
(Luis Lloréns Torres, "El Mariscal Sucre")

Sol y viento. Florida la mar azul. ¿Recuerdas?
(Manuel Magallanes Moure, chileno, "Recuerdas")

El antiguo reloj de la pared aún suena.
(Arturo Marasso, argentino, "Los días primeros")

En el cenit exacto de tu gloria más pura.
(Humberto Medrano, cubano, "Volveremos")

En el grave silencio de la mansión adusta.
(Medardo Mejía, guatemalteco, "Una canción antigua en prosa nueva")

¡Oh, mis vetustas torres, queridas y lejanas...!
(Ricardo Miró, panameño, "Patria") [91, pág. 460]

Los recuerdos más tristes quisiera recordar.
(Conrado Nalé Roxlo, argentino, "Yo quisiera una sombra")

Cuando cierres los ojos me quedaré dormido.
(Pablo Neruda, "El coloquio maravillado")

La patria lo contempla. Es un ángel sin sueño.
(José Pedroni, argentino, "Las Malvinas")

Nos alegran sus glorias, nos afligen sus lutos.
(Oscar Pérez Moro, "Nuestro barrio")

En pugna con la suerte, vencedor del destino.
(José Manuel Poveda, "Serenata")

La vivaz mariposa por el monte revuela.
(José Eustasio Rivera, colombiano, "Persiguiendo el perfume...")

La eufonía

Con bufandas de niebla los trinos del Señor.
(Jorge Robledo Ortiz, "Buscando musgo")

Como dulces preludios musicales me llegas.
(Margarita Robles, "Me llegas")

Tizne soy de tus plumas y vaho de tu niebla.
(Jorge Rojas, colombiano, "Invasión de noche")

En tus piedras azules que no levante chispas.
(Juvencio Valle, chileno, "Árbol del Paraíso")

Hay golpes en la vida tan fuertes... Yo no sé.
(César Vallejo, "Los heraldos negros")

Hablar con sencillez es un don de los cielos.
(Daniel de la Vega, "Las palabras")

Arañas del olvido tejerán las pupilas.
(Julio de la Vega, boliviano, "Así nació la patria de tus sueños")

El sendero brillante con la lumbre del sol.
(Balbina de Villiers, cubana, "Mañana")

A solas con su sangre se vestía de tiempo.
(María Elena Walsh, argentina, "El caballo muerto")

Decir en suaves notas las penas que sufrí.
(Juan Clemente Zenea, "Retorno")

CONSIDERACIONES FINALES

La importancia de la eufonía en versificación es un principio estético, sin que alguien medianamente sensato aspire a exigirle al poeta que escriba cada verso completamente eufónico. El perfeccionismo de la forma deviene a veces en un resultado negativo, aunque es incuestionable que el verso que más se trabaja es el que parece ser más espontáneo. Pero si nos basamos en los principios parnasianos, tenemos que convenir en la frialdad de las cosas demasiado parejas, en la falta de emoción de las estatuas de hielo. Hay algo que sí debe tener presente el poeta: evitar las asonancias. Inclusive, es un defecto que suele afear a la mejor prosa, por lo que a veces leemos un párrafo conciso, poético, contundente en su contenido, y no puede apreciarse la belleza de ciertas palabras por el pésimo efecto auditivo de la coincidencia de rimas asonantes. Y si ello ocurre en la prosa, ¿cómo no tener sumo cuidado en el verso, que es una forma superior del lenguaje? El poeta que no se preocupa por el sonido de sus versos -sin que ello represente un sacrificio de sus ideas-, olvida que la Poesía requiere un lenguaje artístico superior. Pero si su dificultad radica en un déficit de facultades, siempre puede seguir, como si fuera un consejo, el camino que recomienda José Santos Chocano, expuesto eufónicamente en un alejandrino de su soneto "La gloria del proceso":

Don Miguel de Cervantes me prestará su pluma...

TEMA TERCERO

La rima

"NO ES UN ELEMENTO ESENCIAL, PERO ES UN ELEMENTO IMPORTANTE"

En una entrevista publicada en *Diario Las Américas,* de Miami, Florida, el 23 de enero de 1987, me decía Octavio Paz, en uno de sus sabios enfoques, que la rima "no es un elemento esencial, pero es un elemento importante". Más adelante, añadía que "después de tantos años que hemos tenido de verso sin rima, incluso de verso libre" -y así dejaba bien definida la diferencia entre el *verso blanco,* no rimado y el *verso libre-* "la rima tiene una posibilidad de volver". Sin embargo, la rima nunca se ha ido del todo, y hablando específicamente de poetas, unos se alejaron de ella sólo temporalmente, como Jorge Luis Borges; algunos la dejaron para siempre, como Pablo Neruda; y otros siguieron fieles a ella, como Gabriela Mistral. He aquí tres ejemplos máximos de poetas en los que hay dos premios Nobel chilenos en los dos últimos, y el primero argentino, que mereció haberlo sido.

En el caso de Gabriela Mistral, precisamente, me contaba Octavio Paz -que obtuvo el Nobel de Literatura casi cuatro años después- una anécdota sobre la autora de "Los sonetos de la Muerte", que le había dicho las siguientes palabras: "Lo difícil es escribir sin rima, evitarla. Eso me cuesta mucho trabajo". Aquello me recordó lo que ya yo había leído sobre el tema en uno de los libros capitales de Paz: *El arco y la lira:* "Lo difícil, dice Gabriela Mistral, no es encontrar rimas sino evitar su abundancia. La creación poética consiste, en buena parte, en esa voluntaria utilización del ritmo como agente de seducción". (92, pág. 460) He aquí el quid de la cuestión. Hay quienes pretenden que todo lo rimado es desechable, y al opinar así echan desdeñosamente al cesto la obra de grandes poetas de la humanidad, de todos los tiempos. (93, pág. 460) Y tampoco parece lógico que un poeta con facultades excepcionales para la rima, como el caso de Gabriela Mistral, se vea obligado a renunciar a ella sólo porque hay corrientes que la condenan...

DÁMASO ALONSO Y LA RIMA

En su "Elegía del moscardón azul", (94, pág. 460) Dámaso Alonso comienza con una breve introducción en prosa, en la que se recrimina el haber matado a un moscardón porque le molestaba su zumbido, ocupado como estaba en encontrar una rima para el vocablo *azúcar*. Era la palabra que le faltaba para completar un soneto, y entonces el poeta recuerda a Paul Verlaine: "Mais, qui dira les torts de la rime?" Se trata del famoso poema "Arte Poética", que Verlaine le dedicó a Charles Morice.

Muchos años después, Dámaso Alonso confesaba: "En mi libro de poemas *Hijos de la ira,* yo he maldecido de la rima y he citado los versos de Verlaine:

> Oh, qui dira les torts de la rime?
> Quel enfant sourd ou quel nègre fou
> nous a forgé ce bijou d'un sou
> qui sonne creux et faux sous la lime?"

Estrofa que, para mantener el ritmo y la rima originales, yo me atrevo a traducir de la siguiente forma:

> ¿Quién dirá los errores de la rima?
> ¿Qué niño sordo o negro enloquecido,
> nos cinceló esa joya, centavo cuyo ruido
> suena como algo hueco debajo de la lima?

Y sigue Dámaso Alonso: "Pero yo no tenía razón (lo dije, cuando

La rima

lo dije, por motivos muy especiales); y Verlaine, tampoco: a la rima debe Verlaine casi todos los hallazgos expresivos de su poesía. (95, pág. 460) Aun en su *Art Poétique*. Es decir, en el mismo momento en que la estaba maldiciendo". (96, pág. 461) Tenemos aquí un ejemplar rasgo de honestidad crítica del otrora Director de la Real Academia Española. "Yo no tenía razón", confiesa, y a lo que podría llamarse el noble iconoclastismo de sus primeras etapas poéticas, hay que anteponer después el razonamiento vital de la mesa de estudio, que en Dámaso Alonso fue trinchera de investigaciones y escuela del porvenir.

DELMIRA AGUSTINI Y LA RIMA

Más de un tratadista ha usado "Rebelión", de Delmira Agustini, como un arma contra la rima. En su libro *De la poesía,* (97, pág. 461) el poeta y escritor cubano Orlando González Esteva reproduce esos versos de Delmira Agustini, a quien reconoce como "devota discípula de Darío", lo cual es cierto. Y es verdad también que la poetisa se pronuncia fuertemente contra la rima cuando dice que

> La rima es el tirano empurpurado,
> es el estigma del esclavo, el grillo
> que acongoja la marcha de la idea...,

sin embargo, la propia obra poética de Delmira Agustini desmiente radicalmente lo que expresa en "Rebelión", puesto que de sus 74 poemas conocidos, solamente ocho fueron escritos en versos blancos: "Visión", "Plegaria", "Las alas", "Un alma", "Nardos", "Primavera", "Vida" y, naturalmente, "Rebelión". Por su parte, González Esteva no se coloca ni a favor ni en contra de la rima. Además, la obra poética de él es intensamente rimada, al menos hasta el momento en que escribo estas líneas.

Por lo demás, no es fácil encontrarle sentido al asunto, porque no sólo Paul Verlaine y Delmira Agustini, sino el peruano Manuel González Prada cuando se refiere al tema y dice en "Ritmo soñado":

> Sueño con ritmos domados al yugo del rígido acento,

libres del rudo cancán de la rima...,

y Amado Nervo cuando se refiere a la rima consonante:

> Has cortado las alas al águila serena
> de mi idea, por ti cada vez más ignota,
> cada vez más esquiva, cada vez más remota...,

y hasta Quevedo, cuando escribe una sátira sobre supuestos poetas condenados al infierno, porque la rima los obligó a decir lo que no querían:

> Y por el consonante tengo a cargo
> otros delitos torpes, feos, rudos,
> y llega mi proceso a ser tan largo,
>
> que porque en una octava dije escudos,
> hice sin más ni más siete maridos
> con honradas mujeres ser cornudos...,

siempre ha habido poetas que han asumido esa actitud, aunque la obra propia sea un mentís rotundo a la supuesta esclavitud de la rima. José Gobello, el reconocido gran lexicólogo argentino, grabó en una frase la respuesta a innumerables preguntas: "El poeta es quien domina el verso y no se deja dominar por él". Nadie está obligado a escribir versos rimados si no tiene espontaneidad suficiente para ello. Lo que un poeta sí debe evitar son las rimas *pobres, falsas, evidentes, inusitadas,* etc., que analizaré en este capítulo. Y lo que no se ve claro es por qué hay que sacrificar un don poético -cualquiera que sea- cuando se lo tiene tan arraigado como lo tuvo Gabriela Mistral con la rima, y esforzarse en evitarlo, sólo para complacer a quien le resulta inexplicable por no poseerlo. Sería como vendarse los ojos y salir dando tropezones sólo para halagar a los ciegos...

La rima

LO MÁS IMPORTANTE

Verdaderamente, lo único que tiene importancia en el poema, sea rimado o no, es su calidad literaria y estética y algo lateral que se desprende de lo anterior: su fuerza emotiva. Frente al ripio que puede hacer gala de rimas perfectas, siempre se alzará un gran poema no rimado como "Este volver a Honduras", de Jaime Fontana:

> Parece que no habrá nada más tierno que este volver a Honduras:
> llegar con el amor iluminado por años y distancias,
> decir esta es la sierra, este es el aire y este el río del cuento,
> recuperar las voces salpicadas de burlas familiares,
> reasumir la niñez en el dormido sabor de esta naranja
> y en este olor -que casi es de muchacha- de savia y de panales
> que sólo dan los árboles autores de nuestro propio canto. (98, pág. 461)

Naturalmente, cada verso de ese poema es perfecto en su unidad fonética. Tan así es, que la lección de Fontana es clarísima: rico en música y en imágenes poéticas, apenas si se nota la falta de la rima. Y por muy defensor de la rima que sea un poeta, ningún argumento válido puede oponer a "Este volver a Honduras", del admirable autor del libro *Color naval*.

ASONANCIAS Y CONSONANCIAS

A la versificación castellana ha llegado a llamársela no sólo silábica y acentual, sino también *rímica,* por el uso que los poetas hacen de la rima, o sea: por terminar sus versos con palabras que tengan un sonido parecido (asonante) o igual (consonante). La rima asonante se afianza exclusivamente en una vocal, si es aguda; en dos vocales, si es llana o esdrújula. La rima consonante necesita del concurso de letras consonantes idénticas, además de la igualdad en las vocales. El filólogo español Rafael de Balbín define claramente la diferencia al decir: "Entre los factores rítmicos que se integran en el concierto estrófico, el más inmediato y perceptible es el *ritmo del timbre,* fundado en la *reiteración ordenada y periódica de articulaciones fonemáticas,* singularizadas por su timbre vocálico o consonántico". (99, pág. 461)

RIMAS ASONANTES

En "Retrato del autor", en el Siglo XVII español, decía Salvador Jacinto Polo de Medina:

> La estatura de mi cuerpo
> es entre enano y gigante,
> y en todo mi cuerpo tengo
> mucho hueso y poca carne.

En los versos primero y tercero la rima se apoya en las vocales E-O: *cuerpo-tengo;* en los versos segundo y cuarto, en las vocales A-E: *gigante, carne.*

Cuando la palabra es esdrújula, sólo se tienen en cuenta la vocal acentuada y la vocal final, por lo que una rima asonante en U-O sería *rústico* y *búfalo,* sin que tengan ningún efecto auditivo la vocal intermedia I de rústico, ni la A de búfalo. Y como esa vocal en el centro no cuenta prosódicamente, es perfectamente normal la rima entre una palabra llana y una esdrújula, como en el poeta chileno -ciudadano del mundo- Alberto Baeza Flores, en su poema "Venecia":

> ...cúpulas y canales y puentes hacia el *sueño.*
> El mar desnudo en calles entre palacios *trémulos.*

Sin embargo, por basarse la rima asonante en una aproximación prosódica, la Gramática de la Real Academia Española admite en ciertos casos que las últimas vocales átonas no sean obligatoriamente iguales. Ello ocurre con las vocales I-E además de U-O. Es decir: una rima asonante, según la Academia, se produce con las palabras *Venus* y *bueno* (E-U y E-O). Y en cuanto al misterio de los sonidos I-E, durante una lectura de la comedia *Santo*

La rima

y sastre, de Tirso de Molina, encontré este ejemplo:

> Esta historia nos enseña
> que para Dios todo es *fácil,*
> y que en el mundo es posible
> ser un hombre santo y *sastre.*

Y, modernamente, en el poema "Liberación", de Juana de Ibarbourou:

> Esta desmenuzable pereza de su *cárcel*
> ha de hacerme más pura y más erguida,
> y en la batalla, *ágil.*

Y también en "Las visiones", de Luis Palés Matos:

> Y esos labios roídos por el viento,
> -que hoy es también una cometa *fútil-*
> que en la pasada primavera roja
> bebieron sangre en bélicos *empujes.*

Para quien escribe versos, esa rima llana asonante es perfectamente clara, aunque las vocales finales sean diferentes. Es una rima que surge con la misma naturalidad de las otras, como tuve la oportunidad de constatar en mi poema "Resumen", porque sólo después de publicado el libro *Prófugo de la sal,* advertí que, intuitivamente, como en el ejemplo de Tirso de Molina, yo también había rimado A-I con A-E:

> No era el amor... Amor es otra cosa
> tan potente y tan *frágil,*
> que se agiganta ante la muerte misma
> y un desdén, sin embargo, lo *deshace...*

En las rimas agudas asonantes se trata de una sola vocal acentuada, como en los siguientes versos de Bécquer con la U, en su "Rima LXXXIV":

> Ya se la ve más próxima,
> como a través de un *tul,*
> de una ermita en el pórtico
> brillar. Es una *luz.*

Y a más distancia una rima de la otra, al final de dos estrofitas, con las mismas palabras *tul* y *luz,* el propio Bécquer dice en la "Rima III", inclusive, con un verso casi idéntico al ejemplo anterior:

> Deformes siluetas
> de seres imposibles,
> paisajes que aparecen
> *como al través de un tul,*
>
> Colores que fundiéndose
> remedan en el aire
> los átomos del Iris
> que nadan en la *luz.*

Pero a veces, después de la vocal acentuada, queda como colgando otra vocal átona en un diptongo que no varía la rima aguda, como en el siguiente ejemplo del poema "Desaliento", de Baldomero Fernández Moreno:

> Hombres, perdonadme
> mi *debilidad.*
> Vascos gigantescos
> que me *rodeáis,*
> todos escuchadme,
> todos *escuchad.*

Nótese que en *rodeáis* hay una vocal I al final que no aparece en *debilidad,* ni en *escuchad.* Lo mismo que hace Bécquer con las vocales O-I:

> Así van deslizándose los días
>   unos de otros en *pos,*
> hoy lo mismo que ayer, probablemente
>   mañana como *hoy.*

La rima

Así aparece reproducida esta estrofa de la "Rima LVI" en más de una antología. No obstante, en las Obras Completas de Bécquer publicadas por Bruguera, (100, pág. 461) los versos segundo y cuarto presentan la rima asonante sin esa variante fonética:

>Así van deslizándose los días
>unos de otros en *pos,*
>hoy lo mismo que ayer... y todos ellos
>sin gozo ni *dolor.*

¿Dónde está la razón? ¿Cómo Bécquer escribió realmente esa estrofa? La respuesta la tuve cuando José Ángel Buesa me obsequió con la copia de los originales de las *Rimas* a puño y letra del propio poeta sevillano. Las rimas en *pos* y en *hoy* fueron escritas así originalmente, pero en una consideración posterior, Bécquer tachó "probablemente/ mañana como hoy", y escribió encima "y todos ellos/ sin gozo ni dolor". Todo parece indicar que don Gustavo Adolfo no estuvo de acuerdo con rimar *pos* con *hoy,* aunque otros poetas no le daban importancia al asunto y rimaban agudamente la voz diptongada OI con la vocal O... Porque cuando Bécquer tenía dieciocho años de edad -ya había vivido más de la mitad de su vida-, en 1854, el poeta colombiano Próspero Pereira Gamba publicaba en Bogotá su libro *Poesías,* (101, pág. 461) con un subtítulo muy propio de la época: *Ensayos líricos, descriptivos i dramáticos.* Transcribo textualmente varios versos de la comedia teatral *La intriga de una mujer o Las miserias sociales:*

>Según mi recta *intención,*
>Pondría de mi parte todos
>Los medios... Confusa *estoi*
>***
>La fé de mi *relijión,*
>I estoi segura con eso,
>Natalia, segura *estoi...*
>***
>¡Ai Natalia, que me aflijes!
>Quien te aflije yo no *soi,*
>Sinó los remordimientos

De tu propio *corazón.*

Pero no es necesario retroceder a la época de Bécquer. He aquí un ejemplo contemporáneo de Manuel del Cabral en "Como cuchillo":

> Y peinando los seis pelos
> de mi guitarra ya *voy*
> a decir por qué mi lengua
> nació sin edad ni *voz.*

Y hay que aceptar que esa rima aguda es correcta, sobre todo al verla también en "Nocturno de la copla callejera", de José Santos Chocano:

> Confieso *yo*
> que he tenido también mi noche triste.
> ¡Oh noche triste en que llorando *estoy!*

Pero, si todavía quedan dudas, que la última palabra la diga la más autorizada de las voces poéticas en problemas de versificación, Rubén Darío, desde su poema "Augurios":

> (Sin embargo, en secreto
> tu amigo *soy,*
> Pues más de una vez me has brindado
> en la copa de mi *dolor,*
> con el elíxir de la luna
> celeste gota de *Dios...)*

RIMAS CONSONANTES

A diferencia de las rimas asonantes o asonantadas, las rimas consonantes o aconsonantadas se apoyan no sólo en las vocales, sino en las letras consonantes, como escribí más arriba. Esta rima se produce *cuando son iguales todas las letras a partir de la última vocal acentuada.* Una estrofa aconsonantada con versos agudos y graves, es la siguiente del satírico español Baltazar del Alcázar, en "Una cena":

> Si es o no invención mod**erna**,
> ¡vive Dios!, que no lo s**é**;
> pero delicada fu**e**
> la invención de la tab**erna**.

La rima consonante esdrújula sigue el mismo principio, como en dos versos de un soneto dedicado por León de Greiff al poeta y cuentista colombiano Octavio Amórtegui, en 1918:

> Búhos, que me alucinan con la pupila hipn**ótica**;
> o vago con los vagos, en su zambra ca**ótica**.

Hay, dentro de la rima consonante, otra de mayor aunque innecesaria excelencia. Es aquella en la que son idénticas las dos últimas sílabas del verso, que incluye, naturalmente, la penúltima sílaba acentuada. Ha sido bautizada como *rima perfecta,* y se la ve muy pocas veces. Así está en "El poema del apure", de Andrés Eloy Blanco:

> ...y el lazo de tus lan**ceros**
> enlazó siete lu**ceros**...

Buesa dice que "sería casi imposible escribir un poema de mediana extensión utilizando esta clase de rima, por su escaso número y las no menos escasas posibilidades poéticas de su empleo". (102, pág. 461) Tampoco sería necesario hacerlo, ya que, prosódicamente, nada añade el sonido de esa letra consonante antes de la última vocal acentuada.

RIMA POTENCIAL

Hay un tercer tipo de rima menos usada, no sólo por su difícil tecnicismo, sino porque da al traste con la espontaneidad del poeta. El 18 de diciembre de 1973, la Academia Cubana de la Lengua, correspondiente de la Real Academia Española, designó una Comisión de Gramática formada por un Presidente, Raimundo Lazo;

(103, pág. 462) un Secretario, Luis Ángel Casas (104, pág. 462) y dos Vocales, Adolfo Tortoló y José Luis Vidaurreta, para estudiar el esbozo de una Nueva Gramática de la Lengua Española. De los trabajos presentados se destacó uno de Casas, Secretario Perpetuo de la institución cubana, con el título de *Rima potencial.*

La propuesta académica de Luis Ángel Casas abre un campo más amplio a una *rima en potencia,* ya que el poeta y musicólogo mexicano Daniel Castañeda, (105, pág. 462) había estudiado y le había dado ese nombre a una especie de rima de aliteración. Y es evidente que Casas fue más lejos con su *Teoría de la rima potencial,* estudiada por él desde 1943. En mayo de 1979, el *Boletín de la Academia Hondureña de la Lengua* incluyó en sus páginas un ensayo de Casas sobre "una nueva rima para la nueva era: la era espacial". Debo consignar que, basada en principios fundamentales del idioma, la rima potencial adquiere importancia, aunque no hayan sido muchos los poetas que han practicado el sistema. Ha sido el propio Casas el más constante cultivador de esa rima que, eventualmente, ha estado presente en otros poetas como los cubanos Pura del Prado y Yody Fuentes Montalvo; y, con más dedicación, inclusive en el marco de un libro completo, (106, pág. 462) del poeta también cubano Víctor Urbino.

DEFINICIÓN TÉCNICA DE LA RIMA POTENCIAL

Esta nueva rima surge a veces con palabras tan disonantes como *labios* y *viola* (inversión de sílabas) o, más sutilmente, en *tiempo* y *contemplaba* (en el que no juega ningún papel el sonido de las vocales de las últimas dos sílabas). De la misma forma pueden rimar una esdrújula con una aguda, y así termina Luis Ángel Casas su poema "Los sueños y tú", con el siguiente pareado:

> Entran los viejos sueños en mi *espíritu,*
> y con los viejos sueños entras *tú.*

¿Cómo puede considerarse que haya rima entre *espíritu* y *tú*? Cierto que el pronombre personal *tú* tiene las mismas dos letras de

La rima 151

la sílaba final de espí**ri**tu, pero mientras la primera está acentuada, la segunda no depende sólo de ella, sino del acento en la antepenúltima sílaba: es**pí**ritu. *Espíritu,* normalmente, rima con cualquier palabra llana cuyas últimas vocales sean I-U, como *rictus* o con cualquier vocablo esdrújulo como *agibílibus*. (107, pág. 462) No cabría aquí una rima aguda, pero según Luis Ángel Casas, la diferencia entre sílabas átona y tónica es puramente convencional: Toda sílaba, cuando se pronuncia aisladamente, tiene acento de intensidad, es decir, es tónica en sí misma. La *rima potencial* se basa, pues, en el concepto de igualdad silábica pura o semejanza silábica pura, según los casos, pero siempre con independencia del acento. Dicho más académicamente, este tipo de rima es la igualdad o semejanza entre la sílaba tónica y la postónica o protónica; entre la postónica y la protónica y entre las protónicas, en palabras de cualquier tipo de acentuación; y, también, entre las protónicas no equidistantes de la tónica, cuando se trata de palabras esdrújulas o sobresdrújulas.

Muy larga sería una exposición detallada del amplio campo que abarca la *rima potencial,* y queda a los poetas interesarse en ella o no. Nadie puede afirmar o negar si tendrá alguna acogida en la poética del futuro, aunque para ello tendrían los poetas que volver a la mesa de estudio. Ello no parece probable por ahora, en un mundo dado cada vez más al tecnicismo, excepto en el arte, que es la gran víctima, el gran burlado por la improvisación y la irrespetuosidad de los últimos tiempos.

VERSO LIBRE Y VERSO BLANCO

Los movimientos de *vanguardia* a principios del Siglo XX se caracterizaron por la abolición de la música del verso. En vez de cantar, las líneas hablaban, aunque se mantuvo cuidadosamente la exposición visual, para que la tipografía supliera la falta de ritmo. A medida que los *ismos* se sucedían, se iba creando una competencia por ver a quién se le ocurría la idea más descabellada. Romper con el pasado era la palabra de orden, y el ayer inmediato entonces, en castellano, era el *Modernismo* ricamente musical. Hubo corrientes que lucharon por destruir aquella espontaneidad poética que, no obstante, exigía no pocos esfuerzos. Porque algo que también se le debe a Darío es la enseñanza de que la versificación requiere estudio. Y hubo poetas que honraron a Darío cuando ampliaron la búsqueda de nuevas musicalidades porque, acorde con la estética del momento, surgió un verso basado en cadencias acentuales no fijas, algo que yo he dado en llamar *conversación melódica*. Cabe aquí recordar de nuevo la entrevista que le hice a Octavio Paz, y citar sus palabras: "Cualquier hecho lo refleja la poesía a través del ritmo poético. Ahora bien: el ritmo no es lo mismo que el metro puro, pero evidentemente sí hay una relación muy estrecha. Lo que llamamos metro como el endecasílabo, el octosílabo, el alejandrino, son patrones de formas verbales en los cuales el ritmo es lo esencial". Y esas atinadas palabras de Paz justifican plenamente que una poetisa de patrones tan tradicionales como Juana de Ibarbourou, en su libro *La rosa de los vientos,* en el poema "Siesta", se afiance exclusivamente en la rima, como ya lo había hecho anteriormente Lugones. He aquí los versos de Juana de América:

>   Trompo alucinante del *Sol*
>   sobre la cintura exacta del día
>   y los cuernos verticales del *caracol.*

Alberto Baeza Flores, también usando el sustantivo *sol,* como Juana de Ibarbourou, le escribe una estrofa a Colombia que él titula "Mañana en Bogotá", pero con rima asonante. En este caso el esquema métrico es sutil, innominado, aunque nadie con oído para la prosodia podría decir que carece de ritmo:

>   El mundo hecho de tejas rojas bajo el sol.
>   El oro de la luz pastorea neblinas misteriosas.
>   Desde sus sueños de altos sueños abre sus brazos el amor
>   y Bogotá se tiende transparente en las calles errantes de su historia.

Pero sería prolijo reproducir versos escritos en América que no obedecen a esquemas prefabricados, como también lo sería en

La rima

cuanto a España, donde abundan magníficos poemas como "La mirada del perro", en versos blancos, de Luis Felipe Vivanco: "De pronto, trabajando, paseando, me encuentro la mirada del perro./ Me interrumpe como dos hojas de árbol dentro de una herida..."

Ante esos plausibles ejemplos de reales poetas, era normal que otras personas ajenas a la Poesía se rebelaran a la técnica del verso y, aparentemente, descreando para crear, empezaran un juego fácil con una sola regla que era la abolición de todas las reglas del juego. Entonces, el maratón lírico se llenó de cojos. Perdió las cuerdas el violín y su vientre de madera comenzó a roncar bajo la arbitrariedad del arco sordo. Cantar no era cantar, sino hacer bulla. Al compás del vocerío surgían los teóricos de la incongruencia. La confusión reinaba en los talleres iconoclastas...

En el mismo año en que muere Darío, 1916, el chileno Vicente Huidobro publica su poema "Adán" y dice que "los teóricos españoles confunden el verso libre con el verso blanco. El primero es una mezcla de ritmos armoniosos en su conjunto y de versos perfectamente rimados en consonantes o asonantes (o en ambas rimas), y el segundo es siempre de igual número de sílabas y sin rima". Aquí, el propio Huidobro confunde los términos, porque lo que él describe como *verso libre* ("mezcla de ritmos armoniosa en su conjunto", versos "rimados en consonantes o asonantes") es -ni más ni menos- la poesía tradicional que fue embellecida por los modernistas. Y en cuanto al *verso blanco,* ¿por qué afirma Huidobro que "es siempre de igual número de sílabas"? ¿Acaso los *sáficos adónicos* de Esteban Manuel de Villegas, en el Siglo de Oro español, no estaban formados por tres endecasílabos y un pentasílabo no rimados? ¿Qué tiene que ver el número de sílabas con la ausencia de la rima?

ACLARACIÓN DE LOS TÉRMINOS LIBRE Y BLANCO

Cuando se dice *verso libre* se hace referencia a la línea que no obedece a una intención fonética definida, puesta en boga por poetas que detestan el ritmo puro o por principiantes que no lo dominan. Cuando se dice *verso blanco,* se trata del verso propiamente dicho, pero sin rima. Antiguamente se definía como *verso libre* el verso no rimado, pero fue necesario rebautizar ese verso con el adjetivo de *blanco* para evitar la ambivalencia. No obstante, sigue habiendo fallas teóricas, como cuando Isabel Paraíso escribe que también Martí confundió el *verso libre* con el *verso blanco.* (108, pág. 462) No hubo tal confusión en Martí. En su época, la Poesía no había sido invadida todavía por esos experimentos que la acercan a la prosa, aunque haya existido prosa poética desde siempre. Llamar *versos libres* a sus endecasílabos no rimados, era perfectamente lícito en Martí y en cualquier otro poeta o teórico, puesto que con ese nombre eran conocidos por todos.

Por lo demás, lo que interesa en Martí -y en cualquier poeta- es su verso rimado o blanco. Y es el propio Apóstol de la Independencia de Cuba quien relata, en sus llamados *Versos libres,* la historia del labriego que, para proteger de las garras de un halcón a su zorzal, colocó sobre sus alas naturales otras alas falsas. Cuando el ave de rapiña intenta atacar al zorzal, se enreda en las alas postizas y la víctima del ataque consigue escapar... Viene entonces la moraleja martiana:

¡Así, quien caza por la rima, aprende
que en sus garras se escapa la poesía!

Es decir que, en el caso específico de los *Versos libres* de Martí, las rimas hubieran sido alas falsas, por lo que él prefirió escribir sin rima aquellos versos. Y digo que en ese "caso específico" porque el resto de la obra poética de Martí es netamente rimada. Por eso, la primera lección martiana, completamente razonable, es evitar la rima cuando no se tiene un amplio dominio de ella. No hay por qué salir tras la palabra rimada, como un cazador con la escopeta al hombro. La rima no es la Poesía, y el verso blanco tiene ya una larguísima y admirable trayectoria estética.

La rima 155

RIMAS POBRES

Para analizar lo que debe evitar el poeta cuando escribe versos rimados, es muy extensa la lista de *rimas pobres*. Si se aspira a escribir versos con una razonable pulcritud estética, la serie de rimas que menciono a continuación dañan, penosamente, la buena calidad de cualquier poema.

RIMAS CON VERBOS

Una de las formas habituales de todos los tiempos ha sido la rima con verbos, que se presenta en cualquier conjugación:

> Llegar debimos juntos, como *crecen*
> juntas dos olas que en el puerto *nacen;*
> como a un tiempo dos nombres *resplandecen*
> y en el éter a un tiempo se *deshacen;*
>
> cual dos aves unidas que *guarecen*
> y en concertar sus cantos se *complacen;*
> como dos ramas a la par *florecen*
> porque sus flores a la par se *enlacen.*

En estos dos serventesios tomados del poema "Distancias", de Miguel Antonio Caro, los símiles tratan de salvar la pobreza de las rimas. Pero hay un poeta que, a plena conciencia, bautizó sus versos con el nombre de "Soneto de la rima pobre", donde la Poesía se sobrepone al tecnicismo, como suele ocurrir a veces. He aquí los dos cuartetos del soneto mencionado de Andrés Eloy Blanco:

> Me das tu pan en tu mano *amasado,*
> me das tu pan en tu fogón *cocido,*
> me das tu pan en tu piedra *molido,*
> me das tu pan en tu pilón *pilado.*
>
> Me das tu rancho en tu palma *arropado,*
> me das tu lecho en tu rincón *sumido,*
> me das tu sorbo a tu sed *exprimido,*

me das tu traje, en tu sudor *sudado*.

Las rimas verbales abundan, y no de esa forma noble de Andrés Eloy Blanco, con su título que es una confesión de rima pobre al referirse a los participios. Porque esos participios recuerdan otros de Bernárdez en un soneto, no obstante, admirable:

> Si para recobrar lo *recobrado*
> debí perder primero lo *perdido,*
> si para conseguir lo *conseguido*
> tuve que soportar lo *soportado,*
>
> si para estar ahora *enamorado*
> fue menester haber estado *herido,*
> tengo por bien sufrido lo *sufrido,*
> tengo por bien llorado lo *llorado.*
>
> Porque después de todo he *comprobado*
> que no se goza bien de lo *gozado*
> sino después de haberlo *padecido.*
>
> Porque después de todo he *comprendido*
> que lo que el árbol tiene de *florido*
> vive de lo que tiene *sepultado.*

GERUNDIOS

Las que se realizan con gerundios son las rimas más deplorables, como en "Recuerdos y fantasías", del romántico español José Zorrilla:

> Yo sentí que la turba me aplaudía,
> y ansias de gloria el corazón *hallando*
> dije dentro de mí: "La tierra es mía",
> y con mayor afán seguí *cantando.*

También dice el argentino Gustavo Rafael Sacks en un sonetillo que, de todas formas, es una interesante pieza poética:

La rima 157

> Mesas solas *esperando*
> la llegada de quien pueda
> atravesar la vereda
> de su soledad, *amando*.

Nadie ha reparado tampoco, que yo sepa, en los gerundios que rima Huidobro en su famosísimo poema "Arte poética":

> Una hoja cae; algo pasa *volando;*
> cuanto miren los ojos creado sea,
> y el alma del oyente quede *temblando.*

Los gerundios en las rimas, lamentablemente, pululan por doquier, aunque el poeta argentino Enrique Lavié, en "No sé ni cómo ni por qué ni cuando", [109, pág. 462] parece haber establecido una marca, ya que en ese poema de veintiún versos acude nada menos que a ocho gerundios: *amando, luchando, buscando, suspirando, cantando, soñando, alejando* y, nuevamente, *soñando.* Para lograr la rima en *ando,* Lavié escribe tres veces la conjunción *cuando.* Le hubiera bastado haber acudido también a un adjetivo: *blando,* para liberar a su poema de algún otro gerundio. Sin embargo, una rima tan escasa excepto en la forma verbal, es mejor esquivarla o, simplemente, usar la rima asonante, que goza de enorme amplitud, en vez de la rima consonante, lógicamente más limitada.

INFINITIVOS

Otro pernicioso ejemplo de mal gusto es el de rimar verbos infinitivos. Sería prolijo, debido a su penosa abundancia, reproducir estrofas con ese defecto, pero hay un poema muy conocido del poeta, dramaturgo y novelista español Joaquín Dicenta, que adolece de ese mal. Me refiero a "Qué doloroso es amar y no poderlo decir", aunque es innegable que esos versos se popularizaron gracias a su tema sentimental y quejumbroso. Reproduzco dos fragmentos:

> Si es doloroso *ignorar,*
> dónde vamos a *morir,*

más doloroso es *amar*
y no poderlo *decir*.

Pero si es triste *mirar*
y la luz no *percibir*,
más doloroso es *amar*
y no poderlo *decir*.

RIMAS CON SUPERLATIVOS

Dejando a un lado los verbos, otra manera pobre de rimar es la que emplea superlativos, aunque no es muy común encontrar versos como los del poeta español Jesús Juan Garcés, que en los tercetos de su soneto "La Venus del espejo, de Velázquez", dice:

No te vuelves, ni miras, ni respondes,
ni dices nada tú, dama *blanquísima,*
porque el desdén te ronda la cabeza.

Como la Luna, tu otra parte escondes,
mujer, la más mujer, la más *castísima*
mujer, hecha de carne, de una pieza.

RIMAS CON VOCABLOS EN OPOSICIÓN

Rimar con vocablos en oposición también denota poca creatividad. Y hay que advertir que, aunque los siguientes ejemplos no son nada recomendables, casi todos pertenecen a excelentes poetas cuyos poemas, salvo esa dificultad técnica, son también excelentes:

Antes de que aparezca el *Anticristo,*
pídele a Dios que funde a Buenos Aires
por vez tercera, pero en *Jesucristo.*
***
Para que cuando el río de la Plata
pueda llamarse río de la *Sangre,*
y convertido en una catarata
el cielo moribundo se *desangre.*
(Bernárdez, "Oración a Nuestra Señora de Buenos Aires")

La rima

Expresión que nos arrastra a un cuarteto de Juana de Ibarbourou:

> Herida soy, herida que no *sangra*
> ni sufrimiento siente, ni se queja,
> ni en oculto temor se desmadeja
> y por tu muerto ensueño se *desangra*.

Y por la relación entre la sangre y la carne:

> Ni una ilusión, ni un sueño que se *encarne*
> sobre el hastío que dejó la *carne*.
> (Ricardo Miró, "Hastío")

> Pero es verdad el tiempo que transcurre *conmigo*.
> Es verdad que los ojos empapan el recuerdo
> para siempre al mirarte, ¡para siempre *contigo*,
> en la muerte que alcanzo y en la vida que pierdo!
> (Leopoldo Panero, "Cántico")

> Y ahora la nave su armazón *inútil*
> destruye junto al muelle poco a poco.
> La madera quizás pueda ser *útil*,
> ya que no se perdió en el viaje loco!
> (Felipe Pichardo Moya, cubano, "Cobardía")

> El mundo sueña, el corazón *renace*
> a la delicia de sentirse puro;
> y se escuchan las voces del futuro
> en cada acento que alegrando *nace*.
> (Jorge Rivas, dominicano, "Noche de Navidad")

> Esta barrera eterna que *desune*
> el doloroso abrazo que nos *une*.
> (Freyda Schultz de Mantovani, argentina, "El abrazo")

> Sus cuerpos de serpiente dilatan las *mayúsculas*
> que desde el ancho margen acechan las *minúsculas*.
> (Guillermo Valencia, "Leyendo a Silva")

ADJETIVOS CALIFICATIVOS

También deben ser consideradas rimas pobres las que se logran con adjetivos calificativos. El siguiente cuarteto de Manuel S. Guillén tiene esa particularidad en los versos segundo y tercero, mientras presenta también rima pobre con verbos en el primero y el cuarto:

> Crece la lluvia y la tormenta crece (110, pág. 462)
> y el viento azota la arboleda *extensa,*
> y allá a lo lejos, la montaña *inmensa,*
> tras luces turbias de un cristal parece.

Pero hay un adjetivo sustantivado como *maga,* por ejemplo, que puede rimar correctamente bien con otro adjetivo como *aciaga,* y así aparece en "El sueño", de Alfonsina Storni:

> Palacio de oro y oro donde habita una *maga*
> que ha dormido cien años por maldición *aciaga.*

RIMAS EVIDENTES

Muy negativas son las rimas evidentes, porque le roban al poema el factor sorpresa. Cuando la Poesía anticipa al principio lo que viene al final, se pierde la emoción del mensaje inesperado y muere el interés. Es la novela de misterio que nos descubre al asesino desde el primer capítulo. En este caso, el asesino es el poeta, que ahoga con la evidencia de una rima lo que debe ser interrogación y emotividad.

CALMA, ALMA, PALMA...

Así sucede en los versos aconsonantados con el vocablo *calma:* sabemos que, inevitablemente, vamos al encuentro de voces inmediatas como *alma* o *palma.* Van aquí ejemplos de dos reconocidos poetas españoles, aunque bien podría reproducir cientos

La rima

de rimas como esas, dictadas por la ingenuidad ecoica:

> Perdida en tanta soledad la *calma,*
> de noche eterna el corazón cubierto,
> la gloria muda, desolada el *alma,*
> en este pavoroso desconcierto
> se eleva la razón, como la *palma*
> que crece sola y triste en el desierto.
> (Gaspar Núñez de Arce, "Estrofas, XIV")

Y de José Velarde, discípulo de Núñez de Arce, en lo que parece ser una respuesta a su maestro, en el poema "Tempestades":

> Como produce estancamiento insano
> si es duradera la apacible *calma*
> amo la tempestad embravecida
> que esparce los efluvios de la vida
> al romper en los cielos o en el *alma.*

OJOS, LABIOS ROJOS

Entre las rimas evidentes ocupan un lugar de triste privilegio las formadas por los plurales del sustantivo *ojo* y el adjetivo *rojo,* aplicado este último a los labios. Y es perfectamente admisible que en la época barroca, el sevillano Fray Diego de Hojeda (1550-1615), respetable maestro de la poesía narrativa, rime en "La Cristiada" los siguientes endecasílabos:

> De la que sangre fue tus *labios rojos...*
> de la muerte verás, viendo sus *ojos.*

Lo deprimente es que esa rima se siguiera usando, y hasta en una voz tan altamente poética como la de Delmira Agustini, en "Íntima":

> Si con angustia yo compré esta dicha,
> ¡bendito el llanto que manchó mis *ojos!,*
> ¡todas las llagas del pasado ríen
> al sol naciente por sus *labios rojos!*

Y, contemporáneamente, otro excelente poeta repica las mismas campanas. He aquí a Virgilio Díaz Ordóñez en "Margarita":

> En el pareado de tus *labios rojos,*
> en la azul consonancia de tus *ojos.*

MADRE, PADRE, CUADRE, TALADRE...

No es recomendable para el poeta un *Diccionario de la rima* en el instante de la creación, pero sí es útil, sobre todo, para detectar las rimas evidentes y poder evadirlas. Muy frecuentemente se suelen rimar *madre* y *padre,* en compañía de *comadre, compadre, cuadre, ladre* y *taladre.* Y aquí lo tenemos en el ecuatoriano Ernesto Noboa Caamaño, en "El dolor de la ausencia":

> ...y que el hierro punzante de las penas *taladre...*
> como en sueños murmuro: ¡Los ojos de mi *madre!*

O en otro interesante ejemplo del educador y poeta chileno Carlos R. Mondaca:

> Y sobre todo, gracias, *madre,*
> por la infinita majestad
> de un hombre que, al decirme *padre,*
> me haga vivir la eternidad.

Y, lamentablemente, una pluma como la de Gabriela Mistral, que le confesaba a Octavio Paz su facilidad para la rima, fue presa también de esa facilidad, pero en forma negativa:

> No hay nada ya que mis carnes *taladre,*
> con el amor acabóse el hervir.
> Aún me apacienta el mirar de mi *madre.*
> Siento que Dios me va haciendo dormir.

Los infinitivos *hervir* y *dormir* cierran el ciclo de esta estrofa con rimas pobres en el poema "Palabras serenas", en versos anapésticos

La rima

(111, pág. 462) que llaman siempre la atención por su música particular.

Pero hay también el caso de poetas que tienen una especial inclinación hacia las rimas evidentes, y entre ellos puede señalarse al ecuatoriano Remigio Romero Cordero, específicamente en su poema "Grito". Es bueno tomar nota de los ejemplos siguientes, para tratar de evitar esas rimas:

> ...de mover tus pupilas delante de los *niños*,
> llorando nadie sabe si penas o *cariños*.
>
> Desde el último vértice de mi dolor sin *nombre*,
> voy a gritar, Señora, mi grito inmenso de *hombre*...
>
> ¿Quién tuvo los infiernos de la pasión más *loca*,
> a modo de carbones del Profeta, en la *boca*?

Y aunque los dos últimos pareados (niños-cariños / loca-boca) no son de los ejemplos peores, era ya casi inevitable que, en un poema como ese, no faltaran los siguientes versos:

> Me dicen que, una vez, ante los cirios *rojos*,
> abriste la materna dulzura de tus *ojos*.

Anque este último verso, sin embargo, acaso salva todo el poema a pesar de sus rimas evidentes, porque se trata de un alejandrino perfecto -hasta donde pueda existir la perfección humana-, sin ningún tipo de asonancia interna, con la presencia de las cinco vocales, inclusive sin sinalefas y con un deslizamiento musical como una cascada rítmica y fresca:

> Abriste la materna dulzura de tus ojos. (112, pág. 463)

FÚTIL-INÚTIL / TRUNCA-NUNCA

No se pueden pasar por alto otros ejemplos que constituyen verdaderos vicios del lenguaje:

> Sufro el cansancio de una vida *fútil*
> que se consume en torpes devaneos:
> En mi interior se agitan los deseos
> como las velas de una barca *inútil*.

Ese cuarteto pertenece a "Interior", de un magnífico poeta costarricense, Julián Marchena. Y soslayando otros muchos ejemplos, para terminar con las *rimas pobres,* va la siguiente estrofa de "Redondillas al puente colgante", del poeta argentino José C. Corte, también con dos deplorables verbos en infinitivo:

> Alguien te hizo *dialogar*
> con aquella estatua *trunca,*
> que parecía que *nunca*
> se llegara a *terminar*...

RIMAS INUSITADAS

Hay una relación muy estrecha y paradójica entre las *rimas evidentes* y las *rimas inusitadas.* Unas y otras consisten en ciertas terminaciones muy escasas, pero las inusitadas que han sido usadas en demasía, han acabado por convertirse en evidentes. Y comenzando por el último poema tomado como ejemplo, he aquí algo inusitado en las "Redondillas" de José C. Corte:

> Tu presencia en este *siglo*
> la de un modesto *vestiglo*...

Lo no usado, o sea, lo inusitado, aparece en las rimas de poetas que buscan sonoridades especiales. Gerardo Diego, renovador constante de versos y de temas, tuvo en el soneto una de sus formas poéticas preferidas. De "Mano en el Sol" tomo dos versos suyos que son una inmejorable demostración de rima inusitada:

> Futuro paraíso de *falanges*
> de alabastros, vidrieras y *losanges*.

La rima

Hay dos poetas colombianos que también se distinguen por el uso de esa clase de rima: León de Greiff y Luis Carlos López. De Greiff acude regularmente a un lenguaje difícil, arbitrario. Su anarquía deviene en hermetismo. Con una postura intelectual de franco desdén ante lo lírico, el poeta que era De Greiff se erguía a veces sobre las complejas excentricidades del hombre. Con estos elementos que redondean un carácter nada fácil, no son de extrañar sus rimas inusitadas, como *tríptico-elíptico / plomo-gnomo / omniforme-enorme / aquelarre-arre...* En otras ocasiones buscaba con insistencia lo inusitado dentro de vocablos nada difíciles para la rima, como los llanos que terminan en *ela*. Así aparece al final de su "Balada de los búhos estáticos":

> -La muda y desolada y la fría-, la luna,
> se venga de la noche, se venga lela, *lela*
> para decir de nuevo su trova *paralela!*

Por su parte, Luis Carlos López, que hace gala de un llamado *antimodernismo,* suele burlarse de versos y de hombres. Bufón amargo que, no obstante, enarbola magistrales golpes poéticos, escribe sonetos como "En Guámbaro", en los que abundan las rimas inusitadas. De ese soneto mencionado son las rimas *ronzal-concejal / fea-batea* y, además:

> ¡Oh, las parejas de alas de *pato...!*
> No necesitan *bicarbonato...*

Pero volviendo a León de Greiff, tal vez en Hispanoamérica el poeta que más puede competir con él en cuanto a rimas inusitadas, es Julio Herrera y Reissig. Basta poner de ejemplo dos cuartetos del soneto "El Desamparo", porque no sólo en la rima, sino en el lenguaje total, emplea palabras de uso nada frecuente:

> Plomizada la altura con el *sucio*
> arambel de una noche de *malicia,*
> no presumió la tácita *blandicia*
> del eterno juguete *casquilucio.*

> Tendida virtualmente sobre el *lucio*
> fulard de los deleites, tu *puericia*
> disparóme, con náufraga *impericia*,
> la rodilla y el pie y el *occipucio*...

En conversación sostenida con Octavio Paz, el renombrado polígrafo trajo a colación las rimas inusitadas de Ramón López Velarde. Ya yo tenía en mis notas ejemplos como *cacharro-barro*, del poema "Una viajera"; *crinolina-femenina / bizantinas-capuchinas / rey-mamey*, tomados de "Jerezanas"; *acurruca-caduca-tierruca*, que aparecen en "Llegada", etc. Octavio Paz me había citado de memoria dos versos:

> Tardes como una alcoba *submarina*
> con su lecho y su *tina*...

Yo no conocía esas rimas inusitadas de López Velarde y, tras una búsqueda más o menos intensa, di con ellas en el poema "Tierra mojada".

Pero acaso haya que premiar póstumamente al poeta español Luis Fernández Ardavín, por las rimas inusitadas de su soneto "La romántica Plaza de Oriente":

> Pasó por esa plaza *miriñaque*,
> y la pompa le dio de una *vitela*.
> Cuando la brisa por la fronda *vuela*,
> aún trasciende al rapé y al *estoraque*.
>
> Arrieta llega al Real, puesto de *fraque*.
> La reina va a Palacio en *carretela*,
> y a caballo, detrás, pronta la *espuela*,
> indiscreto el de Asís la pone en *jaque*.
>
> Un alférez penetra en la Armería,
> y saluda con fina cortesía
> porque está en el balcón una *azafata*.
>
> En los arcos se inquietan las palomas...
> Se humedecen de pronto los aromas

La rima 167

y un chubasco de otoño se *desata.*

RIMAS DE REITERACIÓN

La *rima de reiteración,* aunque rime, realmente no es rima, porque se trata de la misma palabra repetida. No creo que exista una rima de reiteración más antigua en lo que posteriormente sería el idioma castellano, que una que aparece en unos versos de la poesía mozárabe. Abraham Aben Ezra (Esra o Hezra), conocido también como Abraham ben Ezra, Abraham ben Meïr ben Esra y Abraham Ibn. Ezra, nació en Toledo hacia 1092 y, tras incontables viajes, murió en Rodas en 1167. Los judíos lo apodaron *El Sabio, El Grande, El Admirable...* y no eran hipérboles, pues además de poeta fue médico, filósofo, astrónomo... amén de que también se destacó por sus interpretaciones de la Biblia. Pero no sus datos biográficos, sino una de sus *jarchas* (113, pág. 463) es lo que interesa ahora:

> Con qué *farayyu*
> cómo *vivrayu.*
> Est alhabib espero
> por él *morrayu.*

He aquí la traducción:

> Aguarda, ¿qué haré *yo?,*
> ¿cómo viviré *yo?*
> Espero a mi amado.
> Por él moriré *yo.*

Con esta repetición del pronombre personal *yo* comenzó, casi seguramente, la rima de reiteración en el Siglo XII.

Este tipo de rima se ve con cierta frecuencia y a veces en poemas memorables. Inclusive, ha ido contra formas cerradas como la décima, y uno de los pocos poetas en atreverse a lanzar ese desafío fue Herrera y Reissig, al terminar con la misma palabra el primero y el cuarto versos de la primera redondilla de muchas de sus espinelas. Tanto en *La Torre de las Esfinges,* como en *Desolación absurda,* el nuevo estilo aparece tratado con profusión:

> Noche de tiernos *suspiros*
> platónicamente ilesos:
> vuelan bandadas de besos
> y parejas de *suspiros*...

Quevedo, en el verso central de cada terceto de su soneto "Salmo II", hace que la rima caiga en la misma palabra "aguardas":

> Llámasme, gran Señor; nunca respondo.
> Sin duda mi respuesta sólo *aguardas,*
> pues tanto mi remedio solicitas.
>
> Mas, ¡ay!, que sólo temo en mar tan hondo,
> que lo que en castigarme ahora *aguardas,*
> con doblar los castigos lo desquitas.

El poeta español Rafael Duyós juega con dos rimas, también en los tercetos de su soneto "¿Qué voy a hacer?", sólo que una de las rimas esté construida con la misma palabra, y la escribe tres veces en vez de dos como Quevedo:

> Mientras insiste aquí la *primavera*
> y alza nuestro balcón su viejo nido,
> nido de alegre amor de *primavera*
>
> que busca inútilmente su latido
> porque la primavera se ha perdido
> desde que tú te fuiste en *primavera.*

Otro poeta español, Germán Bleiberg, dice en "Tus oscuras estrellas":

> Tus oscuras estrellas
> -en nuestros ojos, *naufragio*-
> tejen las playas de noche
> -en los recuerdos, *naufragio*-
> que dejan en nuestra sangre

La rima

-última espuma, *naufragio-*
llantos de cristal sombrío,
herida carne del llanto.

Estos ejemplos y otros muchos de la reiteración de una palabra al final de varios versos para fortalecer una idea, son siempre interesantes, pero al mismo tiempo se trata de una práctica a la que se debe recurrir moderadamente. Sin embargo, un gran poeta sí puede abusar de la rima de reiteración, sobre todo si su nombre es Francisco Luis Bernárdez. En el siguiente soneto suyo, "A la Natividad de la Santísima Virgen", Bernárdez usa sólo dos rimas con *muerte* y *vida,* y juega con esos sustantivos antitéticos al compás de los catorce endecasílabos:

Vino la vida para que la *muerte*
dejara de vivir en nuestra *vida*
y para que lo que antes era *vida*
fuera más muerte que la misma *muerte.*

Vino la vida para que la *vida*
pudiera darnos vida con su *muerte,*
y para que lo que antes era *muerte,*
fuera más vida que la misma *vida.*

Desde entonces la vida es tanta *vida*
y la muerte de ayer tan poca *muerte*
que si a la vida le faltara *vida,*

y a nuestra muerte le sobrara *muerte,*
con esta vida nos daría *vida*
para dar muerte al resto de la *muerte.*

Hay múltiples ejemplos de rimas de reiteración en excelentes poemas como "La sirena", de Conrado Nalé Roxlo: *(río-río / mío-mío);* "Prater", del mexicano Rafael Solana: *(hijos-hijos);* "Quién ha tocado mi ilusión", de Arévalo Martínez: *(mañana-mañana);* y no podía faltar en poesía humorística, como en "El pescado de Barranquilla", de Aquiles Nazoa, que termina los treinta versos del poema con la palabra *pescado,* unas veces como nombre y otras como verbo:

> Dicen que en Barranquilla fue *pescado*
> un extraño *pescado*
> pues aunque tiene mucho de *pescado,*
> no parece *pescado.*

Claro que, en una consideración netamente gramatical, el segundo verso no debe decir *pescado,* sino *pez,* que es lo que se pesca.

En su libro *Los camellos distantes,* Agustín Acosta va dejando el eco de lo inútil en un breve poema de rima reiterada, cuyo título es elocuente: "En vano":

> Cuando vino la sombra ya yo estaba muy lejos:
> me quiso perseguir en *vano...*
> Amazonas vencidas, cabalgaban mis horas,
> en vano... en *vano!*
>
> Cuando vino la aurora yo era sombra de antes:
> me quiso descubrir en *vano...*
> Amazonas triunfantes, cabalgaban las horas,
> en vano, en *vano...!*
>
> Alba y sombra se unieron: yo fui el vértice oscuro,
> y quisieron robarme en *vano:*
> para la luz, el alba: la sombra para ella...
> Pero todo fue en *vano...!*

Y una maravilla lírica en esta clase de rima sigue vigente como cuando fue escrita, en el poema "Vida", de la anticipada Delmira Agustini:

> ¡Y me lo ofreces todo...!
> Los mares misteriosos florecidos en *mundos,*
> los cielos misteriosos florecidos en *astros,*
> ¡los astros y los *mundos...!*
> Y las constelaciones de espíritus suspensas
> entre mundos y *astros...*
> Y los sueños que viven más allá de los *astros,*
> más acá de los *mundos...*

La rima 171

En el poeta español Carlos Edmundo de Ory confluyen diversas corrientes vanguardistas. Fundador del movimiento llamado *Postismo* (114, pág. 463) en 1945, conjuntamente con su compatriota pintor Eduardo Chicharro, (hijo) y el italiano Silvano Sernesi, publicó *Los nuevos prehistóricos*. En 1950 colaboró con Leopoldo Panero en el *Correo Literario* y, siguiendo su relación con los pintores, en 1951 dio a conocer, con el dominicano Darío Suro, el *Manifiesto introrrealista*. De su obra poética, en la que el desquiciamiento es la tónica esencial, extraigo la primera estrofa de un poema escrito en Amiens en 1974:

> Me vas a dejar triste otra vez como *anoche*
> Y a ti te gusta estar pálida como *anoche*
> El viento ulula ladran los perros como *anoche*
> Ves que pongo en tu vientre mis manos como *anoche*

Así prosiguen los versos, sin signos de puntuación, hasta la ruptura final sin rima: "las sombras que parecen bichos en agonía".

Por su parte, Vicente Gaos dice en "Segunda niebla":

> No hay más que niebla, sólo *niebla*...
> El pensamiento sólo piensa *niebla*.
> A la esperanza le responde *niebla*.
> A la fe, *niebla*.

No fue José Martí dado a las rimas de reiteración, por lo que resulta más interesante reproducir la última estrofa de "A Emma":
(115, pág. 464)

> Si brillan en tu faz tan lindos *ojos*
> que el alma enamorada se va en ellos,
> no los nublen jamás tristes enojos,
> que todas las palabras de mis labios
> no son una mirada de tus *ojos*.

Termino con "Arte poética", de Jorge Luis Borges. Se trata de siete cuartetos con la curiosa repetición de los vocablos *cara* y *espejo*: el primero con el cuarto y el segundo con el tercero. Sin embargo, las ideas siempre son distintas, y la indudable respuesta la da el propio poeta en la quinta estrofa:

> A veces en las tardes una *cara*
> nos mira desde el fondo de un *espejo;*
> el arte debe ser como un *espejo*
> que nos revela nuestra propia *cara.*

He aquí una prueba, en cuatro endecasílabos, de lo que entendía Borges por *arte poética:* El reflejo de la propia vida en los versos del poeta. Subjetividad plena que florece en el poema lo que el poeta siembra en sus íntimos surcos. Dice bien Borges: se trata de un *espejo,* y para darle más efectividad, el primer verso se refleja en el cuarto con la repetición del sustantivo *cara;* y lo mismo sucede con el segundo y el tercero, que terminan precisa y elocuentemente en *espejo.*

RIMAS FALSAS

Hay palabras cuya terminación no es igual pero, por ciertas coincidencias prosódicas, engañan el oído del poeta y éste las toma como si fueran rimas consonantes. Este hecho, en poetas reconocidos, se da en contadísimas ocasiones, porque es de suponer que los versos se revisan antes de su publicación, y ello denuncia una dificultad más o menos fácil de detectar. En todo caso, la anomalía puede producirse por el descuido injustificable del artista o por la acción deliberada de un problema insoluble. Lo extraño es que suceda con una pluma dotada de indudable limpieza, como la de Carlos Castro Saavedra, que dice en el primer terceto de su soneto "Los herederos del amor", lo siguiente:

> Tendrán hijos, lo mismo que *nosotros,*
> y con el tiempo sus dorados *rostros*
> serán pasto de guerras y sucesos... .

La rima 173

"Nosotros" sería rima consonante solamente de *rotros,* pero no de "rostros", debido a la letra S después de la última vocal acentuada.

Luis G. Urbina, también en un primer terceto de su soneto "Envío", es atrapado por un sonido falso, cuando en rimas esdrújulas deja dos letras consonantes distintas en la sílaba intermedia, o sea, inmediatamente después de la sílaba acentuada:

> No olvidaré el encanto de aquellas horas *lánguidas,*
> que huyeron entre alegres voces y risas *cándidas.*

Todo el soneto fue escrito con rimas consonantes, pero los dos versos anteriores son categóricamente asonantes: lán**gui**das / cán**di**das.

En "Puerto de Gran Canaria", Tomás Morales comete una pifia al rimar una palabra inglesa con una castellana, en una composición completamente aconsonantada, nada menos que de 238 versos:

> Hombre de ojos de ópalo y de fuerzas titánicas
> que arriban de países donde no luce el *sol;*
> acaso de las nieblas de las islas británicas
> o de las cenicientas radas de *Nueva York...*

Hay poetas que repiten lo que pudiéramos llamar *nuevas fórmulas,* y nadie sabe si se trata de rebeldías ante una rima difícil o simple despreocupación. He aquí dos ejemplos de Juana de Ibarbourou, cuyo prestigio la hace merecedora de ser colocada entre innovadores y no junto a inexpertos:

> Sólo atenta a su aire y a los *lentos*
> minutos de ascención real, en la plena
> maravilla del tiempo a luna llena,
> en sus dulces, divinos *terciopelos.*

Se trata del segundo cuarteto del soneto "Una rosa", tomado de las *Obras completas* compiladas por Dora Isella Russell. [116, pág. 464] Una obra bajo el cuidado de alguien tan competente en versos y prosas castellanas, no nos permite sospechar de un error de transcripción, además de que es extremadamente difícil confundir *lentos* y *terciopelos* como si fueran rimas consonantes. Y, por si fuera poco, los versos del cuarteto anterior riman *vientos* con *pensamientos*. ¿Por qué entonces *terciopelos* al final?

Concedámosle a la poetisa el derecho a esa rima caprichosa, puesto que lo hace también en otro soneto:

> En el momento áureo del ensueño,
> del verso y la oración, luego del sueño
> en la gustosa soledad del *libro*
>
> y los recuerdos. Se adormila el canto
> y se aplaca el suspiro, aire del llanto
> en la conquista azul del *equilibrio*. (117, pág. 464)

Como es obvio, la rima falsa se presenta en la última sílaba: Li *bro* / equili *brio*. Y, con el más alto respeto, por tratarse de Juana de América, hay que decirlo: En casos como éste, de rimas tan difíciles (hay apenas cuatro consonantes en *ibro* y tres en *ibrio*), es preferible buscar otra rima o escribir el soneto con rimas asonantes o, sencillamente, sin rima alguna.

RIMAS LEJANAS

La rima -sonidos coincidentes- debe mantener cierta cercanía para ser más efectiva. Cuando la rima se aleja mucho, pierde su efecto y no tiene razón de ser. Unos versos del dominicano Osvaldo Bazil dejan esa impresión:

> Cuando escribo tu nombre
> hay un aire de *halago*
> que al corazón me *llega*,
> y embalsama mi huerto
> de frescas melodías
> que borran en mis días
> el pensamiento *aciago*
> que entre sombras *navega*.

La rima

Se trata de "Ultimo puerto", y las rimas señaladas con letras cursivas están separadas por cuatro versos. Y claro que en un poema escrito en heptasílabos, como éste, por tratarse de versos breves de sólo siete sílabas, el efecto auditivo es menos deplorable que en un poema de arte mayor. Y es en arte mayor, precisamente, en la colocación de las rimas en los dos tercetos de sus sonetos, donde Góngora extremaba a veces esa lejanía de la rima. Así sucede con "A los celos":

> ¡Oh celo, del favor verdugo *eterno*!
> Vuélvete al lugar triste donde estabas
> o al reino (si allá cabes) del espanto:
>
> mas no cabrás allá, que pues a tanto
> que corres de ti mismo y no te acabas
> mayor debes de ser que el mismo *infierno*.

Vemos aquí que entre *eterno* e *infierno* hay nada menos que cuatro versos, y la separación se agrava porque la rima va del primer verso de una estrofa al último verso de la siguiente.

RIMAS ENTRE ESTROFAS

Es natural que, en el último ejemplo expuesto de Góngora, la rima salte de una estrofa a otra, puesto que eso es normal en los tercetos. No obstante, hay poemas en los que sucede lo mismo, como en "Cuando ya no me quieras", de Virgilio Díaz Ordóñez. Hay que reproducir las primeras tres estrofas para que pueda apreciarse esa curiosidad:

> Cuando ya no me quieras
> ¡qué oscura y triste se pondrá mi vida!
> Habrá en mi alma un entierro de quimeras
> y una arruga fatal, como una herida
> me nacerá en la *frente*.
>
> ¡Qué hondos serán entonces mis suspiros,
> qué triste mi sonrisa *indiferente*

y qué vagos los giros
de mi enlutado pensamiento *huraño!*

Yo, más que nunca, anhelaré tu amor
y cada día, cada mes, cada *año*
será más turbio mi fatal dolor
y más honda la huella de tu llanto.

Vemos que el último verso de la primera estrofa rima con el segundo verso de la estrofa segunda (frente-indiferente); y que el último verso de la segunda estrofa rima con el segundo verso de la estrofa tercera (huraño-año). Y es evidente que, al leer el poema, se nota la separación por el efecto visual de la tipografía, pero si se escucha, en vez de ser leído, es difícil advertir esa diferencia. Además, el poeta pudo haber unido esas tres estrofas en una sola de trece versos, y nada podría objetársele.

DIFERENTES RIMAS EN UN MISMO POEMA

Cuando en un poema se mezclan rimas asonantes y consonantes, parece que el descuido prima sobre el poeta o que éste le resta importancia a algo que, verdaderamente, la tiene. Tanto en España como en Hispanoamérica, se ha cultivado en ocasiones esa arbitrariedad en el manejo de la rima. Sin embargo, hay ejemplos que nos hacen meditar en el asunto, y entre ellos se destaca un poema de Manuel Machado con las siguientes características: La tercera estrofa es arromanzada, o sea, con los versos impares sueltos y los pares asonantados: (contornos - *pasión* / ignoradas - *color*). Las estrofas cuarta, sexta y séptima presentan los versos impares aconsonantados y los pares asonantados: *(deben - lleven / mi - elegir // pudo - escudo / blasón - sol // dejarme - matarme / mí - vivir)*. Finalmente, las estrofas primera, segunda, quinta y octava son perfectos serventesios, por lo que el principio y el final del poema tienen exacta configuración:

Yo soy como las gentes que a mi tierra vinieron
-soy de la raza mora, vieja amiga del sol-,

La rima

que todo lo ganaron y todo lo perdieron.
Tengo el alma de nardo del árabe español.
***
Mi voluntad se ha muerto una noche de luna
en que era muy hermoso no pensar ni querer...
De cuando en cuando, un beso, sin ilusión ninguna.
El beso generoso que no he de devolver!

Apenas hay que decir que se trata de "Adelfos", poema famoso de la literatura española. Pero si cruzamos el Atlántico, podemos encontrar otro ejemplo de José Santos Chocano, que rima los versos pares indistintamente con asonantes y consonantes. El título del poema es "El río, el humo y la mujer":

El río que huye
se lleva mi *sed:*
me deja en el cántaro un poco de su agua
y se echa a *correr...*

El humo se lleva
mi hambre, alargándose en una *espiral;*
me deja el alegre fogón ya encendido
y se echa a *volar...*

¡Río de mi *tierra...!*
¡Humo de mi *hogar...!*

¡Oh mujer voluble
que vienes y *vas!*

Te llevas tú, en cambio,
mi última *ilusión;*
y, ágil más que el río, leve más que el humo,
hambre y sed me dejas en el *corazón...*

Vemos que Chocano empieza con la rima asonante: *(sed - correr // espiral - volar // hogar - vas)* y termina con la rima consonante: *(ilusión - corazón).*

El poema de Manuel Machado tuvo mejor suerte en cuanto a su divulgación, aunque no en calidad técnica. Ambas piezas poéticas son ejemplarmente comunicativas, y ello obliga a aceptar que, eventualmente, conviene el sacrificio de cierto tecnicismo cuando se logra escribir un poema como el del español o como el del peruano.

RIMAS HIPERBÁTICAS

Cuando se altera el orden lógico de las palabras se crea el *hipérbaton:* "Del salón en el ángulo oscuro", dice Bécquer, en vez de "En el ángulo oscuro del salón". Poetas de la antigüedad usaron esa violencia sintáctica mucho antes que el poeta sevillano, porque así notaban que sus versos gozaban de cierta elegancia ampulosa, acorde con la época. Hoy, por darles a los versos un respetable, pero ácido sabor a ancianidad, el hipérbaton es rechazado por el buen gusto poético. Es natural que la rima y la métrica jueguen un importante papel y arrastren a ese recurso antiestético, pero también es un reto para que el poeta demuestre que estudia y trabaja. Porque, primeramente, la inspiración dicta el poema, pero después es imprescindible la labor paciente del artista, que le imprime calidad a la obra cuando añade, quita, cambia y nunca queda enteramente satisfecho. Y aunque hay casos infranqueables -en Poesía hay también *dead end streets-,* muchos hipérbatos son fáciles de evitar. Pongo como ejemplo un cuarteto de Antonio Ros de Olano:

> Hay, junto a la ventana de mi estancia,
> un laurel de la sombra protegido,
> en donde guarda un ruiseñor su nido
> apenas de mi mano a la distancia.

Si despojamos de hipérbatos esa estrofa, quedaría así:

> Junto a la ventana de mi estancia, hay
> un laurel protegido de la sombra,
> en donde un ruiseñor guarda su nido
> apenas a la distancia de mi mano.

¿Qué ha sucedido aquí? El primer verso pierde el ritmo porque se convierte en un dodecasílabo compuesto por dos hexasílabos (Junto

La rima

a la ventana }{ de mi estancia, hay) y, además, pierde también la rima. El segundo verso mantiene una fonética idéntica, porque sigue siendo un endecasílabo acentuado en tercera y sexta sílabas, o sea, melódico... pero la rima brilla por su ausencia. El tercer verso no pierde ni ritmo ni rima y el cuarto verso pierde ambas cosas. En resumen, sólo puede evitarse el hipérbaton en el tercer verso sin que sufran ni la rima ni la métrica, y ese es un caso de hipérbaton innecesario.

Pero de hipérbatos innecesarios, lamentablemente, está invadida mucha literatura poética. Aquí pongo varios ejemplos que avanzan desde el *Romanticismo* hacia el *Modernismo*, con la posible solución entrecomillada:

Gozar pudo también...
(Salomé Ureña, *Anacaona*)
"Pudo gozar también"

La gloria cantan de la patria mía.
(José Zorrilla, "Cantos del Trovador")
"Cantan la gloria de la patria mía"

Tregua logrando breve de la cruda.
(Ángel Saavedra y Ramírez, Duque de Rivas, español, "El Moro Expósito")
"Logrando breve tregua de la cruda"

...que tiene en la peña el nido.
(Núñez de Arce, "El vértigo")
"...que en la peña tiene el nido"

...o que pena tengamos de algo ausente.
(José Gonzalo Páez, ecuatoriano, "Cantos de amor a la vida")
"...o que tengamos pena de algo ausente"

En todos estos versos el hipérbaton pudo evitarse. Por cuestión de época, es justificable todavía en el Siglo XIX, no así en el verso de Páez, nacido en 1935.

Y, por supuesto, si retrocedemos en la imposible máquina del tiempo, debemos justificar a Rodrigo Caro, (1573-1647) cuando en

"A las ruinas de Itálica", empieza diciendo:

> Estos, Fabio, ¡ay dolor!, que ves ahora
> campos de soledad, mustio collado,
> fueron a un tiempo Itálica famosa.

O un poco más adelante, cuando exclama el también poeta español Félix María de Samaniego:

> Llevaba en la cabeza
> una lechera el cántaro al mercado...

Aunque tengamos que admitir que un poeta cubano, considerado por muchos críticos como precursor modernista, Julián del Casal, recurría a veces también al hipérbaton empujado por rima y métrica, como en el soneto "Paisaje del trópico", donde hay un verso que dice: "Del horizonte en el confín sereno". Porque si decimos con moderna naturalidad: "En el confín sereno del horizonte", desaparece la rima y el endecasílabo se transforma en un dodecasílabo de 7+5 sílabas, llamado también *de seguidilla.*

EL MONORRIMO

Como indica su nombre, el *monorrimo* es la estrofa o el poema escrito con una sola rima. Fue Pero López de Ayala (1332-1407) de los últimos poetas españoles en cultivar la *cuaderna vía,* tetrástico monorrimo que aparece, por ejemplo, en el *Libro de Apolonio,* de autor anónimo, y consta de 2624 versos escritos en el Siglo XIII. En esa misma época, alguien escribió su propio nombre en "Milagros de Nuestra Señora" y, sin darse cuenta, se autorrescató del olvido para quedar como el más antiguo poeta castellano identificable:

> Yo, maestro Gonzalo de Berceo *nomnado,*
> yendo en romería caecí en un *prado*
> ver e bien sencido, de flores bien *poblado*
> logar cobdiciaduero [118, pág. 464] para omne *cansado.*

La rima

Es notorio que la separación de los dos hemistiquios irregulares de los monorrimos daría pie al surgimiento del romance en el Siglo XV, a lo que pudo haberse anticipado Berceo si le hubiera dado otra forma tipográfica a su estrofa:

> Doliéronse los ángeles
> desta alma *mezquina,*
> por cuanto la llevaban
> diablos en *rapiña...*

Y aunque estos versos de Berceo son más bien heptasílabos, no hay que olvidar que ya en su propio siglo, Alfonso el Sabio escribió estrofas de cuatro versos octosílabos, aunque con rimas desiguales. En el siglo siguiente, Alfonso XI escribiría:

> En un tiempo cogí flores
> del muy noble paraíso...,

transición de la poesía galaicoportuguesa a la canción trovadoresca castellana, son los versos octosílabos más antiguos que se conocen. (119, pág. 464)

Ya lejos de la Edad Media, sobre todo al nacer la época moderna con Garcilaso, el monorrimo había caído en desuso y era considerado como una expresión anticuada, aunque siempre algún poeta ha vuelto sobre él en determinados momentos históricos de la Poesía. Darío, por ejemplo, escribió tercetos monorrimos como en "El faisán", en su libro *Prosas profanas,* donde también hace poética una voz prosaica con la que cierra la estrofa siguiente:

> En su boca ardiente yo bebí los vinos,
> y, pinzas rosadas, sus dedos divinos
> me dieron las fresas y los *langostinos.*

Después, en *Cantos de vida y esperanza,* escribió otros tercetos con rimas iguales. El siguiente sigue repartiendo la vigencia de su mensaje evidentemente político:

¡Oh Señor Jesucristo!, ¿por qué tardas, qué esperas
para tender tus manos de luz sobre las fieras
y hacer brillar al sol tus divinas banderas?

Contemporáneamente, el poeta español Ángel Urrutia Iturbe escribe dos sonetos monorrimos con idéntica rima en ambos, conjugando un presente (soy) en el primero, "Hombre mortal"; y un futuro (seré) en el segundo, "Hombre inmortal". (120, pág. 464) Reproduzco una estrofa de cada soneto:

> soy un árbol de nidos *invernales*
> soy un viento de lágrimas *terrales*
> soy un fuego de gritos *torrenciales*
> un eclipse de aromas y *portales*
>
> seré raíz de estrellas *teologales*
> seré otro viento o canto de *rosales*
> seré otra llama de aguas *geologales*
> otro sol de relámpagos *fluviales*

Pero como empecé por la cuaderna vía, lo más moderno y más parecido en su configuración a aquellos primeros pasos en la poesía castellana brota vigorosamente en "La lluvia", de Luis Palés Matos:

> El camino la escucha solitario y el *mar*
> ajusta su tonada al extraño *cantar;*
> giran las ruecas raudas en el labriego *hogar,*
> y manos sarmentosas corren sobre el *telar.*

Nótese que se trata de una rima que obliga a la pobreza de verbos en infinitivo, pero Palés soslaya esa trampa mediante el uso de tres sustantivos: *mar, hogar* y *telar,* además de que *cantar* está usado también como sustantivo.

RIMAS IRREGULARES

La *rima irregular,* llamada también *imperfecta* e *isofónica,* se forma con palabras cuyas terminaciones fonéticas son casi idénticas

La rima

debido a determinadas letras consonantes como la S y la Z (C, naturalmente, con las vocales E-I); la Ll y la Y con las cinco vocales y la G y la J, específicamente con las vocales E-I. En estos casos, Juan Ramón Jiménez eliminó la G por considerar que, prosódicamente, el sonido es el mismo.

RIMAS CON G-J

Y es de nuevo Antonio Machado quien escribe en "El amor a la sierra":

> El hombre es por natura la bestia paradójica,
> un animal absurdo que necesita lógica.

Un joven poeta cubano, Gonzalo O. García, sigue el camino de Machado cuando escribe en "Noche de abril":

> Niña de la voz tierna, desconocida imagen...
> Cuando en noches de luna tus ilusiones bajen...

RIMAS CON Y-LI

Y dice nuevamente Antonio Machado, en "El amor a la sierra":

> Súbito al vivo resplandor del rayo
> se encabritó, bajo de un alto pino,
> al borde de una peña, su caballo.

Con los mismos sustantivos, pero en plural, escribe más tarde Carlos Castro Saavedra en "Ruego":

> Reza por mí, por todos, por la piel
> de las naranjas y de los caballos.
> Por la furia amarilla de los rayos,
> por las embarcaciones de papel.

RIMAS CON S-Z

Sin embargo, ese tipo de rimas irregulares se ve con más profusión en el uso de la S y la Z, y la S y la C, naturalmente, y no es ocioso exponer algunos ejemplos.

> Teresa en espiral de ligereza
> y uva y rosa y trigo surtidor;
> tu cuerpo es todo el río del amor
> que nunca acaba de pasar, Teresa.
> (Eduardo Carranza, "Soneto a Teresa")

> Y pues la muerte al fin todo lo vence,
> Pablo Antonio, a tu cruz entrelazado
> suba en flor tu cantar nicaragüense.
> (Pablo Antonio Cuadra, nicaragüense, "Autosoneto")

> Y sólo así -soldadas las dos ansias-
> taladrarán tormentas y distancias.
> (Jaime Fontana, "Soneto semi-alado")

> ...a esperar todo el paso del ruidoso,
> el del cántaro lleno, el del retozo...
> (Víctor Mota Merino, ecuatoriano, "Soneto del amor tenaz")

> Sentir en nuestras almas que se enlazan
> las llamas del amor que nos abrasan.
> (Rafael Pino, Salvadoreño, "Soñemos")

Y, finalmente, también el poeta argentino José Hernández, en su obra cumbre, *Martín Fierro,* escribe:

> Como quiso el juez de **Paz**...
> se presentó, y hay no **más**...
>
> Cuando la invasión regre**sa**...
> tener bastante firme**za**...

Estos ejemplos se multiplican, y en poetas de elevada estatura, como los acabados de mencionar.

RIMAS CON B-V

Hay palabras consideradas iguales fonéticamente, aunque su terminación ortográfica no sea la misma. Se trata del efecto de las consonantes B y V. En este caso, la Real Academia Española ha hecho la aclaración oportuna, cuando en su *Esbozo de una Nueva Gramática de la Lengua Española* dice que "las letras b y v transcriben la consonante bilabial v. En la Edad Media, b y v constituían una oposición distinta: oclusión bilabial frente a fricativa bilabial o labiodental. La articulación labiodental de v ha desaparecido en español". Y el gran investigador filológico español, Tomás Navarro Tomás, en su *Manual de pronunciación española*, afirma que "en escritura, b y v se distinguen escrupulosamente, pero su distinción es sólo ortográfica. El distinguir la v de la b no es de ningún modo un requisito recomendable en la pronunciación española".

Después de estas definitivas enseñanzas, nadie puede desaprobar los siguientes versos de Rafael Arévalo Martínez en su poema "Momento histórico":

> Como en una erupción de ardiente la**va**
> ya el volcán español se prepara**ba**...,

ni los versos centrales de este cuarteto del soneto "Nos queda tu palabra", del cubano Guillermo Cabrera Leiva:

> Cada ciudad es jungla donde brota
> la vil pasión que roe y que conmue**ve**
> el odio y la inmundicia de la ple**be**
> o la violencia que en terror explota...,

porque las terminaciones ortográficas son distintas, pero fonéticamente, que es lo importante en Poesía, son iguales.

RIMAS SINTÁCTICAS

La *rima sintáctica* se forma, casi invariablemente, mediante la unión artificial de dos voces agudas, que figuran como si se tratara de una sola voz, para rimar, precisamente, con una palabra llana.
En "Pensamiento matinal", Urbina da el siguiente ejemplo:

> El vidrio azul y despulido *de las*
> olas, al sol de la mañana brilla.
> La nublazón remota y amarilla
> es cortinaje de doradas *telas.*

De esa manera, Urbina unió una preposición: *de* y un artículo: *las,* para formar una sola palabra: *delas* y poder rimar con el sustantivo *telas.*
El poeta español Manuel Altolaguirre, en el segundo cuarteto de "Soneto a un cántico espiritual", presenta su versión de la rima sintáctica:

> ...Hasta que arriba comenzó armonioso
> tu canto a dar señales de tu *celo,*
> notas tan dulces y amorosas *que lo*
> hicieron ser el centro de un glorioso
>
> ámbito de cristal...

Aquí el ejemplo resalta en el vocablo llano *celo* y los dos monosílabos unidos *quelo.*

Estas irregularidades no se dan con profusión en la poesía castellana, por cuanto tampoco son fáciles de elaborar, y se logran experimentalmente. Es lo que hace el poeta mexicano Carlos Pellicer, en el primer cuarteto del soneto "Fin del nombre amado", con otra variante:

> Un soneto de amor que nunca diga
> de quién y cómo y cuando, y agua *de a*

La rima 187

> quien viene por noticias y en sí *lea*
> clave caudal que sin la voz consiga.

En este caso totalmente distinto, verbo y preposición: *de a* se junta en una sola voz: *dea,* que rima con *lea,* del verbo leer. Uno de los sonetos más difundidos de la poesía cubana es "Fuente colonial", de Emilio Ballagas, que termina con una rima sintáctica:

> Y a las estrellas reflejadas *no las*
> borréis cuando traducen de los grillos
> el coro en mudas luminosas *violas.*

Hay un poema del poeta español José María Souvirón en el que queda gravitando una duda. Se trata de "Pelea con el ángel", una de cuyas estrofas dice así:

> Quien hable así será porque
> ignora lo que se debate;
> el que junto a mí no te ve
> piensa que es danza mi combate.

Es un poema en versos eneasílabos, pero el primero es octosílabo. Sería de nueve sílabas, como los demás versos, si escribiéramos *por qué.* Lo exige no sólo la métrica, sino la rima aguda que, al serlo, le aumenta al verso la sílaba necesaria, *que* y *ve.* Sin embargo, en una antología (121, pág. 465) aparece la estrofa tal como la transcribí más arriba y, sin duda, de esa forma le da más claridad al concepto. ¿Hizo el antólogo una corrección por su cuenta, dañando así la rima y convirtiendo de paso el eneasílabo en octosílabo, o sea, dañando también el metro? Podría tratarse de un caso análogo al expuesto por Buesa (122, pág. 465) en relación con un verso de Bécquer: "veíase a intérvalos...", al que Menéndez Pelayo le quitó el acento (intervalos) -que indudablemente es lo correcto-, pero incurriendo así en un doble defecto de versificación, porque con ello eliminó rima y métrica. (123, pág. 465) Y es evidente que el acento está de más, y que fue una pifia de Bécquer, justificada por una pronunciación incorrecta. Pero, con el respeto que merece la figura excepcional de Marcelino

Menéndez y Pelayo, cuando la Academia interviene con sus correcciones en el campo de la Poesía, estropea, a golpes de lógica, lo que puede ser lícitamente ilógico en el arte.

Otros antólogos han seguido el camino de Menéndez Pelayo, como A. Cardona y J. Alcina, en una edición especial publicada en España: (124, pág. 465)

>   La luz que en un vaso
>   ardía en el suelo
>   al muro arrojaba
>   la sombra del lecho,
>   y entre aquella sombra
>   veíase a *intervalos*
>   dibujarse rígica
>   la forma del cuerpo.
>   ("Rima LXXIII", segunda estrofa).

Pero yo sigo repitiendo la versión becqueriana: "veíase a intérvalos", no por tozudez, sino porque es lo poéticamente genuino, a pesar del defecto ortográfico. Puedo garantizarlo así porque tengo copia de los originales de las *Rimas,* que fue un regalo de Buesa, precisamente, como digo más arriba, en la página 147.

RIMAS HIPERMÉTRICAS

La *hipermetría* se-forma al dividir en dos una palabra y colocar la primera mitad al final de un verso, para empezar el verso siguiente con la otra mitad. En la poesía griega la hipermetría aparece en las *Odas* de Píndaro y, posteriormente, también en poetas latinos. El primer poeta castellano que repitió aquella forma fue Fray Luis de León, en "Vida retirada":

>   Y mientras *miserable-*
>   *mente* se están los otros abrasando
>   en sed *insacïable*...

Vemos que Fray Luis divide un adverbio para rimar *miserable* con

La rima

insaciable, pero en las literaturas clásicas grecolatinas la hipermetría no buscaba la rima, sino la adaptación musical de los pies métricos.

Quevedo, que nunca publicó sus propios versos, pero que en una edición de 1637 dio a conocer los de Fray Luis, hizo uso de la hipermetría de una manera muy diferente y hasta simpática en su soneto "Receta para hacer soledades en un día", que es otra burla del gongorismo:

> Quien quisiere ser culto en sólo un día
> la jeri (aprenderá) gonza siguiente.

Darío acudió a la hipermetría adverbial en varias ocasiones, como en el poema marcado con el número XV en *Cantos de vida y esperanza:*

> El alma que se advierte sencilla y mira *clara-*
> *mente* la gracia pura de la luz cara a cara...

Al comenzar la tercera estrofa de "El reino interior", Darío hace otro tanto, pero a pesar de que se trata de un poema rimado, ese primer verso no rima con ninguno otro:

> Al lado izquierdo del camino y *paralela-*
> *mente,* siete mancebos -oro, seda, escarlata,
> armas ricas de Oriente-, hermosos parecidos
> a los satanes verlelianos de Echatana,
> vienen también. Sus labios sensuales y encendidos...

Siguiendo la forma puesta en boga por Fray Luis, reproduzco versos hipermétricos con el adverbio en *mente,* que también buscan la rima:

> En una de estas noches en que *lenta-*
> *mente* volvía a mi tranquila estancia,
> a la luz de los focos *macilenta*
> miré un grupo bullir a la distancia.
> (Chocano, "Noches de Guatemala")

> Dicha empujada, presionada, *horrible-*
> *mente* compacta está
> y libre rueda, atroz y compatible
> con una suavidad.
>
> (Carlos Bousoño, "Curso humano")

Y la décima, tan cerrada en su definición técnica, le sirvió también nada menos que al polígrafo y humanista mexicano Alfonso Reyes para otra hipermetría. Se trata de tres espinelas escritas en la Navidad de 1954, dedicadas "Al poeta de *Giraluna*", o sea, Andrés Eloy Blanco. He aquí la segunda de esas décimas:

> Pues ¿qué promete el poeta?
> Nos dice el amor y el mar,
> la tierra y el cielo al par,
> la esposa, la prole inquieta,
> la madre inmóvil. *Secreta-*
> *mente* nos dice al oído
> que no hay empeño perdido
> en el empeño del bien
> y el triunfo será de quien
> convierta en canto el gemido.

En Delmira Agustini se da un caso curioso de hipermetría y rima de reiteración, en su poema "Supremo idilio":

> ¡Oh, tú, flor augural de una estirpe *suprema*
> que duplica los pétalos sensitivos del alma,
> nata de azules sangres, aurisolar diadema
> florecida en las sienes de la Raza...! ¡*Suprema-*
> *mente* puso en la noche tu corazón en calma!

Y un caso poco usual de hipermetría múltiple, aunque no en busca de la rima, porque son versos impares sueltos, aparece en "Nocturno", dedicado a Job, de Arturo Capdevila:

> ...mi pecho triste y *vana-*
> *mente* sufrió su afán:
> mis carnes vana y *triste-*

La rima 191

> *mente* sangrando están;
> mis ojos triste y *vana-
> mente* se cerrarán.

El prolífico poeta y escritor español, Juan Ruiz de Torres, también hace uso de la hipermetría, con versos blancos, en su poema "Las horas":

> Ese tiempo *infinita-
> mente* ya irremplazable,
> era de amor y verso,
>
> de lectura, de amigos,
> de consejo y estudio,
> de placer o aventura.

Pero no todas las rimas hipermétricas tienen que ser con el adverbio en *mente,* por supuesto. Un romance de Agustín Acosta, "El flamboyant de San Miguel de los Baños", presenta la división de un diminutivo:

> Ella se ocultó un momento
> y yo sentí que en el *bosque-
> cillo* del cuidado parque
> algo se agitaba. *Sobre...*

Orlando González Esteva, en una etapa de exploración lírica, divide un bisílabo grave y usa su primera sílaba como rima aguda asonante:

> Estoy tan lleno de *mí*
> que me canso que me canso
> a veces quisiera *ir-
> me* yendo desmantelando
> escapándome hasta el *fin...*

A Juan Ramón Jiménez se le debe una extensa serie de hipermetrías, aunque no siempre lo hizo en busca de la rima. En una ocasión consiguó rimar la primera sección de un vocablo esdrújulo con un vocablo grave:

> Pintor que me has pintado
> en este cuadro vago de la vida,
> tan bien, que casi
> parezco de verdad; ¡ay!; *pínta-*
> *me* nuevamente, y mal, de modo
> que parezca *mentira!*

El dominicano Víctor Lulo Guzmán divide en dos -tranquilamente- el nombre del Redentor del Mundo en "In Memoriam":

> Una santa; una de esas que en los templos de *Cris-*
> *to* parecen estatuas de una linda mujer...
> Una santa; una de esas que en un tiempo feliz
> me enseñara mi madre a besar y a querer.

Luis Palés Matos, sorpresivamente, escribe la hipermetría sin rima primero y con rima un tanto forzada después. Sin rima, en "Dijo la voz":

> Y un verdeluz, un *verde-*
> *luz* de pupilas bravas de culebras,
> y un panteísmo fraternal, y una
> necesidad cristiana de pradera.
> dijo la voz: -¡Espera!

Y, con rima un tanto forzada, como dije más arriba, en "Voz de lo sedentario y lo monótono", porque la primera sección del vocablo *interminable,* en vez de *ínter,* llano, el poeta lo hace aparecer como *inter,* agudo, para rimar con el infinitivo *tener:*

> Iría así, de viaje, por un camino *inter-*
> *minable,* en un cupé largo, pesado y gris.
> Y jadear el cansancio del caballo y tener
> la remota visión de un lejano país.

Otro interesante ejemplo de rima hipermétrica se debe a Lugones en "Paseo sentimental". En este caso se divide una palabra esdrújula para rimarla con una llana:

> Bajo esa calma en que el deseo *abdica*

La rima

yo fui aquel que asombró a la desventura,
ilustre de dolor como el *pelíca-*
no en la fiera embriaguez de su amargura.

Cierro estos ejemplos con el soneto del poeta cubano Norman Rodríguez, dedicado "A Tata Aldama (negro, campesino, con un alma inmensa)". Este es el primer caso que yo he visto de hipermetría entre estrofas, al final del primer cuarteto y principio del segundo:

Yo no lo vi morir. No fui a su entierro;
pero conmigo por la tierra *va.*
Vivió, me vio vivir..., los ojos cierro
para verlo otra vez viviendo: *sa-*

caba su corazón, lo restañaba,
como si fuera un harpa lo tañía;
su viejo corazón: toque de aldaba,
casi desconocida alfarería...

RIMAS INTERNAS

El *Tema segundo* de este libro, "La eufonía," trata sobre el efecto de la *rima interna,* en la sección "Consonancias internas". Recurso poético de belleza eufónica, no es recomendable su uso demasiado frecuente. Uno de los misterios de la Poesía -si se prefiere llamarlo así- es ese: cuando se acude insistentemente a una forma poética, automáticamente deja de serlo debido a la propia reiteración. Aun así, hay ejemplos sobresalientes de rimas internas, que siempre deben ser consonantes, jamás asonantes, ya que entonces el resultado sería contraproducente. Reproduzco ahora versos muy bien logrados con rimas internas:

Bajo nuestro *sueño* de *ensueño* y canción.
(Andrés Eloy Blanco, "Envío fraternal")

Triste y *hondo.* Y en el *fondo...*
(José María Pemán, español, "Yo me asomé al pozo oscuro")

¿Acaso os *asombra* mi *sombra* embozada
la *espada* tendida y toca *plumada?*
(Antonio Machado, "Fantasía de una noche de abril")

Emoción con su *don* de hacer milagros.
(Amaro Jiménez, cubano, "Ilusión")

Que hizo *cielo* del *suelo,* amor del uso.
(Manuel Mantero, "Acción de Gracias")

¿*Dónde* se *esconde* tu alegría? *Donde...*
(Carmen R. Borges, cubana, "Soneto al revés")

Labrador y *pastor* contradictorio.
(Juan Cervera, español, "Hombre")

En *Pisa,* recordando tu *sonrisa*
una *corbata* de color de *plata*
subió -*lisa* y plateada- a mi *camisa*
y piso *Pisa* en pos de mi *corbata.*
(Pablo Neruda, escrito en Pisa el 17 de octubre de 1960)

Aunque el serventesio anterior de Neruda no deja de presentar cierto rejuego verbal que roza lo humorístico, hay también versos que buscan directamente lo cómico, como suele hacer Aquiles Nazoa. La siguiente redondilla es una buena muestra:

Al levantarse el *telón*
se ve en *escena* una *cena*
donde *cena* una *docena*
de tercios en camisón.

Claro que el título de esta obra en verso lleva implícita la intención de su comicidad: "La pasión según San Cacho o Ser santo no es ser macho..."

Y también, dentro de la rima interna, hay otra definición de *rima con eco,* que si realmente se presta para composiciones de mal gusto, hay casos excepcionales, como el de Rubén Darío en "Canto a la sangre":

La rima

> Las almas se abrevan del *vino divino*.

Las dos palabras rimadas al final del verso son las que hacen el eco, y éste puede hacerse notar también aunque esas dos últimas palabras no estén completamente unidas, como en el poema "Signo", de Ángel Gaztelu, poeta español destacado en Cuba:

> Y abrasarme en la *llama* que *reclama*.

VERSO LEONINO

El *verso leonino* es una variante de la *rima interna*, sólo que en este caso la rima se forma entre los hemistiquios de los versos compuestos. Hay variadas versiones sobre su origen, y mientras para algunos enciclopedistas esta clase de rima se usa desde los siglos V y VI, el brillante catedrático español, Fernando Lázaro Carreter, afirma que la *rima leonina* "debe su nombre a León, canónigo de Saint Victor, que puso en circulación ese tipo de verso desde el Siglo IX". (125, pág. 465) Pero como lo importante es quién ha cultivado ese verso con mayor belleza, dejo atrás contradictorios orígenes para reproducir varios ejemplos de José Santos Chocano, que hizo uso de la rima leonina, pero sin abusar de ella:

> ¿Dilapidó su *vida*? Tal vez... fue un gran *suicida*.
> ("Elegía epicúrea", en memoria de Francisco Gálvez Portocarrero.)

> Como una *sugerencia* de calma y *transparencia*.
> ("Nueva estrofa del poema de la prisión")

> Un amor... dos *amores*... Los abriles *mejores*
> vistieron, en los campos, mis campos interiores.
> Y el mar, con la *armonía* de su *monotonía*,
> entró pausadamente dentro del alma mía.

Y, finalmente, tres versos leoninos consecutivos en un terceto del "Soneto a Claudia Ferrero", del chileno Mario Ferrero:

Que siga la *danza* la loca *esperanza*.
Que nunca una *herida* te cruce la *vida*.
Que seas *alero* mi Claudia *Ferrero*.

RIMA DE CABO ROTO

Siempre que se menciona la *rima de cabo roto* o, en otra de sus acepciones, *rima partida,* se recuerda a Miguel de Cervantes Saavedra, el "más genial de los escritores españoles y el novelista más admirable de la Humanidad". (126, pág. 465) Se trata de rimar las penúltimas sílabas y sustituir las últimas con un guión. Coloco entre paréntesis la sílaba que le falta a cada verso que, naturalmente, no fueron incluidas por Cervantes:

No te metas en *dibu-* (jos)
ni en saber vidas *aje-* (nas)
que en lo que no va ni *vie-* (ne)
pasar de largo es *cordu-* (ra)

Naturalmente, ni *dibujos* rima con *cordura,* ni *ajenas* rima con *viene,* aunque sí riman *dibú-cordú* y *ajé-vie*. Fue un ensayo que, por dificultoso y superficial, no prendió en el ánimo de los poetas. (127, pág. 465) Y en la segunda mital del Siglo XIX, el español Joaquín María Bartrina aludiría a Cervantes en una estrofa de su "Epístola"

Eso es cierto, pero tú
no te metas en dibu-
ni en saber vidas aje-
como dijo el otro, y ve
de enviarlos a Belcebú.

"El otro", por supuesto, es nada menos que el propio Cervantes...

DEFINICIONES

Al poner ejemplos de diversas rimas, he utilizado para definirlas los nombres más comunes y, en otros casos, los que considero más didácticos. Realmente, esa ha sido la tónica general de todas las

La rima

definiciones que aparecen en este libro. En cuanto a las rimas, específicamente, he tomado de múltiples textos otras descripciones para calificarlas y, como dato curioso, las reproduzco de inmediato:
- *consonante:* entera, total, vocálica.
- *asonante:* media rima.
- *evidente:* apagada, abundancial, débil.
- *falsa:* de consonantes simuladas.
- *lejana:* alejada, periódica.
- *monorrimo:* rima continua.
- *interna:* injertada, media, medial, al mezzo, eslabonada, doble, interior, al medio.

Y hay también otras formas adyacentes, como las de llamar *rima masculina* a la rima aguda; *rima femenina* a la rima llana o grave; *rima peónica* cuando riman una palabra esdrújula con una sobreesdrújula y *rima francesa* cuando se riman versos agudos y llanos en una misma estrofa.

RESUMEN

En castellano, la rima es un recurso estético del que se puede prescindir, ya que el *verso blanco* es preferible a las rimas perniciosas. Al decir de Andrés Bello, en *De las rimas consonante y asonante:* "La consonancia, tanto más agrada, cuanto menos obvia parece". El gran polígrafo le daba valor al factor sorpresa porque, dicho con otras palabras, el talento se demuestra por su originalidad. Y, no obstante, en versos defectuosos suele irrumpir, ocasionalmente, el temblor poético. Una estrofa de "Nuestras vidas son los ríos", de Urbina, así lo demuestra:

> Y decía mi alma: Turbia voy y me canso
> de correr las llanuras y los diques saltar;
> ya pasó la tormenta; necesito descanso,
> ser azul como antes y, en voz baja, cantar.

Hay en esas rimas el doble defecto del verbo en oposición: *canso-*

descanso y del verbo en infinitivo, que es lo peor: *saltar-cantar*. Pero hay también en esa estrofa algo inexplicable que se sobrepone a cualquier tipo de consideración técnica, y es un esencial e identificable golpe poético.

RIMA Y MÉTRICA

Cuando se tiene facilidad para la prosodia se posee la materia prima del poeta. Esa misma facilidad, sin embargo, suele conspirar contra la Poesía. Hay poetas que se dejan arrastrar por la música verbal y creen que ya eso es suficiente... Pero la música, con ser lo imprescindible, no lo es todo. Decía Ricardo Palma -agudo espigador de las *Tradiciones peruanas-,* en unos versos famosos dedicados a alguien que aspiraba a "hacer siquiera/ una oda chapucera", que el asunto era sencillo:

>   -Forme usted líneas de medida iguales,
>   luego en fila las junta
>   poniendo consonantes en la punta...
>   -¿Y en el medio? -¿En el medio? ¡Ese es el cuento!
>   ¡Hay que poner talento!

Pero no sólo en el medio, ya que esas consonantes que se colocan "en la punta" deben obedecer también a cierta habilidad poética. En evitar lo fácil radica la buena calidad de la obra de arte. A la compulsión de pintar un cuadro, crear una melodía o escribir un poema, hay que oponer el rigor del estudio. Mozart no hubiera ido mucho más allá de los minuetos de su infancia, si no hubiera estudiado música. El genio austriaco, enfrascado en el solfeo, es un ejemplo válido para todos los artistas. Y es oportuno reproducir una estrofa en verso libre. Libre de rima y de métrica:

>   El querido hermano, que vimos
>   partir en el sueño infantil de un día claro
>   hacia un lejano país, está
>   en la sombría sala familiar, y entre nosotros.

La rima 199

Este es un pensamiento poético en prosa, al que no es necesario darle esa tipografía engañosa para hacer parecer que se trata de cuatro versos. Pero si las mismas veintisiete palabras se colocan de otra manera, y se forman con ellas cuatro endecasílabos, y si esos endecasílabos pueden rimarse, hay que hacer una reconsideración y asistir, al fin, al nacimiento de la Poesía:

> Está en la sala familiar, sombría,
> y entre nosotros, el querido hermano
> que en el sueño infantil de un claro día
> vimos partir hacia un país lejano.

Naturalmente, se trata de los cuatro versos con que Antonio Machado comienza sus *Soledades,* sólo que en la primera versión desarticulé deliberadamente la estrofa para que desaparecieran rima y métrica, dejando incólume el argumento poético. Pero Machado era un poeta entero, y podía recordar líricamente a su hermano Joaquín, que a la sazón andaba por América, de donde regresaría enfermo. Y claro que aquel sentimiento fraternal fue el pórtico de las *Soledades,* expresado sin disimulos, poéticamente.

En resumen, de este ejemplo tan simple se desprende una lección: El crítico que prefiere las primeras cuatro líneas en prosa y rechaza los segundos cuatro versos rimados, aunque en ambos casos se diga lo mismo, al inclinarse a favor del párrafo y desechar la estrofa, demuestra que es un dómine o un diletante del Parnaso, que no entiende lo que es Poesía. Ni le gusta, que es lo insalvable...

TEMA CUARTO

El lugar común

UNA EXPERIENCIA PERSONAL

Cuando en 1973 le envié a José Ángel Buesa -que a la sazón residía en Santo Domingo- el último poema que yo había escrito: "Invitación nupcial", su respuesta vino en una carta fechada el 11 de noviembre de aquel mismo año. Me decía Buesa entonces: "...le voy a hacer una indicación a su 'Invitación nupcial': el sexto verso: 'el saludo glacial del crudo invierno', suena muy bien, pero tal vez convendría modificarle el segundo epíteto: *crudo*. Se trata de un adjetivo asociado tan comúnmente al invierno, que es preferible no usarlo en poesía. Casi podría decirse lo mismo de 'glacial'. Si encontrara usted la manera de simplificar las dos calificaciones en una sola, probablemente ganaría mucho... Déle vueltas al verso, hasta que se le eliminen esas impurezas de la primera versión. Siempre hay que hacerlo así, especialmente en las zonas donde hay alguna debilidad o algún exceso".

¡Y claro que le di "vueltas al verso"! Era necesario buscar un toque novedoso, y creo que, finalmente, lo encontré:

El saludo urticante del invierno.

Así, con un solo adjetivo inesperado: *urticante,* desplazaba dos adjetivos manidos: *glacial* y *crudo,* que sólo servían como relleno prosódico, en una frecuente versión del ripio.

Desde entonces, he reparado en esas repeticiones, que van convirtiendo en tópico una expresión original. Por ejemplo, he leído un dodecasílabo del colombiano Julio Flórez, en "Flores negras", que dice:

> De los *gélidos polos* mis flores negras...,

y un endecasílabo del español José María Luelmo:

> Como sueña su sol *gélido invierno*...,

y un hexasílabo del colombiano José Umaña Bernal:

> Del *helado invierno*...,

además de otros muchos ejemplos, casi desde el principio del idioma, como en "Cántica de serrana", del Arcipreste de Hita, cuando le pide alojamiento a una moza en una madrugada invernal:

> de *nieve e de frío*...,

pasando por Bécquer:

> En las largas noches del *helado invierno*.

En la época en que hice el arreglo sugerido por Buesa, uno de mis poemas más populares era "Quinceañera", viejos versos con lugares comunes de principio a fin: "Piensa que no hay amiga/ como una madre", y que repito ahora no sin lógico rubor. Era un mensaje doméstico, en lenguaje simple, que prendió en muchos hogares gracias a la magia de heptasílabos y pentasílabos, además del apoyo externo de la rima. Pero traigo a colación mi experiencia personal, porque voy a exponer versos ajenos, y deseo destacar un claro deseo de orientación, que no debe confundirse con un gesto imperdonable de ridícula fatuidad.

TENDENCIAS AL TÓPICO

Hay poetas inclinados a repetir lugares comunes dentro de una

El lugar común

producción excelente. Así ocurre con Antonio Pereira, autor de los siguientes versos, extraídos de su libro *Contar y seguir:* (128, pág. 466)

> Aprieta Dios, pero no ahoga.
> ("Sierra de Marão")

> Y me dio un vuelco el corazón.
> ("Brácara Augusta") (129, pág. 466)

> El que no se consuela
> es porque no quiere.
> ("No hay nada más cansado que el rostro de un domingo")

> Agua que no has de beber...
> ("Tardes en los Jerónimos")

Hay otras expresiones que, a fuerza de repetirse (como las rimas evidentes, págs. 160-164), llegan a parecer ingenuas. Otro ejemplo: "confín lejano". El famoso "Madrigal" de Urbina lo tiene:

> Huyó la mano hacia el *confín lejano*...

También aparece en "El Descubrimiento", de Arévalo Martínez:

> ¿Qué había allí en el *confín lejano?*

Y en "A mi padre", del nicaragüense Juan de Dios Vanegas:

> Y cuando el eco en el *confín lejano*...

En "Paisaje del Trópico", Julián del Casal tiene una variante:

> Del horizonte en el *confín sereno.* (130, pág. 466)

Todo esto no quiere decir que debe erradicarse el uso del vocablo *confín*. El poeta cubano José Guerra Flores lo usa modernamente en "Cuando yo muera":

Florecer el milagro de la vida
pleno de mí, ya en el confín del aire.

Pero no es necesario seguir espurgando: a la vuelta de cualquier página nos sorprenderá de nuevo la "lejanía del confín..."

EL DADAÍSMO

La originalidad absoluta es un sueño que arrastra a lo absurdo. Tal vez el intento más descabellado fue el del rumano-francés Samy Rosentein, conocido en las letras como Tristán Tzara, fundador del *Dadaísmo*. A las seis de la tarde del 8 de febrero de 1916 (Darío había muerto dos días antes), en el Café Terrasse, de Zurich, Tzara encontró casualmente la palabra "dadá" en un diccionario *Larousse*. Ello fue suficiente para darle vida a un movimiento efímero, en un proceso de negación dentro de una anarquía total. Junto a Tzara, los alemanes Hugo Ball, Richard Huelsenbeck y Hans Arp (Jean Arp), se dispusieron a destruir, bajo la bandera del arte subversivo, a la sociedad que detestaban. Los horrores de la Primera Guerra Mundial crearon aquel modo diferente de protesta, pero yendo contra todos, fueron contra sí mismos. Y un huracanado encuentro en la *Gloserie des Lilas,* en 1921, puso punto final a la aventura que dejó una torpe justificación para cualquier intento de mediocridad, y un gran vacío en cuanto a lo artístico. Vacío, porque fue un movimiento que no dejó recuerdos: una exposición dadaísta acababa a hachazos, y las obras rodaban por el suelo ante los ojos atónitos de los visitantes.

Entre las infinitas variantes del arte, se llega a la conclusión de que sólo parece haber una originalidad legítima: la que trae algo nuevo dentro de los moldes clásicos. "No existe nada más original, nada más propio, que alimentarse de los demás", dijo el poeta francés Paul Valèry, para añadir en seguida: "pero es necesario digerirlos". De esa "digestión" de lecturas surge el estilo de cada cual. Y ya en el libro *Imagen,* de 1922, Gerardo Diego hace una advertencia en dos versos que deben servir de guía a todos los artistas, a todos los poetas:

El lugar común

> Repudiar lo trillado
> para ganar lo otro.

"Lo otro" es lo más original que podemos sacar de nosotros mismos. Lo trillado es, por supuesto, el tópico o lugar común. Algo así como un verso del español Rafael Laffón, en su soneto "A un soldado":

> ...que nunca es tarde si la dicha es buena.

Hay muchos ejemplos de lugares comunes que gritan su calamitosa presencia dentro de poemas admirables. Son como verrugas en cuerpos de atleta. Transcribo algunos:

> En pos de un ideal.
> (Amparo Baluarte, peruana, "Amando")

> Dispararía el último cartucho.
> (Javier de Bengochea, español, "Alegremente pesimista")

> Soñando despierto.
> (Arturo Capdevila, "Canción del primer amor")

> Que no tenían dónde caerse muertos.
> (Victoriano Crémer, "José Obispo")

> Amor profundo.
> (Ileana Espinel, ecuatoriana, "Poema")

> Secreto a voces.
> (Ángel Gaztelu, "Parábola")

> Al rojo vivo.
> (Alonso de la Guardia, "Sólo de amor colmado")

> Dueño y señor de vidas y de haciendas...
> gaucho -señor de horca y cuchillo.
> (Avelino Herrero Mayor, argentino, "El caudillo")

> ¡Eso es vivir la vida!
>
> (José Gonzalo Páez, ecuatoriano, "Cantos de amor a la vida")

> Carne de mi carne.
>
> (Rebeca Rodríguez de D'Acuña, ecuatoriana, "Plegaria del hijo esperado")

Pero mediante el uso deliberado de una variante bíblica, el poeta puertorriqueño Luis Hernández Aquino puede decir:

> que no sólo de pan el hombre se alimenta...,

cuando en el verso anterior acude a un insuperable adjetivo para calificar las tardes:

> Y la impecable luz de las tardes *caídas*.

Por su parte, el notable crítico y poeta español, Eugenio D'Ors, varía la forma de un refrán, por necesidad de la acentuación endecasilábica, y dice en el "Soneto a las regencias de Fernando":

> A Roma llevan todos los caminos...,

mientras otro poeta contemporáneo suyo, y también español, Adriano del Valle, pone en su soneto "A Roma" el mismo refrán, pero cambiando el sustantivo *caminos* por el de *acueductos*. Y es evidente que la expresión gana con el cambio, aunque ese cambio se debe, en este caso, a urgencias métricas:

> Todos los acueductos van a Roma...,

sin embargo, hay que reconocer una vez más la originalidad de Antonio Machado, cuando en el poemita marcado con el número LII, de *Proverbios y cantares,* pone en boca de un carretero el dicho popular:

> Ha pasado un carretero
> que va cantando un cantar:
> "Romero, para ir a Roma
> lo que importa es caminar;
> a Roma por todas partes,
> por todas partes se va".

Y este último ejemplo de Antonio Machado, que apela deliberadamente al habla popular, lo cual exige la repetición de un pensamiento manido, cabe perfectamente en la próxima sección de los tópicos razonables, que comienza exactamente aquí mismo:

LUGARES COMUNES JUSTIFICABLES

Cuando el tema u otras consideraciones lo propician, puede haber tópicos aceptables. En el poema "Ahora me estoy riendo", Juan Antonio Corretjer exclama:

> Y le hallé los tres pies al gato.

La expresión popular es admisible en esos versos humorísticos, con el cambio métrico necesario de *pies* en lugar de *patas*. Y el uruguayo Manuel de Castro, en "Juguetes de niño pobre", que consta de seis cuartetas generalmente agudas, acude a la frase "sin ton ni son", que se ajusta estéticamente al tono infantil:

> Matraca *sin ton ni son*
> con ritmo de bobatel;
> de vieja escoba, un bridón;
> sin montura ni escabel.

El panameño Demetrio Korsi, en un poema afroantillano: "Cumbia", construye razonablemente un dodecasílabo con una máxima popular:

> Como un clavo dicen que saca otro clavo.

Y también el lugar común puede asociarse a una idea salvadora, como en el poema "Vitalidad de la muerte", del colombiano Arturo Camacho Ramírez:

> Hay aguas que se saben su nombre de memoria.

La prosopopeya [131, pág. 466] de un agua que piensa, expuesta en un alejandrino de grata eufonía, da pasaporte de originalidad a lo manido.

En la "Epístola" de Rubén Darío dedicada "A la señora de Leopoldo Lugones", prevalece el tono personal, íntimo de las cartas en prosa. No es de extrañar que el poeta le dijera a la esposa de otro poeta amigo, en aquella carta en verso, las mismas palabras escuchadas a los doctores de una "sapiencia suma", que atendían su salud:

> Esto es mucho ruido y pocas nueces.

Porque Darío no hacía otra cosa que repetir, a pie juntillas, lo que le habían dicho los médicos. Razón suficiente para salvarlo, en ese caso, del anatema de un tópico.

CABELLOS DE ORO

Viene de muy lejos la tendencia a comparar con el oro los cabellos rubios de una mujer. Ya en un romance galaico portugués del Siglo XIII, se decía:

> *Cabellos de oro* tejía,
> *cabellos de oro* trenzaba.

Y en la *Égloga Segunda* de Garcilaso de la Vega, por partida doble:

> ¡Oh claros ojos! ¡Oh *cabellos de oro!*
> ...de rosa y sus *cabellos de oro* fino.

El lugar común 209

Pero ya Garcilaso empieza a dar un rodeo para evitar la frase adjetiva *de oro* aplicada directamente a los cabellos de la mujer, y dice en el "Soneto XXIII":

> Y en tanto que el cabello que en la vena
> del oro se encogió con vuelo presto...

Posteriormente, Fray Luis de León escribe en "A Felipe Ruiz":

> Quien de dos claros ojos
> y de un *cabello de oro* se enamora.

Darío reconoce aquella influencia siglodorista española y la repite en "Cabecita rubia", aunque haciendo la salvedad salvadora -valga la redundancia-. He aquí la primera estrofa:

> Tus *cabellos de oro* son del Siglo de Oro.
> Sólo tus cabellos valen un tesoro,
> oro que a la tierra nos envía el sol.
> Y eres tan graciosa y eres tan bonita,
> que tu blonda imagen en mí resucita
> toda una leyenda del suelo español.

Bécquer, en una variación del sustantivo, suspiraba:

> Mi frente pálida
> mis *trenzas de oro*...,

que hace eco en "Pleno sol", de Lugones:

> La náyade torcía su *trenza de oro* al paso,
> y era el agua desnuda su cuerpo de cristal.

Darío también publicó dos décimas: "Apóstrofe a México", y en una alusión a Moctezuma, lo llama "Príncipe *Barba de Oro*". Pero, además de barba, Darío se refiere a los *bucles,* en la "Marcha triunfal":

Los *bucles de oro* circunda de armiño.

Lugones no se queda atrás y escribe en "Claridad triunfante":

La soñolienta aurora despeina un *bucle de oro*.

En época más reciente, Joaquín Balaguer dice en "La lavandera":

...sobre tus *bucles de oro*
toda la lumbre solar.

Pero también Balaguer, en el soneto "Hechizo", hace una alusión al oro y a los cabellos, aunque no directamente: "...el *oro* del mechón de tu *rizo*".

Ese *rizo* de Balaguer hace retroceder a un verso del poeta del romanticismo cubano, José María Heredia:

Quitando un *rizo* a su *cabello de oro*.

Que también recuerda el "Poema orbital", de Agustín Acosta:

Trinos alegres en las arboledas
como *rizos de oro* se entrecruzan.

Y volvamos a Darío y sus notas influyentes en "Lied":

Su *pelo de oro*...,

que siguen el colombiano Guillermo Payán Archer en "Oda a la alegría":

Y tu *pelo de oro* y la tibieza...,

además de Juan Ramón Jiménez en "Convalecencia":

Y yo pierdo mi mano y tu *pelo de oro*.

El lugar común 211

Pero no ya los manidos cabellos, ni después las trenzas, barba, bucles, pelo y la alusión al rizo, sino *melena,* aparece en el poema "Ante el altar de piedra", de Regino Boti:

> Que describes en larga *melena de oro.*

Es bastante fácil encontrar el lugar común *cabellos de oro,* como en el poeta y médico español Luis Barahona de Soto, en "De los más claros ojos":

> Y del *cabello de oro* puro y fino...,

y en el colombiano Miguel Rach Isla, en "El retrato de la amada":

> A sol bruñidos los *cabellos de oro.*

Claro que hay muchas formas de mencionar los *cabellos de oro* indirectamente, como evadiendo el tópico, aunque se diga lo mismo. Así en "Palabras de la sulamita", del poeta colombiano Roberto Jaramillo Arango:

> Es *de oro* tu *cabello.*

Y ya en plena captación del *Modernismo* en Chile, su patria, Carlos Pezoa Véliz usa la misma idea, pero la expone más indirectamente al exclamar en "El pintor pereza":

> Sudores espesos empapan los *oros*
> que el lacio *cabello* recoge del Sol.

Pero el panameño Gaspar Octavio Hernández parece disgustado por la expresión tan repetida, y va contra el tópico en "Ego Sum":

> Ni tez de nácar ni *cabellos de oro.*

Aunque es justo reconocer que desde el Siglo XVII se había

alzado la voz de una monja mexicana, estudiosa de los clásicos, con una cultura intelectual inmensa. Era Sor Juana Inés de la Cruz. La escritora y ensayista cubana nacida en Italia, Anita Arroyo, se refiere a un famoso ovillejo [132, pág. 467] en el cual la poetisa "pinta a una belleza sin llegar a retratarla", con lo que criticaba a sus contemporáneos. [133, pág. 467] Y añade que "con gracia y agudeza pone de manifiesto la vaciedad y petulancia del arte de su tiempo y se anticipa ¡en más de dos siglos!, al hastío de las formas cansadas que repudiarán los modernistas, cuando dice del servilismo literario de su tiempo:

>¡Oh, siglo desdichado y desvalido
>en que todo lo hallamos ya servido!"

Y Anita Arroyo reproduce versos de Sor Juana, entre ellos los siguientes:

>¡Dichosos los antiguos que tuvieron
>paño de qué cortar, y así vistieron
>sus conceptos de albores,
>de luces, de reflejos y de flores!
>Que entonces era el Sol nuevo, flamante,
>y andaba tan valido lo brillante,
>que el decir que el cabello era un tesoro,
>valía otro tanto el oro. [134, pág. 467]

EL BARROCO

Y aquí cabe la anécdota de Quevedo, que acaso fue el primero en hartarse de los "cabellos de oro", y lo manifestó en un romance:

>Todo cabello es de oro,
>en apodos, y no en tiendas...,

aunque él también usaría la metáfora, pero originalmente:

>Crespas hebras, sin ley desenlazadas,
>que un tiempo tuvo entre sus manos Midas.

Midas, el rey que convertía en oro todo lo que tocaba, y así Quevedo decía lo mismo, pero con una alusión perifrástica. Es la fase final de toda corriente literaria, desde Grecia, la Roma clásica y, naturalmente, el Siglo de Oro español. Así va surgiendo el barroco para evitar la ineficacia de imágenes repetidas mil veces. Es, al decir de Juan J. Remos -ensayista e historiador de la literatura de su país, Cuba- la "enfermedad del estilo", porque según el filósofo alemán, Wilhelm Dilthey, "el arte se ve precisado a intensificar cada vez más sus medios de impresionar". Y Quevedo impresiona con su gracia para soslayar lo que ya era manido en su tiempo. Gracia genial.

TEMA QUINTO

La onomatopeya

La *onomatopeya*, en su más simple acepción, es el sonido con que determinada palabra imita su propio significado. Se dice *ronronear* y fonéticamente nos parece que escuchamos el ronquido de un gato. Sin embargo, hay palabras onomatopéyicas que no tienen que ver sólo con la prosodia, y para demostrarlo se puede recurrir a un vocablo en idioma inglés: *jumper,* que significa *saltador, brincador. Jumper* es algo así como un sonido "que salta", sin que necesariamente copie el ruido de un salto, que puede ser silencioso, sino su forma visual. Ver la palabra escrita, en este caso, produce también un efecto parecido al brinco.

Ejemplos de onomatopeya aparecen profusamente en disímiles libros de texto, y no siempre se trata de una sola palabra, ya que la configuración de una frase -o un verso, una estrofa y hasta un poema completo- pueden ser creados onomatopéyicamente. Por eso la raíz griega de onomatopeya es *onomatopeiía,* que se compone de *ónoma* (nombre) y *poiein* (hacer).

En Poesía, la onomatopeya tiene raíces lejanas, aunque en castellano siempre salgan a relucir dos ejemplos que, indistintamente, aparecen en la mayoría de los libros especializados de preceptiva literaria:

El ruido con que rueda la ronca tempestad,

de José Zorrilla, en el poema "Las nubes", y

Sintió trotar un tronco de potros de Inglaterra,

de Rubén Darío, en "Porteña". En el verso de Zorrilla parece que truenos tempestuosos se nos vienen encima; en el de Darío, los cascos de los caballos amenazan con atropellarnos...

No todos los poetas hacen uso del onomatopeyismo, y abusar de ello sería contraproducente. Sin embargo, cuando en ciertos versos se intercalan con moderación algunas formas acústicas que imitan aquello que se trata de describir, no sólo queda demostrado el oficio del poeta, que es la creación, sino su talento para la inventiva.

Después de un cuidadoso análisis hecho sobre una larga serie de onomatopeyas, las he dividido en seis grupos:

- *Métricas*
- *Acentuales*
- *Con ritmo estrófico* (rapidez, lentitud)
- *Aliteradas* (consonantes y vocales)
- *Con rimas internas*
- *Con repetición de vocablos*

Además de esos seis grupos, incluiré al final algunos experimentos verbales, dos poemas onomatopéyicos, un estudio aparte sobre el efecto prosódico de ciertas voces usadas en la poesía afroantillana y el descontrol sonoro de una corriente creada por el poeta cubano Mariano Brull, y que Alfonso Reyes bautizó con el nombre de *jitanjáfora*.

ONOMATOPEYAS MÉTRICAS

En versificación, la onomatopeya netamente métrica, basada exclusivamente en el conteo silábico, es una de las más difíciles de encontrar. Ese efecto se consigue sólo con experimentación, porque anula la natural espontaneidad del poeta. En este caso es necesario ir a contrapelo de la música, con ciertas violencias verbales que, aun siendo métricas, definen con inusual cadencia lo que se menciona.

En "Canción velera", el poeta hondureño Jaime Fontana relata la amorosa aventura marina de una mujer que, en un barco de velas, lo

La onomatopeya

sigue a todas partes. Es un breve poema escrito solamente con versos pentasílabos y heptasílabos, que a veces forman versos mayores compuestos con los dos mismos metros. La primera estrofa comienza con un dodecasílabo de seguidilla: 7+5, y sigue con un verso de siete sílabas y otro de cinco... Esa es la tónica general de los versos, que van dejando una sensación de ligereza, de movimiento ininterrumpido, mientras los hemistiquios irregulares parece que van dando tumbos... Exactamente los mismos tumbos que da un barco de velas sometido a los caprichos del viento:

> En un barco de velas vienes siguiéndome,
> marinera que tocas
> todos los puertos...
> Ven a fundar estrellas sobre mis playas
> con tus ojos nutridos
> de mar abierto.

Pero hay un verso, que supongo deliberadamente conflictivo, que dice: "Y haz que tus sueños -ágiles marineros-", porque si el primer hemistiquio es un heptasílabo esdrújulo: "Y haz que tus sueños -ágiles", el segundo no alcanza las cinco sílabas, porque es un tetrasílabo: "marineros". Aunque también la división interna del verso compuesto puede hacerse de otra forma, es decir, con el pentasílabo primero y el heptasílabo después: "Y haz que tus sueños }{ -ágiles marineros-". Este verso, ya casi al final del poema, da una sensación de un estremecimiento mayor en el barco que sigue al poeta. Y vale la pena acabar de transcribir la pieza, breve y graciosa, con lo que se puede disfrutar el vaivén "métrico" de la nave empujada por el viento:

> En un barco de velas
> vienes siguiéndome...
> Ven, atraca en la rada
> de mis anhelos...
>
> Haz que tu sangre loca
> -ron y cereza-
> fertilice las punas de mi tristeza.

> Y haz que tus sueños -ágiles marineros-
> colonicen la selva
> de mi silencio.

Y también, cuando José Ángel Buesa escribe "Psicoanálisis del contramaestre", relata la historia de un marino que, en su juventud, cayó al mar y "un escualo de seis metros le comulgó la pierna". Viene después la queja del marino ante el médico:

> Ah doctor, qué terribles días, }{ con el vendaje rojo,
> con la fiebre y las lágrimas... }{ Y a nadie culpo ni disculpo,
> pero si un hombre pierde un miembro, }{ se queda manco o cojo,
> y el muñón no retorna }{ como el tentáculo de un pulpo.

Deliberadamente he marcado con la señal siguiente: }{ la cesura de cada uno de los cuatro versos de la estrofa, para que pueda observarse mejor la intención del poeta. Se trata de hemistiquios irregulares -heptasílabos y eneasílabos- que nada tienen de novedosos... Sólo que los versos se cruzan con nueve sílabas primero: "Ah doctor, qué terribles días", y siete después: "con el vendaje rojo", para continuar a la inversa, con siete primero: "con la fiebre y las lágrimas", y después nueve: "Y a nadie culpo ni disculpo". Así, a lo largo de todo el poema: nueve }{ siete - siete }{ nueve, etc. Con esa dificultad prosódica, con ese choque reiterado en la lectura del poema, de principio a fin, se siente cojear al contramaestre que, precisamente, perdió una pierna...

ONOMATOPEYAS ACENTUALES

Cuando el poeta colombiano José Eustasio Rivera les canta a "Los potros", su soneto tiene la particularidad de que todos los endecasílabos son del ritmo sáfico, es decir, con acentos constituyentes en cuarta y octava sílabas:

> *Atropelládos* por la *pámpa* suelta,
> los raudos *pótros*, en *febríl* disputa,
> hacen *silbár* sobre la *sórda* ruta

La onomatopeya

los *huracánes* de su *crín* revuelta...

Es importante anotar esto debido a que los endecasílabos más comunes son los yámbicos, o sea, los del acento constituyente en sexta sílaba, independientemente de otros acentos accidentales o supernumerarios. El propio Rivera, en los 24 sonetos endecasilábicos del libro *Tierra de promisión,* (135, pág. 467) escribe 137 versos sáficos frente a 199 yámbicos.

Pero la pregunta clave es: ¿Tuvo el poeta la intención de cantarles a los potros con versos sáficos solamente, para imitar de esa manera el rítmico trotar del equino? Para mí, no cabe duda, y lo creo así porque solamente hay otro soneto de Rivera prosódicamente igual. Se trata del que comienza "Mágicas *lúces* el *ocáso* presta...", y está dedicado, precisamente, a un ciervo. Sería demasiada casualidad que los sonetos de José Eustasio Rivera dedicados a los potros y a un ciervo, tuvieran la misma configuración acentual que, onomatopéyicamente, copia el ritmo más o menos uniforme del correr de un ciervo o del trotar de un caballo...

Pero los caballos parecen tener una especial atracción para inspirar a determinados poetas, que buscan en la cadencia de su paso una identificación sonora para el verso. Así, José Santos Chocano, en "Los caballos de los conquistadores", copia la marcha del noble bruto, al repetir en versificación cuantitativa la gracia trocaica de una sílaba larga y una breve, puesta en boga años antes por José Asunción Silva con su "Nocturno III". Dice Chocano:

...los caballos andaluces, cuyos nervios
tienen chispas de la raza voladora de los árabes,
estamparon sus gloriosas herraduras
en los secos pedregales,
en los húmedos pantanos,
en los ríos resonantes,
en las nieves silenciosas,
en las pampas, en las sierras, en los bosques y en los valles.
¡Los caballos eran fuertes!
¡Los caballos eran ágiles!

Claro que en el mismo libro de Chocano *Alma América,* donde aparece publicado este poema, hay otros versos, también dedicados al caballo -esta vez a su caballo- donde las acentuaciones caen invariablemente en cuarta sílaba, y logran describir otra marcha lenta, en una de las onomatopeyas más efectivas del idioma. Se trata de "Bajando la cuesta":

> Cae la *tárde.* Yo sobre el *lómo* de mi *cabállo*
> suelto las *riéndas;*
> y con *fatíga*
> bajo la *cuésta.*
> Y mi *cabállo* va, *lentaménte,*
> *sobreponiéndo* sus firmes *cáscos* de piedra en *piédra...*

El ecuatoriano Hugo Mayo, por su parte, se apega a los sonidos anfibraicos -una sílaba larga entre dos breves- con lo que reproduce la música de la "Marcha triunfal", de Darío. Indudablemente, al leer los siguientes versos que pertenecen al poema "Caballo en desnudo", se percibe la belleza de un trote elegante, majestuoso, que cruza como un bólido:

> ¡Se marcha el caballo!
> Y a galope pasó desafiante la raya.
> La raya.
> ¡Se aleja el caballo!
> Y a galope, resuelto, se mete en el viento.
> En el viento.

La versificación acentualmente reiterada sirve, además, para describir la melodía del órgano. "Jaime, el organista", es un poema descriptivo de Jorge Robledo Ortiz. En este retorno a la cadencia del "Nocturno" de Silva, se escucha con nitidez el acompañamiento de un órgano. Es un poema instrumental de un solo instrumento. Martilleante, pero no monótono:

> Cada golpe del teclado
> repercute en las arterias del artista
> y la sangre le despierta

La onomatopeya

    esas sombras que otros días
    fueron claras,
    juveniles,
    opulentas
    y golosas como carne de sandía...

Y, naturalmente, la propia "Marcha triunfal" de Darío es otro ejemplo insoslayable:

    Los áureos sonidos
    anuncian el advenimiento
    triunfal de la Gloria;
    dejando el picacho que guarda sus nidos,
    tendiendo sus alas enormes al viento,
    los cóndores llegan. ¡Llegó la Victoria!

Hay que padecer de una sordera incurable para la Poesía si no se identifica en el pasaje anterior la llegada de los soldados victoriosos, el entusiasmo del triunfo, los "claros clarines", los "ritmos marciales", las "trompas de guerra", en fin, "que tocan la marcha triunfal..."

ONOMATOPEYAS CON RITMO ESTRÓFICO: LENTITUD Y RAPIDEZ

Apartándonos ahora de la versificación acentual, se hace visible en ciertas estrofas una especie de ritmo acelerado o lento, todo depende de la colocación de ciertas palabras, onomatopéyicas en sí mismas. En los *Versos sencillos,* de José Martí, bajo un número diez romano, aparece un poema escrito en redondillas, que popularmente ha sido bautizado como "La bailarina española". El movimiento orquestal de esos versos deja en el aire una sensación de rapidez, de taconeo fluido, gracia andaluza y brío de castañuelas -aunque las castañuelas no aparezcan en todo el poema-:

    Repica con los tacones
    el tablero zalamera,

> como si la tabla fuera
> tablado de corazones.

Pero otras veces la bailarina va con lentitud, lo que representa un reto para el poeta que, inclusive, utiliza el adverbio de modo "despacio":

> Alza, retando, la frente;
> crúzase al hombro la manta;
> en arco el brazo levanta:
> mueve despacio el pie ardiente...

Hay que advertir que este último verso no se puede leer con rapidez. Sus dos sinalefas con tres vocales cada una: "despacio el" (IOE), y "pie ardiente" (IEA), ponen un freno a la velocidad de todo el poema. Cuando Joaquín Balaguer analiza la poesía del dominicano Félix Mota, (136, pág. 467) advierte cómo la sinalefa contribuye a alargar el verso quitándole su brevedad característica. Y Balaguer pone ejemplos definitivos de ese poeta:

> Duermo intranquilo
> Viera envidioso

La sinalefa, después de la segunda sílaba, alarga la duración al principio de esos versos y los hace más lentos. Nótese la diferencia con estos otros dos comienzos rápidos, sin sinalefas, del mismo poeta:

> Cándida siempre
> Corre sin tino

En "El amante viejo", Carlos Bousoño termina con dos versos que retratan magistralmente un proceso de lentitud:

> Lejos se oía el rumor manso
> de un agua que pasaba lenta y mansa...

La onomatopeya   **223**

En "se oía el" del primer verso, hay dos sinalefas: EO y AE, porque la vocal I acentuada forma una sílaba en sí misma. En el segundo verso hay también dos sinalefas, aunque más alejadas: "de un" EU y "lenta y" AI.

Sin embargo, aunque no tenga sinalefas, lo mismo sucede con el verso de Martí "lentamente taconea", que sería un insulto a la prosodia leerlo rápidamente. Además, en ese "lentamente taconea" se advierte el ruido de los tacones por la repetición de la consonante T, aunque ese ejemplo, también onomatopéyico, pertenece a la sección de las aliteraciones.

Si en "La bailarina española" hay un movimiento fresco que describe el baile, otras formas dan, por el contrario, una impresión de sosiego, de tardanza. En su libro *Le vers Francais* (Los versos franceses), Mauricio Grammont señala que "los vocablos de menos de tres sílabas, en versificación, experimentan lentitud: producen una acción que se realiza despacio, dulcemente". El famoso lingüista francés pone de ejemplo unos versos de Musset:

> Ella se acuesta entonces, sus grandes ojos cierra.
> Y el pálido desierto rueda sobre su hijo
> las olas silenciosas de su mortaja móvil.

Anotemos que silenciosa (si-len-cieux) sólo tiene tres sílabas en francés, aunque en castellano tiene cuatro, naturalmente.

Si los vocablos breves obligan a leer con cierta lentitud el verso -y ello no es exclusivo del idioma francés-, debemos advertir que en el Siglo XVII, en su "Canción a las Ruinas de Itálica", Rodrigo Caro se detuvo a decir, con impresionante lentitud:

> Que aún se ve el humo aquí, se ve la llama.

La poetisa dominicana Salomé Ureña, en el poema "Quizás", describe lo despacio que va su tiempo y no lo puede hacer mejor que con voces breves:

> ...cuan lentas son de mi existir las horas!

El poeta mexicano Alí Chumacero, en "A solas", escribe una estrofa que al final presenta una particular lentitud:

> Flor alada, el aroma de la noche
> que a esta soledad tranquila llega
> *transforma el viento en grave lentitud,*
> *en aire suave que a mi cuerpo anega.*

Y la lentitud queda representada en las dos sinalefas del tercer verso: "transforma{ }el viento{ }en" y en los vocalos breves del cuarto que, además, tiene también dos sinalefas: "que{ }a" y "cuerpo{ }anega".

Algo similar hace Darío, precisamente en "Nocturno":

> Y el sueño que es mi vida desde que yo nací...,

no sólo por los vocablos breves, sino también por dos sinalefas: "Y{ }el sueño que{ }es".

En "Del camino", el gran pensador Antonio Machado medita:

> No sé si el llanto es una voz o un eco...,

en once vocablos para un verso de once sílabas, con tres sinalefas, además:

> No-sé-si{ }el-llan-to{ }es-u-na-voz-o{ }un-e-co.

Sara Martínez Castro sufre penas de amor en su soneto "Te olvidaré", y el cierre del último verso lleva una lenta meditación:

> Mas serás el no ser que en mí se agota...,

con diez vocablos y dos sinalefas: "que{ }en mí se{ }agota".

También mencionando la lentitud -como Salomé Ureña y Alí

La onomatopeya

Chumacero- y haciendo que el verso vaya despacio con los vocablos breves, Pablo Neruda le canta a Eros en "Cuerpo de mujer":

¡Ah, las rosas del pubis! ¡Ah, tu voz lenta y triste!

Y el poeta cubano Rubén Martínez Villena, en "Homenaje al monosílabo ilustre", escribió un lento alejandrino, aunque su intención fue otra, ya que se trata de un experimento sobre la base de doce monosílabos, como se desprende del título del poema:

Dar-yo-por-ti-no-más-la-voz-y-luz-que-soy.

ONOMATOPEYAS ALITERADAS CONSONANTES Y VOCALES

En generoso afán orientador, Darío le dio consejos a un amigo: "A Ricardo Pérez Alfonseca". Recordando la versificación grecolatina, específicamente el pie dactílico, que se forma con una sílaba larga y dos breves, la aliteración de las consonantes D y T describen el mensaje del verso:

Con el dáctilo dúctil y con la danza leve.

Aunque los ejemplos onomatopéyicos en los versos darianos abundan, reproduzco uno más, solamente, por su honda fuerza expresiva. En el largo poema "El porvenir", hay una estrofa de gran significación. Obsérvese en el tercer verso la comparecencia de las consonantes B y V, que gramaticalmente son distintas, pero fonéticamente son idénticas: [137, pág. 467]

Y Dios, que mi esplendor supremo absorbe
y que ha dado la ley de mi progreso,
entre el *hervor universal del orbe*
te mandará su sacrosanto beso.

No hay dudas de que en ese "hervor universal" nos parece que el orbe hierve.

Otro poeta modernista que se destacó por la repetición de sonidos onomatopéyicos fue Julio Herrera y Reissig. Como en Darío, sus ejemplos serían interminables, pero como he mencionado la descripción de la tormenta de Zorrilla, conviene traer a colación el fragmento de un verso del soneto "La flauta":

>...el *torrente relinchando* suena.

Positivamente, el torrente se deja escuchar en esa expresión. Y un poeta boliviano, Javier de Granados, sigue la misma tónica de Zorrilla y de Herrera y Reissig, en "La selva":

>Que hiere el *rayo en rudo* desafío.

En todas estas formas prevalece el fuerte sonido de la consonante R, que es idóneo para hablar de la tormenta, el torrente y el trueno, aunque sirve también para describir los "Toros en la noche", de Rafael Morales:

>Toda la noche suena y se estremece,
>y fundida con toros y paisaje
>*rueda redonda,* caudalosa crece...,

y en otro poeta español, José del Río Sainz, cuando...

>...en los pueblos desiertos el eco de los pasos
>*resuena con el ronco* estruendo de una maza.

Volvamos a los fenómenos naturales, y Andrés Eloy Blanco, en "Canto a la espiga y el arado", se detiene ante los volcanes y hace uso repetido de la consonante V:

>Tres *volcanes volcaron la savia de sus lavas.*

Por otro lado, el colombiano Aurelio Arturo utiliza la misma letra aliterada, pero en este caso queda retratado el viento, bellamente, con su peculiar sonido:

La onomatopeya

El *viento viene, viene vestido* de follaje.

"Como copas vacías o como cañas huecas...", dice Hugo Lindo en "Ultima hora cero", mientras el español José Javier Aleixandre, en "Declinación de las cinco doncellas", utiliza la R, la S, la C y la Z en una estrofita juguetona y descriptiva:

> Sumisa y encendida
> declina la doncella,
> parece (rosa, rosae,
> rosae rosam) que reza.

Con iguales sonidos, Mercedes García Tudurí dibuja un insuperable paisaje nocturno en su poema "Ausencia":

> Así se modula la voz de la noche
> llena de secretos
> -*silencios, zumbidos, siseos*-
> que *susurran a las almas insomnes.*

Leopoldo Lugones, en "La curruca", describe el ruido que hace esa ave, al empezar el poema con el siguiente serventesio:

> *Crrr... rric - Crrr... rrric.* En la pared que trepa
> como un ratón (la llaman la ratona),
> en la torre, en el césped, en la cepa,
> resalta su minúscula persona.

Manuel Machado logra, en "Fiesta Nacional", fundir la aliteración de consonantes con la versificación acentual, lo que le otorga a su poema un doble mérito onomatopéyico. La corrida de toros queda en el lienzo literario con toda su agilidad, fiereza y arte:

> Salta el toro
> en la arena. Bufe, ruge...
> Roto cruje
> un capote de percal...

Elvio Romero también acude a la onomatopeya con cierta frecuencia y esmerada técnica. Uno de sus mejores ejemplos resalta en el poema titulado "Muerte de Perurimá, cuentero, enredado en su lengua..." Desde la primera estrofa ya nos presenta a Perurimá con la incidencia de la letra ye:

>...Y entonces se fue yendo,
>y se fue yéndose se le fue
>el párpado cayendo,
>y se le fue la boca,
>y se le fue yendo el habla,
>yéndose en sombras, yéndosele
>los pasos fuésele yendo el tiempo
>y yéndosele
>se le fue el silencio.

Pero hay que ver cómo Romero describe la dificultad del habla en el personaje, en una exposición difícil de variadas consonantes:

>Que trampero y tramposo,
>Perurimá acababa
>enredado en su lengua
>con la ojera en la oreja,
>la oreja por la ojera,
>clueco en el recoveco
>de su lengua cuentera;
>que a su voz se enredaba
>dicharachero, ojoso,
>la ceja como un fleco
>menguante que no mengua,
>el cuerpo de mandioca
>contorsionado, seco,
>el ojo como arveja
>que mira el labio mudo,
>demudado el saludo
>que fritaba en la boca...

Y he aquí nuevamente a Elvio Romero en "Trapiche":

La onomatopeya

> Gira la siesta en la rueda
> del guayacán con que gira
> el eje del guayacán
> con que se gira en la siesta...

Así, sucesivamente, los versos octosílabos van girando conjuntamente con el trapiche, hasta dejar mareado al lector, que es el propósito del poeta, naturalmente.

Manuel del Cabral, en "Viejo chino de Brooklyn", hace una aliteración con la letra che para imitar la voz del chino:

> Ya ves, lejano chino, chueco Chan.

Y aquí podemos hacer una digresión musical, para recordar la danza del músico cubano Ernesto Lecuona, que él tituló "Ahí viene el chino". Todo el que escucha esa danza se admira porque, al llegar al final, la voz del chino se hace notar mientras se aleja. Es la onomatopeya pianística de un maestro que tuvo mucho de poeta.

Siguiendo con la Poesía, no sólo las letras consonantes aliteradas sirven para la onomatopeya, sino las vocales. Así, en el estribillo del poemita "Invierno", Baldomero Fernández Moreno relaciona el color negro, muy suspicazmente, con la vocal O:

> Y en las ramas grises
> *gordos tordos negros.*

No obstante, fue un espectacular poeta francés, "poeta maldito", Arthur Rimbaud, quien buscaría en colores y sonidos los motivos de la nueva poesía. Para Rimbaud, la correspondencia entre los colores y las vocales era la siguiente:

> A: negra
> E: blanca
> I: roja
> O: azul
> U: verde

Acaso no sea elegante acudir a ejemplos propios, a menos que sean peyorativos, como hice en el tema anterior sobre los lugares comunes y mi "Quinceañera". Pero no resisto la tentación de reproducir un verso de mi poema "Reclamo al Apóstol":

> Y somos como sótanos con odio.

Es innegable que nueve oes son muchas para distribuirlas en once sílabas, pero hay en ellas el sabor a oscuridad, eco tenebroso, negror de rencillas internas, que yo quería comunicar en ese verso. Y me solidaricé de esa forma con Fernández Moreno, para quien la O era negra y no azul, como la presentaba Rimbaud. Y claro que se puede acudir también a la misma vocal O, pero con otra intención. Afianzándose a un nombre ya de por sí onomatopéyico: Momotombo (volcán nicaragüense situado en la cordillera de los Marabios), Darío escribió:

> ¡Oh Momotombo ronco y sonoro!...

Siempre en estrecha relación con la cultura francesa, era imprescindible que Darío reparara en la grandiosa obra poética *La leyenda de los siglos*, en la que Víctor Hugo también le canta al Momotombo. (138, pág. 468) De ahí que Darío mencione tres veces el nombre de Hugo en el poema, y que resuma en dos versos el valor del sonido volcánico:

> Con razón Hugo el grande en tu onomatopeya
> ritmo escuchó que es de eternidad.

ONOMATOPEYAS CON RIMAS INTERNAS

José Santos Chocano es uno de los poetas que más incursionó en el estallido fonético de las palabras. Ello le valió no pocas críticas negativas sobre su poesía, aunque de incomprensiones también vive el poeta, por supuesto. Se le ha bautizado con el mote de "rimbombante", "grandilocuente" y otras lindezas, pero sus versos, portado-

La onomatopeya

res de un viril mensaje poético, sobreviven bajo la lluvia implacable de los almanaques.

La *rima interna* fue uno de los recursos que Chocano utilizó con extraordinario acierto. En "Sinfonía Heroica", la trompetería orquestal penetra instrumentalmente, cuando exclama:

> ...y surge un *lamento,* copiando en el *viento*
> un *desgarramiento* como de puñales que rompen entrañas...

Por su parte, Luis Palés Matos, en "Alegoría", describe el sonido de la campana, también con rimas interiores:

> ¿Y la aldea *cristiana* y la *campana*
> *cristiana* que repica en la *mañana?*

Y Darío, nuevamente, en "Coloquio de los centauros":

> Tiene tus formas puras del ánfora, y la *risa*
> del agua que la *brisa riza* y el sol *irisa.*

ONOMATOPEYAS CON REPETICIÓN DE VOCABLOS

Entre los siglos XV y XVI, ya en España, Gil Vicente repetía vocablos en lo que puede tomarse como un anticipo onomatopéyico, con el uso agudo de las cinco vocales. Así en "Villancetes":

> Tu - ru - ru - ru - la. ¿Quién la pasará?
> Tu - ru - ru - ru - ru. No la pases tú.
> Tu - ru - ru - ru - re. Yo la pasaré.
>
> Ti - ri - ri - ri - ri. Quédate tú aquí.
> Tu - ru - ru - ru - ru. ¿Qué me quieres tú?
> To - ro - ro - ro - ro. Que yo sola estó.

Carlos Bousoño también repite sílabas, aunque para imitar el ruido de la escoba, en "Ven a mí, realidad":

Escobita que barre mi celda,
tras tras tras tras tras tras tras tan graciosa.

En los albores del *Modernismo*, José Asunción Silva describe cómo...

...en las rodillas duras y firmes de la Abuela,
con movimiento rítmico se balancea el niño.

Y nuestro asiento parece balancearse cuando leemos "Los maderos de San Juan":

¡Aserrín!
¡Aserrán!
Los maderos de San Juan
piden queso, piden pan,
los de Roque
alfandoque,
los de Rique
alfeñique
¡Los de triqui, triqui tran!

Y todo ello recuerda al ecuatoriano César Sylva, que no fue ajeno a ese estilo, y lo utilizó para describir al carpintero, en el poema del mismo nombre:

Ris! Ras!
ris! ras!
Es la canción que arranca al innoble madero
el cortante serrucho del viejo carpintero...

Con una elaboración más cuidadosa, se nos presenta José María Valverde en su "Oda al corazón de la amada":

Y cada cosa se desdoble en tiempo:
como tu corazón, amada,
que huele a antiguas primaveras
y sin fin se despliega y se derrama
en sones, *y ecos, y ecos de eco,*

La onomatopeya

como las campanadas recordadas...

JUEGOS VERBALES

No siempre la aliteración se emplea para lograr sonidos onomatopéyicos, aunque esa es su primera función. Luis Ángel Casas, por ejemplo, repite letras consonantes con el objeto aparente de impresionar con sus sonidos. Así comienza en "Marisol":

> Esta historia de sol, de sol y sal,
> es un trago de sal, de sol y hiel,
> por la gloria del mar, del mar y el sol.
> Escuchad, compañeros de arrabal,
> esta historia de histeria y arrabal,
> de arrebol y arrabal,
> de arrabal y arrebol.

En "Rosa la Rusa", forma aliteraciones principalmente con la letra che:

> Ah, tu chaqueta rota y chiquita
> y tus chacotas, pobre muchacha
> con un rasguño siempre en el pecho...

En "Pepe del Mar", Casas hace lo mismo:

> El pecho en que Pepe los puños remacha,
> fue cofre y es tumba de aquella muchacha
> de fechas felices y efímera racha de mar...

Para terminar aliterando la letra pe:

> La pipa de Pepe que fuma en la popa
> pelando una papa: ¡la pipa de Pepe del Mar!

Y en uno de sus cinco sonetos titulados "El idioma español en Norteamérica", exclama endecasilábicamente:

> Dios le dio el trino, el trueno y hasta el trono...

Pero Luis Ángel Casas emplea las aliteraciones también en la prosa, y a veces con bastante frecuencia, como en el cuento "La canción del serrucho":

Noche tras *noche, luchando* con las sombras en mi *lecho,* figurábaseme oír un solo de *serrucho...*" (139, pág. 468)

En su "Soneto casi mágico para Lorenzo Goñi", el poeta y escritor español Carlos Murciano escribe:

Raja, baraja y maja en su dornajo...,

y también:

Lorenzo Goñi, gañe, engaña y guiña.

Por su lado, el argentino Jorge Lomuto comienza cada uno de sus tres "Sonetos conjugados" con los versos siguientes:

Eras Eros en horas que eran oros.
Eres iris en aras de dos aros.
Serás tú, serás yo, serás aurora.

Sor Juana Inés de la Cruz escribió "Cinco sonetos burlescos" en los que puso en juego su maestría para la versificación. En el título está la aclaración de que "se le dieron a la poetisa los consonantes forzados de que se componen, en un doméstico solaz". Las aliteraciones, en este caso específico, obedecen a palabras aconsonantadas que con anticipación le fueron dadas a Sor Juana. Por eso "muchacha, Camacho, chacho y tacha", por ejemplo, no son empleados con fines onomatopéyicos, sino para complacer una petición previa. Y la poetisa escribió así el primer cuarteto del segundo soneto:

Aunque eres, Teresilla, tan *muchacha,*
le das quehacer al pobre de *Camacho,*

porque dará tu disimulo un *chacho*
a aquel que se pintare más sin *tacha*.

El vanguardismo explota coincidencias sonoras aunque de una forma incongruente, como Vicente Huidobro en el "Canto IV": "Ya viene la golondrina/ Ya viene la golonfina/ Ya viene la golontrina/ Ya viene la goloncima/ Viene la golonchina/ Viene la golonclima/ Ya viene la golonrima/ Ya viene la golonrisa/ La golonniña/ La golongira/ La golonlira..." ¿Para qué seguir?

Pero, desde mucho antes, ya Quevedo había jugado con el idioma -claro que coherentemente- como en su décima dedicada "A don Adán de la Parra":

> El asunto de esta *guerra*
> tiene mucho diablo, *Parra;*
> y si el mismo se *desbarra,*
> se perderá nuestra *tierra.*
> Nuestro ejército se *encierra*
> porque el otro lo *socorra;*
> cuando el enemigo *corra,*
> él se parará; *discurra*
> tu genio, amigo, si es *burra*
> esta *guerra,* siendo *zorra.*

DOS POEMAS ONOMATOPÉYICOS

Haciendo derivar las cadencias de los versos directamente de la música, Gerardo Diego escribió en su juventud los *Nocturnos de Chopin*. A la antena investigadora del poeta llegan inequívocas señales que desnudan convergencias entre ciertos acordes y su equivalencia en versificación. Repara Gerardo Diego, por ejemplo, en el "Nocturno V", que se parece a los poemas alemanes de Schiller, gracias a la virtud del polaco que reflejó en su piano poético el alma universal de la Música.

Las descripciones de los nocturnos de Chopin en los versos de Gerardo Diego son tan exactas, que el poeta les recomienda a los lectores que se tomen el trabajo de escuchar y leer a la vez los compases inmortales. Hay aquí la onomatopeya directa entre versificación y melodía, "paráfrasis románticas", al decir del poeta. Y lo mismo sucede con el preludio, poema hecho música pianística que abre el libro de Gerardo Diego:

> El piano sueña. Sueña con el timbre
> que tiemble y cimbre
> toda su plata, todo su oro, su iris vienés.
> Sueña que existe. Ya es su temprana,
> su meridiana,
> su schubertiana magia de impromptu, ya es él, ya es.

Otro gran poeta, esta vez Leopoldo Lugones, dejó en "Salmo pluvial" el retrato de una tormenta campestre. Desde el primer relámpago hasta la tranquilidad húmeda que subsede a los elementos desatados, el poema de Lugones es una onomatopeya completa. Ya con el primer verso se perciben las amenazantes nubes oscuras, y el trueno repiquetea al conjuro de los agudos con la vocal O:

> Érase una caverna de agua sombría el cielo;
> el trueno a la distancia rodaba su peñón;
> y una remota brisa de conturbado vuelo,
> se acidulaba en tenue frescura de limón.

Pero el poeta le pone más color a la descarga eléctrica, y el relámpago parece querer atravesar la sensibilidad del lector:

> Una fulmínea verga rompió el aire al soslayo;
> sobre la tierra atónica cruzó un pavor mortal;
> y el firmamento entero se derrumbó en un rayo,
> como un inmenso techo de hierro y de cristal.

La magia de la lluvia cerrada refresca el ánimo con otro serventesio alejandrino:

> Saltó la alegre lluvia por taludes y cauces;
> descolgó del tejado sonoro caracol;

La onomatopeya

y luego, allá a lo lejos, se desnudó en los sauces,
transparente y dorada bajo un rayo de sol.

Después, retorna la calma:

Cristalina delicia del trino del jilguero.
Delicia serenísima de la tarde feliz.

Y ya queda formado el marco perfecto para el cuadro de la plenitud:

El cerro azul estaba fragante de romero,
y en los profundos campos silbaba la perdiz.

Estas dos piezas: "Preludio", de Gerardo Diego y "Salmo pluvial", de Leopoldo Lugones, son formas selectas de la onomatopeya a lo largo de todo un poema, sin que haya relaciones técnicas entre sí. Porque si el primero copia el mecanicismo de un piano tocado por unos dedos humanamente espirituales, que nos llega a los oídos siempre que penetramos en esos versos de Diego, el segundo retrata un fenómeno atmosférico que vivimos nuevamente cada vez que leemos el "Salmo pluvial" de Lugones.

ONOMATOPEYAS EN LA POESÍA AFROANTILLANA

En el romance "Boda de negros", Francisco de Quevedo toca el tema negroide en pleno Siglo de Oro:

A la mesa se sentaron,
donde también les pusieron
negros manteles y platos,
negra sopa y manjar negro.

Góngora, por la misma época, escribió también un romance de negros. Así comienza:

> Por una negra señora
> un negro galán doliente
> negras lágrimas derrama
> de un negro pecho que tiene.

No es el tema, sin embargo, lo destacable en la poesía negra, sino sus combinaciones onomatopéyicas. Octavio Paz destaca las "letrillas de Góngora escritas para las fiestas del Sacramento y en las que a veces cantan negros y negras...", y pone el siguiente ejemplo:

> Zambambú, morenito del Congo,
> Zambambú,
> Zambambú, que galana me pongo,
> Zambambú.

Después, Paz recuerda la "ensalada" de Sor Juana Inés de la Cruz:

> ¡Ha, ha, ha!
> ¡Monan Vuchilá!
> ¡He, he, he,
> Calumbé! (140, pág. 468)

Por otro lado, es famosa la anécdota de Rubén Darío en La Habana, desde septiembre 12 de 1910 hasta finales de noviembre, cuando sale rumbo a Francia a bordo del *Ipiranga*. Una noche salió a caminar solo y entró en una casa donde una familia de color estaba de fiesta. El nombre de Darío no es desconocido y se brinda hasta con champaña. Al final, el poeta ostenta un simpático diploma donde se le declara "Negro Honorario", y añade al grato recuerdo de la hospitalidad cubana, la acogida espontánea y servicial de una humilde familia de negros.

Pero ya desde el 30 de julio de 1892, Darío había escrito un poema, a su paso por La Habana, dedicado a "La negra Dominga":

> ¿Conocéis a la negra Dominga?
> El retoño de cafre y mandinga,
> es flor de ébano henchida de sol.
> Ama el ocre y el rojo y el verde,

La onomatopeya

> y en su boca, que besa y que muerde,
> tiene el ansia del beso español.

El tema negro reaparecía constantemente en la poesía castellana, aunque tal vez el primero en usar la onomatopeya para una mejor descripción, específicamente en la poesía afroantillana, fue el poeta cubano José Manuel Poveda, en "El grito abuelo", escrito en 1915 e incluido en su único libro, *Versos precursores,* en 1917:

> ...alza la tocata de siniestro encanto,
> y al golpear rabioso de la pedicabra,
> grita un monorritmo de fiebre y espanto:
> su única palabra.

En 1917, Luis Palés Matos escribe su primer poema de tema negro que titula "Danzarina africana":

> Tu belleza profunda y confortante
> como el ron de Jamaica, tu belleza
> tiene la irrelevada fortaleza
> del basalto, la brea y el diamante.

Se trata de un principio que culminaría posteriormente, en 1925, con el libro *Tun tun de pasa y grifería.* Ese año marca el surgimiento de "uno de los movimientos poéticos más interesantes, vigorosos, auténticos y originales que ha habido en la historia de las letras hispanoamericanas: *la poesía negra"*, según certera opinión del profesor estadounidense Leslie N. Wilson. [141, pág. 468]

Ya por el año de 1925 se confunden precursores, iniciadores y creadores del afroantillanismo, y sin detenerme en esas consideraciones, no sólo de difícil comprobación, sino realmente secundarias, a continuación pongo ejemplos de versos en los que se hace uso onomatopéyico de ciertas voces, que copian más o menos rigurosamente el acento africano.

Para describir la rumba, típicamente de la cultura negroide, el cubano José Zacarías Tallet pregona:

> ¡Chaqui, chaqui, chaqui, charaqui!
>
> Llega el paroxismo, tiemblan los danzantes
> y el bembé le baja a Chepe Chacón:
> y el bongó se rompe al volverse loco,
> a niña Tomasa le baja el Changó.

Otro poeta antillano, Manuel del Cabral, sigue la corriente verbal que define la voz africana, en los siguientes versos tomados de "Aire negro":

> Las cocolas cantan cánticos calientes.
>
> Recia risa, a ratos, hace heridas blancas.
>
> A ratos
> machacas rumbas con tus zapatos.
> Y tu taco toca, y tu taco así,
> riega por el aire tu caliente Haití.
> Y tu taco toca, y tu taco a ratos,
> hecha al aire el congo que hay en tus zapatos.

Alfonso Camín, poeta español aclimatado en Cuba, escribió también poesía afroantillana. En el prólogo escrito por él mismo en su libro *Carey*, publicado en México en 1945, el poeta habla con cierta amargura sobre la poesía afrocubana, y denuncia a los que le "bebieron" el ron de "Macorina" treinta y dos veces. Camín influyó en los poetas de su época, y puede considerársele iniciador del movimiento negroide en la poesía de las Antillas, porque en 1926 publicaba versos negristas en su libro *Carteles*. Todavía en el libro *Carey*, cuando ya el tema estaba agotado, él insistía con sonetos como "A orillas del Tuinicú", cuyo primer cuarteto reproduzco:

> Amor de los veinte años, a la vera
> del Tuinicú. Perfumes de guayaba
> y olor fuerte a mujer. La negra esclava.
> Nuestro balcón, la vieja talanquera.

Pero Camín se consideraba el primero, como se desprende de su

La onomatopeya

breve poema "Negro":

> Negro: no olvides mañana
> que yo fui el primer pregón
> negro en la tierra antillana;
> que he recogido tu son
> y lo eché, como un ciclón,
> a correr la mar lejana.
> Y hoy ya tienes tu canción.

Según apunta Leslie N. Wilson, "la apelación a los sentidos es otra característica de muchos poemas negros", (142, pág. 468) y pone como ejemplo unos versos del cubano Ramiro Gómez Kemp, titulados "Son con punta":

> Son con punta,
> son sin punta,
> ¡pero son!
> Bongó alegre,
> bongo triste,
> ¡pero bongó!

Un poeta y dramaturgo español, nacido en 1904, recogió un poco tarde aquella corriente negrista en su libro *Ébano al sol*, de 1941. José Méndez Herrera -poeta al que me refiero- escribió una magnífica poesía negra, y una de las mejores muestras es la primera estrofa de "Tam-tam":

> Hoza en el charco del sopor
> Haika el yoruba, entre su clan.
> Toda la selva es un rumor,
> un ritmo sordo de clamor...
> Tam-tam, tam-tam...

Fue en 1930 cuando Nicolás Guillén publicó *Motivos de son*. Hacía cinco años que Palés Matos había dado a conocer su *Tun tun de pasa y grifería*, y la poesía afroantillana llegaba entonces a su máxima expresión, para continuar con su descenso inevitable. Detrás de Guillén trabajó el mecanismo propagandístico que nada tiene que ver con la Poesía, porque se usa con otros fines ajenos a ella. Y aunque hay poemas de aquella época que se salvan por lo anecdótico, como la "Balada de los dos abuelos", gran parte de los versos responden a sonidos insustanciales, algo así como juegos escolares de educación primaria, más políticos que poéticos. No obstante, no se debe olvidar que una amplia zona de lo poético negroide se basa en ese mismo estilo, y la "poesía mulata" de Guillén, con toda su excelencia, no podía ser ajena a ella.

En 1930, otro joven poeta cubano, Emilio Ballagas, da a conocer su "Elegía de María Belén Chacón". La poesía negra se une al canto de preocupación social, y entre aliteraciones y efectos agudos, queda formada una vez más la onomatopeya del baile:

> No fue ladrido ni uña,
> ni fue uña ni fue daño.
> ¡La plancha de madrugada, fue quien te quemó el pulmón,
> María Belén Chacón, María Belén Chacón...!

Y también en 1929 y 1930, Federico García Lorca escribe su libro *Poeta en Nueva York,* que se publicaría póstumamente en 1940. En esas páginas no siempre felices, aparece su canto a los negros de Harlem. Pero García Lorca fue a La Habana, y allí lo influyeron las corrientes afroantillanas de la época, que le arrancaron su "Son de negros en Cuba", dedicado justamente al sociólogo, escritor y folclorista cubano Fernando Ortiz. Todos los versos pares de ese poema son iguales: "Iré a Santiago", pero no ensaya onomatopeyas negristas, sino paisajes criollos, en algunos versos impares, como el siguiente:

> Un bovino frescor de cañaveras.

A Alfonso Hernández Catá, nacido en Santiago de Cuba en 1895 -escritor, dramaturgo y diplomático-, no siempre se le menciona como poeta. Y lo fue. Su libro *Escala* está dedicado a la poesía negra. He aquí la primera estrofa del poema "Son":

La onomatopeya

Vengo echando candela.
No pue sé!
Ya pue poné el anafe
al revé.

Claro que no se puede hablar de este tipo de poesía sin mencionar al cubano Ramón Guirao, en cuya breve obra también bailan los sonidos onomatopéyicos. El comienzo de "Rumbera" es un ejemplo excelente:

Bailadora de guaguancó,
piel negra,
tersura de bongó...

Y otro magnífico poeta cubano, Regino Pedroso, escribió "Hermano negro":

Negro, hermano negro,
enluta un poco tu bongó.

¿No somos más que negros?
¿No somos más que jácara?
¿No somos más que rumba,
lujurias negras y comparsas?

He mencionado en varias ocasiones a Luis Palés Matos, y es hora de acudir a sus versos. Uno de sus poemas más famosos es, precisamente, "Pueblo negro". El ensayista y crítico literario español, Federico de Onís, lo incluyó en su *Antología de la poesía española e hispanoamericana,* de 1934. Palés fue al fondo de la más genuina expresión africana, y a las onomatopeyas creadas por él, acerca la voz del sentimiento poético. Sabe buscar "la ú profunda del diptongo fiero", cuando en "Danza negra" juega con las palabras y forma un cofre musical:

Rompen los junjunes en furiosa ú.
Los gongos trepidan con profunda ó.
Es la raza negra que ondulando va

> en el ritmo gordo del mariyandá.
>
> Jungla africana - Tembandumba.
> Manigua haitiana - Macandal.

Otras veces, la reiteración de los sonidos le da una especial potencia al idioma indomable del continente negro:

> Ñam-ñam. África mastica
> en el silencio - ñam-ñam,
> su cena de exploradores
> y misioneros - ñam-ñam...

En la poesía de Luis Palés Matos sobreviven los mejores experimentos lingüísticos de la llamada poesía afroantillana.

NEGRITUD Y FIN DE SIGLO

Un nuevo intento por revivir la *negritud*, para usar el término creado por el martiniqués Aimé Césaire, ha tenido eco en José Sánchez Boudy. Con la publicación de varios libros, (143, pág. 468) han revivido los aires casi olvidados del afroantillanismo. Sánchez Boudy no escapó a la correspondencia familiar, y ello se desprende de la publicación de dos libros de su padre, el español José María Sánchez Priede. (144, pág. 468)

En los versos de Sánchez Boudy, las intenciones onomatopéyicas resaltan también como en la "Leyenda del Río Cristal":

> Traya, traya, trayando sin respeto.
> Oyá e Ikú, cencerro con sexteto...

Afirma el profesor cubano Alberto Gutiérrez de la Solana que "los negros de Sánchez Boudy no son burda caricatura, sino figuras populares humanas", (145, pág. 468) mientras Leonardo Fernández-Marcané -también profesor y también cubano- opina que "el negro de nuestro autor (Sánchez Boudy) no es ya la marioneta colorista de tintes apócrifos y líneas forzadas..." (146, pág. 468) En esas dos opiniones

La onomatopeya 245

se centra, en las postrimerías del Siglo XX, la resurrección inesperada y revestida de dignidad folclórica de la poesía negra.

OTROS POETAS, OTROS PAÍSES

El tema negroide ha sido cultivado profusamente en América, aunque no siempre con incursiones onomatopéyicas. En Argentina, por ejemplo, un poeta que vivió entre los siglos XVIII y XIX, Pantaleón Rivarola, escribió el romance "Episodio heroico de un negro". José Hernández, en su inmortal *Martín Fierro,* incluyó en la parte séptima la muerte de un negro. Tras relatar los motivos y pormenores del duelo, dice:

> Tiró unas cuantas patadas
> y ya cantó pa el carnero.
> Nunca me puedo olvidar
> de la agonía de aquel negro.

Y es famoso también el "Romance de la niña negra", del poeta argentino Luis Cané, con esta primera estrofa:

> Toda vestida de blanco,
> almidonada y compuesta,
> en la puerta de su casa
> estaba la niña negra.

En Brasil se destacó Cruz E. Souza, hijo de esclavos que nació en 1862. He aquí el primer cuarteto de su soneto titulado "Vida oscura de negros":

> Nadie supiera de tu espasmo oscuro,
> ¡oh, ser humilde entre los pobres seres!,
> y tonto en la embriaguez de los placeres,
> el mundo para ti fue negro, duro.

En Colombia surgen versos negroides en el canto de Hugo Salazar Valdés, Jorge Artel y Helcías Martán Góngora, entre otros. Pero también hubo un gran precursor en Candelario Obeso (1849-1884). Sus *Cantos populares de mi tierra* se publicaron en 1887, según informa Pedro Henríquez Ureña. (147, pág. 468)

El poeta chileno Luis Oyarzún, con tintes de protesta, escribió "La canción de Harlem":

> Yo vi, Harlem, tu lágrima escondida
> bajo tus ruinas de olvidadas cosas...

En la región centroamericana, les han dedicado versos a los negros los poetas Mauricio Selva, en El Salvador; Carlos Alfredo Chamier, en Guatemala y Daniel Laínez y Jacobo Cárcamo, en Honduras. De Cárcamo, hijo de padre negro, es el poema "El bardo negro", que empieza así:

> El era un pobre bardo, desgarrado y sumiso,
> que dormía en el césped recibiendo el sereno;
> era negra su mano, pero de aquella mano
> surgían versos blancos al golpe del deseo.

Del poeta Max Jiménez, nacido en Costa Rica, sobresalen sus poemas "Nieve en la tierra negra" y "Contrastes". Reproduzco el segundo, muy breve:

> En un banco público,
> bajo un farol claro,
> está el pobre negro,
> vendada la cara
> con pañuelo blanco.
>
> Bajo el farol claro,
> muy triste está el negro
> pensando en lo triste
> de su vida negra.

Más al sur de Centroamérica, siguieron el ejemplo Demetrio Korsi y Carlos Francisco Changmarín, en Panamá; mientras que al norte, en México, Alfonso Reyes termina su "Afrocubana" con la siguiente

La onomatopeya

estrofa:

> No es Cuba -la que nunca oyó Stravinski
> concertar sones de marimba y güiro
> en el entierro de Papá Montero,
> ñáñigo de bastón y canalla rumbero.

También llegan ecos de poesía negra en la voz peruana de Enrique López Albújar, mientras el dominicano Gastón Fernando Deligne y Figueroa (148, pág. 469) canta en octosílabos "La intervención negra en 1801":

> ¡Con esas alarmas negras
> los vecinos comparecen;
> con esos augurios tristes,
> el pueblo en la plaza hierve...!

El uruguayo Idelfonso Pereda Valdés exclama en "La ronda catonga":

> Para auyentar al mandinga,
> macumba, macumbembé,
> hay que tirar una flecha
> y bailar el cadombé.

En Venezuela floreció el tema con "Píntame angelitos negros", de Andrés Eloy Blanco:

> Pintor que pintas tu tierra,
> si quieres pintar tu cielo,
> cuando pintes angelitos
> acuérdate de tu pueblo;
> y al lado del ángel rubio
> y junto al ángel trigueño,
> aunque la Virgen sea blanca,
> píntame angelitos negros.

Y también en Venezuela vale la pena recordar el "Tamunangue", de Manuel Rodríguez Cárdenas:

> -¡Jocico e tetero! -¡Mi catira linda!
> ¡Batumba! Babuca que sun pan mi Sion.
> -Cuerpito e culebra, güelente a melasa
> a naura y a caña y a trago y a ron.

Por supuesto que en Haití se justifica el canto negro más que en ningún otro lugar de América. Traducido del francés, el poema "Cuando suena el tam-tam", de Jacques Roumain, dice:

> Escucha ese tam-tam, jadea
> como el seno de una muchacha negra.

Y es insoslayable traer a colación los nombres de "El Mistral de Haití", Oswald Durand, con "El hijo del negro":

> Mi padre fue tan negro como yo; pero quiso
> santificar su unión por Iglesia y Derecho...,

(porque su madre era blanca); así como la amargura concentrada de Maurice A. Casseux, en "Impresión negra":

> Ellos no suelen decir
> que "lo peor de la tierra
> es el color de tu piel";
> ellos dicen mucho más:
> ellos dicen: "¡Sucio negro!"
>
> Pero su piel es tan blanca,
> es tan brillante su piel,
> que yo no puedo decir:
> "¡Sucio blanco!",

y el *jazz,* de Leon Laleau:

> De Honolulú viene el trombón
> y de Barbados el saxofón
> y el negro mulato de ancha faz,
> que masculla su son bufón,
> llega una noche de Puerto Paz.

La onomatopeya 249

>Pero ¿con cuál de ellos
>-los tres con rizosos cabellos-,
>con cuál de los del trío
>se irá la bailarina flamenca
>para matar la noche de hastío?,

o Normil Sylvain, con su poema "Un negro canta":

>¡Oh niña mía!
>No intentes quererme.
>Observa los negros abismos
>que duermen en mis ojos.
>En sus profundidades
>hay risas que mienten.
>¡Vete!,

y Clement Maglorie, (Hijo), en "Díptico":

>Sobre tu pecho desnudo
>hago que mi pena duerma;
>contra tus negras mejillas
>oculto la risa amarga
>que por mis labios se empina.

En idioma inglés, específicamente en Estados Unidos de América, el clamor de la poesía negra se confunde muchas veces con voces políticas. El caso de William Edward Burghard (W. E. B. Du Bois) y su viaje a la Unión Soviética en 1926, de donde regresó convertido en socialista, es típico. W. E. B. Du Bois creó los Congresos Panafricanos y la Asociación Nacional para el Progreso de la Gente de Color.

Sin pretender abarcar mucho terreno, que nos apartaría de la onomatopeya en sí, van aquí varios nombres de poetas estadounidenses que escribieron poesía negroide. Del siglo pasado, Paul Laurence Dunbar, con su "Oda a Etiopía":

>¡Oh materna raza! Hasta ti traigo
>de fe invariable un tributo cierto...,

y James Corrothers, con su poema "Ante las cerradas puertas de la justicia":

> Ser negro en una época como esta
> es igual que pedir perdón.
> Maltratado con golpe sobre golpe
> y tras del golpe, la traición.

También en Estados Unidos, en este siglo, James Langston Hughes, fundador del grupo literario *Negro-Renaissance;* Lewis Alexander, autor de "El hermano negro":

> Observad, yo soy negro:
> negro como la noche,
> negro como las hondas
> negruras de las cuevas...,

Countee Cullen, que busca la igualdad con su "Cuadro":

> Juntos de la mano cruzan el camino
> el muchacho blanco y el muchacho negro.
> El dorado día
> desafía a la noche...,

y tres mujeres que estuvieron a la cabeza de la literatura negra femenina en Estados Unidos: Carrie Williams Clifford, Sara Frances Chenault y Zora Neale Hurston.

Finalmente, también en idioma inglés, está el jamaiquino Carlos o Claudio Mc Kay. Nacido en 1889, vivió en Estados Unidos donde adquirió renombre entre literatos de raza negra. De él es el canto de "La Bailarina de Harlem":

> Aplaudían los jóvenes
> el movimiento de su cuerpo,
> cuerpo desnudo,
> negro, perfecto...

LA JITANJÁFORA

Fernando Lázaro Carreter define la *jitanjáfora* como un "nombre inventado por Alfonso Reyes (1929) para designar palabras, metáforas, onomatopeyas, interjecciones, estrofillas, etcétera, carentes de sentido, pero que constituyen un fuerte estímulo para la imaginación". (149, pág. 469) La fecha de 1929, con toda seguridad, se refiere a la revista *Libra*, de ese año, cuando Reyes publicó *La experiencia literaria*, y citó por primera vez el término *jitanjáfora*.

Claro que, mencionar al que bautizó un estilo y no a su creador, equivale a hablar del Descubrimiento de América y soslayar el nombre de Cristóbal Colón. Ciertamente, fue Mariano Brull quien por primera vez escribió esas "estrofillas carentes de sentido" -como tan certeramente apunta Lázaro Carreter-. Así fue la historia:

La mayor de las hijas de Brull, que entonces era sólo una niña, comenzó a recitar en su casa un poemita que su padre había preparado para ella:

>   Filiflama alabe cundre
>   ala alalúnea alífera
>   alveolea jitanjáfora
>   liris salumba salífera...

Desde aquel momento, Alfonso Reyes comenzó a llamar "jitanjáforas" a las hijas de Mariano Brull, y el término sirvió posteriormente para definir aquel tipo de versificación sin conceptos, que es una especie de trabalenguas musical y rejuego onomatopéyico.

La profesora y escritora cubana Marta Linares Pérez, ofrece una acertada definición de la jitanjáfora: "Juego de los sonidos, la musicalidad y la fruición de las palabras, el disparate armonioso..." (150, pág. 469)

Hay un cierto parentesco entre la jitanjáfora de Brull y la obra del español Francisco Rodríguez Marín, *Cantos populares españoles*, que consta de cinco tomos publicados entre los años de 1882 y 1883:

> El arzobispo de Constantinopla
> se quiere desarzobiscontanstantinopolitanizar...

Otras rarezas están presentes en los escritos de Martín Adán (Rafael de la Fuente Benavides). Mediante el uso de voces poco comunes: "albar", blanco; "elidir", debilitar; "diado", de día; "abés", trabajosamente, etc., el poeta peruano escribió el soneto "Declamato come in coda", que no se sabe si va en busca de la onomatopeya, de la confusión o de una simple burla al lector despistado. He aquí los dos cuartetos:

> ¡Tierra del paraíso desandado,
> región de sombra albar y pie elidido,
> por donde torno del total olvido,
> ciego gozo, a mi goce, esciende y diado...!
>
> ¡Ay, por qué me desuno de increado?;
> ¡Ay, por qué desvivirme, mal nacido?;
> ¡Si he de atinar abés, a qué el sentido?;
> ¡si he de morir azás, a qué otro hado...?

Ese lenguaje rebuscado, que denota profunda cultura idiomática, es una de las bases del libro *Paradiso,* del ensayista y poeta cubano José Lezama Lima. Según los escritores también cubanos, Álvaro de Villa y José Sánchez Boudy, "cuando uno penetra en *Paradiso* le parece entrar en un inmenso castillo antiguo lleno de pasadizos, corredores y laberintos entrelazados y enigmáticos donde se percibe un perfume de humedad..." (151, pág. 469) Y otro crítico cubano, Armando Alvarez Bravo, para acercarnos a Lezama recomienda "desechar esa sarta de adjetivos -oscuro, hermético, aburrido, ajeno, barroco, incomprensible- que adornan todo lo que le concierne". (152, pág. 469)

Pero si la jitanjáfora de Brull y el trabalenguas recopilado por Rodríguez Marín son ensayos de incomunicación, cuyo principal efecto es netamente auditivo, el rebuscamiento de Martín Adán o la cultura complicadamente frondosa de Lezama Lima, onomatopeyas aparte, son expresiones casi impenetrables, que devienen en un reto gigante para los estudiosos.

La onomatopeya

En otro orden de cosas, cualquier locura puede llegar a ser la expresión de un genio: todo depende de los intereses propagandísticos que se mueven tras bambalinas. Un poeta y académico puertorriqueño, Juan Avilés, lo entiende así, y el final de su soneto "Gracias" pone de manifiesto su base poética. Refrescante punto final para la onomatopeya, que nunca será efectiva si le falta el sentido de la lucidez:

> Gracias, Señor, mil veces, por mi buena ignorancia,
> que no me ha permitido la inútil arrogancia
> de llevar a mis versos giros incomprensibles.
>
> Que no se hagan torrente mis manos manantiales.
> De poco han de valernos los pródigos rosales
> la tarde que florezcan en rosas invisibles.

TEMA SEXTO

La cesura

La *cesura* es la pausa que se forma entre los hemistiquios de los versos de arte mayor. Hay tratadistas que definen como cesura cualquier pausa dentro del verso, aunque éste sea de una sola emisión silábica. José Domínguez Caparrós, por ejemplo, acepta el término de *cesura femenina* y *cesura masculina,* cuando la pausa sigue a una palabra de terminación llana, en el primer caso, y con terminación aguda, en el segundo. Ilustra esa opinión con versos de Lope de Vega:

>Pastor sagrado, }{ al hombre docto obliga... *(cesura femenina)*
>Dos estudios tenéis, }{ luego conviene... *(cesura masculina)*

Domínguez Caparrós admite el término de *pausa* y el de *cesura intensa* para definir la *cesura* propiamente dicha. [153, pág. 469] Quede claro que el nombre de *cesura* es usado en estas páginas, exclusivamente, para identificar la pausa interna entre los hemistiquios de los versos compuestos. A veces, inclusive, no hay pausa en la cesura, y otras veces la cesura cae dentro de una palabra, como se verá más adelante.

VERSO DE ARTE MENOR Y VERSO DE ARTE MAYOR

Para continuar, es necesario aclarar los términos de *verso de arte menor* y *verso de arte mayor.* Después de hacer incursiones en diversas literaturas preceptivas, y de leer numerosas opiniones al respecto, creo que la definición más didáctica es la siguiente:

Versos de arte menor: Los de dos sílabas hasta ocho.
Versos de arte mayor: Los de nueve sílabas o más.

Como es sabido, el verso alejandrino, por ejemplo, tiene catorce sílabas formadas por dos heptasílabos. Es decir: dos versos de siete sílabas, al ser colocados uno junto al otro, forman el verso alejandrino. A esos heptasílabos se les llama *hemistiquios,* y el verso formado por dos o más hemistiquios es un *verso compuesto.* Sirva como ejemplo un alejandrino del "Poema 1", del salvadoreño David Escobar Galindo:

> Las fieles cabañuelas }{ derraman tu enseñanza.

El endecasílabo, (154, pág. 469) por su parte, tiene once sílabas en una sola emisión sin cesura, y su estructura se basa no sólo en el conteo silábico, sino en el acentual. Me refiero en este caso al *endecasílabo puro,* que necesita del acento o de los acentos constituyentes para que sea prosódicamente correcto. Este endecasílabo se divide en dos grandes grupos: el *sáfico,* con acento constituyente en cuarta y octava sílabas, como en el soneto 164 de Sor Juana Inés de la Cruz:

> Con sombras *nécias,* con *indícios* vanos;

y el *yámbico,* con acento constituyente en sexta sílaba, como en el soneto "A solas...", de Sara Martínez Castro:

> A solas puedo *estár* con mis deberes.

Estos dos versos, el alejandrino y el endecasílabo, son de arte mayor, porque ambos sobrepasan las ocho sílabas.

CONTRADICCIONES SOBRE EL VERSO DE ARTE MAYOR

En algunas literaturas preceptivas se afirma que el endecasílabo es el único verso de una sola emisión silábica (sin hemistiquios) que pertenece a la categoría de arte mayor. Con ello se intenta establecer

La cesura

que todos los versos formados por hemistiquios son de arte mayor, y todos los versos compactos, menos el endecasílabo, son de arte menor. De ser así, el decasílabo de dos hemistiquios de cinco sílabas cada uno, es de arte mayor, como el de Chocano en "De viaje":

> Fugaz viajera }{ desconocida.

¿Cómo explicar entonces que otro verso también de diez sílabas, pero de una sola emisión, como el de Lugones en el "Himno a la Luna":

> La sangre de las vírgenes tiernas,

sea considerado como de arte menor? ¿Y sería también de arte menor un tercer verso de diez sílabas que, por su acentuación fija en tercera y sexta sílabas, es llamado *de himno,* como el del poema "Mi bandera", de Bonifacio Byrne:

> Al volver de distante ribera...?

¿Hay entonces versos de igual cantidad de sílabas que pertenecen a denominaciones distintas, arte menor y arte mayor? Queda suficientemente bien explicado por qué lo más simple -que suele ser lo más didáctico- es lo que debe prevalecer: Verso de arte menor, el que tiene de dos sílabas hasta ocho; verso de arte mayor, el que tiene nueve sílabas o más. Y no importa que sean compuestos por hemistiquios o no.

ENDECASÍLABOS CON CESURA

El verso alejandrino está formado por dos hemistiquios iguales, como en el poema "Aquel Manuel Mantero", precisamente de Manuel Mantero:

> Para cortar la leña }{ dulce de mi recuerdo.

Pero también hay versos compuestos por hemistiquios irregulares. Así es el dodecasílabo formado por un hemistiquio heptasílabo y otro pentasílabo: 7+5=12, como en el soneto "Un fraile", de Julián del Casal:

> Opreso entre la diestra }{ lleva el breviario.

Y si puse ejemplos anteriormente de *endecasílabos puros,* ello no quiere decir que no haya también versos endecasílabos con cesura. Uno de los más famosos es el *sáfico adónico,* de Esteban Manuel de Villegas:

> Dulce vecino }{ de la verde selva...,

que, como se ve, tiene el primer hemistiquio de cinco sílabas (pentasílabo) y el segundo de seis (hexasílabo). Es natural que el verso endecasílabo, por ser impar con sus once sílabas, sea indivisible entre hemistiquios de igual tamaño. Y lo mismo sucede con otro verso endecasílabo poco común, de cuatro sílabas (tetrasílabo) primero y de siete sílabas (heptasílabo) después. Así aparece en "Hora", del poeta español Rafael de León:

> O en un duelo }{ sin que nadie me importe...,

y en Baldomero Fernández Moreno, en "Invitación al hogar":

> Por mi casa }{ con tu traje celeste...,

y en "La vaca ciega", de Juan Maragall, escrito originalmente en catalán, una de cuyas traducciones dice:

> Densas nubes }{ está ciega la vaca.

Sin embargo, ese mismo verso, por su acentuación en tercera y séptima sílabas, rompe la cadencia de los *endecasílabos puros.* De ello se percató Agustín Acosta cuando escribió "Retorno", y

La cesura

aprovechó esa especial musicalidad en los catorce versos del soneto, cuyo segundo serventesio reproduzco:

> Ya no vuelan }{ mariposas oscuras
> ni alborotan }{ golondrinas fugaces.
> Ellas eran }{ tus amigas más puras;
> ellas eran }{ tus divinos enlaces.

Y ya, después de lo expuesto, es casi innecesario añadir que esa pausa que se forma entre los hemistiquios de los versos compuestos, incluso en algunos poco frecuentes endecasílabos, es lo que se conoce como *cesura,* y que he señalado con el siguiente signo: }{.

VERSOS COMPUESTOS MODERNISTAS

Una de las características del *Modernismo* fue la experimentación con los *versos compuestos,* en los cuales la cesura es el eje esencial. Muchas han sido las inovaciones, no todas felices y algunas francamente desechables, porque van contra la prosodia. En firmas desconocidas, no se sabe si se trata de búsquedas siempre lícitas o torpezas provocadas por la ineptitud. De todas formas, hay que analizar las cesuras conflictivas y tratar de arrojar luz sobre lo admisible y lo que no lo es.

PREPOSICIONES EN LA CESURA:
PREPOSICIÓN *POR*

Entre las preposiciones, *por* es una de las menos recomendables cuando aparece al final del hemistiquio. Se trata de un monosílabo que, en versificación castellana, siempre es agudo. Como a los versos agudos hay que añadirles una sílaba, ello explica por qué expuse más arriba que el verso de arte menor es el que tiene "de dos sílabas hasta ocho", y no dije "de una sílaba hasta ocho": Simplemente, no existe un verso castellano de una sola sílaba, ya que al ser aguda, automáticamente se convierte en dos. Pero volvamos a la preposición *por* en la cesura con un verso de Juan

Ramón Jiménez que aparece en "La carbonerilla quemada":

> Corría el agua *por* }{ el lado del camino.

Se trata de un verso alejandrino con el primer hemistiquio agudo, pero hay que notar la dificultad de hacer una pausa en *por,* que siempre sería forzada, aunque se trata de una pausa casi imperceptible, más bien de entonación. Sin embargo, si no se hace esa pausa, el verso quedaría convertido en un *tridecasílabo ternario* (verso de trece sílabas, acentuado en cuarta y octava), muy usado por Bernárdez en el segundo hemistiquio de sus famosos versos de veintidós sílabas: "Estar enamorado, amigos, }{ *es encontrar el nombre justo de la vida".* Y exactamente igual sucede con un verso de López Velarde, cuando en su poema "Mi corazón se amerita...", dice:

> Seré impasible *por* }{ el este y el oeste.

Pero es interesante repetir el hemistiquio de Bernárdez y, seguidamente, los endecasílabos de Jiménez y de Lopez Velarde, para que se note la igualdad de ritmo en las tres exposiciones:

> Es encontrar el nombre justo de la vida.
> Corría el agua por el lado del camino.
> Seré impasible por el este y el oeste.

Claro que la intención de Jiménez y de López Velarde era otra, porque el poema de cada uno es isosilábico (155, pág. 469) alejandrino.

En "Lo fatal", Darío deja la preposición *por* colgando al final del último verso de la segunda estrofa, en un hallazgo prosódico que no parece haber conquistado a muchos adeptos:

> ...y sufrir por la vida y por la sombra, y *por*
>
> lo que no conocemos y apenas sospechamos...

La cesura 261

PREPOSICIÓN *EN*

En "Un soneto a Cervantes", Darío arriba a una cesura con la preposición *en:*

> Cristalizamos *en* }{ palabra y pensamiento.

Y en su libro *Crepusculario,* (156, pág. 469) Neruda sigue el ejemplo de Darío:

> Aromos rubios *en* }{ los campos de Loncoche.

Tanto el verso de Darío como el de Neruda, leídos de corrido, son tridecasílabos como los mencionados anteriormente. Ello no ocurre siempre, porque otro verso de Carlos R. Mondaca, de "Cuando el Señor me llame", con necesaria pausa en la preposición *en,* si se omite esa pausa no sería ternario debido a su acentuación en cuarta y novena sílabas, en vez de en cuarta y octava: (157, pág. 469)

> Me consoláron *en* }{ los minútos más crueles.

Hay un caso muy curioso en un verso del poema "Cuando me despedí de mi tristeza", del español Manuel Pinillos. Es un alejandrino, o intenta serlo, porque la preposición *en* debe eliminarse para que lo sea:

> Y te conozco hasta *en* }{ la muerte que me suba.
> (Y te conozco hasta }{ la muerte que me suba)

Deduzco que el poeta fuerza una sinalefa al final del primer hemistiquio: *hasta{ }en,* con lo que la preposición *en,* también monosílaba como *por,* deja de ser aguda al quedar fundida a la palabra anterior, y habría que leer el verso de la siguiente forma:

> Y te conozco *hastáen* }{ la muerte que me suba.

Pero ese chocante efecto auditivo descalifica el verso como alejandrino legítimo. Y es sumamente fácil darse cuenta de la falla, si se toma el hemistiquio solitario para comprobar si se trata de un heptasílabo:

    Y te conozco hasta en.

Efectivamente, no son siete sílabas, sino ocho, porque se trata de un octosílabo, con una sinalefa entre "conozco" y "hasta": *conozco{ }hasta*. En *hasta en,* sin embargo, en vez de sinalefa se produce un hiato, (158, pág. 469) debido a que la prosodia no admite que esa E sea átona, sino tónica, y por tratarse de un hemistiquio agudo, hay que añadirle una sílaba, que es la octava:

    Y-te-co-noz-co{ }has-ta-*én*...

PREPOSICIÓN *PARA*

La preposición *para,* que no es monosilábica como *por* y *en,* cuando aparece al final de hemistiquios interiores de siete sílabas, si no se hace la pausa, puede arrastrar también al tridecasílabo ternario. Todo depende, naturalmente, de su acentuación. Un verso del poema "Hermana agua", de Nervo, sirve de ejemplo, aunque lo más elocuente es leerlo primero con la pausa y después sin ella:

    Porque tirito *pára* }{ que nadie tenga frío.
    (Porque tirito para que nadie tenga frío)

DOS MONOSÍLABOS QUE SE CONVIERTEN EN UN BISÍLABO LLANO

Para convertir dos voces agudas en una llana al final de un hemistiquio interior, sin que haya descalabros auditivos, se necesita realizar un experimento como el mencionado de Manuel Pinillos: *(hastaén)*. Este poeta tenía dos años de edad cuando murió Darío, y fue Darío, precisamente, quien se anticipó a esa forma, pero con la

La cesura

exactitud habitual de su inconfundible sentido del ritmo. Porque volviendo a la "Epístola" dedicada a la esposa de Lugones, en la que Darío se recreó estableciendo innovaciones en las cesuras, otro verso dice:

El *sport*. ¡Bravo! Sí. Bien. Muy bien. ¿Y *La Nación*?

(Las cursivas son del propio Darío: *sport,* porque se trata de un anglicismo; *La Nación,* porque es el nombre del relevante periódico argentino).

Aquí es inevitable dividir en dos sílabas la voz inglesa *sport*, aunque en castellano resulte inusitada una sílaba formada por una sola letra consonante. En este caso tenemos un primer hemistiquio heptasílabo agudo:

El-s-port-¡Bra-vo!-Sí.

Pero la dificultad surge entonces en el segundo hemistiquio:

Bien.-Muy-bien.-¿Y-La-Na-ción?

Evidentemente, se trata de un octosílabo también agudo, y esa rara mezcla de siete más ocho sílabas desintegra la música alejandrina. Ahora bien: dividamos el verso de otra manera, y unamos dos monosílabos para formar una sola palabra llana:

El *sport*. ¡Bravo! *Síbien.* }{ Muy bien. ¿Y *La Nación*?

Y ya tenemos el verso alejandrino perfecto, tal como -no cabe duda- lo concibió Darío, puesto que hay otros ejemplos suyos como en el poema "Filosofía":

Toca, grillo, a la luz de la Luna y dance el oso.
(Toca, grillo, a la *luzde* }{ la Luna y dance el oso)

PREPOSICIÓN *DE*

El propio Darío, con el verso anterior, nos ha llevado de la mano a la preposición *de* al final de hemistiquios interiores. Y es Juan Ramón Jiménez, en "Manos", quien une dos monosílabos ahora para crear una palabra llana bisílaba:

> Empalidece de su }{ blancor de piedra el agua.
> (Empalidece *désu* }{ blancor de piedra el agua)

Cuando la preposición *de* forma una contracción con el artículo *el*, al finalizar el hemistiquio interior, también sufre la música del verso. En "¡Oh triste coche viejo...!", Juan Ramón Jiménez lo demuestra, porque un alejandrino parece tridecasílabo compacto:

> Fesco y fragante del encanto de la hora.

Pero ese verso, dentro de una composición alejandrina, hay que leerlo dándole énfasis al final del primer hemistiquio, y entonces el oído lo capta como dos heptasílabos, el primero agudo y el segundo llano:

> Fresco y fragante *del* }{ encanto de la hora.

Sin embargo, cuando la preposición *de* empieza el segundo hemistiquio inmediatamente después de la cesura, la sonoridad es ejemplar. El propio Juan Ramón Jiménez nos legó dos ejemplos en su poema ya citado "Manos":

> ¡Ay, tus manos cargadas }{ *de* rosas! Son más puras...
> Si las beso, la púrpura }{ *de* brasa de mi boca...

Pero es mejor reproducir la estrofa íntegra, con sus correspondientes divisiones internas, para descubrir que, inmediatamente después de empezar el segundo hemistiquio con la preposición *de,* se hace necesario en el cuarto verso, una vez más,

La cesura　　　　　　　　　　　　　　　　　　　　　　　265

unir dos monosílabos para que tengan el sonido fonético de una sola palabra llana:

>Mi frente se serena }{ como un cielo de tarde,
>cuando tú con tus manos }{ entre sus nubes andas;
>si las beso, la púrpura }{ *de* brasa de mi boca
>empalidece de su }{ blancor de piedra el agua.
>(Empalidece *desu* }{ blancor de piedra el agua)

Es una lástima que, después de versos tan cadenciosos como los tres primeros, surja uno como el cuarto que asfixie la prosodia.

Otro verso del poema "Véspero", de Rafael Maya, con la pausa inusitada en *de,* vuelve a caer en el tridecasílabo ternario:

>Oye las flautas de las églogas sencillas.

En realidad, ese verso debe leerse con la primera sección acentuada, para que las primeras seis sílabas se conviertan en siete antes de la cesura:

>Oye la flauta *dé* }{ las églogas sencillas...,

como en otro verso dariano de "A Mistral": (159, pág. 470)

>Y las hermanas *dé* }{ Mireio, la preciosa...,

y en "Adelfos", de Manuel Machado:

>En mi alma hermana *dé* }{ la tarde, no hay contornos...,

que también sucede con otro verso de Juan Ramón Jiménez, en su poema "Agua honda, dormida":

>Te llenas toda *dé* }{ pensamientos de plata.

Claro que todos estos poetas, posteriores a Darío, siguieron caminos trazados por su genio, como cuando dice en "El reino interior":

>En su blancura *dé* }{ palomas y de estrellas.

Pero si los dos hemistiquios son agudos, es más apreciable la intensidad prosódica de cada heptasílabo. Así sucede en "Yerbas del Tarahumara", de Alfonso Reyes:

>Esos corderos *dé* }{ corazón de león.

UNA PALABRA BISÍLABA LLANA Y UN MONOSÍLABO, QUE SE CONVIERTEN EN UNA PALABRA TRISÍLABA LLANA

Hay versos tremendamente conflictivos, como uno tomado de "La espera", del poeta español Ramón de Basterra:

>En tanto yo, pastor de sueños, por las laderas.

Si ese verso solitario se le enseña a cualquier poeta que conoce su arte, afirma de inmediato, y con razón, que se trata de quince sílabas, divididas en tres secciones pentasilábicas, con la primera aguda y las otras dos llanas:

>En tanto yo, }{ pastor de sueños, }{ por las laderas.

Porque ese verso corresponde musicalmente a otros muy conocidos de Chocano, en "De Viaje":

>Fue sólo un sueño, }{ sólo un capricho, }{ sólo un acaso;
>duró un instante, }{ de esos que duran }{ toda la vida.

No obstante, el largo poema "La espera", de Ramón de Basterra, es isosilábico, alejandrino de principio a fin, aunque dotado de interesantes curiosidades métricas. Según el autor, se trata de un "soliloquio de Vírulo a los veinte años, ante un rimero de libros de la Biblioteca Nacional". Y ya eso lo explica todo: Nacido en 1888, si

La cesura

los veinte años que menciona el poeta son los suyos, como todo parece indicar, el poema fue escrito en 1908, en plena efervescencia de creaciones modernistas. Pero si en el poema de De Basterra hay versos tan radicalmente alejandrinos como el siguiente:

>Quemándome en la llama }{ de la divina fuente...,

¿cómo se puede lograr que el supuesto pentadecasílabo a lo Chocano sea admitido como un alejandrino? Solamente hay una forma:

>En tanto yo, *pastórde* }{ sueños, por las laderas.

Haga el lector una pausa al concluir el primer hemistiquio, en esa palabra llana creada por el poeta: *pastorde,* y el alejandrino quedará normalmente intercalado entre los demás del poema. Porque no se trata ahora de unir dos monosílabos agudos para formar un bisílabo llano, sino de fundir un bisílabo agudo (pastor) y un monosílabo (de) para crear una palabra llana de tres sílabas: *pastorde.*

El uso de la preposición *de,* al final de los hemistiquios interiores, se presta a ambivalencias auditivas que desorientan al lector. Pero hubo un poeta en quien siempre la técnica del verso fue su pasión: Rubén Martínez Villena, que supo resumir ejemplarmente la dificultad de la preposición *de,* con su sonido interiormente difícil al final del hemistiquio, al utilizarlo para un mensaje didáctico:

>Igual que un verso de consonancia imposible.

Es el final del soneto alejandrino "Motivos de la angustia indefinida", de Martínez Villena, cuyo último terceto reproduzco, con la señal esclarecedora en las cesuras:

>Y en el continuo esfuerzo }{ hacia lo inasequible
>quedar, al fin, aislado, }{ ¡perpetuamente solo,
>igual que un verso *dé* }{ consonancia imposible!

Martínez Villena se refiere a un verso imposible de rimar, y como un anticipo a esa dificultad insalvable, lo dice en un verso alejandrino rítmicamente defectuoso. Y hay que notar, también, que "consonancia" tiene otra acepción académica: "Relación de igualdad o conformidad, que tienen algunas cosas entre sí". Y ya entonces queda mejor expuesto el propósito de Martínez Villena, porque ese verso "de consonancia imposible" no guarda relación prosódica con los demás versos alejandrinos del soneto.

PRONOMBRE RELATIVO *QUE*

En un poema ya citado de Carlos R. Mondaca, aparece el pronombre relativo *que* en el cierre del primer hemistiquio, por lo que se hace necesario, nuevamente, hacer una pausa aguda para salvar la cadencia:

Y como teme que me turben los sollozos.
(Y como teme *qué* }{ me turben los sollozos)

Igual sucede con otro verso de Juan Ramón Jiménez, en un poema también ya citado:

El cielo era igual que de plata calcinada.
(El cielo era igual *qué* }{ de plata calcinada)

ARTÍCULOS DETERMINADOS *EL, LAS, LOS*

Por supuesto, con todos los monosílabos ocurre lo mismo, ya sean en la forma de artículo determinado en género femenino y en número plural, como *las;* o con el masculino *los*.

El primer ejemplo aparece en el mismo poema de Mondaca:

Entre el clamor de las lágrimas silenciosas.
(Entre el clamor de *lás* }{ lágrimas silenciosas)

El segundo puede tomarse de "La aparición", de Ángel Cruchaga

La cesura

Santa María:

> Que estremecía los campanarios deformes.
> (Que estremecía *lós* }{ campanarios deformes)

Cuando es en género masculino y número singular, se afronta el mismo problema. Así es en el "Nocturno", de Darío:

> Los que auscultásteis el corazón de la noche.
> (Los que auscultásteis *él* }{ corazón de la noche)

Algo similar sucede con una derivación del verbo *ser,* también de Darío, en "Lo fatal":

> Dichoso el árbol que es apenas sensitivo.
> (Dichoso el árbol que *és* }{ apenas sensitivo)

Y todo lo anterior indica claramente que, para lograr una correcta versificación en los versos compuestos, deben evitarse ciertos monosílabos al final de los hemistiquios interiores.

CONJUNCIÓN COPULATIVA *Y*

El caso de la conjunción copulativa *Y* se presenta en dos formas: convertida también en monosílabo agudo, como en la "Epístola", de Darío:

> Con las alondras *y* }{ con Garcilaso y con...,

o formando una sinalefa cuando la palabra anterior termina en vocal, que es lo más frecuente, como en Díaz Ordóñez en "Para una ausente":

> No se qué lacerante y tenaz presentimiento...
> (No sé qué *lacerante(}y* }{ tenaz presentimiento...),

y en "Con levedad de réquiem", de Elvio Romero:

> Que era brújula, fibra y rumor de corazones...
> (Que era brújula, *fibra(*)y }{ rumor de corazones...),

y también en un dodecasílabo, en "Doña Mariquita la Chocolatera", de la española Ángeles Villarta:

> Con el molinillo y con el mojicón.
> (Con el *molinillo(*)y }{ con el mojicón).

No obstante, la conjunción copulativa *Y,* tan forzada por la sinalefa en esos tres versos de Díaz Ordóñez, Romero y Ángeles Villarta, pudo haberse evitado con una simple coma:

> No sé qué lacerante, }{ tenaz presentimiento.
> Que era brújula, fibra, }{ rumor de corazones.
> Con el molinillo, }{ con el mojicón.

ARTÍCULOS INDETERMINADOS *UN, UNA*

Felipe Pichardo Moya, en un alejandrino de "La amiga muerta", dice:

> Y la enterramos un viernes por la mañana.

Incuestionablemente, aquí se hace necesario darle fuerza de acentuación al artículo *un,* para que ese primer hemistiquio sea agudo y complete las siete sílabas:

> Y la enterramos *ún* }{ viernes por la mañana.

Juana de Ibarbourou hace lo mismo:

> Caronte, yo seré un escándalo en tu barca.
> (Caronte, yo seré *ún* }{ escándalo en tu barca).

Pero este caso es diferente, porque la palabra anterior termina en vocal, y la poetisa fuerza una sinalefa:

La cesura   271

>   Caronte, yo seré{}un.

O sea que, nuevamente, es imprescindible la fundición de una palabra bisílaba llana con una monosílaba, para crear otra voz también llana y bisílaba, al formarse un diptongo con las vocales E y U *(réun)*. Pero si se acude a la pronunciación correcta, ese primer hemistiquio de Juana de Ibarbourou no es de siete sílabas, sino de ocho, porque corresponde más bien a un verso octosílabo agudo, cuya división silábica sería la siguiente:

>   Ca-ron-te,-yo-se-ré-un...

Ahora, al recurrir a un acento obligado en el monosílabo *ún* (como en el verso de Pichardo Moya), hace su aparición el hiato, que rompe artificialmente la sinalefa entre "seré{}ún".

Finalmente, cuando el artículo indeterminado es también singular, pero en género femenino: *una,* a pesar de tratarse de una palabra de dos sílabas, la pausa en la cesura se hace difícil, como en el soneto de Hilarión Cabrisas, de discutido título gramatical: (160, pág. 470) "Para que te recuerdes de mí...":

>   Te enseñé a vivir una pasión honda y sentida.
>   (Te enseñé a vivir *úna* }{ pasión honda y sentida)

SINALEFA EN LA CESURA

Cuando entre dos hemistiquios se forma una sinalefa, se produce un vacío auditivo que requiere del hiato para llegar a la cadencia necesaria. Hay un verso supuestamente alejandrino de Delmira Agustini que, definitivamente, tiene doce sílabas en vez de catorce, debido a dos sinalefas. Es algo extraño por tratarse de tan excelente poetisa:

>   Yo la quiero consciente, indomable y bella.

Vamos a dividirlo ahora en sílabas:

Yo-la-quie-ro-cons-cien-*te,{ }in-* do-ma-*ble{ }y-* be-lla.

La primera sinalefa cae, precisamente, en la cesura del verso:

(consciente{ }indomable)

Para lograr las catorce sílabas es necesario pronunciar individualmente el sonido de las vocales que se encuentran al final de una palabra y el principio de la siguiente, o sea, suplantar la sinalefa por un hiato:

Yo-la-quie-ro-cons-cien-*te }{ in*-do-ma-*ble-y-* be-lla.

Y en la cesura del verso, por la necesidad de la pausa que divide los hemistiquios, la sinalefa hace también un efecto negativo.

Sobre la sinalefa en la cesura, poco puede añadirse a lo expuesto por José Ángel Buesa: "Dentro de una absoluta exactitud melódica, y aunque se marque suficientemente la pausa métrica, (...) el hiato, que añade aritméticamente una sílaba al conteo total del verso, se diría que sólo alcanza un verdadero valor prosódico adicional de *media sílaba...*", (161, pág. 470) y Buesa pone de ejemplo un conocidísimo alejandrino del "Retrato", de Antonio Machado:

Y conocés mi *torpe{ }aliño* indumentario...,

en un caso que, por tratarse de dos vocales átonas, el resultado es peor.

Pero a esta correcta apreciación de Buesa se le puede añadir algo, y es cuando la sinalefa se produce con una misma vocal, como en otro verso del mismo poema de Machado:

Quien habla solo *espera{ }hablar* a Dios un día.

La necesidad de *arrastrar* la vocal A (esperahablar) le da más fuerza al hiato que con dos vocales diferentes, como la E y la A (torpealiño). Y eso es de fácil comprobación con un experimento.

La cesura 273

Busquemos una sinalefa en una cesura formada con las vocales E y A, pero a la inversa, A y E. En "Regreso", el poeta chileno Pablo Guíñez dice:

    Mi voz va *sumergida( )en* un silencio largo.

La debilidad de la pausa en la cesura es incuestionable, mientras que en otro verso del poema "Remero", de Ramón de Basterra, con dos vocales iguales -en este caso la E- la pausa gana cierta intensidad:

    Como un rey que se *yergue( )en* los oros del día.

SINALEFA EN LA CESURA
CON EL PRIMER HEMISTIQUIO ESDRÚJULO

Con un verso de Leopoldo Lugones, de su soneto "León cautivo", nos enfrentamos a una nueva enseñanza de este maestro del verso:

    La fiera siente un *lúgubre( )influjo* de destino.

¿Qué sucede en este caso, con una sinalefa en la pausa central del alejandrino, cuya musicalidad, sin embargo, no hiere al oído? Como es notorio, al verso castellano hay que restarle una sílaba cuando termina en palabra esdrújula, y cuando esa palabra esdrújula aparece al final de un hemistiquio interior, llena suficientemente el vacío que puede producir una sinalefa.

También Regino Boti practicó la sinalefa esdrújula en la cesura, pero con un verso decasílabo, en "Palpitaciones desconocidas":

    Ser como el *águila( )en* lo eminente.

Pero hay más: cuando esa palabra esdrújula termina con la misma vocal con la que comienza el hemistiquio siguiente, de nuevo ante la necesidad de *arrastrar* esa vocal, como expliqué más arriba, sucede que la pausa es más acentuada. El poeta argentino Luis L. Franco, en

"Nocturno del regreso", lo demuestra:

> La lluvia era una *música{ }adentro* del silencio.

UNA EXPERIENCIA PERSONAL

Ya al margen de la sinalefa en la cesura, creo oportuno reproducir una experiencia personal en un verso de mi poema "Algo irremediable". Escrito totalmente en secciones pentasilábicas, contiene versos de cinco, diez y quince sílabas, pero un hemistiquio esdrújulo en un pentadecasílabo (162, pág. 470) me arrinconó entre la espada de lo aprendido con la técnica de la versificación y la pared natural de mi oído para la prosodia. Original y espontáneamente, el verso conflictivo nació de la siguiente forma:

> Siempre invencible }{ ante la pólvora }{ de las penas.

Posteriormente, noté que el último hemistiquio era tetrasílabo, o sea, tenía una sílaba de menos: *(de-las-pe-nas)*. Y surgió la lógica interrogación: ¿Por qué a mí me "sonaba" bien aquel verso que, no obstante, carecía de una sílaba? Advertí entonces que yo, automáticamente, trasladaba la última sílaba del sustantivo *pólvora* para comenzar el hemistiquio siguiente:

> ...fren-te{ }a-la-pól-vo }{ **ra**-de-las-pe-nas.

Recuerdo también que consulté el asunto con Buesa, cuya respuesta fue algo ambigua, -él más bien era partidario de que, en algo como aquello, el poeta decidiera particularmente qué camino tomar- pero sí me llamó la atención sobre la cesura anterior que formaba una sinalefa en *invencible{ }ante*. Finalmente, me decidí por la técnica y, contra mi propio oído, arreglé el verso cuya versión final -si es que hay versiones finales- fue la siguiente:

> Siempre invencible }{ frente a la pólvora }{ de tantas penas.

La cesura

Así quedaban perfectamente bien definidos los tres pentasílabos, el del centro esdrújulo. Pero al relatar ahora esta experiencia, bastantes años después de ocurrida, sigo notando que la otra versión es más musical, aunque el conteo silábico no lo apruebe así. Y confieso mi arrepentimiento de haber traicionado mi intuición, en aras de un tecnicismo que va contra la fonética. O, al menos, contra *mi fonética*.

HIPERMETRÍA EN LA CESURA

Ya sabemos que la *hipermetría* se forma al dividir en dos una palabra y colocar la primera mitad al final de un verso, para empezar el verso siguiente con la otra mitad. (163, pág. 470) Hay, no obstante, otra forma de dividir una palabra, y no es desde un verso hacia el siguiente, sino en la cesura de un mismo verso.

En su libro hondamente didáctico *Apuntes para una historia prosódica de la métrica castellana,* (164, pág. 470) el poeta y maestro Joaquín Balaguer reproduce un verso cuya cesura "no aparece bien marcada", original de Víctor Hugo:

Le cheval / galopait toujours / à perdre haleine...,

cuya versión literal sería:

El caballo galopaba siempre hasta perder el aliento.

Después, Balaguer recuerda un verso del dramático poeta español Leandro Fernández de Moratín, que aparece en su "Canto al Príncipe de la Paz":

La paz / se posara a su lado / jocunda.

Este verso es un dodecasílabo, para lo cual se necesita forzar una sinalefa al finalizar el primer hemistiquio:

La paz se *posara{}a* }{ su lado jocunda.

La observación de Balaguer es correcta en cuanto a la falta de la pausa central, y acto seguido trae a colación un verso de Darío que, según sus palabras, estuvo "siempre en busca de nuevos efectos de versificación", y "se propuso también aclimatar esa práctica en la poesía de nuestra lengua":

> Y los moluscos reminiscencias de mujeres.

Ese verso dariano, tomado del poema "Filosofía", no tiene pausa central, pero también es indivisible, puesto que esa pausa caería exactamente dentro de la palabra "reminiscencia":

> Y los moluscos *remi)(niscencias* de mujeres.

Es decir que, en este caso específico, se trata de una *hipermetría en la cesura,* no entre un verso y el próximo, sino dentro del mismo verso. Y aquí tenemos nuevamente a Darío con sus anticipaciones, dividiendo un adverbio de modo en la "Epístola", a la señora de Lugones:

> Mírame *transparente)(mente* en labio argentino.

En ese aspecto, también la influencia de Darío es notable, y pongo de ejemplo un solo reflejo de un poeta argentino que nació en 1882 y murió en 1957, Ricardo Rojas, en el poema titulado "Invocación a los manes". El segundo hemistiquio es idéntico al de Darío:

> Porque esa lengua *eterna)(mente* en labio argentino.

VERSOS INFLUYENTES DE RUBÉN DARÍO

Mucho se ha escrito sobre la influencia decisiva de Darío en la poesía castellana, pero se hace necesario reforzar con ejemplos esa influencia totalmente verídica. A continuación reproduzco una serie de versos darianos con cesura hipermétrica, que fueron tomados de los poemas "Para ir al azul", "Chapelgorri" y "Nocturno, a Phocás, el

La cesura

campesino":

> De tempestades *in }{ fernales* y divinas.
> Dejémonos de *pá }{ labras* y gestos vanos.
> Maravilloso *chám }{ piñón* decorativo.
> Y el duelo de mi *có }{ razón* triste de fiestas.
> Sueña, hijo mío, *tó }{ davía,* y cuando crezcas...

Pero donde Darío extremó sus facultades auditivas para este complicado procedimiento, fue en la ya mencionada varias veces "Epístola", a la esposa de Lugones, de la que son los siguientes alejandrinos con cesura hipermétrica:

> Mi ditirambo *brá }{ sileño* es ditirambo.
> Los delegados *pá }{ namericanos* que...
> Que estoy grave esto es *mú }{ cho* ruido y pocas nueces.
> Lo que llaman los *pá }{ risienses* una pera...,

dos veces divide el nombre propio:

> ¿He tenido yo *Cí }{ rineo* en mi Calvario?
> Mas mi pasión por *Rá }{ món* Lull [165, pág. 471] es pasión vieja...,

y una vez juega con la lengua francesa:

> *Et pour cause.* Yo *pán }{ americanicé...*,

porque la pronunciación de "Et pour cause" acumula sólo tres sílabas por efecto de la E muda, y él la presenta como si tuviera cuatro: Et-pour-cau-se.

DE LA ESPONTANEIDAD A LA MECÁNICA

Antes de seguir con la hipermetría en la cesura de los versos compuestos, debo advertir que una parte experimental de la obra poética de Rubén Darío adolece de intrincadas, yo diría que hasta resbaladizas formas métricas, que dejan en ascuas a los lectores y ofuscan a los poetas. El oído natural para la versificación es lo que distingue al poeta de quien no lo es, pero ese oído está, lógicamente, más desarrollado en unos que en otros. El imán influyente de Darío resultó en su momento perjudicial para los menos aptos, que cayeron en interpretaciones incorrectas. Y como en todos estos casos de versos alejandrinos es imprescindible el acento prosódico en la primera sílaba de la palabra dividida, puesto que se trata de heptasílabos agudos, los ejemplos que expongo de poetas posteriores a Darío son legítimos, con la hipermetría aguda también en la primera sílaba:

> Cayó como una *bén)(dición* tu mano blanca.
> (Agustín Acosta, "Bendición")

> Porque el sueño de *pér)(fección* que congelara...
> (Ramón de Basterra, "La espera")

> Los primeros en *dés)(pertar* son los espejos.
> (Baldomero Fernández Moreno, "Alba")

> Y fue aislándose *pér)(didamente* en el mundo.
> (Luis L. Franco, "Nocturno del regreso")

> Tiene derecho a *dés)(cansar* y estar ahora...
> Calaveradas *á)(moríos*. Nada grave.
> Amo más que las *lán)(guideces* de la luna.
> (Manuel Machado, "Un hidalgo" y "Retrato")

> El indio, umbrío *prí)(sionero* de la niebla.
> (Atanasio Vitier, ecuatoriano, "Umbrío prisionero de la niebla")

Volvamos ahora a Darío, con cesuras que no siempre caen en la primera sílaba de una palabra. Cuando esa división se presenta en la tercera sílaba, puede ser necesario también el acento agudo, como en el poema "Filosofía":

> Dejad la *responsá)(bilidad* a las normas...,

porque si no se acentúa esa primera sección, estaríamos ante un

La cesura 279

extraño tridecasílabo compacto acentuado en segunda y novena sílabas, fácil de advertir, puesto que no tiene sinalefas:

>De-*jád*- la-res-pon-sa-bi-li-*dád*- a-las-nor-mas.

Caben ahora más ejemplos de seguidores de Darío, con cesuras hipermétricas en la sílaba segunda que, automáticamente, dejan de ser hemistiquios agudos para convertirse en llanos:

>Como esas lentas *bárca*)(*rolas* napolitanas.
>(Agustín Acosta, "Eres tan exquisita")

>Incendian, rugen, *ásue*)(*lan* o desaparecen.
>(Regino Boti, "Quietismo")

>Era yo entonces *éstu*)(*diante* todos los días.
>(Ricardo Molina, español, "Elegía X")

>Yo tengo puesto el *pénsa*)(*miento* de una columna.
>(Alonso Quesada, español, "El sábado")

>Y el viento flébil, *áli*)(*tendido* y aromático.
>Se agita el mar. El *fírma*)(*mento* se tornasola.
>(Luis G. Urbina, "El ruiseñor cantaba" y "Vésper")

>Hasta la rubia *móvi*)(*lidad* de tus pestañas.
>Tus manecitas *éstran*)(*gularon* mi esperanza.
>(Guillermo Valencia, "Esfinge")

>Ante mis mayos, *désar*)(*mados* de juventud.
>(César Vallejo, "Capitulación")

VARIANTES

Hay un caso opuesto en el poema "Domingo", de Manuel Machado, cuando las dos primeras sílabas de la palabra dividida por la hipermetría deben ser acentuadas agudamente:

>De este modesto *ensué*)(*ño* consuetudinario...,

porque es natural que ese primer hemistiquio con dos sinalefas, para que sea de siete sílabas, debe ser agudo:

De{ }es-te-mo-des-to{ }en-*sué* }{ *ño*...

Juan Ramón Jiménez, al recurrir a veces a la hipermetría en la cesura, confundía una palabra anterior con la silaba acentuada por el efecto de la sinalefa. Así se advierte en dos poemas: "Los clásicos" y "Parque":

Como un fantasma se *áde* }{ *lanta* el remordimiento.
(Co-mo{ }un-fan-tas-ma-se{ }*á-de* }{ *lanta*...)

Entre la lluvia y *la ár* }{ *boleda* los balcones.
(En-tre-la-llu-via{ }y-*laár* }{ *boleda*...)

Aunque no siempre es así, pues en el poema "Otoño", el primer hemistiquio de un verso es llano, aunque para ello fue necesario también que el poeta de Moguer fundiera dos vocablos para hacer uno solo:

Planea, albino, en *él o* }{ *caso*. El laúd tardío...
(Pla-ne-a{ }al-bi-no,{ }en-*élo* }{ *caso*...),

porque Jiménez toma el artículo *el* y lo une a la primera letra del sustantivo *ocaso,* que es la vocal O, para formar una voz nueva de dos vocales: "elo", y convertir el verso en un juego de prestidigitación poética.

Con el poema "Día lluvioso", de Pedro Miguel Obligado, surge otra variante: la acentuación del primer hemistiquio es correcta por tratarse de una palabra esdrújula, aunque esa primera mitad de "lágrimas" sea llana en la terminación del hemistiquio:

Y aunque no vierte *lágri* }{ *mas* con las nubes llora.

Mientras que Ramón de Basterra, en "La espera", obliga prosódicamente a una acentuación falsa en la segunda sílaba del

La cesura

vocablo "subyugadores", para que el primer hemistiquio del verso sea agudo y haga posible así el conteo necesario de siete sílabas:

> ¡Dulces ojos, *subyú* }{ *gadores* de promesa!
> (Dul-ces-o-jos-sub-*yú*...)

Otra cosa sucede en un verso que, contando de corrido, acumula sólo doce sílabas, como el siguiente de "Sueño que estoy soñando", de Carlos Sabat Ercasty:

> Ma-ra-vi-llas-de{ }ar-mo-ní-as-y-ma-ti-ces...,

que, sin embargo, pasa de contrabando como alejandrino, gracias al primer hemistiquio agudo y a un hiato en "de}{armonías":

> Ma-ra-vi-llas-de-ár }{ mo-ní-as-y-ma-ti-ces.

Ejemplo que también se advierte en Juan Ramón Jiménez, en "Los clásicos":

> El-dul-ce-pia-no{ }in-ten-ta-ba-com-pren-der-nos...,

cuya configuración en la cesura es idéntica al veso de Sabat Ercasty:

> El-dul-ce-pia-no-ín }{ ten-ta-ba-com-pren-der-nos.

¿DECASÍLABO DE ONCE SÍLABAS?

Un breve poema de Baldomero Fernández Moreno, escrito al parecer con la idea de que la métrica sugiera "La geometría de las calles de Buenos Aires" -ese es el título-, rompe la cadencia del verso final que deja de ser *geométrico* como los anteriores:

> Tengo el cerebro cuadriculado
> como tus calles, ¡oh, Buenos Aires!
> En mi cerebro no hay callejuelas,
> el sol alumbra, circula el aire.

> Si me preguntan por qué mis versos
> son tan precisos, tan regulares,
> yo diré a todos que aprendí a hacerlos
> *sobre la geometría de tus calles.*

Este verso último, un endecasílabo enfático, o sea, con acentuación en primera y sexta sílabas:

> *Só-* bre-la-geo-me-*trí-* a-de-tus-ca-lles...,

no corresponde a la prosodia de los otros siete versos anteriores, que son decasílabos de dos hemistiquios pentasilábicos:

> Si-me-pre-gun-tan }{ por-qué-mis-ver-sos...

¿Cómo igualar fonéticamente el verso final del poema a los demás? Sólo de una forma:

> So-bre-la-*geo- me* }{ *tría-* de-tus-ca-lles...,

es decir, dividiendo hipermétricamente la palabra "geome-tría". Pero si este verso problemático, cuando se lee de corrido, tiene once sílabas, ¿dónde se oculta ahora la sílaba que le sobra al decasílabo? Nótese que, endecasilábicamente, "geo-me-trí-a" tiene cuatro sílabas, pero en el decasílabo tiene solamente tres: "geo-me }{ tria". Hay, desde luego, una contracción en las dos sílabas finales, cuyo sonido es más bien agudo, como "triá", lo que le resta una sílaba al verso. (166, pág. 471)

¿ALEJANDRINO DE QUINCE SÍLABAS?

Una de las más impredecibles hipermetrías en la cesura aparece en "Me gustas cuando callas", de Neruda. Hay en ese poema un verso que rompe la uniformidad alejandrina, en la estrofa segunda:

> Como todas las cosas }{ están llenas de mi alma,
> emerges de las cosas }{ llena del alma mía.

La cesura

> Mariposa de sueño, }{ te pareces a mi alma,
> *y te pareces a la palabra melancolía.*

Este último verso no es alejandrino, sino pentadecasílabo, con tres secciones de cinco sílabas cada una:

> Y-te-pa-re-ces }{ a-la-pa-la-bra }{ me-lan-co-lí-a.

No tuvo Neruda un oído muy bien desarrollado para la versificación, y no pretendo haber descubierto el Mediterráneo al hacer esa afirmación, aunque tampoco le escatimo méritos a uno de los poetas más influyentes del siglo. Por otro lado, si tomó el camino de obedecer mandatos políticos que nada tienen que ver con la Poesía, ese destino se lo labró él mismo, y es un derecho que nadie puede objetarle. Le sobraba madera para tomar por cualquier atajo, y explotó provechosamente una época paradójica y confusa. Pero volvamos al verso en conflicto...

¿Cómo encontrar en estos tres pentasílabos los dos heptasílabos que forman un alejandrino? Sólo hay una manera, y es la división hipermétrica:

> Y te pareces a la pa }{ labra melancolía.

Por supuesto, aquí se presenta una violencia prosódica que se explica por sí sola: es necesario unir la preposición *a,* con el artículo *la* y con la primera sílaba del sustantivo *palabra,* y crear así un vocablo esdrújulo: *álapa:*

> Y-te-pa-re-ces-á-la-pa...,

que son ocho sílabas gramaticales, pero siete en versificación, al restársele la sílaba al final esdrújulo. Tan simple -o tan complicado- como esto:

> Y te pareces *álapa* }{ *labra* melancolía.

Y esa no es la forma correcta de la lectura, pero es una explicación que denota la probable intención nerudiana, en un poema escrito con versos alejandrinos de principio a fin.

¿ALEJANDRINO DE DIECISÉIS SÍLABAS?

Un poeta argentino, Evar Méndez, deslizó un verso digno de estudio en su soneto alejandrino "Bohemia infantil":

Frutas del estío. Su libertad les acaricia.

Si se hace la lógica división de dos hemistiquios, el verso quedaría así:

Fru-tas-del-es-tí-o.-Sú }{ li-ber-tad-les-a-ca-ri-cia...,

o sea, un verso *hexadecasílabo polirrítmico,* definido así por Tomás Navarro Tomás. (167, pág. 471) Verso de dieciséis sílabas, formado por dos octosílabos, el primero agudo, por lo que hay que aumentarle una sílaba a ese primer hemistiquio. Y ante un verso así, ¿qué grado de escamoteo verbal se necesita para restarle dos sílabas y reducirlo a dos hemistiquios de siete sílabas cada uno, en vez de ocho? Hay una sola respuesta de tres pasos:

Primero: Quitarle el acento ortográfico a la palabra "estío", con lo cual la fuerza de la pronunciación recae en la primera sílaba: *éstio.* Ese traslado del acento, cuando resta una sílaba, se conoce como *sístole,* que es lo contrario de *diástole.* (168, pág. 471) De esa manera, la palabra sigue siendo llana, pero entonces tiene sólo dos sílabas: "es-tio", puesto que se ha eliminado el acento en la vocal I, que rompía el diptongo: "es-tí-o".

Segundo: Separar la primera sílaba del vocablo "libertad", para formar una cesura hipermétrica, "li }{ bertad".

Tercero: Unir el pronombre posesivo "su" a la primera sílaba de "libertad", para crear una nueva voz llana de dos sílabas: "suli".

Y, ya para entonces, el verso denota -¡al fin!- su necesaria prosodia alejandrina:

La cesura 285

Frutas del estio. *Suli* }{ *bertad* les acaricia.

Para una mejor comprensión acentual y métrica:

Fru-tas-del-és-tio.-Sú-li }{ ber-tad-les-a-ca-ri-cia.

Y es claro que las dos sílabas que sobraban desaparecen, una por efecto de la sístole y, la otra, porque al pasar a ser llano el primer hemistiquio, ya no es necesario añadirle la sílaba que requería el anterior hemistiquio agudo.

CESURA SIN PAUSA

Hay un verso alejandrino en cuya cesura no se puede hacer una pausa. Su uso comienza con Rubén Darío, y es muy probable que él haya tomado la idea de su admirado Verlaine, en poemas como "Circonspection" (Circunspección):

Donne ta main, retiens }{ ton souffle, asseyons-nous..., (169, pág. 471)

cuya versión literal en español es:

Dame tu mano, contén }{ tu aliento, sentémonos.

Darío acudió a esa forma con bastante frecuencia, como en el poema "Melancolía", que le dedicó a su amigo Domingo Bolívar:

Hermano, tú que tienes }{ la luz, dime la mía...,

y se alejó de los rígidos moldes del *Romanticismo,* como los alejandrinos de Zorrilla en "Las nubes", con la pausa en una cesura bien definida:

¿Qué quieren esas nubes }{ que con furor se agrupan
del aire transparente }{ por la región azul?

¿Qué quieren cuando al paso }{ de su vacío ocupan
del cenit suspendido }{ su tenebroso tul?

Aunque Darío escribió también esa forma alejandrina, que es la más sencilla, como en la "Sonatina":

La princesa está triste... }{ ¿Qué tendrá la princesa?
Los suspiros escapan }{ de su boca de fresa,
que ha perdido la risa, }{ que ha perdido el color.
La princesa está pálida }{ en su silla de oro,
está mudo el teclado }{ de su clave sonoro,
y en un vaso, olvidada, }{ se desmaya una flor.

Pero a Darío se le deben muchos cambios en los versos compuestos de cesura sin pausa, y he confeccionado una lista alfabética para ubicar, seguidamente, las equivalencias en poetas posteriores. Para que se destaque más fácilmente, encierro entre el siguiente símbolo [ ] la frase que no permite la pausa en la cesura.

CLASIFICACIÓN A, VERSOS DE DARÍO

Alejandrinos con pausa en la cuarta sílaba del primer hemistiquio, y sigue el verso hasta el final sin detenerse en la cesura. Ambos versos son de "El reino interior":

Un camino. [La tierra }{ es de color de rosa.]
Van descalzas. [Se mira }{ que posan el pie breve.]

CLASIFICACIÓN A, VERSOS DE OTROS POETAS

Alejandrinos:

No quiero ver. [Me asusta }{ que los muertos caminen.]
(Gabriel Celaya, español, "A Miguel Labordeta") (170, pág. 471)

Como la flor, [que aroma }{ la vida y no lo sabe;]
como el astro, [que alumbra }{ las noches y lo ignora.]
(Medardo Ángel Silva, ecuatoriano, "Se va con algo mío")

Decasílabos:

De los míos... [Todos }{ rodearán mi asiento.]
(José Santos Chocano, "Nostalgia")

Manos tibias... [tibias }{ manos fraternales!]
Ojos claros... [¡claros }{ ojos pensativos!]
(Amado Nervo, "Silenciosamente")

Variante alejandrina con pausa en la tercera sílaba:

Los astros, [y el perímetro }{ jovial de las mujeres.]
(Ramón López Velarde, "Mi corazón se amerita")

CLASIFICACIÓN B, VERSOS DE DARÍO

Alejandrinos con pausa en la quinta sílaba del primer hemistiquio, y sigue el verso hasta el final sin detenerse en la cesura, de "Para ir al azul", "Melancolía", "Del campo" y "A Roosevelt": (171, pág. 471)

Ramo de sueños, [mazo }{ de ideas florecidas.]
Soy como un ciego. [Voy }{ sin rumbo y ando a tientas.]
Y una suspira: [Lástima }{ que falte el ruiseñor!]
Tened cuidado. [¡Vive }{ la América española!]

CLASIFICACIÓN B, VERSOS DE OTROS POETAS

Alejandrinos:

De otras mezquinas, [pobres }{ almas que el vulgo nombra.]
(Ramón de Basterra, "La espera")

Doce navíos, [doce }{ fortalezas marinas.]
(Jorge Carrera Andrade, "La expedición naval")

Bajo mi cuerpo, [¡cuánta }{ vida mi vientre encierra!]
(Juana de Ibarbourou, "Panteísmo")

Cal de mis huesos, [dulce }{ razón de mi jornada.]
(Gabriela Mistral, "El ruego")

Vino del sueño. [Vino }{ del mar o de la espera.]
(Jaime Fontana, "Fuga en azul")

De caravanas... [Huesos }{ en blanquecino enjambre.]
(Guillermo Valencia, "Los camellos")

Al producirse una sinalefa en la pausa, la primera vocal de la frase queda prosódicamente separada de ella, como en el poema "Soy", de la poetisa paraguaya Josefina Pla:

Carne transida,{ }o[paco }{ ventanal de tristeza.]

También hay dos versos seguidos de cesura sin pausa, de Antonio Machado, en Soledades XV, y en el segundo se forma una sinalefa de tres sonidos vocálicos en la pausa (E-A-I) que separa la primera palabra de la frase:

La calle en sombra. O[cultan }{ los altos caserones]
el sol que muere; hay[ecos }{ de luz en los balcones.]

CLASIFICACIÓN C, VERSOS DE DARÍO

Alejandrinos con pausas en primera y en cuarta sílabas del primer hemistiquio, y sigue el verso hasta el final sin detenerse en la cesura, de "El reino interior" y "Retorno":

¡Oh! ¿Qué hay en ti, [mi pobre }{ infanta misteriosa?]
Oh, cuántas veces, [cuántas }{ veces oí los sones...]

CLASIFICACIÓN C, VERSOS DE OTROS POETAS

Alejandrinos, variantes con pausas en primera y quinta sílabas:

¡Ay, carne enferma, [torpe }{ quejumbre sin sentido!]
(Juan José Domenchina, español, "Primavera de gozos")

La diástole y la sístole 305

este caso específico, por la resta de la sílaba esdrújula:

    pa-la-bra-á-*tona*.

El acento en la vocal A de "átona" impide la sinalefa, cosa que no sucede al escribir *atona,* sin acento, porque entonces hay una sinalefa que se encarga de restar la sílaba sobrante, para que sigan siendo cinco:

    pa-la-bra{ }a-to-na.

Y en lo que podría parecer un chiste verbal, pero que no lo es, al perder el acento y pasar a ser átona la primera vocal A de la palabra *atona,* se forma una sinalefa con la otra vocal A que está al final de la palabra "palabra". Entonces, no se le resta una sílaba al verso que ya no es esdrújulo, pero hay que restársela por efecto de la sinalefa, y sigue teniendo once sílabas.

DIÁSTOLE COMO RECURSO PARA LOGRAR RIMA Y MÉTRICA

Con los tercetos "Revelación", de Darío, sucede algo diferente:

    Y con la voz de quien aspira y ama,
    clamé: "¿Dónde está el dios que hace del *lodo*
    con el hendido pie brotar el trigo,

    que a la tribu ideal salva en *exodo?"*
    Y oí dentro de mí: "Yo estoy contigo,
    y estoy en ti y por ti, yo soy el *Todo."*

Al trasladar el acento de "éxodo" de la antepenúltima sílaba hacia la penúltima, y convertir en llana esa palabra esdrújula, Darío logra la rima entre "lodo", "Todo" y *exodo,* pero también consigue ampliarle una sílaba necesaria al verso para que sea endecasílabo. Aquí la diástole no es solamente por necesidad de la rima, sino también por la métrica. Porque si se escribe:

> que a la tribu ideal salva en éxodo...,

que es lo normal, no sólo desaparece la rima, sino que el final esdrújulo pierde una sílaba, y el endecasílabo se queda en diez sílabas, en este caso con acentuación de himno, en tercera, sexta y natural en novena:

> que a la *tríbu ideál* salva en *éxodo*.

Y con las mismas palabras de Darío, pero en plural, Julio Herrera y Reissig dice en el soneto "Las madres":

> Y a grave paso den, por los senderos *todos*,
> gentes que rememoran los antiguos *exodos*.

Aunque no debe causar asombro que haya diástoles en la obra poética de Herrera y Reissig, tan dado siempre a efectos sonoros inesperados y búsquedas constantes en versificación. Por eso vemos también que, en "Desolación absurda", crea otra diástole al convertir en *cefiros* la palabra "céfiros", en una de sus décimas con rimas de reiteración en el primero y cuarto versos:

> Noche de tenues *suspiros*
> platónicamente ilesos:
> vuelan bandadas de besos
> y parejas de *suspiros*;
> ebrios de amor los *cefiros*
> hinchan su leve plumón,
> y los sauces en montón
> obseden los camalotes
> como torvos hugonotes
> de una muda emigración.

DIÁSTOLE SOBRE EL IMPERATIVO DEL VERBO

Otro curioso cambio de acentuación, cuya onda expansiva alcanzaría al *Modernismo*, ocurre con Cervantes en *El gallardo español*. Se trata de una diástole que actúa sobre el imperativo del

La diástole y la sístole

verbo, y acopla rima y métrica:

> -Alzola, yo volveré
> y a tu presencia traeré,
> o muerto o preso, al cristiano.
> -Ya tu vuelta será en vano.
> -No lo quiero, *dejalé*.

Y también del propio Cervantes, en *La gran sultana:*

> ...cual me tienes sin por qué
> -Señor huésped, *oigamé*.

En los dos ejemplos se trata de versos octosílabos, y el traslado del acento va de la antepenúltima hacia la última sílaba, para convertir en aguda una palabra esdrújula. Si al verso agudo hay que sumarle una sílaba, al esdrújulo, por el contrario, hay que restársela, con lo que están en juego nada menos que dos sílabas. Por eso, escritos en forma natural:

> No lo quiero, déjale;
> Señor huésped, óigame...,

son definitivos versos hexasílabos que, además, pierden la rima. De ahí que Cervantes hizo uso de la diástole y escribió *dejalé* y *oigamé*.

Un villancico de Santa Teresa de Jesús: "Vertiendo esta sangre", escrito probablemente antes que los experimentos de Cervantes, recurre a la misma acentuación aguda, esta vez en versos hexasílabos. La santa carmelita, sin embargo, separa la última sílaba con un guión:

> Tuvo gran codicia,
> yo no sé por qué,
> de mucho *amar-mé:*
> ¡Dominguillo, eh!
> ***
> -¡Gran inconveniente
> será no *amar-lé!*

¡Dominguillo, eh!

También Quevedo, en "A doña Beatriz", juega con el verbo negar en imperativo, igual que Cervantes:

> De mis ruegos, ya te ruego
> que me quieras; *niegaló,*
> porque diciéndome no,
> harás lo contrario luego.

Decía más arriba que ese tipo de diástole alcanzó al *Modernismo*. Helo aquí con Darío, en la primera y última estrofas de "A Francisca", poema dedicado a su mujer española:

> Ajena al dolo y al sentir artero,
> llena de la ilusión que da la fe,
> lazarillo de Dios en mi sendero,
> Francisca Sánchez, *acompañamé...*
>
> Seguramente Dios te ha conducido
> para regar el árbol de mi fe.
> ¡Hacia la fuente de noche y de olvido,
> Francisca Sánchez, *acompañamé...!*

Ese verso, escrito correctamente: "Francisca Sánchez, acompáñame", es un eneasílabo; pero con la fórmula dariana: "Francisca Sánchez, *acompañamé",* pasa a ser un endecasílabo, siguiendo el mismo proceso de los versos de Cervantes y de Quevedo, que ganan dos sílabas en extensión, al convertirse de esdrújulos en agudos, por el cambio de lugar del acento.

Pero hay que advertir que año y medio antes que Darío, ya Amado Nervo había escrito el poema "Después...":

> Desnudo torno como he venido;
> cuanto era mío, mío no es ya:
> como un aroma me he difundido,
> como una esencia me he diluido,
> y, pues que nada tengo ni pido,
> ¡Señor, al menos, *vuelvemelá!*

La diástole y la sístole 309

Darío y Nervo fueron contemporáneos, pero el poema "Después..." fue escrito por Nervo el 20 de agosto de 1912, como aparece en el libro *La amada inmóvil,* publicado póstumamente en 1920, en tanto que "A Francisca" fue escrito por Darío el 21 de febrero de 1914, como reza en *Del chorro de la fuente.* Sin embargo, Darío siempre es sorpresivo, y he aquí que en sus poesías completas [178, pág. 473] aparece publicada una estrofita que le dedicó a una dama llamada Refugio, en San Salvador, probablemente en el año de 1883. Y dice así:

> Las que se llaman Fidelias
> deben tener mucha fe;
> tú, que te llamas Refugio,
> ¡Refugio, refúgia-me!

En este caso, Darío no trasladó el acento ortográfico hacia la última sílaba, pero separó esa última sílaba con un guión, y se advierte fácilmente que tanto el ritmo como la rima claman por el vocablo agudo: *refugiamé.*

Es necesario añadir, dando un paso atrás, que el verso de Nervo siempre se publica acentuado correctamente: "¡Señor, al menos, vuélvemela!", aunque salta a la vista que esa no fue su intención, como lo denota la necesidad de rima y métrica, resuelta aquí, una vez más, con una simple diástole. Porque "vuélvemela", que sería lo normal, tiene sólo tres sílabas poéticas por ser voz sobreesdrújula, mientras que *vuelvemelá,* tiene las necesarias cinco sílabas que corresponden al segundo hemistiquio del verso, por ser aguda.

En "Recuerdos de sueño, fiebre y duermivela", del *Cancionero apócrifo de Abel Martín,* de Antonio Machado, aparecen estos versos:

> -¿Rezamos?
> -No. *Vamonós...*
> Si la madeja enredamos
> con esta fiebre, ¡por Dios!,
> ya nunca la devanamos...

O sea que, un poeta como Antonio Machado, conservador en sus versos, acudió también a la diástole sobre el imperativo del verbo, al final del verso, con la doble intención del metro y la rima.

Y siguiendo la misma tónica de Cervantes, Quevedo, Darío, Nervo y Machado, Alfonsina Storni escribe "Palabras a mi madre":

> No las grandes verdades yo te pregunto, que,
> no las contestarías; solamente investigo
> si, cuando me gestaste, fue la Luna testigo,
> por los oscuros patios en flor, *paseandosé*.

Este último verso de Alfonsina Storni, expuesto con corrección, en vez de las catorce sílabas del alejandrino tendría doce sílabas, con un hemistiquio heptasílabo y otro pentasílabo:

> por-los-os-cu-ros-pa-tios } { en-flor-pa-seán-*dose*.

DIÁSTOLE SOBRE EL ADJETIVO

Lo cierto es que ya la expresión había tomado el curso modernista, y que García Lorca la emplearía en un adjetivo, en "Arbolé":

> Arbolé, arbolé,
> seco y *verdé*...,

aunque también es cierto que Cervantes no usó solamente la forma verbal para la diástole, puesto que en *La entretenida* lo hizo con un adjetivo:

> Y más, viéndome vengada
> destos dos amantes ciegos,
> importunos, maldicientes,
> socarrones, *sacrilegos*.

Y ahora no son dos sílabas las que se añaden, sino una sola, porque el cambio acentual es de la antepenúltima sílaba hacia la penúltima, con lo que sustituye una palabra esdrújula por una llana: *sacrilegos* en vez de "sacrílegos". O sea, al no ser necesario restar

La diástole y la sístole

una sílaba por el final esdrújulo, el verso tiene las ocho sílabas requeridas:

so-ca-rro-nes-sa-cri-le-gos.

DIÁSTOLE SOBRE EL NOMBRE

Por otro lado, ni con verbos, ni con adjetivos, sino con sustantivos, Góngora acudió a la diástole en dos versos de un mismo cuarteto de un soneto:

> El Conde mi señor se fue a *Napoles;*
> el Duque mi señor se fue a *Francia:*
> príncipes, buen viaje, que este día
> pesadumbre daré a los caracoles.

Vemos aquí que, para rimar con "caracoles", Góngora cambia de lugar el acento de "Nápoles", y forma una palabra llana. De esa manera consigue también la prosodia endecasilábica, al evitar la terminación esdrújula. Y para rimar con "día", hace algo parecido al mover el acento de "Francia", que sigue siendo palabra llana, pero ahora de tres sílabas en vez de dos, por efecto de la ruptura del diptongo:

> Fran-cia
> Fran-cí-a

Los dos cambios de acento hacen posible la rima y la métrica, aunque asombre la desconcertante incursión en la geografía europea del poeta cordobés... Pero Lope de Vega hizo otro tanto, en "El remedio de la desdicha":

> Que harto el cuidado me aprieta
> en defender a *Cartama,*
> porque jamás en la cama
> me halló el sol ni la trompeta.

Naturalmente, debe ser de "Cártama", municipio malagueño, y no *Cartama,* como escribe Lope, con la doble intención de rimar con "cama" y de completar las ocho sílabas.

DIÁSTOLE EN EL ROMANTICISMO HISPANOAMERICANO

En el mejor romanticismo hispanoamericano, también es detectable la diástole, como en *Anacaona,* de la dominicana Salomé Ureña:

> Como tenue *murmurío*
> en triste sitio que la luz no dora,
> bajo la sombra del ramaje umbrío,
> sutil la brisa penetrando llora.

Por supuesto que, en vez de *murmurío,* lo ortográficamente correcto es "murmurio".

DIÁSTOLE ORTOGRÁFICAMENTE INCORRECTA

Otras veces hay evidentes incorrecciones ortográficas, como en la estrofita "Narghile", de Francisco Villaespesa:

> Me agrada fumar, porque
> me parece, mientras fumo,
> que mi vida se va en humo...
> y a donde va no lo sé. (179, pág. 473)

Me atrevo a asegurar que esa no fue la forma en que el poeta escribió el primer verso, y que se trata de una corrección académica hecha al original, que puede estar llena de buena intención, pero que daña métrica y rima. "Me agrada fumar porque" es un verso de siete sílabas, pero "me agrada fumar *porqué*", al ser agudo, acumula las ocho sílabas que requiere un verso en una estrofa octosilábica, amén de que logra la rima entre "porqué" y "sé". Sin embargo, no había necesidad de la ingrata diástole. La estrofa pudo haberse escrito con otra lógica exposición:

La diástole y la sístole 313

> Me agrada fumar... *¿por qué?*
> Me parece, mientras fumo,
> que mi vida se va en humo
> y a donde va, no lo sé.

La interrogación y, acto seguido la respuesta, resuelven el pequeño problema sin más aspavientos. Pero más recientemente, en una estrofa de José María Souvirón que ya usé como ejemplo de *rima sintáctica* (pág. 187) en el *Tema tercero* de este libro, se nota la misma actitud de Villaespesa:

> Quien hable así será porque
> ignora lo que se debate;
> el que junto a mí no te ve
> piensa que es danza mi combate.

Ya aquí no hay posibilidad de acudir a la interrogación "¿por qué?" en el primer verso, aunque es indudable que ese final debe ser agudo, como lo exigen la rima y la métrica en un poema métrico y rimado. La pieza fue publicada por Federico Carlos Sainz de Robles. (180, pág. 474) Es probable que el ilustre antólogo haya quitado el acento original, para esclarecer el concepto, aunque con ello se perdiera la rima y el eneasílabo agudo quedara convertido en octosílabo llano. Y a pesar de que -tanto en Villaespesa como en Souvirón- lo correcto es "porque" y no *porqué,* al reproducir esos versos debe respetarse la diástole, aunque la imitación no sea nada recomendable... (181, pág. 474)

PALABRAS QUE CAMBIAN DE SIGNIFICADO AL PRODUCIRSE EL CAMBIO ACENTUAL

El cambio de lugar del acento puede actuar también sobre el significado de la palabra. Si el sustantivo "carne" lo presentamos como "carné", la parte muscular del cuerpo de los animales se convierte en un documento de identificación. Y esa falta de naturalidad en busca de recursos externos, da la impresión de que las palabras han perdido el juicio y exponen su insania. Pero hasta con "insania" puede crearse una diástole, como la del salvadoreño Napoleón F. Lara, en "Pobre patria":

> No puedo despreciar tanta *insanía*
> y sin poder calmar tu mal en tanto,
> sufro tu desventura, patria mía,
> y corre el llanto mío con tu llanto.

DIÁSTOLE EN EL MODERNISMO

Sólo queda ahora exponer algunos ejemplos de diástole en la etapa modernista, para demostrar cómo esa poco recomendable figura retórica sobrevivió -aunque escasamente- en una época que se destacó no sólo por la belleza de osadas imágenes, variedad de temas y amplitud prosódica, sino también por la erradicación de fórmulas arcaicas.

EL PARNASIANISMO

El *Parnasianismo* o etimológicamente más aceptable *Parnasismo*, se creó en Francia con la publicación de una antología poética con el título de *Le Parnasse Contemporain,* con poemas de Leconte de Lisle, principal del grupo y autor de los famosos *Poemas bárbaros;* Théophile Gautier, Charles Baudelaire, Théodore de Banville, Sully Prudhomme, José María de Heredia (poeta francés nacido en Cuba, primo del Cantor del Niágara); François E. J. Copée, Catulle Mendés y otros. El exceso de objetividad y la búsqueda de la quintaesencia en la forma, como una reacción contra el *Romanticismo,* despojó los versos de los parnasianos de toda emotividad. La meta de aquellos poetas era escribir un solo libro, porque las correcciones ulteriores del poema, llevadas a la mayor exageración, no dejaban tiempo para más. El resultado de esa labor agotadora fue la fría perfección, que conllevaba el estrangulamiento de la comunicación emotiva.

En Hispanoamérica, el más destacado poeta parnasiano fue Guillermo Valencia, por eso causa extrañeza que una diástole, tan poco parnasiana, aparezca en sus "Cigüeñas blancas":

La diástole y la sístole   315

> La Gloria tiene el águila bravía;
> albo coro de cisnes los Amores;
> tienen los montes que la nieve enfría
> la estirpe colosal de los *condores*. (cóndores)

Y el nicaragüense Belisario Salinas, con un final parecido al de Valencia, exclama en "Acuarela":

> En el ambiente vuelan las almas de las flores;
> el día que se marcha tamiza un polvo rosa
> y parece que ardieran con llama temblorosa
> las crestas donde cuelgan su nido los *condores*.

En "Sonetos a Compostela", del español Dictinio del Castillo Elejabeytia:

> Eres mi ara de fe, mi Sacra Vía.
> Simio venusta en que mi amor se vierte,
> vencedor del olvido y de la muerte
> bajo un astral fulgor de *Galaxía*. (Galaxia)

"Velatorio" es un soneto de otro poeta español, Pedro Luis Gálvez:

> Llega con paso tardo, de mala gana el día
> -ceniza, azul cobalto, rosa y oro del sol-
> abejea en la casa doliente *salmodía*. (salmodia)

Y, finalmente, en "Bestiario IX", es nada menos que Ramón del Valle Inclán quien le dice a Darío:

> Meditaciones eruditas
> que oyó Rubén alguna vez:
> letras *sanscritas* (sánscritas)
> y problema del ajedrez.

LA SÍSTOLE

La sístole es contraria a la diástole, porque en vez de aumentarle una sílaba al verso, se la resta. El traslado del acento, por ende, no es hacia la sílaba posterior, sino hacia la sílaba anterior. Cuando aparece internamente, es lógico que la sístole busque exclusivamente una solución métrica. En la "Oda por la victoria de Lepanto", hay un verso endecasílabo de Fernando de Herrera que casi siempre se transcribe erróneamente. Vuelven los antólogos a corregir la ortografía del poeta y dañan el metro, porque Herrera escribió:

>Del *impio* furor suyo; alzó la frente...,

para que la palabra "impío" tuviera sólo dos sílabas y no las tres naturales, puesto que el acento rompe el diptongo. Y sin ser un especialista en la materia, cualquier persona que lea los versos de Herrera puede notar que, aunque lo correcto es "impío" y no *impio,* la cadencia del verso clama por la sístole.

En "A las ruinas de Itálica", Rodrigo Caro parece seguir el ejemplo de Herrera:

>...*impio* honor de los dioses, cuya afrenta...,

y, para no ser menos, José Zorrilla incurrió en la misma licencia poética de Herrera y Caro, con idéntica palabra, en su oda "A un águila":

>Ni oyes la ronca voz de la *impia* guerra...,

en un caso en el que, prosódicamente, es preferible la sístole a una sinéresis, que sería el resultado deplorable de una contracción en "impía", al extremo de acercarse más a la acentuación aguda para una mejor cadencia:

>Ni oyes la ronca voz de la *impiá* guerra.

CONFUSIÓN POR UNA SUPUESTA SÍSTOLE

A veces puede confundir lo que parece ser una sístole y no lo es. Cuando Darío escribe "A un poeta", en la segunda edición de 1880

La diástole y la sístole 317

de su libro *Azul...*, y dice en la última estrofa:

> Deje Sansón de *Dálila* el regazo;
> Dálila engaña y corta los cabellos...,

puede pensarse que la acentuación esdrújula del nombre "Dalila" obedece a la necesidad del acento constituyente en sexta sílaba del endecasílabo yámbico, puesto que de no ser así, el verso se convertiría en un endecasílabo de *gaita gallega,* acentuado en cuarta y séptima sílabas, que fuera redescubierto poco después por el propio Darío:

> Deje *Sansón* de *Dalíla* el regazo. (182, pág. 474)

Pero de haber sido así, no tenía Darío por qué repetir "Dálila" en el verso siguiente, puesto que entonces, como quiera que se acentúe ese nombre, agudo, llano o esdrújulo, no afecta en absoluto la cadencia endecasilábica, por estar al principio de un verso cuya acentuación constituyente cae en la sílaba sexta:

> Dálila engaña y *córta* los cabellos.

Y la respuesta a esta aparente contradición está en que, por la fuerza del uso, el nombre "Dalila" ha devenido en palabra llana, cuando en realidad, por ser de origen hebreo y según la fonética de esa lengua, el nombre de la mujer filistea que traicionó a Sansón debe ser "Dálila", como escribió Darío.

Sin embargo, Darío sí acudió a la sístole por efecto de la métrica, en "Elogio de la seguidilla". Como indica el título, se trata de versos de siete y de cinco sílabas, sólo que, en vez de seguidillas, son versos yuxtapuestos tipográficamente para formar doce sílabas, con un hemistiquio heptasílabo y otro pentasílabo:

> Vibras al aire, alegre }{ como una cinta;
> el músico te adula, }{ te ama el poeta;
> Rueda en ti sus fogosos }{ paisajes pinta

con la audaz *policromía* }{ de su paleta.

Tras la mención al poeta español Salvador Rueda, en el verso siguiente, la palabra "policromía" sigue siendo llana, pero ya sin el acento ortográfico que rompe el diptongo y hace cojear el verso con las cinco sílabas de esa palabra:

>po-li-cro-mí-a,

sino con el acento prosódico en la sílaba anterior, para que sean sólo cuatro sílabas:

>po-li-cro-mia.

SÍSTOLE EN MARTÍ Y DESACUERDO ENTRE GRAMÁTICOS

En su libro *Ismaelillo,* José Martí modifica una acentuación verbal en dos ocasiones, con el mismo verbo "vaciar", en otro procedimiento de sístole a favor de métrica y rima. Primero, en "Musa traviesa":

>Y a mis pasos la vieja
>péñola arranque,
>y del vaso manchado
>la tinta *vacie...,*

y, después, en "Tórtola blanca":

>Detona, chispea,
>espuma, se *vacia,*
>y expira dichosa
>la rubia champaña.

Lógicamente, al conjugarse en la forma reflexiva la tercera persona singular del presente de indicativo, la ortografía del verbo "vaciar" indica que debe escribirse "se vacía". Es una pequeña variante de ese verbo regular que requiere la destrucción del

La diástole y la sístole   319

diptongo. Pero Martí, claro dominador del idioma, recurrió a la sístole para que métrica y rima permanecieran incólumes. Además, no hay que olvidar que para muchos gramáticos esta forma es válida, a pesar de que el nombre es "vacío", en donde no hay diptongo.

SÍSTOLE QUE FAVORE A LA RIMA, PERO PERJUDICA A LA MÉTRICA

El colombiano José Eusebio Caro, en "Estar contigo", sigue los pasos de Martí:

>...cuando, con la larga desgracia
>de amar doblado su poder,
>toda su alma ardiendo *vacia*
>en el alma de una mujer.

No obstante, aquí la sístole cumple con la rima (vacia-desgracia) pero destroza el metro. El poema de Caro está escrito en versos eneasílabos, por lo que la ortografía corresponde a la métrica, teniendo en cuenta las dos sinalefas:

>To-da-su{ }al-ma{ }ar-dien-do-va-cí-a...,

mientras que de la otra forma:

>To-da-su{ }al-ma{ }ar-dien-do-va-cia...,

se cumple con la rima, pero el verso se queda en sólo ocho sílabas.

El ecuatoriano Francisco Pérez Febres Cordero, en "De rimas y sarcasmos", cambia también la acentuación en un verbo afín, pero cumple con ambos requerimientos de métrica y rima, asonante en este caso:

>¿La causa de los versos que te escribo?
>Amada... ¡si son tantas!
>Tantas como las flores bellas, puras,

que en el jardín *extasian*...

Y Julio Herrera y Reissig, en "La trilla", también con una sístole resuelve los problemas de rimar y de completar el conteo silábico, en un cuarteto alejandrino:

> Ocho mulas, ocho clámides, blondas y ramilletes,
> fingen de trilladoras, en la huerta *vizcaina:*
> gradúa el mecanismo una urgente azotaina
> y revientan zorcicos y castañas y cohetes.

Desde luego, lo natural es "vizcaína", pero entonces el verso tropezaría con la dificultad prosódica de tener una sílaba de más, amén de que la rima con "azotaina" brillaría por su ausencia.

RESUMEN

Tanto la diástole como la sístole son procedimientos que, en una versificación natural, que es lo moderno, pecan de obsoletos. Los cultores del *versolibrismo* no se preocupan por trasladar el acento en determinada palabra, porque tampoco lo necesitan, ya que no siguen la norma de la métrica ni de la rima. Pero en poetas que se mantienen fieles a los cánones tradicionales, es recomendable que se eviten acentuaciones arbitrarias, que ya han adquirido un desechable sabor de antigüedad.

TEMA OCTAVO

La antítesis y la paradoja

Difícil resulta a veces establecer la frontera que separa a la *antítesis* de la *paradoja,* aunque las definiciones muestran una notable diferencia entre ambas: La antítesis es la contraposición de palabras o frases y la paradoja es la unión deliberada de ideas que no pueden reconciliarse entre sí. Mientras la antítesis se afianza en el significado de dos palabras opuestas, la paradoja tiene que desarrollar un pensamiento con ese mismo significado. Hay dos versos de un soneto de Sor Juana Inés de la Cruz que marcan claramente la diferencia entre antítesis y paradoja:

> ¡Con que, *con docta muerte y necia vida,*
> *viviendo engañas y muriendo enseñas!*

Vivir neciamente para llegar a una muerte docta, es doblemente antitético, por el uso contrario de los adjetivos "docta-necia" y los sustantivos "muerte-vida", (con cierto airecillo inevitablemente paradójico); pero vivir engañando para enseñar con la muerte, es una paradoja completa.

Es inevitable la reproducción de un soneto de Lope de Vega, cuyas antítesis llevan a una gran paradoja final:

> Es la mujer del hombre lo más *bueno,*
> y locura decir que lo más *malo;*
> su *vida* suele ser y su *regalo,*
> su *muerte* suele ser y su *veneno.*
>
> *Cielo* a los ojos cándido y sereno,

> que muchas veces al *infierno* igualo;
> por raro al mundo su *valor* señalo;
> por *falso* al hombre su rigor condeno.
>
> Ella nos da su sangre, ella nos cría;
> no ha hecho el cielo cosa más ingrata;
> es un *ángel* y a veces una *arpía;*
>
> *quiere, aborrece, trata bien, maltrata,*
> *y es la mujer al fin como sangría*
> *que a veces da salud y a veces mata.*

"Bueno-malo, vida-muerte, cielo-infierno, valor-falso, ángel-arpía, quiere-aborrece, trata bien-maltrata", son palabras antónimas que pueden definirse como *antítesis,* pero al final del soneto quedan justificadas todas las antítesis anteriores con una gran paradoja: el símil de la mujer como sangría, si de la misma forma que da salud, puede matar...

La poetisa salvadoreña Claudia Lars, en sus "Sonetos del Arcángel", presenta una antítesis en un primer verso: "pequeño-gigante", para cerrar el segundo con una paradoja de impresionante belleza:

> *Amor, pequeño amor, amor gigante,*
> *gusanillo de luz y sol de enero.*

EL OXÍMORON

Hay que agregar otra figura conocida como *oxímoron,* que puede invadir también el terreno de la paradoja y de la antítesis. Sin embargo, esa tercera acepción es fácil de definir, y se acerca más a la antítesis que a la paradoja, porque se trata solamente del enfrentamiento de dos palabras opuestas en su significado. En casi todos los libros especializados se acude al ejemplo insoslayable de San Juan de la Cruz con su "música callada".

En su *Ismaelillo,* en los versos titulados "Musa traviesa", José Martí ofrece un ejemplo tierno de oxímoron:

La antítesis y la paradoja

> ¡Por la puerta se ha entrado
> mi *diablo ángel!*

Y no deja de haber el *oxímoron doble,* como en un verso del poeta y escritor venezolano Benito Raúl Losada, en "Campanada hacia el alba":

> *Frío, calor, vigilia, soñolencia.*

Palmenes Yarza, también de Venezuela, exclama en el poema "Inercia": "¡Sin muerte muero!" Pero en este caso es bueno reproducir la estrofa eneasílaba completa:

> Siento tus mil labios ardidos
> que me sollozan inconexos,
> y con mi *ineludible grito*
> debo callar. ¡Sin muerte muero!

Lógicamente, es imposible *callar* con un *grito.* Ahí tenemos una expresión paradójica que obliga a definiciones más concretas.

En *Cantos de vida y esperanza,* Darío une lo humano y lo divino en una antítesis:

> Y así juntaba a la pasión *divina*
> una sensual hiperestesia *humana.*

En el poema "A Antonio Machado", dos palabras antitéticas nos ponen a un paso de la paradoja:

> Cuando hablaba tenía un dejo
> de *timidez* y de *altivez.*

Porque "timidez" y "altivez" son palabras antitéticas; pero, ¿cómo se puede ser tímido y altivo al mismo tiempo? En ese poema, Darío deja sentada una real paradoja:

> *Fuera pastor de mil leones*
> *y de corderos a la vez...,*

porque es paradójico que en una misma persona haya ambas cualidades.

ANTÍTESIS QUE DEVIENE EN PARADOJA

Un magnífico ejemplo de antítesis elaborada que se convierte en paradoja aparece en "Endecha", de Lugones:

> Cada murmullo del viento
> me dice, en soplo de muerte,
> *qué cerca estoy de perderte*
> *cuando más mía te siento.*

Es una antítesis que alguien esté a punto de perder algo cuando, precisamente, se siente su dueño absoluto... pero es definitivamente paradójico que así sea.

También, acaso como una derivación de la "música callada" que mencioné antes, se han usado con demasiada reiteración la voz, el grito, el ruido, etc., antepuestos al silencio. Así lo escribe el poeta venezolano Guillermo Austria en "El ruego":

> Como queriendo no escuchar más nunca
> el *grito* de dolor de mi *silencio.*

"Grito" y "silencio" forman una antítesis, pero "el grito... de mi silencio" es una paradoja.

Y lo mismo puede decirse del soneto "Definiendo el amor", donde Quevedo se recrea con diez paradojas, y coloca dos en el mismo espacio del primer endecasílabo:

> *Es hielo abrasador, es fuego helado,*
> *es herida, que duele y no se siente,*
> *es un soñado bien, un mal presente,*
> *es un breve descanso muy cansado.*

La antítesis y la paradoja

Es un descuido que nos da cuidado,
un cobarde, con nombre de valiente,
un andar solitario entre la gente,
un amar solamente ser amado.

Es una libertad encarcelada,
que dura hasta el postrero parasismo,
enfermedad que crece si es curada.

Este es el niño Amor, este es su abismo:
mirad cuál amistad tendrá con nada,
el que en todo es contrario de sí mismo.

Se advierte que la paradoja se nutre de la antítesis; y ya, después de este preámbulo, es factible hacer un recorrido con ejemplos de antítesis en castellano desde épocas remotas, y repetir después el viaje -por llamarlo así- con definiciones de paradojas.

ANTÍTESIS EN TODAS LAS ÉPOCAS

En *Milagros de Nuestra Señora,* Gonzalo de Berceo dice:

El que *abrió* los mares e después los *cerraba.*

Posteriormente, el erótico Arcipreste de Hita exclamaría:

En la cama muy *loca,* en la casa muy *cuerda.*

Juan Boscán, en "Copla", presenta dos ejemplos de antítesis:

Y el tormento
me gobierna tan sin tiento
que'n todo peligros hallo:
en el *bien,* porque le callo,
y en el *mal,* porque lo siento.

Y los *vivos* no me quieren,
y los *muertos* me desechan.

Quevedo, inevitablemente, no escapa a las innovaciones. De tres sonetos suyos tomo excelentes ejemplos de antítesis:

> Veneno de la *aurora* y del *poniente*.
>
> *Llanto* al clavel y *risa* a la mañana.
>
> ¿Y quién, sino un amante que soñaba,
> juntara tanto *infierno* a tanto *cielo*?

EL VIAGE ENTRETENIDO

En una novela del poeta y escritor español Agustín de Rojas (1572-1619), titulada *El viage entretenido,* (183, pág. 474) el autor intercala versos en la prosa -como era costumbre en autores en aquel tiempo- y hace una descripción de la mujer, tan contradictoria para él, que pocas veces han aparecido tantas antítesis juntas. Al reproducir los versos tomados de *El viage entretenido,* respeto la grafía de la época, incluyendo la palabra *viage,* que mucho debe haber detestado Juan Ramón Jiménez:

> Es couarde y animosa,
> es muy pesada, es ligera,
> es muy flaca y es muy fuerte,
> es muy necia y es discreta,
> es misera, es dadiuosa,
> es un bronce, es vna cera,
> es cruel, es amorosa,
> es vn tigre, es vna oveja.
> Quiere y aborrece mucho,
> oluida y siempre se acuerda,
> promete mucho, da nada,
> da contento y da tristeza,
> es valiente y es medrosa,
> es muy noble y es soberuia,
> es dichosa, es desdichada,
> es muy hermosa, es muy fea,
> es ingrata y agradece,
> es pobre y tiene riqueza,
> es amiga y enemiga,

La antítesis y la paradoja

　　　　es casta y es deshonesta,
　　　　dize verdad, siempre miente,
　　　　no ha estudiado y tiene escuela,
　　　　aprende de los que aprenden,
　　　　a los letrados enseña,
　　　　a quien engaña despide,
　　　　a quien desengaña ruega,
　　　　desecha viuos presentes,
　　　　y ausentes y muertos pena.

Con la misma métrica octosilábica, un famoso romance de Lope de Vega abunda en ejemplos de antítesis:

　　　　A mis soledades *voy,*
　　　　de mis soledades *vengo.*

　　　　Unos por carta de *más,*
　　　　otros por carta de *menos.*

　　　　¿A quién no dará cuidado,
　　　　si es español verdadero,
　　　　ver los hombres a lo *antiguo*
　　　　y el valor a lo *moderno?*

　　　　De los poderosos *grandes*
　　　　se vengaron los *pequeños.*

ANTÍTESIS EN EL ROMANTICISMO

　　　　De ajena tierra y *religión profana.*
　　　　(Zorrilla, "Cantos del trovador")

　　　　La oración de los *vivos* para los *muertos.*
　　　　(Federico Balart, español, "Restitución")

Hay una doble antítesis en tres versos de la "Epístola a Pedro", del español Eulogio Florentino Sanz y Sánchez:

　　　　El *dolor* y el *placer,* férvidos antes,
　　　　se pierden ya en el alma indefinidos,
　　　　a la *luz* y a la *sombra* semejantes.

Y en dos versos de "El amor de los amores", de la poetisa española Carolina Coronado, hay nada menos que tres antítesis: "naciente sol-noche", "trepo-desciendo" y "sierra-llanuras":

> Con el naciente sol trepo a la sierra,
> con la noche desciendo a las llanuras.

ANTÍTESIS MÁS ACTUALES

> Amor, que *vida* pones en mi *muerte*.
> (Manuel Magallanes Moure, "Amor")

> Pondrás tu mano *blanca* entre mi mano *bruna*.
> (José Manuel Poveda, "Serenata")

> Se *apaga* el mar, se *enciende* tu sonrisa.
> (Guillermo Villarronda, cubano, "El mar sentado")

En el poeta y crítico cubano Gustavo Galo Herrero, las antítesis se suceden al comienzo de un soneto: "Elena":

> Elena por la *noche* y por el *día*,
> como mi *premio* y como mi *condena*.
> Elena en la *alegría* y en la *pena*.
> Mi sueño, mi ansiedad y mi agonía.

Mercedes García Tudurí, en "Conflicto interminable", resume una gran interrogación en una serie de ideas antitéticas:

> Este total conflicto interminable
> entre la rosa *real* y la *soñada*,
> entre el *velamen* que la nieve *impulsa*
> y el *áncora* de hierro que la *clava*,
> entre el ala *que sube hacia los cielos*
> y la raíz *que hacia la tierra baja*,
> entre toda esperanza que *libera*
> y toda realidad que *oprime y ata*.

En el tercer verso de una estrofa del poema "Para un poeta", de

La antítesis y la paradoja 329

José Hierro, hay una doble antítesis:

> Tú que sigues el vuelo de la belleza, acaso
> nunca jamás pensaste cómo la muerte ronda
> ni cómo *vida* y *muerte* -*agua* y *fuego*- hermanadas
> van socavando nuestra roca.

El escritor cubano de sensibilidad poética, Raúl Tápanes Estrella, en "Décimas a mi esposa Edith", escribe una doble antítesis gracias a la adjetivación también antitética:

> Sentirme *lobo feroz,*
> sentirme *manso cordero...*

"EL LIBRO DE LAS ANTÍTESIS"

Fue en enero de 1943 cuando la imprenta *Verdugo,* en La Habana, dio a conocer un libro de versos con el título de *Oasis* (184, pág. 475) que, desde el principio, fue un éxito editorial. El autor, José Ángel Buesa, adquirió fama antes de cumplir los cuarenta años de edad, y uno de los espaldarazos más contundentes fue un artículo escrito por Enrique González Martínez, el médico mexicano doctor en Poesía...

Una de las opiniones que se puso de moda entonces, y que no disimulaba cierta intención despectiva, fue la historia de que *Oasis* era "el libro de las antítesis". Claro que quienes decían aquello tenían razón, pero no se trataba sólo de antítesis, sino también de paradojas. En *Oasis* he contado 120 antítesis y 35 paradojas, lo que puede parecer excesivo, aunque el libro contenga 63 poemas que acumulan 1672 versos. Pero hay poemas sin antítesis ni paradojas, aunque hay uno con siete antítesis: "Poema final" y dos con tres paradojas cada uno: "Poema del amor ajeno" y "Canción del amor que se queda".

Sin embargo, lo que vale en Poesía es su poder de permanencia, y en el caso de Bécquer, por ejemplo, a los lectores no les importa la proliferación de hipérbatos, sino su legítimo poder expresivo, esos "espacios misteriosos", al decir de Idelfonso-Manuel Gil; ese sentimiento becqueriano que "se produjo de manera esencial, adentrado hasta lo más entrañable..." (185, pág. 475)

En Buesa puede destacarse su talento creador de imágenes al servicio de la estética. ¿Libro de las antítesis? Cierto. Pero con ideas tan originalmente bellas como las antítesis que forman los dos versos centrales del siguiente sexteto (186, pág. 475) de "La vejez de Don Juan":

> Y fui marino. Supe de las rachas sonoras
> que en los tensos cordajes enredan una ronca sonata;
> *y en los ponientes de escarlata,*
> *y en la azul placidez de las auroras,*
> vi palpitar los amplios velámenes de plata,
> y me enjoyó de espuma la tajante inquietud de las proras...

Y en Buesa hay también paradojas tan definitivas como la que aparece en los dos últimos versos de otra estrofa del mismo poema:

> Y supe de la sed que sabe a tierra,
> del sol que raja el cráneo, de la lluvia tenaz,
> de la fiebre en la jungla, de la asfixia en la sierra,
> de la emboscada y del ataque audaz.
> *Y entonces aprendí por qué la guerra*
> *tiene amargas raíces que alimentan la paz.*

PARADOJAS

Bartolomé de Torres Naharro fue un poeta español que nació alrededor de 1476 y murió, probablemente, en 1531, sin que haya datos más exactos sobre su entrada y salida al mundo de los vivos. Sí se sabe que adquirió gran cultura en Salamanca y provocó una inequívoca hipérbole en un escritor francés amigo suyo, que firmaba latinamente como Mesinierus J. Barberius Aurelianensis, y que llegó a decir de Torres Naharro que era un "celebérrimo poeta, merecedor, no de que yo le alabe, sino el mismo Cicerón, resucitando para ello". Pero vamos a lo que interesa, que es una paradoja en uno de los más interesantes poemas de Torres Naharro: "Capítulos diversos":

La antítesis y la paradoja

>Y sudo en invierno y tiemblo en verano.

Lógicamente, debía ser a la inversa: sudar en el calor veraniego y temblar durante el frío invernal, pero esa es, precisamente, la paradoja poética.

Es necesario volver a Quevedo, nuevamente con la evocación de tres sonetos. De tan claras, las siguientes paradojas no requieren explicación, excepto la última:

>Enfermedad que crece si es curada.

>Arde el hibierno en llamas erizado,
>y el fuego lluvias y granizos bebe.
>Mas como en alta nieve ardo encendido.

Y, después de un sueño erótico con Floralba:

>Mas desperté del dulce desconcierto
>y vi que estuve vivo entre la muerte
>y vi que con la vida estaba muerto.

Es decir: si el sueño le dio la vida del amor realizado, el despertar le dio la muerte de que todo era falso.

Un soneto de Lope de Vega desliza una paradoja en dos versos:

>Desnudo como Adán, aunque vestido
>de las hojas del árbol del pecado.

Estar desnudo y vestido, a un mismo tiempo, no deja de ser paradójico.

DARÍO Y EL CANTO A LA ARGENTINA

En "Canto a la Argentina", Rubén Darío se desborda en exaltación y gratitud. El poeta ama la paz y la añora para ese país, su patria segunda. Al escribir el largo poema, el estado físico de Darío no es el más apropiado, lo que justifica ciertas inconexas vibraciones, temblores de su palabra poética, que son rugidos volcánicos. El periódico *La Nación,* de Buenos Aires, le había pedido la obra para ser publicada en una edición especial del 25 de mayo de 1910, primer centenario de la independencia. Al concluir a tiempo, el poema consta de 46 estrofas y tiene, como si fuera *Las mil y una noches,* 1001 versos. La estrofa séptima está adornada con paradojas y habla del "gran Dios desconocido/ que todos los dioses abarca"; ese Dios que, al mismo tiempo de tener "su templo en el espacio", lo tiene "en la negra carne del mundo". Y termina también paradójicamente:

>   Aquí está *el mar que no amarga,*
>   aquí está *el Sahara fecundo,*
>   aquí se confunde el tropel
>   de los que al infinito tienden;
>   y se edifica *la Babel*
>   *en donde todos se comprenden.*

Una Torre de Babel en Argentina, a diferencia de la babilónica, con un idioma solamente, sugiere que llegaría más alto.

Frente a la cultura dariana en el manejo de la paradoja, se aprecia mejor la simpleza campoamorina en sus *Doloras.* (187, pág. 475) El poeta asturiano usaba su graciosa filosofía provinciana, rica en imaginación, pero exenta de imágenes:

>   Después de bien pensado,
>   *fue mi tiempo perdido el más ganado.*

Y también en sus *Humoradas:* (188, pág. 475)

>   Pese al poder, la sangre y la riqueza,
>   toda vida es idéntica a la mía:
>   *placeres impregnados de tristeza*
>   *y penas saturadas de alegría.*

El colombiano Héctor Fabio Varela, en "Sensación de ausencia", ofrece una buena definición de paradoja, aunque con una idea de la

La antítesis y la paradoja

que se ha abusado en demasía:

> Me quedo *cerrando los ojos*
> absorto y mudo, *para verte*.

OTRAS PARADOJAS

> Y aquí estoy como siempre, y también como nunca.
> (Alberto Arvelo Torrealba, venezolano, "Ojos color de los pozos")

> Y la luz te oscurece y te ilumina.
> (María Granata, argentina, "El niño iluminado")

> Saber que todo cambia y que todo es igual.
> (Jaime Torres Bodet, mexicano, "Mediodía")

> Nunca estuvo más fuerte,
> ni más desamparado.
> (León Benarós, argentino, "El desvalido")

> Cuánta ciencia prodigas, sabio de la ignorancia.
> (Oscar Echeverri Mejía, colombiano, "Niño vendedor de periódicos")

En el mismo poema de José Hierro citado más arriba, con dos antítesis en un solo verso, hay otro que contiene una paradoja:

> Lo has olvidado todo porque lo tienes todo.

Y aunque el decursar del tiempo ha ido suprimiendo los títulos largos, el poeta ecuatoriano Jorge Pincay Coronel, con el poema "La angustia sin fronteras del silencio y tu recuerdo" -nada menos-, cierra este *Tema octavo*. Mediante el uso de las palabras antónimas "luz" y "penumbra", que son una antítesis, el poeta crea una paradoja inolvidable:

> Serás luz en mi mesa de estudiante
> y penumbra en mi alcoba de soltero...

TEMA NOVENO

La metáfora, el símil y la imagen

Nada embellece más a la Poesía que el lenguaje tropológico. Ya en la antigua Grecia, Aristóteles lo reconocía así: "Es sobre todo lo demás importante el saberse servir de las metáforas, que, en verdad, esto sólo no se puede aprender de otro, y es índice de natural bien nacido, porque la buena y bella metáfora es contemplación de semejanzas". (189, pág. 475) Lázaro Carreter también cita a Aristóteles a la hora de las definiciones: "La metáfora consiste en aplicar a una cosa una palabra que pertenece a algo distinto". (190, pág. 475) Así, cuando Agustín Acosta finaliza una décima de "Pórtico":

> En el sobre de su noche
> estampa un sello la Luna,

crea una metáfora de gran originalidad, al comparar la Luna con un sello de correos, y la noche, con un sobre. Y otro tanto puede decirse de "Un juguete perdido", de José María Plaza, cuando no con la Luna, sino con el Sol, describe la tristeza de un crepúsculo:

> Ya el barquito de papel
> no tiene quien lo reclame,
> y en la solapa del Sol
> prende su luto la tarde...

DIFERENCIA ENTRE METÁFORA Y SÍMIL

La metáfora, una de las partes de la *Tropología*, consiste en una verdadera traslación de sentido, al compararse las cosas aparentemente más disociadas entre sí. En una palabra: comparación por asociación de ideas. Hay que distinguir, sin embargo, entre la metáfora y el símil.

La *Epístola moral a Fabio,* (191, pág. 476) en los tercetos 14 y 26, presenta símiles en un tono gratamente poético además de filosófico:

>Busca, pues, el sosiego dulce y caro,
>como en la oscura noche del Egeo
>busca el piloto el eminente faro...
>
>*Como* los ríos, que en veloz corrida
>se llevan a la mar, tal soy llevado
>al último suspiro de mi vida.

Primero, la búsqueda del sosiego *como* un piloto que busca un faro; segundo, el último suspiro del hombre es *como* los ríos, que mueren en el mar. He puesto en cursivas la partícula comparativa "como" porque, precisamente, es la que establece la diferencia entre metáfora y símil, puesto que *símil es una metáfora explicada.* Esas formas comparativas, que pueden ser también "cual", "igual que", "a manera de", "a modo de", "lo mismo que", etc., esclarecen el concepto en función estética. El vocablo "como", por ejemplo, es el mismo "com" catalán que aparece en las "Diades d'amor", de Juan Maragall:

>Sos ulls *com* flors a sobre meu oberts.
>(Sus ojos *como* flores abiertos sobre mí)

Si Maragall hubiera escrito: "Las flores de sus ojos abiertos sobre mí", aceptando directamente que los ojos son flores, sería entonces un símil elíptico, o sea, una metáfora.

DIFERENCIA ENTRE METÁFORA E IMAGEN

La *imagen* es una visión, una invención del poeta. Es algo que no existe, pero que el poeta crea para lograr una comparación metafórica, en la más elevada traslación del sentido, como Chocano en "El salmo de las cumbres":

> Silencio y paz. El monte agrias puntas
> que en afilar la cúspide se afana,
> *es un titán con las dos manos juntas*
> *en la actitud de una oración cristiana.*

Ante el pico que forma la elevación del terreno, Chocano imagina las dos manos de un gigante formando una pirámide que apunta al cielo en el instante de la oración. Sencilla humildad montañesca de naturaleza virgen. Metamorfosis de un retrato nuevo al chocar con los ojos creadores de un poeta.

METÁFORAS SURREALISTAS

Es el propio André Breton quien da la mejor definición del *Surrealismo* (192, pág. 476) en su primer *manifiesto* dado a conocer en 1924: "Automatismo psíquico puro, por el cual se pretende expresar, sea verbalmente o por escrito, el funcionamiento real del pensamiento. Un dictado del pensamiento, con ausencia de todo control ejercido por la razón, al margen de toda preocupación estética o moral". En la práctica, el *surrealismo* fue escritura automática, espontaneidad inexpresiva, frecuente declinación hacia lo onírico, ausencia de música en el verso que deviene en línea en prosa, y vocación intelectual que haría reaccionar a Antonio Machado con su famosa frase: "El intelecto no ha cantado jamás. No es su misión". Y que también diría: "Disto mucho de estos poetas que pretenden manejar las imágenes puras (¿limpias de concepto?), y también de emoción". (193, pág. 476)

No hay duda, sin embargo, de que el *Surrealismo* ha sido la corriente vanguardista más influyente del siglo. Otras tendencias como el *Futurismo* italiano, creado en 1909 por Marinetti, básicamente se inspiraba en el porvenir, con la intención de transformar el arte en la búsqueda de una belleza distinta, que no tuviera relación alguna con el pasado. Entre nosotros, el *Creacionismo* de Huidobro se manifiesta despectivamente contra el

Surrealismo y lo llama "banalidad de un truco de espiritismo", con palabras del mismo poeta chileno, que define su propia escuela poética como "nada anecdótico ni descriptivo", o sea, similar al *Surrealismo*... Otros, como Gerardo Diego y Borges, comenzaron con lo que para Borges sería después "la equivocación *ultraísta*". (194, pág. 476) Porque tanto Borges como Diego retornarían al verso tradicional. Y a la normalidad del verso tradicional regresaron también los poetas franceses del *Surrealismo* de Breton, tales como Robert Desnos, Louis Aragon, Paul Éluard (seudónimo de Eugéne Grindel); Jacques Prévert y Antonin Artaud.

En Hispanoamérica, el *Surrealismo* logra su mayor expresión con Pablo Neruda, aunque de repente, dentro de esa tendencia, predomina la chispa poética y nos sorprende con cuatro endecasílabos, como en "La verdad", del libro *Memorial de Isla Negra:*

> Aún echo de menos mis orejas,
> pero las enrollé para dejarlas
> en un puerto fluvial del interior
> de la República de Malagueta.

Pero la derivación más positiva de la influencia surrealista en relación con la metáfora, se hace continuidad en poetas como Eduardo Carranza, que sin divorciarse del ritmo, se refiere elípticamente a los cinco sentidos para exclamar en el poema "Madrugada":

> Te persiguen mis cinco lebreles corporales.

METÁFORA "A MEDIAS"

Como en el verso de Carranza, a veces el poeta deja a medias la metáfora, al referirse solamente a una de las dos materias comparadas. Esa tendencia fue ampliamente explotada por el vanguardismo, aunque herméticamente. No era algo nuevo, pero los poetas anteriores que metaforizaban de esa manera, dejaban bien

La metáfora, el símil y la imagen 339

sentada la claridad de lo que exponían. Por ejemplo, cuando Martí dice en "Mi reyecito":

> Mas si amar piensas
> *el amarillo*
> *rey de los hombres,*
> ¡muere conmigo!
> ¿Vivir impuro?
> ¡No vivas, hijo!,

no hay necesidad de que aclare que "el amarillo rey de los hombres" no es otro que el oro. Por eso le recomienda a su hijo que, antes de amar el oro, ambición que arrastra a lo inmoral, es preferible morir con pureza. Y lo mismo sucede con Blas de Otero, en "A la inmensa mayoría", que no necesita decir que se refiere a aviones y barcos:

> ¡Aquí! ¡Llegad! ¡Ay! *Ángeles atroces*
> *en vuelo horizontal* cruzan el cielo;
> *horribles peces de metal* recorren
> las espaldas del mar, de puerto a puerto.

METÁFORAS

Pero las metáforas que más abundan son las simples, en función directamente explicativa. El poeta español Nicolás Fernández de Moratín, en "Fiesta de toros en Madrid", acude a una metáfora para destacar lo duro de un corazón femenino:

> Su bravo alcaide Aliatar,
> de la hermosa Zaida amante,
> las ordena celebrar
> por si le puede ablandar
> *el corazón de diamante.*

Nieves Xenes, en el soneto "Julio", [195, pág. 476] hace una descripción campestre que termina con dos metáforas:

Ya los erectos senos de tus lomas,
ya los trémulos labios de sus flores.

Díaz Mirón, en "Versos de un clérigo", logra una efectiva comparación metafórica:

Leo y las letras se estiran,
se agitan y se desbandan
y son hormigas que andan
y escarabajos que giran.

Díaz Ordóñez, en "Desde un banco", pinta una casa como si fuera una curiosa cabeza humana:

Desde aquí miro la ventana abierta
que lanza un gran bostezo luminoso
a la plaza desierta y desolada.

José del Río Sainz, en "Detrás del frente", dibuja un cuadro bélico:

La lechuza sombría de la guerra
va incubando sus huevos.

Y la poetisa y escritora cubana Gina Obrador, en un poemita sentimentalmente travieso: "Crucigrama", juega metafóricamente con la trama y la urdimbre. He aquí la primera estrofa:

Tú eres la trama;
yo soy la urdimbre:
horizontales
y verticales,
los dos viajamos
rumbos distintos;
pero tocando
todos los puntos
del crucigrama...

La metáfora, el símil y la imagen

METÁFORAS MÚLTIPLES

Luis Cernuda fue "una de las voces más puras -la más hermosa, acaso- de la lírica española contemporánea", (196, pág. 476) según Rafael Santos Torroella, profesor español de Historia del Arte Contemporáneo de la Escuela Superior de Bellas Artes de San Jorge. Cuando Cernuda describe las violetas, en el poema del mismo nombre, enlaza tres metáforas en la brevedad de tres versos:

> Tal perla vegetal tras verdes valvas,
> son un grito de marzo, un sortilegio
> de alas nacientes por el aire tibio.

El poeta cubano Miguel González retrata a su mujer en el poema "Los ojos de Ofelia", en un cuarteto triplemente metafórico:

> El Sol gotea fósforos salobres,
> y más allá del árbol del pesebre,
> sin una parra que la sed le quiebre,
> *¡tus ojos son dos extranjeros pobres!*

Luis Carlos López desarrolla una serie de originales metáforas en "Crepúsculo sedante":

> Vivo entre marineros desde hace una semana.
> La tarde -*saturado papel multicolor*-
> pone a relieve alguna que otra vela lejana
> y la espiral sortija del humo de un vapor.
>
> En tanto que las aves tranquilamente solas
> suben al cielo, *cuentas salidas de un collar,*
> y bajan y se alejan, *diéresis de las olas*
> por sobre la U que forma cada tumbo del mar.

METÁFORA ENCABALGADA

El encabalgamiento en versificación se produce cuando las exigencias sintácticas impiden una pausa al final del verso, porque la expresión de la idea se extiende al verso siguiente. (197, pág. 476) Para que ello no ocurra, cada verso debe corresponder a uno o más *sintagmas* completos, y con este término acudo al descubrimiento del lingüísta suizo Fedinand de Saussure, y a los posteriores estudios de su compatriota Charles Bally, del polaco Baudouin de Courtenay y, para nosotros, insoslayablemente, Dámaso Alonso. Y un ejemplo de *metáfora encabalgada* se destaca en el poeta cubano Francisco Henríquez, cuando compara la anatomía y la espiritualidad de una mujer con fragmentos del mundo vegetal:

> Muchacha del busto de cera,
> del labio de rosa, *del alma*
> *de lirio,* del cuerpo de palma...

IMÁGENES

Distinguir la imagen de la metáfora viene a ser, muchas veces, un asunto de apreciación personal. Hechas con los mismos ingredientes, metáforas e imágenes se confunden entre sí, y puede haber opiniones diversas y contrastantes en cuanto a su calificación. Más arriba explico lo que entiendo por imagen, pero por tratarse de algo subjetivo, expongo algunos ejemplos poéticos que para mí son imágenes, aunque pueden, respetablemente, no serlo para otros. En los siguientes ejemplos, me parece evidente que los poetas citados han creado algo que no existe, para darle a la metáfora una originalidad personal que, de esa forma, se convierte en imagen:

> Y el mar espejeando en la sombra.
> *El grano rubio de los luceros*
> *se muele de la eterna tahona.*
>
> Y cae la harina misteriosa de la luz
> sobre el agua ágil y ronca.
> (Juana de Ibarbourou, "El grito")
>
> Sombra apenas de vida. Imperceptible aliento.
> Sólo vago aleteo de mi amor o latido.

La metáfora, el símil y la imagen

Susurro que arrebata un milagroso viento
del árbol de mi sangre triste y estremecido.
(Leopoldo de Luis, "Primera dedicatoria")

...Los pájaros
de tus pestañas negras,
abanicos abiertos
sobre soles de seda.
(Tristán Biaus, argentino, "Muchacha campesina")

Tarde ha llegado amor
a rescatar tus restos,
la noche con sus perros
ya ha mordido tu aurora.
(Jaime Arze de la Zerda, boliviano, "Tarde ha llegado, amor")

Pero su seno el mar alzó potente
y el sol, al fin, como en soberbio lecho,
hundió en las olas la dorada frente,
en una brasa cárdena deshecho.
(Manuel Machado, "Ocaso")

También, siguiendo el estilo de abolir los signos ortográficos, Gerardo Diego dice en "Primavera":

La primavera nace
y en su cuerpo de luz la lluvia pace

El arco iris brota de la cárcel

Y sobre los tejados
mi mano blanca es un hotel
para palomas de mi cielo infiel

Y, finalmente, dos cuartetos de dos sonetos del uruguayo Luis Alberto Morales, "Noche" y "Nacimiento":

Cuando el silencio baja hasta mi puerta
y contemplo los astros en su altura,
la noche es una extraña rosa oscura
en el ojal de mi pupila abierta.

> Como un farol aún resplandecía
> la buena estrella de la madrugada;
> *el vientre universal de la alborada
> estaba al dar a luz un nuevo día.*

Es de notar que esta última imagen viene precedida por un símil: "La estrella de la madrugada" que resplandecía *"como* un farol".

METÁFORAS O IMÁGENES ENTRELAZADAS CON SÍMILES

No es de extrañar, en la obra poética de Octavio Paz, que metáfora, símil e imagen se entrecrucen en un mismo poema. Ya, desde los diecisiete años de edad, puede apreciarse esa excelencia poética en estas estrofas de "Cabellera": (198, pág. 477)

> Cabellera de brisas tropicales,
> que sacuden y mecen las faldas azules
> de las mañanas clásicas,
> -jugadoras de tennis
> con raquetas de nubes
> y pelotas de estrellas caídas.
>
> Cabellera -cambiante de olas-
> apenas presentida; irreal;
> *como* deseo de viaje,
> *como* la sombra del rumor del viento
> en el corredor del mar.

Reproduzco otros casos de símiles que reaparecen entre metáforas o imágenes, y en todos los ejemplos, a partir de ahora, destaco las partículas comparativas con letras itálicas, para identificar más fácilmente los símiles:

> Y, en la dulce fiebre que flota
> sobre una noche de verano,
> siempre vi ciudades lejanas
> curvadas *a modo de* un brazo
> para estrechar un golfo donde

se duplican faros fantásticos.
(Rafael Maya, "Invitación a navegar")

Dos terneritos pintados
sobre una sábana verde,
como si fueran dos dados
y un camino que se pierde.
(Asdrúbal Villalobos, costarricense, "Instantáneas")

Lleva manzanas nuevas en la voz, y su aliento
perfuma *como* el nardo en la noche invernal.
(César Andrade Cordero, acuatoriano, "Los dos rosales")

Arrastro este cansancio por mi vida en escombros
como un peso de plomo que llevara en los hombros
sin lanzar una queja ni proferir un grito.

Y mi alma, en cuyos ojos la sombra se guarece,
es una pordiosera ebria que se adormece
bajo el pórtico oscuro de un bostezo infinito...
(Virgilio Díaz Ordóñez, en un soneto alejandrino)

A un lado la ciudad -torpe y vacía-;
ausente de mensaje y sentimiento,
con su rostro de piedra, y su alegría,
como un río que corre y va sediento.
(Jaime Barba, cubano, "La resaca")

Como un suspiro largo hecho de roca
la catedral otea entre cristales,
niña desnuda de aires monacales
que la nieve al caer apenas toca.
(Ángeles Amber, "Salamanca bajo la lluvia")

PARTICULARIDADES DEL SÍMIL

La imagen, aunque técnicamente es igual que la metáfora, requiere que el poeta ponga en juego imaginación y sensibilidad superiores. Es el momento de crear algo inexistente, que puede ser inconcebible o fantástico aunque, poéticamente, goza de una efectividad aplastante. La metáfora, menos creativa que la imagen, sólo necesita una apreciación directa, al aceptar que "esto" *es* "aquello", sin explicar el porqué de la afirmación que, no obstante, queda vívida ante la comprensión del lector. En cuanto al símil, su exposición es más sencilla: "esto" *es como* "aquello", y santas pascuas. Por eso la principal cualidad del símil es que, entre los tropos, es el más abundante, y su nacimiento se remonta a los albores de la civilización.

SÍMILES EN GRECIA Y EN ROMA

En la antigua Grecia ya el símil aparece con su doble efecto de adorno didáctico. Al buscar puntos de comparación entre objetos sin relación alguna entre sí, los griegos aligeraron la expresión poética desde las lejanas raíces de la civilización occidental. No puede faltar la voz de Píndaro, nacido en el año 518 A.C. y muerto hacia el 440. Considerado por muchos como el mayor lírico de todos los tiempos, Píndaro le canta *A Hierón de Siracusa, vencedor en Olimpia en la carrera ecuestre.* El caballo del tirano de Siracusa, Ferénico, resulta vencedor en la Olimpiada LXXVII, y Píndaro se entusiasma:

> Sobre toda opulencia vale el oro
> que refulge en la noche *como* llama.

Alcmán, considerado como fundador del género erótico en poesía, ya en las postrimerías de su vida le canta al alción. Era natural ese canto, porque se cree que cuando el alción o alcedo envejecía, sus compañeras lo mantenían en el aire durante largos vuelos... Y Alcmán exclama:

> Ahora, muchachas de dulce canto,
> con labios rojos *como* la miel,
> no me sostienen ya los hinojos
> y bien quisiera un alcedo ser...

Son famosos los versos de la *Oda II* de Safo (Siglo VI A.C.), en versión de Menéndez Pelayo, donde la poetisa describe su tragedia

La metáfora, el símil y la imagen 347

amorosa y se compara físicamente a la hierba marchita:

> Cúbrome toda de sudor helado;
> pálida quedo *cual* marchita yerba;
> y ya sin fuerzas, sin aliento, inerte,
> muerta parezco.

En época de Safo, Mimnermo comparaba lo efímero de la juventud con las hojas de los árboles prontas a marchitarse. Aunque a este poeta se le ha considerado representante de la poesía erótica griega, una melancólica y elegiaca tristeza fue lo más característico de su obra poética. He aquí su escéptico símil:

> *Como* las hojas que la Primavera
> lozanas muestra en opulento brillo,
> así la juventud sólo un momento
> breve gozamos, sin saber siquiera
> el hado que los dioses nos deparan.

Y más cerca en el tiempo, en el Siglo III A.C., Asclepiades de Samos le cantó a Climea y unió dos ideas diferentes que, traducidas en modernos octosílabos por el literato español del siglo pasado, Ángel Lasso de la Vega, pueden pasar por un hallazgo poético de este siglo:

> Mi corazón se derrite
> *como* la cera en el fuego.

Yendo de Grecia a Roma -como es cronológicamente normal- hay que reparar en un símil latino de Lucrecio, que probablemente vivió entre los años 100 y 55 A.C., y fue seguidor de las doctrinas del filósofo griego Epicuro, a quien elogia en *La naturaleza sin velos,* en traducción del sacerdote, poeta y humanista mexicano, Gabriel Méndez Plancarte:

> Tú, padre y maestro, descubridor de cosas,
> que en tus sabios escritos nos das preceptos paternos.
> *Tal como* las abejas liban en floríferos bosques,

> recogemos nosotros, *como* alimento, tus dichos,
> tus sentencias áureas, dignísimas de vida perpetua.

Horacio, que vivió entre el año 65 y el 8 A.C., y que gracias a Virgilio cultivó la generosa amistad de Mecenas, relata en una de sus más conocidas sátiras; *El importuno,* la desagradable experiencia vivida con un desconocido parlanchín, con quien se encontró en plena Vía Sacra. En versión de Bartolomé Leonardo de Argensola, dice así el símil del poeta ante la indeseada compañía:

> Yo entonces, *cual* rocín flojo y cansado,
> que echándose la carga se derrenga,
> estuve por caerme de mi estado...

Tibulo nació medio siglo antes del comienzo de la Era Cristiana y murió alrededor del año 18. Despreciaba la guerra, y antes que la esclavitud de la espada, prefería la de la mujer. Asi dice en la *Elegía primera,* traducida por Amparo Gaos y el poeta mexicano Rubén Bonifaz Nuño:

> A mí me retienen preso los lazos de una hermosa muchacha,
> y *como* esclavo ante sus duras puertas me siento.

Y otro poeta latino, Ovidio, que nació en el año 43 A.C., y murió cuando el Redentor del Mundo era un adolescente, relató en las *Metamorfosis* la huida de Dédalo acompañado por su hijo Ícaro. En los versos fantásticos, padre e hijo volaban para asombro de labriegos y pescadores, y es precisamente entonces cuando florece un símil:

> Y *como suele* al ave al punto, cuando
> del alto nido saca al tierno hijuelo
> y le hace que le siga y va volando,
> así, volando, el padre mira el vuelo
> del hijo, a quien enseña un arte extraño...

La metáfora, el símil y la imagen

ORIGINALIDAD DE LOS SÍMILES

Lo más curioso del símil radica en los géneros que abarca, porque también florece en el habla popular, como apoyo de la conversación. Ya Quevedo hacía alusión en *La hora de todos y la fortuna con seso* a la "noche de hibierno, de las que llaman boca de lobo". En la poesía costumbrista, el símil hace también su entrada, como en "Una noche cubana", de José Sánchez Boudy:

> Rompe el aire el pregón *como* si fuera un tiro.

Y en la ópera, poema dramático musical, hay un ejemplo conocido por todos:

> La donna é movile,
> cual piuma al viento,
> muya d'acento
> e di pensiero.
>
> (La mujer es voluble,
> *como* pluma al viento,
> cambia de tono
> y de pensamiento). (199, pág.477)

SIMBOLISMO Y MODERNISMO: GRACIA METAFÓRICA

El *Simbolismo* surgió en Francia en oposición al *Parnasianismo* y su rigidez perfeccionista. Cuando en 1876 se publicó el último *Parnasse,* dieron fuerza al *Simbolismo* tanto Mallarmé como Verlaine, y fue este último el principal simbolista, con una figura clave a su lado: Rimbaud. Pero fueron también propulsores del nuevo estilo, entre otros muchos, Rémy de Gourmont, Jean Moréas (cuyo verdadero nombre era Ionnes Papadiamantopoulos); Maurice Maeterlinck (poeta francés de origen belga); Jules Laforgue, el conde de Lautréamont y el conde de Villiers de L'Isle-Adam. Lo primordial de la nueva escuela, cuyo precursor por antonomasia era Baudelaire, fallecido en 1867, fue expresar el sentimiento con ritmos y sonidos, valiéndose de toda clase de elementos para darle vida a la expresión poética. A los representantes del *Simbolismo* los llamaron "decadentes" por haber abandonado la escuela parnasiana y por usar un lenguaje diferente. Prevalecían en ellos las alusiones, las alegorías, los símbolos y, por supuesto, hicieron florecer el lenguaje tropológico con novedosas metáforas.

Es notorio que de ambas escuelas: el *Parnasianismo* primero y el *Simbolismo* después, se nutrió Rubén Darío, con su gran conocimiento del francés, para crear en Hispanoamérica la revolución modernista. Claro que el *Modernismo* no fue sólo eso, porque las adaptaciones métricas que abrieron nuevos campos rítmicos en castellano no provenían solamente de la lengua gala y, en cuanto a los temas, además de princesas y cisnes versallescos, volvieron las alusiones mitológicas, surgieron nuevos neologismos grecolatinos y predominó el gusto por lo exótico, en medio de la exuberancia poética y la búsqueda lírica de la belleza. Tal vez la mejor definición en verso que se hizo del *Modernismo* se debe al propio Darío, en *Cantos de vida y esperanza:*

> ...y muy siglo diez y ocho, y muy antiguo
> y muy moderno; audaz, cosmopolita;
> con Hugo fuerte y con Verlaine ambiguo,
> y una sed de ilusiones infinita.

SÍMILES ENTRE SERES CON VIDA, SENTIMIENTOS Y OBJETOS INANIMADOS

Esa "Sed de ilusiones" dariana anima a los poetas modernistas y tendencias afines posteriores a enriquecer la gracia metafórica, como cuando se entrelazan seres con vida, sentimientos y objetos inanimados. Mientras más inusitadas son las comparaciones, mayores son los estremecimientos poéticos. Los siguientes ejemplos son prototipos en ese aspecto del símil:

> Ah, suave afán, cabal e inútil pena,
> clima de una piel tibia *como* un trino,

La metáfora, el símil y la imagen 351

en secreto misterio la cadena
forjando está con sólo ser divino.
(Miguel Ángel Asturias, guatemalteco, "El amor")

Acaso al recordarte mi dolor evidencio
y *como* el vaso lleno tengo un sonido grave.
(Baeza Flores, "Canción del amor silencioso")

Flamea la tarde *como* una bandera:
como la bandera de la primavera.
(Edmundo van der Biest, venezolano, "La epifanía de los ojos verdes")

Todo viene apacible del olvido
en una caridad de cosas bellas,
así *como* si Dios, arrepentido,
se hubiese puesto a regalar estrellas.
(Evaristo Carriego, argentino, "Ratos buenos")

...y un campanario de siniestra aguja,
parecido al sombrero de una bruja,
filtró la hora en mí, *como* un embudo.
(Luis Ángel Casas, "La hora imprevista")

Mi juventud se viste y se perfuma
de candidez floral, *como* el almendro.
(Eduardo Castillo, colombiano, "Incertidumbre")

Soy el desamor tan desolado
como los continentes sumergidos.
(Ángel Cruchaga Santa María, "El amor junto al mar")

Corre su cuerpo criollo
la roja sangre del pueblo,
fresas *fingiendo* en su boca,
rosas en su cutis terso,
y en la gloria de sus ojos
cálido fulgor de incendio.
(Aquileo J. Echeverría, costarricense, "Mi musa")

Mi culpa es la locura de querer engastarla
como piedra preciosa sobre mi corazón.
(José María Egas, ecuatoriano, "Estancia de amor")

Mis ojos han visto
el cuarto cerrado...
cual inmóviles labios su puerta...,
¡está silenciado...!
(José María Eguren, peruano, "El cuarto cerrado")

Sus pestañas, cargadas de sombras,
velaban los ojos profundos y negros;
el amor, *como* luz de una estrella,
cintilaba líquido, rompiendo su velo...
(Francisco Gavidia, salvadoreño, "Romanza")

El pino solitario
dibujóse a lo lejos,
en un fondo de bruma y de nieve
como un largo esqueleto.
(Ricardo Jaimes Freyre, boliviano, "En las noches tristes")

Suave patria: tu casa todavía
es tan grande, que el tren va por la vía
como aguinaldo de juguetería.
(López Velarde, "Suave patria")

De ti a mí, mano a mano,
el mate viene y va.
El mate es *como* un diálogo
con pausas que llenar.
(Ezequiel Martínez Estrada, argentino, "El mate")

Yo he visto crecer tu pena
como una hierba espontánea.
(Fernando Paz Castillo, venezolano, "Hay luces entre los árboles")

Rugen las olas encrespadas, fuertes,
mas ruedan luego por la playa, inertes,
dejando sólo espumas en su afán,

cual dejan sólo espuma indefinida
aquellas ilusiones que en la vida
llenando el alma de espejismos van.
(Efraín Pérez Castro, ecuatoriano, "Espumas")

Con su verde sin matices,

La metáfora, el símil y la imagen

apiñados, casi en lotes,
se descuelgan los chayotes
hinchados *como* narices.
(Norman Rodríguez, cubano, "Los chayotes")

Roble que eres un estuche
de enjambre de mariposas.
Tu lagrimear tembloroso
pone elegante una alfombra,
como el que tiende su alma
para que se eche una moza...
(Casáreo Rosa Nieves, puertorriqueño, "Ritornello del roble florecido")

SÍMILES CON ANIMALES IRRACIONALES

El recurso de acudir a animales irracionales para expresarse con símiles viene de lejos. Basta recordar a Horacio, citado más arriba, cuando se compara con un "rocín flojo y cansado", ante la ingrata presencia del desconocido importuno. Pongo a continuación símiles en ese estilo, cuya originalidad capta lectores y estimula a poetas:

Es una gota apenas, *como* el ojo de un pájaro.
(Andrés Eloy Blanco, "Río de las siete estrellas")

...*como* un suspiro expreso
vuelven los pájaros
pero tu rostro huye fugitivo
como el agua.
(Rubinstein Moreira, uruguayo, "Cantiga a tres voces")

Sordamente, en el parque marchito,
pasa el viento con una hoja seca
como un gato con un pajarito.
(Horacio Rega Molina, "Lluvia de otoño")

Mi corazón es dulce *como* un pájaro muerto.
(Pura del Prado, "Autorretrato")

En derredor volaban las gaviotas
como blancos pañuelos al azar.
(Ricardo Nieto, colombiano, "Canción marina")

> Golondrinas, tus senos, ocultos tras la blusa
> *como* el trigo en la bruma matinal de septiembre.
> (Efraín Jara Idrovo, ecuatoriano, "Niña de las golondrinas")

> *Como* parda golondrina
> pequeñuela, partí al valle...
> (Darío, "En el sur")

Pero hay que reparar otra vez en Darío, cuando con otro de sus fantásticos símiles, en el poema "El porvenir", dibuja la lumínica mirada de Dios en el instante en que un ángel la esparce por los cielos, y

> Se estremecen los astros
> *cual* bandada de pájaros de fuego.

Salgamos del reino de las aves:

> ...que a veces danzo en tus oscuridades
> cual murciélago de alas atrevidas...
> (Julio Estorino, cubano, "Posesión")

> Con silencios profundos *como* peces.
> (Roberto Payne, argentino, "Mirábase las manos")

> Ara en mí, *como* un manso buey la tierra
> el dulce silencioso pensamiento.
> (Unamuno, "Dulce silencioso pensamiento")

> Mas, cuando voy ya lejos en mi ruta,
> siento detrás de mí volar sus ojos,
> *cual* dos abejas que su dulce carga
> vinieran a dejar sobre mis hombros.
> (Fabio Fiallo, dominicano, "Esquiva")

> *Como* un corcel de sombras en la noche sombría
> voy ciego en un furioso desate de pasiones.
> (Emilio Carrere, "Maleficio")

> Mi sombra iba a mi lado sin pies para seguirme,
> mi sombra se caía rota, inútil y magra;

La metáfora, el símil y la imagen

como un pez sin espinas mi sombra iba a mi lado,
como un perro de sombras
tan pobre que ni un perro de sombras le ladraba.
(Emilio Ballagas, "Elegía sin nombre")

Porque hay muertes anónimas que vimos cuando niños
rondándonos las piernas *como* perros helados.
(Arturo Camacho Ramírez, "Vitalidad de la muerte")

Lúbrico *cual* los perros..., falso *como* los gatos...
(Clara Lair, puertorriqueña, "Frivolidad")

¡Luminosa y fragante, vierte sol y perfume,
y mi espíritu en torno de su llama sagrada,
como una mariposa devota se consume!
(Héctor Cuenca, venezolano, "Su alma")

Nunca sabré el color de tus pupilas,
pero las llevo *como* dos lámparas tranquilas
que atraen mariposas hacia mi corazón.
(Yamandú Rodríguez, uruguayo, "Tus ojos")

La montaña lejana que asoma en el oriente,
semeja, bajo nubes de pálido matiz,
de un árbol fabuloso la colosal raíz
o el cadáver fantástico de una extraña serpiente.
(Víctor Lulo Guzmán, dominicano, "Invernal")

La tarde se adormece *como* un saurio gigante.
(Benito Raúl Losada, "Alegre el árbol dice")

Y de este mismo poeta y escritor venezolano, en "Misa de pueblo", una combinación de símil primero y metáfora después. Nótese que "las mantillas parecen", en tanto que "las mujeres, son":

Las mantillas *parecen* mariposas
en el ambiente místico y callado;
las mujeres en los reclinatorios
son estatuas de mármol.

El poeta español Ángel González, en "Quinteto enterramiento para cuerda en cementerio y piano rural", combina instrumentos musicales con la fauna, en una serie de comparaciones:

> El primer violín canta
> en lo alto del llanto
> *igual* que un ruiseñor sobre un ciprés.
>
> *Como* una mariposa
> la viola apenas viola
> el reposo del aire.
>
> Cruza el otro violín a ras de *cello,*
> *semejante* a un lagarto
> que entre dos manchas verdes
> deja sólo el recuerdo de la luz de su cola.

Pero no se puede hablar de símiles con los animales irracionales sin recordar varios ejemplos de José Santos Chocano, que ve al caimán:

> *A manera de* un príncipe encantado
> que vive eternamente prisionero
> en el palacio de cristal de un río...,

y al cocuyo, esa diminuta linterna de los campos que ha inspirado a muchos poetas, le arrancó Chocano símiles preciosos y precisos:

> Luces vacilantes
> *a manera de* extraña pedrería
> que relumbra y se apaga por instantes...,

y al brote de los cocuyos en la selva lo califica:

> *cual* si alguien, con fiebre de la orgía,
> arrojara puñados de diamantes...,

para cerrar la visión del coleóptero alumbrador con dos tercetos:

La metáfora, el símil y la imagen

De día ocultos en la verde alfombra,
sólo en las horas de nocturna calma
divagan a través de la espesura;

y a fuerza de brillar entre la sombra,
acrisolan su brillo, *como* el alma
que a fuerza de sufrir se hace más pura.

COLORES USADOS EN LOS SÍMILES

No sólo los colores, sino los aromas y los sonidos, son definidos como sustancias poéticas que se corresponden... y Baudelaire con sus *correspondencias,* en un soneto, se convierte en maestro del género. Ortega y Gasset dudaba que "a un joven de hoy le pueda interesar un verso, una pincelada, un sonido que no lleve dentro de sí un reflejo irónico", (200, pág. 478) y definía a la Poesía de entonces como "el álgebra superior de las metáforas". (201, pág. 478) Esa álgebra sobrevive en sonetos como el del poeta cubano Roberto Cazorla, "A la fuente ignorada", de corte claramente vanguardista, pero con metro y rima además del blanco metafórico:

Blanca, con cuatro pájaros de susto,
rompiendo mi alegría de extranjero,
logró volverme cielo pasajero
la tarde rota con el sol injusto.

Y en los símiles poéticos vibran los colores que, sobre todo, saltan aquí y allá con sus múltiples gamas, para que poesía y pintura formen un arco iris rítmico.

BLANCO Y VERDE

Al rayar el alba de la literatura moderna con Garcilaso, el blanco se entrelaza con el verde para describir la muerte de Isabel Freire, musa del amor imposible, cisne degollado sobre el césped:

Estaba entre la hierba degollada
cual queda el blanco cisne cuando pierde

la dulce vida entre la hierba verde.

Carlos Acuña, poeta chileno, presenta en "Vendimia" una versión mística -blanca pureza- de unos dedos de mujer:

> Eran tan blancos, tan blancos,
> así *como* el pan de Dios.

También hay profusión de blancos en el soneto "Scherzando", de Hilarión Cabrisas. Pero ahora los dedos femeninos, por un milagro metafórico, se trasnforman en un rosal:

> Tus manos, *como* blancas mariposas
> que emprendieran olímpica regata
> sobre un blanco jardín de blancas rosas,
> scherzaban la erótica sonata.

Cruza un jinete velozmente por la llanura para que, en "Poemas continentales", sea visto por Andrés Eloy Blanco, inusitadamente, con símil y color, color en símil rebosante de originalidad:

> Por donde pasa un gaucho a toda brida
> *como* un dado que rueda sobre un tapete verde.

Dámaso Alonso usa el verde en un aislamiento del paisaje, con una descripción vívidamente colorista, al comienzo de su poema "La injusticia":

> ¿De qué sima te yergues, sombra negra?
> ¿Qué buscas?
>   Los oteros,
> *como* lagartos verdes, se asoman a los valles
> que se hunden entre nieblas en la infancia del mundo.

Oscar Pérez Moro recuerda su ayer cuando evoca, blancamente, la imagen de su madre: "peinándose la melena/ blanca como el algodón". Y en versos alejandrinos dedicados a la décima:

La metáfora, el símil y la imagen

Te concibo montuna *como* una risa verde,
dulce *como* la caña, suave *como* la seda...

Carlos Castro Saavedra ve a su amada "Vestida como el campo", y siente que su amor crece ante el color que simboliza la esperanza:

De verde te amo más, *como* el vestido
que se parece al campo cuando llueve.

El blanco se repite en símiles dobles, como al principio y al final de "Lejana", del chileno Romeo Murga:

Como el sendero blanco donde vuela mi verso
eres tú, toda llena de las cosas lejanas.
Sólo por la tristeza de mirarte partir
como una vela blanca hacia todos los mares.

El doble blanco ocurre también en "Palabras a la sulamita", inclusive en un pleonasmo [202, pág. 478] de Roberto Jaramillo Arango:

Como la blanca nieve
fue mi color.

Tan blancos y lucientes
como copos de espuma son tus dientes.

Agustín Acosta, en el soneto "Heces", acude a la blancura descriptiva en dos alejandrinos:

Cuando mis ilusiones *como* un blanco rebaño
eran las precursoras de mi pascua florida.

Pero el color blanco simboliza también lo patético de la muerte, como en "Los sueños malos", de Antonio Machado:

De balcones y ventanas
se iluminan las vidrieras,
con reflejos mortecinos,

como huesos blanquecinos
de borrosas calaveras.

VERDE CUBANO

Una poetisa cubana, Nieves del Rosario Márquez, retrata un ciclón tropical, y el último verso de su estrofa busca similitudes esmeraldinas:

> Bajo la furia alada del huracán, los árboles
> se doblan y se quiebran al filo de las ráfagas;
> los tallos de las palmas no resisten su embate
> y sus hojas al viento son *como* verdes lágrimas.

Y Aurelio Torrente Iglesias evoca a Cuba, y le canta desde su poema "Verde":

> ...eras verde *como* verdes tus palmas
> que, en vergel de verdores,
> reverdecen tu Escudo de Armas.
> Eras verde *cual* verdes tus cañas,
> tus verdes praderas,
> tus verdes sabanas
> y el verdor claroscuro
> de tus verdes montañas
> y muy verdes, muy verdes,
> tus orillas de costas cubanas.

Pero el verde cubano -con tonos azules y rojos- sirve de pretexto también para rememorar unos ojos femeninos, como cuando Luis Lloréns Torres, en "Trova guajira", se inspira en Cuba... y en alguien más:

> Cuba es verde en la hoja verde
> del tabaco y la banana;
> verde en la verde sabana
> que en el risco azul se pierde;
> en las palmas que el mar muerde;
> en las malezas y abrojos

La metáfora, el símil y la imagen 361

>que apagan los soles rojos;
>cuba es verde en sus montañas;
>en sus llanuras de cañas;
>y Cuba es verde en tus ojos.

Y hablando de ojos verdes y verdor de isla, Agustín Acosta une también mujer y patria en su soneto "Verde":

>Verde por todas partes: montañas, lontananza...
>Todo cuanto en lo inmenso de la extensión se pierde.
>Equívocos contornos de paz y de esperanza...
>Pero ese no es mi verde.
>
>El campo extiende en júbilo su varia clorofila.
>Nada inclina a mi ánimo a que olvide o recuerde...
>Pero aquí yo no encuentro la luz de tu pupila
>verde.
>
>Todo es oasis. Nada nos dice del desierto.
>Todo está vivo. Nada confirma que algo ha muerto.
>Nada que un mal instante nos recuerde.
>
>Poco dice a mi alma tanta esmeralda. Ansío,
>no este verde sencillo de montaña o de río:
>yo quiero el verde insólito de tu pupila verde!

Y en este final de soneto, el adjetivo "insólito" implica un mundo de poesía: Son los ojos de la mujer del poeta, son su consuelo... Consuelo Díaz de Acosta.

BLANCO Y ROJO, BLANCO Y NEGRO

El blanco se combina con un rojo elíptico que simboliza la sangre, cuando el dominicano Ramón Emilio Jiménez, en "Autonomía", relata la aventura de un niño que trata de atrapar un reptil:

>El lagarto de nuevo se ha perdido
>*cual* un blancor de leche de alabastro;
>el tronco de la palma se ha teñido

con un sangriento y ondulante rastro;
el niño queda triste, arrepentido,
y, *cual* ojo de Dios, fulgura el astro.

El negro se abraza al blanco en la descripción de las nubes, en "Noche de luna en la bahía", de Chocano:

La nube blanca es *como* un ángel
de luminosa majestad;
la nube negra es pavorosa
como un espíritu infernal.

Y Buesa da su versión antitética -blanco y negro- en el "Poema del río", con voluptuosidad sedeña y paradójica nieve, que es fuego erótico:

Tu piel era más blanca sobre la negra seda
como el deslumbramiento de la nieve en la noche.

TONOS GRISES

Si mezclamos los colores blanco y negro que aparecen en el ejemplo anterior de Buesa, surge el tono gris: color indefinido que le sirve al colombiano Antonio Gómez Restrepo para dibujar, en una mirada de mujer, una fugitiva y presente tristeza:

Ojos, *como* el pesar, meditabundos,
en cuyo fondo gris vagan esquivas
bandadas de ilusiones fugitivas,
como en el mar alciones errabundos.

Y Luis Cernuda, en "Impresión de destierro", se aferra a un color poco saludable, pero su intención es hacer migas con la elocuencia de tres versos. Se trata de una metáfora en un alejandrino, y un símil en dos endecasílabos, ambas figuras en gris:

Entre la hierba el gris relámpago del río.
Todo era gris y estaba fatigado

igual que el iris de una perla enferma.

NEGRO Y ROJO

Gutierre de Cetina les cantó a los "ojos claros, serenos...", pero también los ojos oscuros han inspirado a muchos poetas. Asi en "Carbón", del colombiano Clímaco Soto Borda:

> Tristes las teclas de azabache gimen
> cuando en ellas la ardiente luz reflejas
> de tus pupilas, negras *como* el crimen...

Si Gutierre de Cetina usó los adjetivos "claro" y "sereno" para los ojos, el colombiano Ismael Enrique Arciniegas se adhirió a los de "claro", pero acudió también a "dulce", en el título de un poema: "Ojos dulces y claros". Y al definir los labios femeninos en un alejandrino de notable eufonía, dice:

> Labios rojos, *cual* pétalos de rosa purpurina.

En cuanto a los ojos, Blanca Isaza de Jaramillo Meza interpreta de una manera diferente el negror de la mirada:

> Vuestros ojos gitanos, negros *como* una pena.

Y como al parecer los ojos gitanos son predominantemente negros, Guillermo Valencia los retrata en su "Balada":

> Al-Mohamed, el Califa
> de la florecida barba,
> aguileña nariz y ojos tan negros
> *como* el café de la felice (203, pág. 478) Arabia.

> Asoma después más negro
> que el ojo de las gitanas,
> y el tinte oscuro que en dorado fondo
> la piel sedosa de los tigres mancha.

Pero no sólo los ojos, sino las pestañas oscuras, aparecen en una traducción "A la manera de Petrarca", hecha por Max Henríquez Ureña, sobre unos versos franceses de José María de Heredia:

> Vuestras pestañas son *como* negro follaje
> que filtra el prolongado resplandor de una estrella.

Y volviendo al rojo, aquí está el símil doble de Darío, con sabor a especias y a sangre sensual, que es gula romántica en "Divagación":

> ...flor de gitanas, flor que amor recela,
> amor de sangre y luz, pasiones locas;
> flor que trasciende a clavo y a canela,
> roja, *cual* las heridas y las bocas.

Claro que el negro es uno de los colores más socorridos para los símiles, y vuelve a entrelazarse con el rojo de la sangre, cuando Efrén Rebolledo finaliza su soneto "El vampiro":

> Y mientras yo agonizo, tú, sedienta,
> *finges* un negro y pertinaz vampiro
> que de mi ardiente sangre se alimenta.

El poeta chileno Pedro Sienna vuelve al rojo, en otro cauce expresivo, con eneasílabos agudos:

> Haz todo rojo tu pendón,
> enamorado paladín,
> y *como* irónico festón,
> deja colgado del arzón
> los cascabeles de Arlequín.

El negro, como adjetivo para definir la noche, no es nada original. Sin embargo, el poeta puertorriqueño Ernesto Juan Fonfrías, en "El Salto del Comerío", salva ese incoveniente cuando le añade a la noche dos veces negra un tercer elemento digno de Dante:

> Una noche negra, negra *como* el alma de un demonio.

La metáfora, el símil y la imagen 365

Y en el plano del *más allá,* Mercedes García Tudurí ofrece una visión mística de su búsqueda incesante, en una estrofa de su poema "Como la vela". Los tres versos últimos, rebosantes de fe, cierran con un símil en negro el miedo de perder a Dios:

> Me anonada
> la certidumbre de la oscura fuerza
> que nutre mi raíz y que me arrastra
> -no importan mis esfuerzos-
> lejos de Ti, mientras te ofrezco el alma;
> *lo mismo que* se tiende al sol la vela
> de la nave que surca negras aguas.

Más arriba acudí a un ejemplo de Chocano, donde el blanco simboliza el bien: "nube blanca como un ángel"; y el negro representa el mal: "negro como un espíritu infernal". En los versos de Mercedes García Tudurí, que también forman un doble símil, la idea es la misma, porque el blanco, que es el alma de la poetisa, está contenido en la vela de una embarcación, en lucha eterna contra las negras aguas del mar, que en este caso es la vida misma.

En el soneto "Filtro rojo", Evaristo Carriego ve algo insultante en ese vivo color:

> Volviste a ser la de antes. Misteriosa,
> *como* un rojo clavel tu confidencia
> reventó en una amable delincuencia
> con no sé qué pasión pecaminosa.

Y Delmira Agustini, con sus habituales estallidos de pasión, que se baten entre los estertores de un siglo romántico y la música y la osadía de un siglo que comienza plenamente modernista, acude también a un símil en negro. He aquí el último verso de la primera estrofa de "Mis amores", con su cierre radical y poéticamente nocturno:

> La noche bebe llanto *como* un pañuelo negro.

ROSADO Y AMARILLO

Acaso por su tono suave, indefinido, el color rosado resulta escaso en los símiles. Sin embargo, no escapó a Darío la idea de la luz divina, que suele penetrar tenuemente, y así lo manifiesta en "Porvenir":

> Tu luz hiere mi frente
> *como* las cumbres del rosado Oriente.

Y no deja de ser simpática la percepción dariana de un "Oriente rosado", que coincide con "La madrugada", del poeta cubano José Jacinto Milanés, que también recoge un paisaje oriental rosado:

> Verla en Oriente lucir
> diáfana, rosada, bella,
> *como* una casta doncella
> que enamora al sonreír.

Pero si el rosado no es frecuente en Poesía, algo parecido sucede con el amarillo, cuya palidez utiliza el español Ramón Pérez de Ayala en una relación sutil con la edad avanzada:

> Junto a un piano de mesa
> antigua. Tú pasabas
> la mano sobre las teclas;
> unas teclas amarillas
> *como* seniles... tan viejas.

Y Pablo de Rokha, en su poema "Círculo", da una versión menos añeja del color amarillo, aunque sí otoñal, añadiéndole la nota novedosa del animal irracional:

> *Como* un perro amarillo te siguen los otoños.

La metáfora, el símil y la imagen   367

REITERACIÓN DEL AZUL EN ANTONIO MACHADO

Y arribamos al azul, color dariano, *Modernismo* en su primer libro, arte de lo celeste: "L'art c'est l'azur", diría Hugo. Edelberto Torres afirma que "el título ya está en su fantasía y en seguida lo estampa: *Azul...* Así, con insinuantes, interrogantes, cavilosos suspensivos. Es que el celeste color está colmado de acepciones para Darío: Es arte, ideal, ensueño, lo más imponente de la naturaleza: mar y cielo, y enseña de la lucha por la liberación artística que emprende". (204, pág. 479) Y es el azul pincelada mágica en Antonio Machado, confundido con la blancura:

> ¿No ves, Leonor, los álamos del río
> con sus ramajes yertos?
> Mira el Moncayo azul y blanco; dame
> tu mano y paseemos...,

pero además del blanco, el verde que precede al azul:

> ...bajo un cielo de añil, plazas desiertas
> donde crecen naranjos encendidos
> con sus frutas redondas y bermejas;
> y en un huerto sombrío, el limonero
> de ramas polvorientas
> y pálidos limones amarillos,
> que el agua clara de la fuente espeja,
> un aroma de nardos y claveles
> y un fuerte olor de albahaca y hierbabuena,
> imágenes de grises olivares
> bajo un tórrido sol que aturde y ciega,
> y azules y dispersas serranías
> con arreboles de una tarde inmensa...,

y el amigo José María Palacio (205, pág. 479) recibe versos y colores que Machado le envía:

> ¡Oh mole del Moncayo blanca y rosa,
> allá, en el cielo de Aragón, tan bella!
> ¿Hay zarzas florecidas

entre las grises peñas,
y blancas margaritas
entre la fina hierba?

Habrá trigales verdes
y mulas pardas en las sementeras...,

para concluir una vez más con el azul:

Con los primeros lirios
y las primeras rosas de las huertas,
en una tarde azul, sube al Espino,
al alto Espino donde está su tierra...

Todos los colores están en Machado: "¡Los blancos muros, los cipreses negros!", "¡Oh las enjutas mejillas/ amarillas...!", "Como la náusea de un borracho ahíto/ de vino malo, un rojo sol corona/ de heces turbias las cumbres de granito...", "Castilla de grisientos peñascales.../ Castilla azafranada y polvorienta/ sin montes, de arreboles purpurinos...", "Sobre el verde tapete reclinado...". y siempre, siempre, Machado regresa al azul, en una visión de "mundos sutiles" que, como a pompas de jabón:

Me gusta verlos pintarse
de sol y grana, volar
bajo el cielo azul, temblar
súbitamente y quebrarse.

AZUL

Antonio Machado no usa el azul como símil, sino como descripción directa. Pero no puede faltar el enigma celeste en unos ojos de mujer, y Rafael Maya, en "Ojos lejanos", hace la comparación explicada:

Ojos lejanos que en mi afán espero,
ojos que un soplo de tristeza empaña,
sois a mí *como* el último lucero
sobre el tranquilo azul de la montaña.

La metáfora, el símil y la imagen 369

En una versión menos romántica, pero de gran tono expresivo, dice Neruda en "El Pueblo":

> Bebo el azul del cielo por mis ojos sin vicio
> *como* un ternero mama la leche de las ubres.

Y el azul forma también una alianza con el negro, como en "La cancioncilla de la niña ingrávida", del venezolano Gonzalo Carnevalli:

> Y aquel azul que en el lejano fondo
> de la negra mirada se advertía
> *como* si reflejara lo remoto.

Azul: color del libro de Darío, color de la grandeza, impresión fugitiva y permanente en los ojos de Chocano, cuando en el poema ya citado, "Noche de luna en la bahía", la luz de la vía láctea va desapareciendo ante la mirada del poeta:

> Exhalaciones insinuantes
> turban la azul serenidad,
> *como* en pizarra misteriosa
> tizas que corren sin pintar.

OJOS COMO PUÑALES

Coinciden símiles y metáforas en comparar cosas tan distantes, pero tan lógicamente afines, como una mirada y un arma blanca. Si los ojos de una mujer pueden herir cruelmente, nada los define mejor que estos dos versos del colombiano Fernando Prieto Arango:

> Se adentran por el alma tus pupilas
> *como* dos puñaladas.

También es inolvidable el final metafórico del soneto "La respuesta", de Medardo Ángel Silva:

> Con ademán de reina mancillada
> me clavaste el puñal de tu mirada
> muda a mis ruegos, impasible y fría.

Pero Ernesto Noboa Caamaño escribió el poema "Never more", título que hace recordar la voz del cuervo de Poe: "Nevermore"; y, lateralmente, el soneto "Nevermore", de Verlaine. Y en ese poema, en vez del repetido puñal, Noboa Caamaño se aferra a dos espadas, y no piensa sólo en los ojos de la mujer, sino en los propios, cuando tiembla al conjuro de su mirada:

> Y sólo un punto -*como* dos espadas-
> se cruzaron no más nuestras miradas
> para decirse: "demasiado tarde".

SÍMILES DOBLES

Lo símiles no son siempre sencillos, puesto que con un mismo tema pueden multiplicarse. El poeta argentino Jorge Calvetti se dirige al viento y hace una doble comparación con su propia persona:

> *Como* una espada de ángel encendida
> o *como* un dios que sueña llamaradas,
> desde estas lomas verdes y calladas
> te miro, viento que me das la vida.

En el soneto "Siempre", Arturo Doreste duplica bellamente un símil en su versión del amor oculto:

> Atenuando su gracia en el desvío
> tu tierno amor florece ocultamente,
> *como* el árbol que late en la simiente
> o la luz que amanece en el rocío.

Manuel Machado no pudo definir mejor la copla andaluza que con este característico doble símil:

La metáfora, el símil y la imagen 371

> Y brota en los labios
> soberbia y sencilla,
> *como* brotan el agua en la fuente,
> la sangre en la herida.

En "Soneto para un sencillo amor", el colombiano Jorge Montoya Toro pinta un doble símil:

> Y yo te quiero así. Tan simplemente
> como el agua al paisaje; como el día
> a la rosa que alza su ufanía
> frente a la primavera floreciente.

Uno de los poetas puertorriqueños más ricos en la exposición tropológica fue José Antonio Dávila. Con un doble símil describe la pubertad en el poema del mismo nombre:

> La niña muere en la mujer hermosa,
> *igual que* el tallo que culmina en rama,
> *lo mismo que* el botón que se hace rosa.

El beso y la tenura, con un doble símil cada uno, quedan originalmente expuestos en "Canción marina en el pinar", de Jaime Fontana:

> Los besos son *como* esas abejas inquilinas
> de los robles eternos. *Como* orquídea y zorzal...
>
> Estalle, al fin, *como* en el pino el rayo,
> *como* simiente de maíz en mayo,
> la ternura nuclear del corazón.

El poeta argentino Leopoldo Marechal concluye el primer cuarteto de su soneto "De Sophia", con el doble relámpago de su cámara fotográfica poética:

> Entre los bailarines y su danza
> la vi cruzar, a mediodía, el huerto,
> sola *como* la voz en el desierto,

pura *como* la recta de una lanza.

José Santos Chocano, que con sus descripciones pictóricas retrató como nadie la tierra americana, escribió también símiles dotados de vigor estético. En el soneto dedicado a la magnolia, dice que "...destaca su fina redondez a manera/ de una dama que luce descotado su seno". En el primer cuarteto hay un símil doble:

> En el bosque, de aromas y de música lleno,
> la magnolia florece delicada y ligera,
> *cual* vellón que en las zarzas enredado estuviera
> o *cual* copo de espumas sobre lago sereno...,

y en el último terceto, haciendo uso del polisíndeton, vuelve a duplicar el símil:

> Porque es fina y es blanca y es graciosa y es leve:
> *como* un rayo de luna que se cuaja en la nieve
> o *como* una paloma que se queda dormida.

Y para concluir con la duplicidad del símil, nada mejor que los versos de Antonio Machado, tomados de *Galerías LXXVII*. Un perro sin dueño y un niño perdido son los modelos en los que se inspira el grandioso poeta, para exponer su perseverante búsqueda de Dios:

> *Como* perro olvidado que no tiene
> huella ni olfato y yerra
> por los caminos, sin camino, *como*
> el niño que en la noche de una fiesta
> se pierde en el gentío
> y el aire polvoriento y las candelas
> chispeantes, atónito, y asombra
> su corazón de música y de pena,
> así voy yo, borracho melancólico,
> guitarrista lunático, poeta
> y pobre hombre en sueños,
> siempre buscando a Dios entre la niebla.

La metáfora, el símil y la imagen

SÍMILES TRIPLES

La emoción de un fuerte impacto puede actuar sobre la imaginación, para que nuevos nexos de comparación surjan casi atropelladamente. Algo así le sucedió a Andrés Eloy Blanco, cuando escribió las estrofas indígenas de su poema "Coquivacoa". (206, pág. 479) La mirada del amor sorprende al poeta que cruza con su nave, y apenas alcanzan dos alejandrinos para el triple símil:

> Recibí la mirada que salió *como* un ave,
> siguió *como* un perfume y entró *como* una flecha.

Otra versión triplicada del símil se debe a Jorge Rojas, cuando en "Las islas de tu imagen" escribe:

> Las horas se quedaron sorprendidas
> *como* en relojes muertos.
> *Como* vuelos de pájaros sin alas.
> *Como* un amor delante de mujeres
> que no existieron nunca.

Pero hay que recurrir de nuevo a Antonio Machado, y a la pieza honda, ligera y cordial de su "Inventario galante". No es fácil hacer una prosopografía (207, pág. 479) tan exacta de una mujer "clara y débil" con tres símiles consecutivos en la brevedad de cuatro versos heptasílabos. Machado lo consigue con sobria, pero profunda delicadeza, tan habitual en él:

> Tu hermana es clara y débil
> *como* los juncos lánguidos,
> *como* los sauces tristes,
> *como* los linos glaucos.

Y ya que volvemos sobre Machado, volvamos también sobre José Antonio Dávila con sus tres símiles en "Como otra dimensión":

> Tú eres *como* otra dimensión, y el mundo

sin ti no está completo,
porque eres *como* el fondo en lo profundo,
como la última línea de un soneto.

SÍMILES CUÁDRUPLES

En uno de los más famosos poemas de Amado Nervo, "Gratia plena", el poeta comienza un quinteto con tres símiles distribuidos en los dos primeros versos, para completar la idea en el verso cuarto, precisamente con el cuarto símil:

Ingenua *como* el agua, diáfana *como* el día,
rubia y nevada *como* Margarita sin par,
al influjo de su alma celeste amanecía...
Era llena de gracia *como* el Ave María:
quien la vio no la pudo ya jamás olvidar.

Un ejemplo más compacto de símil cuádruple es el que escribió Manuel del Cabral. En la tercera estrofa de "Hombre y voz", el poeta siente el dolor de la esclavitud ajena y se rebela a la injusticia con cuatro símiles que representan su propia queja ante la queja del negro esclavo:

¿Quién no tiene tu voz enredada en el cuerpo,
pegada *como* cosa que no quiere ser goma,
clavada *como* cosa que no quiere ser clavo,
corriendo *como* cosa que no quiere ahuyentarse,
volando *como* cosa que no quiere dejarnos?

Sin embargo, la belleza descriptiva se impone, y refiriéndose a una dama, Francisco Luis Bernárdez hace un retrato insuperable con cuatro símiles, uno en cada verso, en el primer cuarteto de su "Soneto enamorado". ¿Cómo es ella...?

Dulce *como* el arroyo soñoliento,
mansa *como* la lluvia distraída,
pura *como* la rosa florecida
y próxima y lejana *como* el viento.

La metáfora, el símil y la imagen

Ya en las series de cuatro y siempre por asociación de ideas, me llega a la memoria el nombre de Talleyrand, a quien se debe la firma en 1834 de la cuádruple alianza entre España, Portugal, Reino Unido y Francia. Pero al controversial político francés también se le atribuye un símil cuádruple, que ha pasado a ser un dicho proverbial: "El café debe ser caliente *como* el infierno, negro *como* la noche, puro *como* un ángel y dulce *como* el amor". Pero sigamos con los versos, y en "La última página" dice José Umaña Bernal:

> Nombre para decirlo suspirando, o en una
> sonrisa suave; nombre que *a manera* de un manto
> nupcial, guarda un recuerdo; tranquilo *como* un canto,
> triste *como* un ayer, tibio *como* una cuna.

Afirma Bousoño que Aleixandre fue "sumamente afortunado al nacer en 1898", porque pudo asistir así "al clímax de dos procesos", que son "el irracionalismo y el individualismo". (208, pág. 480) Los dos procesos son propios de la época, y esa tendencia irracional es visible en un símil cuádruple de Aleixandre, sobre todo cuando manifiesta que canta "como la dura piedra". Así aparece en "Tormento de amor", versos de vanguardia que no se divorcian de la métrica:

> No sé lo que es morir. Yo no muero. Yo canto.
> Canto muerto y podrido *como* un hueso brillante,
> radiante ante la luna *como* un cristal purísimo.
> Canto *como* la carne, *como* la dura piedra.

SÍMILES MÚLTIPLES

> Eras tú solamente *como* un hoyo de lirios
> o *como* una manzana que se abriera el corpiño.
> Clara *como* la boca de cristal en el agua,
> tierna *como* las noches que atraviesan el trigo
> por los lados de mayo.
> Dulce *como* los ojos dorados de la abeja;
> nerviosa *como* el viaje primero de la alondra.

En el fragmento anterior de la "Canción de la bella distante", César Dávila Andrade, poeta ecuatoriano, retrata a la mujer lejana con seis símiles concluyentes. Y esa multiplicación a veces se hace mayor, hasta la cifra de ocho, como en el "Soneto del amor elemental", de Carlos Castro Saavedra:

>Mi amor era sencilo *como* el vino.
>*Como* la barba blanca del abuelo.
>*Como* una golondrina contra el cielo.
>*Como* el habla del hombre campesino.
>
>Era *como* el saludo del vecino.
>*Como* el llanto del niño en un pañuelo.
>*Como* frutas regadas por el suelo.
>*Como* la albura de un mantel de lino.

Jorge Robledo Ortiz desborda su elegancia innata sobre una jovencita, cuando en un cuarteto y dos tercetos de un soneto memorable, prende la bella gracia de un símil óctuple:

>Era *como* la infancia de un lucero.
>*Como* la iniciación de una azucena.
>*Como* la sencillez de la colmena.
>*Como* la mansedumbre del sendero.
>
>Era *como* la paz de los trigales.
>*Como* el recato de los manantiales.
>*Como* la santidad de la oración.
>
>Era, casi abrumada de inocencia,
>*como* el primer encuentro con la ausencia
>cuando está florecido el corazón.

Otra secuela de símiles múltiples se puede resumir en cuatro estrofas de "La renuncia", de Andrés Eloy Blanco. El poeta describe su estado de ánimo al renunciar a su amor, y las audaces comparaciones desgranan su resignación en la medida cerrada de diez símiles redondos:

La metáfora, el símil y la imagen

He renunciado a ti, serenamente,
como renuncia a Dios el delincuente;
he renunciado a ti *como* el mendigo
que no se deja ver del viejo amigo;
como el que ve partir grandes navíos
con rumbo hacia imposibles y ansiados continentes;
como el perro que apaga sus amorosos bríos
cuando hay un perro grande que le enseña los dientes;

Como el marino que renuncia al puerto
y el buque errante que renuncia al faro
y *como* el ciego junto al libro abierto
y el niño pobre ante el juguete caro.

He renunciado a ti, *como* renuncia
el loco a la palabra que su boca pronuncia;
como esos granujillas otoñales,
con los ojos estáticos y las manos vacías,
que empañan su renuncia soplando los cristales
en los escaparates de las confiterías...

Pero en un estallido de asimilación comparativa, Carlos Fojo Hermida presenta en "Así eres, alma mía...", un subjetivo autorretrato en tres serventesios. Un poema compacto en doce versos, cada uno de los versos, un símil, que forman una docena de aldabonazos poéticos:

Eres *como* este cántaro vacío,
como este árbol sin ninguna flor,
como un cauce que ayer sirvió de lecho a un río,
como una calle triste sin luz y sin color...

Eres *como* esta sombra del alero,
o igual que aquel lucero que se quedó sin luz.
Como esta noche triste de febrero.
O la oscura madera de esta cruz.

Eres *como* este gajo triste y seco,
como esta vieja puerta que está frente al jardín,
como el pozo vacío que te devuelve el eco,
como la voz del viento, que nunca tiene fin.

CONCLUSIÓN

Puede advertirse fácilmente que el adverbio de modo "como", en sentido comparativo, es el más frecuente en los símiles. En "La casada infiel", García Lorca lo usa tres veces, con efectiva belleza:

> En las últimas esquinas
> toqué sus pechos dormidos
> y se me abrieron de pronto
> *como* ramos de jacintos.
>
> El almidón de su enagua
> me sonaba en el oído
> *como* una pieza de seda
> rasgada por diez cuchillos.
>
> Sus muslos se me escapaban
> *como* peces sorprendidos;
> la mitad llenos de lumbre,
> la mitad llenos de frío.

Y ante el erotismo lírico de García Lorca, reproduzco una estrofa tomada de "Bajo tu clara sombra", de Octavio Paz, no menos audaz que el romance gitano, pero ubicada ya en las corrientes más actuales e imperecederas de la poesía del Siglo XX. Las partículas comparativas "como", al referirse a las piernas y al cuerpo, denuncian los símiles; las afirmaciones directas sobre los pechos y el sexo, sin ningún nexo comparativo, descubren la excelencia metafórica. En la sección titulada "Metáforas o imágenes entrelazadas con símiles", (pág. 344) reproduje unos versos de Octavio Paz que fueron escritos a los diecisiete años de edad. "Bajo tu clara sombra" hace un mismo recorrido tropológico, pero ya a la altura de su experiencia lírica. Son símil, metáfora e imagen que se entrecruzan y se corresponden. Ritmo poético. Arte genuino. Poesía:

> Toca tu desnudez en la del agua,
> desnúdate de ti, llueve en ti misma,
> mira tus piernas *como* dos arroyos,

La metáfora, el símil y la imagen

mira tu cuerpo *como* un largo río,
son dos islas gemelas tus dos pechos,
en la noche tu sexo es una estrella,
alba, luz rosa entre dos mundos ciegos,
mar profundo que duerme entre dos mares.

Mira el poder del mundo:
reconócete ya, al reconocerme.

TEMA DÉCIMO

Tesoro de poemas breves

El *Poema Babilónico de Gilgamés* es de las composiciones poéticas más antiguas que se conocen. Durante la civilización babilónica, hubo tres siglos de esplendor que representan una época de oro, 2000 a 1700 años A. C. Hoy se conservan unos 3600 versos en tablillas de arcilla, escritos seis siglos antes de la Era Cristiana y, seguramente, muy distintos al antiquísimo texto original. Pero lo difícil de admitir es el trabajo perseverante que realizaban los escribas -primero los babilonios y después los asirios-, con sus escritos cuneiformes. Era una especie de ladrillos sometidos al horno, tan resistentes, que aún se mantienen como un desafío al paso de los siglos.

Actualmente, todo se facilita, aunque las poesías dejaron de ser tan extensas. El *Poema Babilónico de Gilgamés,* la *Ilíada* y la *Odisea,* pierden su voluminosidad ante la magia del *microfilme.* ¿Y qué decir de *Fausto,* la *Divina Comedia* y *Os Lusiadas?* Grande sería la sorpresa de Goethe, Dante y Camoens al ver el poco espacio que ocuparía la obra de cada uno de ellos, cumbre de las literaturas alemana, italiana y portuguesa.

Otro lado de la cuestión son los libros que, aun deseándolo, se nos quedarán sin leer. No puede calcularse cuantos miles de volúmenes interesantes hay, para cuya lectura no alcanzarían cien vidas. De ahí la excelencia de la condensación: éxito de *Selecciones del Reader's Digest* (hasta treinta millones de revistas mensuales en quince idiomas); y, en Poesía, los madrigales en lo lírico, los epigramas en lo festivo, las coplas en la voz popular... Y claro que, contemporáneamente, puede sorprender la paciencia de un Darío Espina Pérez y su *Poemario de Historia Universal,* (209, pág. 480) con cincuenta mil versos blancos. Pero eso no es lo común, puesto que se trata de un curso metódico, netamente didáctico y, por esa misma circunstancia, no es posible que sea lírico.

SÍNTESIS ANACREÓNTICA

Evidentemente, no todas las poesías de la antigüedad clásica fueron de larga extensión, y Anacreonte es uno de los más valiosos ejemplos de síntesis en la poesía griega. Leopardi, el italiano "poeta del dolor", describió la poesía anacreóntica como "un hálito pasajero de vientecillo fresco, en el verano oloroso y placentero, que de pronto os restaura en cierto modo y os abre como el respiro y el corazón con particular alegría; pero antes de que podáis satisfaceros plenamente con aquel recreo o analizar su calidad y distinguir por qué os sentís tan refrescados, ya aquel hálito pasó".

Al tema del amor, la música y el vino, consagró Anacreonte deliciosas y breves estrofas, cuya influencia marcaría a las literaturas de los siglos futuros, entre los que se destacaron Propercio, Horacio, Catulo y Tibulo en la Roma clásica; Johan Wilhelm Ludwig Gleim en Alemania; Petrarca y Giambattista Guarini en Italia; Joseph Addison en Inglaterra; Pierre Jean de Beranger y Jean Dorat en Francia y Gutierre de Cetina, Esteban Manuel de Villegas y Eulogio Florentino Sanz y Sánchez en España.

Al publicista español Federico Baráibar se debe una de las traducciones de "Brindis", poemita en el cual Anacreonte bebe en honor de Dionisos, (210, pág. 480) agregándole el doble de agua al vino griego, porque nadie solía beberlo puro debido a su densidad:

    Ea, las copas
    tráenos, muchacho.
    Quiero la mía
    beber de un trago.
    Mezcla prudente

con diez ciatos
de agua, otros cinco
de vino rancio.
Y así podremos,
sin injuriarnos,
beber a gusto
y honrar a Baco...
Venid, amigos,
y no bebamos
cual los escitas,
alborotando,
sino entre dulces
cantares báquicos.

EL SONETO Y LA DÉCIMA

Entre los poemas breves, la décima y el soneto tienen una larga historia, ambas ampliamente difundidas en castellano, pero con sus raíces extranjeras. Porque, posiblemente, la primera décima escrita aparece en el cancionero del cronista portugués García de Resende en 1506, veintiún años antes del nacimiento del poeta español Juan de Mal Lara, que escribió las primeras décimas castellanas en su *Mística pasionaria;* y en cuanto al soneto, ya se sabe -o se supone- que data del Siglo XIII italiano. Debido a su importancia, ambas estrofas requieren un estudio aparte. (En la Nota 2, pág. 437, expongo datos sobre el soneto, y en la Nota 6, pág. 441, sobre la décima).

SABIDURÍA Y GRACIA DE LAS COPLAS

La copla suele sintetizar el alma del pueblo. No la serie de coplas que forman un largo poema, como las del poeta español Fernán Pérez de Guzmán, entre los siglos XIV y XV, ni las insoslayables de *pie quebrado* (211, pág. 480) de Jorge Manrique años después, sino la breve estrofa concentrada en un hecho, llena de gracia y picardía popular. A veces se convierte en una saeta envenenadora, como la famosísima del dramaturgo español Jacinto Benavente:

> El que quiera a la del Soto
> tiene pena de la vida,
> por quererla quien la quiere
> le dicen *La Malquerida*.

Otras veces, llenas de sabiduría, representan un culto a la belleza, como la escrita por Francisco A. de Icaza en una de las paredes de la Alhambra de Granada:

> Dale limosna, mujer,
> que no hay en la vida nada
> como la pena de ser
> ciego en Granada.

Lo cierto es que el alma de España, el ingenio de su pueblo, canta en coplas que se pierden en el silencio de los siglos. El poeta sastre Antón de Montoro (1404-1480), les contestaba con una copla a los que, desdeñosamente, le pedían que olvidara a Pegaso y lo llamaban "El Ropero de Córdoba":

> Pues non cresce mi caudal
> el trobar, nin da más puja,
> adorémoste, dedal,
> gracias fagámoste, aguja.

O sea que, de todas formas, como las Musas no daban suficiente dinero, ello era un buen pretexto para seguir con la aguja, el dedal y... el verso. Así practicaba este bardo lo que Menéndez y Pelayo llamó la "mendicidad poética". Y, por otro lado, Julio Caro Baroja cita a De Montoro cuando éste critica a Juan Poeta y sus recitaciones de obras ajenas, a la vez que ensalza la maestría de aquellos juglares que habían perdido la vista:

> De arte de ciego juglar
> que canta viejas fazañas,

>que con un solo cantar
>canta todas las Españas. (212, pág. 480)

Cervantes, con su natural deseo de perpetuar la voz del pueblo, incluyó coplas en su Quijote. La siguiente trata lo que Américo Castro llamó "el tema del vacío angustioso del vivir español", que Don Miguel "personalizó y universalizó genialmente":

>Ven, muerte, tan escondida
>que no te sienta venir,
>porque el placer de morir
>no me torne a dar la vida. (213, pág. 480)

Versiones modernas y más actuales de la copla fueron escritas por Buesa, como la siguiente, con una metáfora elíptica al referirse a los ojos:

>Sé que te están vigilando:
>deben ser los aduaneros,
>por ese par de luceros
>que pasas de contrabando.

Y otra, en forma de quintilla, acaso con una maliciosa alusión a la cirugía plástica:

>Los dos por la misma acera,
>fue inevitable el encuentro;
>yo, envejecido por fuera,
>tú, envejecida por dentro,
>para que no se supiera.

Ezequiel Martínez Estrada publicó en 1959 sus *Coplas de ciego,* muchas de ellas en la fragilidad de las *tercerillas,* (214, pág. 480) como estos dos ejemplos cargados de sabiduría:

> Sólo después de la boda
> advirtió que era otro modo
> de seguir estando sola.
>
> ***
>
> La hoja que se deshojó
> del árbol, creyó estar libre,
> y el viento se la llevó.

Manuel Machado, dotado siempre de la chispa andaluza, escribió coplas clásicas tremendamente ingeniosas, con rimas asonantes en los versos pares:

> El cariño y la salud
> en un punto se parecen.
> Nadie sabe lo que valen
> hasta después que se pierden.

Pero en el libro *Sevilla,* de 1919, en "Cualquiera canta un cantar", es donde Manuel Machado describe mejor el arte de la copla, con dos coplas, precisamente:

> Procura tú que tus coplas
> vayan al pueblo a parar,
> aunque dejen de ser tuyas
> para ser de los demás.
>
> Que, al fundir el corazón
> con el alma popular,
> lo que se pierde de nombre
> se gana de eternidad.

MORDACIDAD DEL EPIGRAMA

El epigrama es otro género breve que ha sido cultivado por poetas desde los tiempos más remotos. La *Antología Palatina,* por ejemplo, contiene más de cinco mil epigramas distribuidos en quince libros, que recogen versos de los más antiguos poetas anónimos griegos hasta los más conocidos en el Siglo VII de la Era Cristiana. Su descubrimiento se debe al filósofo francés Claudios Salmasius (1588-1653).

En el primer siglo de nuestra era, el poeta latino español Marco Valerio Marcial, que fuera traducido por el poeta y pintor español Juan de Jáuregui, sufrió no pocas estrecheces económicas y humillaciones, de las que se desquitó con el drenaje de su bilis epigramática. Unos pocos versos le bastaban a Marcial para destrozar líricamente a cualquier enemigo. Este poeta dejó escritos alrededor de mil quinientos epigramas, que han provocado el desacuerdo de innumerables críticos por su desfachatez y su cinismo. De él dijo Plinio el Joven que "era un hombre ingenioso, agudo y punzante, en cuyo modo de escribir había mucha sal, mucha hiel y no menos sinceridad". Y esa sinceridad puede ser demostrada en el epigrama que Marcial le escribió a Lino:

> ¿Tú me preguntas, Lino, qué me dan
> en Nomentano mis terrenos verdes?
> Esto me dan mis tierras:
> La dicha de no verte.

Hirientes son los epigramas de Goethe, como el escrito al regreso de una reunión social, cuando al preguntársele qué creía de las personas con las que se había encontrado, responde: "Si fuesen libros... no los leería". Cuando Goethe tenía diez años de edad, en 1759, Lessing publicaba los *Tres mil epigramas alemanes,* de Logau (1605-1655), y fueron reimpresos en 1872 por el maestro alemán Gustavo Eitner.

Contra el artificio poético fueron escritos los epigramas de Christian N. Wernicke (1661-1725). La tercera y última edición de sus epigramas, en 1704, le hizo ganar a este poeta nacido en Prusia un cargo en la corte dinamarquesa, aunque se trató de un cargo honorífico... Sin embargo, el "primer epigramático", si nos atenemos a la opinión de Giam Battista Niccolini, fue el poeta italiano Filippo

Pananti (1766-1837). Este poeta se enfrentaba duramente a la vanidad de los falsos literatos de su época, aunque uno de sus epigramas más conocidos es el que se refiere, sarcásticamente, a lo que parece ser un error de la naturaleza. Me tomo la libertad de verter en seis versos una insuficiente traducción literal del epigrama mencionado:

> Afirmaba un doctor
> que todo lo hizo bien el Creador.
> Y al ver a un jorobado tan maltrecho,
> que quiso demostrarle su dolor,
> le dijo con candor:
> "Tú, para jorobado, estás bien hecho".

Muchas de las máximas del moralista francés del Siglo XVII, La Rochefoucauld, vienen a ser epigramas en prosa. En verso, entre los siglos XVI y XVII en España, más o menos cronológicamente cultivaron el epigrama Cristóbal de Castillejo, Baltasar del Alcázar, Lope de Vega, los hermanos Bartolomé y Lupercio Leonardo de Argensola y, casi exclusivamente en décimas, Quevedo y Góngora. También hay que incluir a Pedro de Quirós, nacido en Sevilla a principios del Siglo XVII, pero me refiero al que falleció en 1670, porque hubo otro Pedro de Quirós también sevillano y también poeta y clérigo en la misma época, pero muerto unos años antes, hacia 1667.

El discutido Juan de Tassis y Peralta, conde de Villamediana, cuyo asesinato en 1622 fue atribuido por muchos a Felipe IV, entre los epigramas que escribió dejó uno cincelado en la brevedad de dos endecasílabos. Cuentan que Rodrigo Calderón tuvo una disputa con Francisco Verdugo en la Plaza Mayor de Madrid, y Villamediana aprovechó el elocuente apellido de don Francisco para decirle a don Rodrigo:

> ¿Pendencia con Verdugo, y en la plaza?
> Mala señal por cierto te amenaza.

Tesoro de poemas breves

En el *Neoclasicismo* español escribieron también epigramas muchos poetas, entre los que se destacan Juan Pablo Forner, Gregorio de Sales y el fabulista Tomás de Iriarte. Más tarde, Manuel Acuña de Figueroa (1790-1862), el poeta uruguayo que no sólo escribió la letra del Himno Nacional de su país, sino el de Paraguay, produjo unos 1400 epigramas. Específicamente, uno de ellos es una denuncia demoledora contra la ingratitud humana, vigente en todos los tiempos:

>   Sé que es un ingrato Bruno;
>   pero ese odio que me tiene
>   no sé de dónde le viene
>   pues no le hice bien alguno.

Y otro Manuel, pero español y apellidado nada menos que Bretón de los Herreros (1796-1873), plenamente contemporáneo de Acuña de Figueroa y también gran epigramista, le escribió así "a un recién poeta, de pocas esperanzas":

>   Voy a hablarte ingenuamente:
>   Tu soneto, don Gonzalo,
>   si es el primero, es muy malo;
>   si es el último, excelente.

JOSÉ JUAN TABLADA Y EL *HAIKÚ*

José Juan Tablada, el poeta de los múltiples oficios, fue también un viajero tenaz. Japón puso a su alcance la síntesis del *haikú* o *haikai*, y Tablada le regaló esa esencia oriental al castellano. Sin embargo, el poeta mexicano parece haber usado una mejor aproximación fonética, al bautizar la mínima pieza con el nombre de *jaikai*. En su libro *Un día*, publicado en Caracas en 1918, aparecen bajo el epígrafe de jaikais, entre otros muchos, los siguientes versos titulados *El pavo real:*

> Pavo real, largo fulgor,
> por el gallinero demócrata
> pasas como una procesión.

Simplemente, un octosílabo agudo y dos endecasílabos, el primero esdrújulo y el último agudo, como el primer verso, para formar la rima asonante en O. Dos cadencias contrarias, octosílabo-endecasílabo, que se hacen musicales en su simpleza. Pero más tradicionales son los versos de un haikú (215, pág. 481) que aparecen en el libro *El jarro de flores*, publicado en Nueva York en 1922. Este haikú está formado por tres heptasílabos:

> Busco en vano en la carta
> de adiós irremediable
> la huella de una lágrima.

Aunque acaso el más interesante haikú escrito por Tablada es el que concentra en un eneasílabo y dos hexasílabos, con idéntica cadencia acentual, una bellísima imagen poética con el recurso onomatopéyico del verso central:

> Al golpe del oro solar
> estalla en astillas
> el vidrio del mar.

OCTAVIO PAZ Y SUS ESTUDIOS SOBRE EL *HAIKÚ*

Octavio Paz, que en colaboración con su amigo japonés Eikichi Hayashiya tradujo en 1955 a Basho (Matsuo Munefusa, 1644-1694), realizó trece años después un hondo estudio sobre la poesía japonesa. Con su pluma aguda, personal y cultísima, Paz sitúa los antecedentes del haikú en el poema clásico japonés conocido como *tanka o waka*, que consta de dos estrofas: una de tres versos y otra de dos. De ahí surgió el *renga:* serie de tankas escritas por distintos poetas. Según explica Paz, en el Siglo XVI nació "una modalidad

Tesoro de poemas breves

ingeniosa, satírica y coloquial" que se llamó *haikai no renga,* cuyo "primer poema de la secuencia se llamaba *hokku".* Y otra versión que consta de tres versos, pero afianzada según Paz en "un elemento nuevo: el lenguaje de la ciudad, el *habla de la calle",* vino con los poetas Arakida Moritake (1473-1549) y Yamazaki Sokán (1465-1553). He aquí los primeros haikú con sus tres versos: uno de siete sílabas entre dos de cinco. Así escriben, Moritake:

> Noche de estío:
> el sol alto despierto,
> cierro los párpados;

y Sokán:

> Luna de estío,
> si le pones un mango,
> ¡un abanico!

En este último ejemplo se nota lo que no escapa a la penetrante visión del ensayista mexicano, que es lo popular y humorístico en el fondo breve del haikú, glosado por Antonio Machado:

> A una japonesa
> le dijo Sokán:
> con la luna blanca
> te abanicarás,
> con la luna blanca
> a orillas del mar.

Y volviendo a José Juan Tablada, que no siguió un metro fijo en la elaboración del haikú, Octavio Paz pone como ejemplo, ya no sólo por el contenido intelectual, sino por la exactitud métrica, el siguiente poemita que su compatriota tituló "Los sapos":

> Trozos de barro:
> por la senda en penumbra
> saltan los sapos.

O sea, los originales pentasílabos antes y después del heptasílabo, y Paz se refiere al haikú como "la posibilidad de reducir el universo a diecisiete sílabas y el infinito a una exclamación". (216, pág. 481)

FILOSOFÍA DEL *RUBAIYAT* O *RUBAYATA*

El poeta persa Omar Khayyam nos envía, desde la distancia de más de ocho siglos, el mensaje de su pensamiento poético concentrado en estrofas de cuatro versos, que riman el primero con el segundo y el cuarto. Conocida esa estrofa como *rubáiyat* o *rubayata*, Virgilio Díaz Ordóñez realizó traducciones en 1952, de versos que habían sido vertidos a la prosa francesa por Franzs Toussaint cuatro años antes. Califica Díaz Ordóñez esa poesía de "dulce y desesperada como un Eclesiastés lírico", y repara en lo parecidas -diríase similares- que son las angustias de los hombres en todas las épocas, lo que "hace pensar en cómo seguirá siendo, inmutable en su misterio, por toda la eternidad, la vida del hombre". Dice Omar Khayyam en la voz de Díaz Ordóñez:

> El dolor que esperaba ha llegado a mi puerta.
> La ausencia de la amada deja mi alma desierta.
> ¡Khayyam, qué solo estabas cuando tú la tenías
> y cómo te acompaña ahora que está muerta!

A la altura de esta estrofa, Díaz Ordóñez debe haber recordado su libro de 1929: *La sombra iluminada,* doloroso desprendimiento poético que le dedicó a su esposa muerta. Pero es el propio Omar Khayyam quien tiene la respuesta ante la oscura dama de la guadaña fatídica:

> El viento ha deshojado la rosa cuyo encanto
> loaba el ruiseñor. ¿Derramaremos llanto

por el ave y la rosa? Mañana moriremos...
y nacerá otra rosa... y sonará otro canto...

A UN ULTRAÍSTA

Luis G. Urbina, el poeta del *modernismo sentimental*, se encontraba en Madrid en 1921. Guillermo de Torre manifestaba entonces su ultraísmo vertical, para referirse en el libro *Hélices,* de 1923, a "nubes gimnásticas, arterias pleonéxicas, lirismo de voltámetro...", y esdrujular de esa manera el desastre de una primera postguerra mundial. Pero Urbina no era un poeta para aquel tiempo, sino para todos los tiempos, y un tropiezo con una cabeza estridente le inspiró ocho versos que son toda una lección de estética. Porque la Poesía se enriquece con toda clase de experimento por descabellado que parezca, pero tal vez lo único que tiene en común con la política, es que también le llega su hora de revisionismo. De ahí la vigencia de la respuesta de Urbina "A un ultraísta":

> Me miras, retorciéndote el mostacho,
> con aire de desdén.
> No cabe duda: eres un hombre macho
> vencedor de la gloria y la mujer.
>
> Mas he de confesarte, sin empacho,
> lo que falta a tu genio: -Alguna vez
> siente con todo el corazón, muchacho,
> y llora de verdad. Eso, hace bien.

LIRISMO FEMENINO CONCENTRADO

En la poesía femenina hay delicadas páginas resumidas en unos pocos versos, y el siguiente cuarteto de Alfonsina Storni, titulado "Yo quiero", es un ejemplo de ello:

> Volver a lo que fui, materia acaso
> sin conciencia de ser, como la planta
> gastar la vida y en belleza tanta
> sorber la savia sin quebrar el vaso.

Pura del Prado no se queda a la zaga y, con el título exacto de "Fragmento", expone su pensamiento hondamente poético en un serventesio:

> No, hombre, no me creas satisfecha
> por el pan abundante y por el vino.
> No el calendario, sino alguna fecha.
> No todo el campo, sino algún camino.

En los cuatro octosílabos de una cuarteta, la poetisa cubana Carilda Oliver Labra evoca el amor perdido:

> Varadero, casa mía,
> polvo del sueño de un hada:
> ¡consérvame todavía
> la forma de su pisada...!

Sara Martínez Castro estremece con su embajada lírica. He aquí su "Canción", patriotismo místico o misticismo patriótico, en la distribución fiel de nueve endecasílabos:

> Voy a comprarme un corazón de pino,
> para guardar diez años de recuerdos
> agitados de noche y despedidas.
>
> Voy a estrenar la voz del arco iris
> para arrancarle un eco al mar amigo
> que besa las paredes de mi isla.
>
> Voy a llenarme el alma de aquel verde
> para encontrar a Dios una mañana
> y recostarme a su mirada tibia.

Siete versos alejandrinos fueron insertados en el álbum que la ciudad de Montevideo le envió a la capital del Perú, en el IV centenario de su fundación, en 1934. Aquellos versos los había escrito Juana de Ibarbourou:

Tesoro de poemas breves 395

> Lima de la hermosura, Lima, casa de ensueño:
> Hacia ti va el saludo de esta joven ciudad,
> que ríe con su cielo, habla con sus pinares
> y canta noche y día con un pequeño mar.
> ¡Lima llena de Reyes, verso de piedra y sol:
> Ante tus cuatro siglos deja Montevideo
> como una gran campana latir su corazón!

Una voz cubana, Dulce María Loynaz, en versos breves que ella titula "Precio", ofrece una historia completa de la filosofía femenina. El solitario verso final es una vívida demostración de resistencia en lo sentimental, de epifonema en lo técnico:

> Toda la vida estaba
> en tus pálidos labios...
> Toda la noche estaba
> en mi trémulo vaso...
> Y yo cerca de ti,
> con el vino en la mano,
> ni bebí ni besé...
>
> Eso pude: Eso valgo.

Y Merdeces García Tudurí, en una dolorosa interrogación, resume el tema intemporal de la muerte en la evocación de sus raíces. Así escribió "¡Madre!":

> ¡Qué lejos
> ha de encontrarse de la tierra el cielo,
> para que yo no tenga tus manos en mi frente
> en esta larga, interminable noche
> de duelo!

RITMO, TRADICIÓN Y MODERNIDAD: PERPETUACIÓN DE LO FUGITIVO

La Poesía, como todas las artes, ha superado muchos caminos. En la contención de unos pocos versos puede haber un mundo de riqueza artística. Bécquer se dio cuenta de ello hace más de un siglo, y sus rimas siguen deleitando a los ciudadanos del amor. Corren tiempos de rapidez y abreviatura, y esa puede ser una de las causas de la vigencia palpable de estrofas breves como el soneto y la décima. Porque, al margen de las corrientes intelectuales que desdeñan las formas cerradas y abogan por una libertad expresiva donde con frecuencia prima la arbitrariedad, es enorme la producción poética que se apoya en moldes tradicionales. Y tradición no es antigüedad. En estrofas sin ritmo puede volcarse lo anacrónico, y en el antiquísimo esquema de un soneto puede brillar lo más moderno. Nadie, que yo sepa, ha esclarecido esos conceptos con la limpieza didáctica de Octavio Paz:

> Debido al escaso interés que han mostrado los poetas jóvenes por las formas tradicionales y por la prosodia y la métrica -desdichada secuela de la poética vanguardista- apenas si se escriben hoy romances, villancicos o cosantes. Es grave: la poesía, arte verbal, es palabra rítmica que se *dice* y se *oye*. Un poeta sordo es un corredor cojo. En cambio Lorca, Gorostiza, Alberti, Gerardo Diego, Molinari y otros poetas, cultivaron con brillo las formas tradicionales. Esos poetas nos enseñaron que la novedad no está reñida con la tradición. Incluso podría agregarse que la verdadera originalidad es, siempre, un regreso al principio: el arte es un continuo recomienzo. (217, pág. 481)

Después de estas palabras definitivas de Octavio Paz, acudo a dos de los poetas que él menciona, con ejemplos de poesía breve en versos novedosos. Del mexicano José Gorostiza, "Nocturno":

> El silencio por nadie se quebranta,
> y nadie lo deplora.
> Sólo se canta
> a la puesta del sol, desde la aurora.
> Mas la luna, con ser
> de luz a nuestro simple parecer,
> nos parece sonora

cuando derraman sus manos ligeras
las ágiles sombras de las palmeras.

El otro poeta es el argentino Ricardo E. Molinari, que llena el viejo esquema de un soneto con los endecasílabos más actuales, en los que asoma una notable influencia lorquiana, aunque no debe haber leído la totalidad de los *Sonetos del amor oscuro:* (218, pág. 481)

> Si yo pudiera verte rama ardida,
> prometida de espejos -flor de celo-
> quebrando el aire dulce sin consuelo,
> en ámbitos de lumbre despedida.
>
> Espacio estéril, cielo sin salida.
> ¡Ay, qué gozosa muerte que es tu anhelo
> de agua y tierra apretada, de tu cielo
> sin ángeles! Tu cielo sin huida,
>
> allí, donde mi voz está callada,
> con el borde deshecho, con la frente
> sin tarde: ¡clavel!, rosa desolada.
>
> Sueño de sueño, luna de gemido,
> -claridad despoblada- impaciente;
> sí, campo, mar, estío, aire querido.

Entre los poetas fieles a la tradición de la forma y la búsqueda de lo moderno, hay que colocar a Luis Palés Matos. En "Bocetos impresionistas", por ejemplo, dibuja la llegada de la noche contemplada por él frente al mar. La imagen final retrata exquisitamente el fenómeno nocturno, que ya se recordará siempre, por la magia rítmica de unos pocos versos:

> En esta hora quieta
> de la bahía ancha,
> la tarde es puerto sosegado
> de penumbra y de calma.
>
> La noche entra como un gran navío
> y arroja sobre el agua

su primera estrella
como un ancla.

Baldomero Fernández Moreno murió en Buenos Aires en 1950. Doce años antes se había suicidado en esa misma ciudad su compatriota y alto colega Leopoldo Lugones. Fue en aquel mismo año de 1938 cuando Fernández Moreno escribió una breve elegía, que es toda una lección de humildad ante la muerte de un gran poeta:

>   Tal vez el pájaro cante
>   para las ramas del roble.
>
>   Tal vez el río murmure
>   para las piedras que roe.
>
>   Tal vez el viento se queje
>   para la cruz de la torre.
>
>   Tal vez nosotros callemos
>   puesto que tú no nos oyes.

Tanto el ave, como el río y el viento tenían motivos para cantar... no así Fernández Moreno, porque sus versos no serían escuchados por Lugones. Lección de sencillez y de justo reconocimiento elegiaco al sabio desaparecido. Y no una elegía, pero sí una incursión metafórica que usa como recurso los elementos de la muerte, aparecen en un poemita publicado por Francisco Luis Bernárdez en su libro *Alcándara,* de 1925. El nombre del inspirador está en el título, "Antonio Machado":

>   En el camino de la eternidad
>   el ataúd de pino de tu verso.
>
>   Y en la caja de pino tu palabra,
>   ya categorizada en esqueleto.
>
>   Delante, todo el viento de Castilla.
>   Tú detrás, en silencio,
>   crucificas las manos a la espalda

para ocultar una actitud de rezo.

Pero Bernárdez tenía a veces esos desprendimientos líricos que se desbordaban en unos pocos versos, como cuando poéticamente abre "La ventana":

> Para mi honda pobreza de distancias
> esta ventana es una mano abierta.
>
> En la mano, rugosa de caminos,
> su pañuelo de cielo me consuela.
>
> Mi sedentaria sordidez alivia
> con un puñado tácito de leguas.

EVOCACIONES BECQUERIANAS

Dos años después de morir Bécquer, nació en Colombia el poeta Isaías Gamboa. No es de extrañar que, influido por las rimas que llegaban cruzando el mar, el autor de *Ante el mar* escribiera la siguiente "Rima":

> Mi amada en el jardín. Llegó sedienta
> una abeja a picar sus labios bellos,
> y -harta de miel y néctares divinos-
> dejó en cambio, veneno.
> Y desde que esto supe,
> sé por qué estoy muriendo...
> ¡Ah, si mi amada en sus ardientes labios
> lleva la muerte y me la da en sus besos!

Ingenua época, sin duda, que excitaba las ternuras eróticas de nuestras abuelas. Para leer versos de otras fechas, hay que trasladarse a ellas. Es necesario desactualizarse y marchar hacia atrás en el tiempo. Esa es la forma de penetrar en las interrogaciones sin respuesta de Bécquer:

> Los suspiros son aire y van al aire.

> Las lágrimas son agua y van al mar.
> Dime, mujer, cuando el amor se olvida,
> ¿sabes tú a dónde va?

Y también hay que volver sobre otra interrogación becqueriana, que debió terminar en puntos suspensivos:

> Por una mirada, un mundo;
> por una sonrisa, un cielo:
> por un beso... yo no sé
> qué te diera por un beso.

SÍMILES ACUÁTICOS

Agustín Acosta incursionó con cierta frecuencia en temas filosóficos y los enriqueció con su poesía. Lluvia y lágrimas le sirven, en unos pocos versos, para establecer una paradoja de fresca resonancia espiritual. Leamos "Contraste":

> Ha llovido: la selva está más baja.
> He llorado: mi alma está más alta.
> Incomprensión de todo!
> Taumaturgia del agua!
> Cae en lluvia, y la selva
> se oprime y se baja.
> Cae en llanto, y el alma se aligera
> y se alza.

Al evocar estos versos de Agustín Acosta, vienen a la memoria otros de Ricardo Nieto. No hay similitud en el tema, pero sí una suave tristeza que acerca la expresión de ambos poetas. Nieto tituló su poemita "Ecos del camino", lo que contribuye a universalizarlo, a hacerlo de todos:

> Los caminos desiertos, silenciosos,
> tienen cierto dolor, cierta tristeza,
> que han tomado tal vez de los que pasan
> y dejaron partículas de penas

en las zarzas que bordan sus orillas,
en las cañadas o en las hojas secas.

El poeta, antólogo y crítico mexicano Marco Antonio Montes de Oca, hace un símil entre el dolor y el agua, entre las lágrimas y las huellas permanentes que dejan en el recuerdo. Así quedó impresa su sensibilidad en la "Pequeña oda al agua permanente":

Lágrimas firmes,
lágrimas escritas para siempre,
lágrimas que nos rayan como a cebras,
lágrimas que pierden la sal, pero nunca
el agua ni la transparencia.

El español Eduardo Alonso afirma que todo en la vida no es materia. Es viejo el tema, pero resurge de manera original siempre que un poeta le da nueva forma:

Y una fuente que allí había
le dijo: Bebe y descansa.
Pero la sed que él tenía
no era de agua;
era una sed de armonía
entre su barro y su alma...

Efectivamente, la sed no siempre es de agua, y se puede seguir sediento después de beberla. A esa misma conclusión parece haber llegado Manuel del Cabral cuando escribe "Sed con agua":

Aquí me encuentro, me dije,
y empecé a sacar arena.
Luego vi el agua en el fondo,
y en ella el cielo y mi cara.
Después...
Me bebí el azul, pensando
que mi sed
no era de agua.

Alberto Baeza Flores es un poeta de todos los países. Llamarlo chileno es acorralarlo con rejas geográficas. Viajero que no cesa, terco caminante, los aeropuertos más insospechados han sabido de su presencia efímera. Y aquí y allá ha ido dejando la gracia de versos que relatan sus vivencias. A su paso por la ciudad de Miami Beach, en la Florida, Estados Unidos, Baeza escribió "Consuelo", casi seguramente -agua elíptica- frente al mar:

> En el espejo de la pena
> miramos nuestro exilio:
> pero es, también, el de la tierra.

Y frente al mar, Darío describe un amanecer y el adiós de la última estrella de la noche. Todo puede ser, hasta que la luz se convierta en flor, en las dos estrofas de "Lied":

> Mira ¡qué delicia...!
> La aurora triunfal,
> su pelo de oro
> y el cesto de rosas que riega en la tierra y el mar.
>
> ¡Y luego, una estrella
> y el rayo de luz
> por donde camina, volando a la estrella que adora,
> un pájaro azul!

"Aconsejar es de sabios", reza un viejo dicho, aunque tal vez sea más de sabios seguir un buen consejo. Sobre todo después de leer los "Consejos", escritos sabiamente por Antonio Machado:

> Sabe esperar, aguarda que la marea fluya
> -así en la costa un barco- sin que al partir te inquiete.
> Todo el que aguarda sabe que la victoria es suya;
> porque la vida es larga y el arte es un juguete.
> Y si la vida es corta
> y no llega la mar a tu galera,
> aguarda sin partir y siempre espera,
> que el arte es largo y, además, no importa.

Pero los versos de Machado, personalísimos, tenían la virtud de tocar lo más hondo con las palabras más sobrias. En "Tal vez la mano en sueños" parece describir la voz del poeta como un fragmento, casi como un soplo de la ancha voz universal:

> Tal vez la mano en sueños
> del sembrador de estrellas,
> hizo sonar la música olvidada
> como una nota de la lira inmensa,
> y la ola humilde a nuestros labios vino
> de unas pocas palabras verdaderas.

EROS ANECDÓTICO

Es el amor el que arranca las más bellas páginas a la poesía de todos los tiempos. Y es el amor el que consigue que un poeta dado al intelectualismo como Herrera y Reissig, dé un paso hacia lo permanente y romántico para exclamar en "El sueño":

> Pediré, cuando me muera,
> que me pongan por sudario
> tu divina cabellera,
> y tu corazón a modo de divino escapulario...
> A la fosa del olvido iré más tarde a soñar.
> Llegará el día del Juicio... Cuando la trompeta austera
> llame a los muertos -¡inútil!- ya no querré despertar.

Más modernamente, José Agustín Balseiro también le expresa su amor a una mujer, que para él sobresale de las demás "Unica y sola":

> Entre todas te vi como eres tú:
> afirmando tu ser sobre las otras.
> Entre todas te vi como te veo:
> única y sola.
>
> Mujeres y mujeres y mujeres
> pueden estar lejos o cerca:
> que siempre, como el sol sobre las nubes,
> levantarás tu superior presencia.

Muy cerca de la misma apreciación de Balseiro está José María Souvirón, para quien las palabras no tienen sentido si no describen a la mujer que ama, He aquí su "Madrigal":

> Si al sol llamo sol, no es a él,
> sino a ti que sol te llamo.
> Si llamo luna a la luna,
> es que a ti te estoy llamando.
> Si llamo a la rosa, rosa,
> es que en la rosa te hallo.
> Si llamo amor al amor,
> es sólo porque te amo.

A Campoamor, justamente, se le reprocha lo prosaico en el verso. Estilo de versificar la prosa que nunca será poesía, verdaderamente: Sin embargo, su ingenio es incuestionable, y aunque la lógica no sea lírica, escribió temas impactantes, como cuando describe el "Hastío":

> Sin el amor que encanta,
> la soledad de un ermitaño espanta.
> Pero es más espantosa todavía
> la soledad de dos en compañía.

Gutiérrez Nájera le concede a la mujer el privilegio de acabar con las cárceles del espíritu, y por eso escribió "En un álbum" lo que él aceptaba como un designio divino:

> Para calmar a aquellos que destierra
> y darles la esperanza del consuelo,
> Dios puso a las mujeres en la Tierra
> y derramó los astros en el cielo.
>
> Dio luz al valle y a los bosques bruma,
> nieve a los montes y a los soles llama;
> a la entreabierta flor dijo: "¡Perfuma!",
> y al corazón de las mujeres: "¡Ama!"

Doctorado en Leyes y en Ciencias Sociales, Arturo Capdevila

Tesoro de poemas breves

ejerció también como profesor de Filosofía y Sociología en la Universidad de Córdoba, Argentina. Sin embargo, la pureza de su sentimiento resplandecía, por sobre todos sus conocimientos intelectuales, a la hora de escribir versos. Nada mejor para demostrarlo que su "Canción del colmenero":

> Cuando me digan como me dicen:
> -Poeta loco, dirás por qué
> por vez centésima te enamoraste,
> cándidamente responderé:
>
> -Tengo colmenas, y ha sucedido
> que siendo el tiempo florido y fiel,
> la abeja de oro salió temprana...
> Había flores y trajo miel...

Así responde un elegante corazón humano, con más motivo si se trata del corazón de un poeta. Sin reproches ante los tropiezos y sin abandonar la búsqueda eterna. Y ese fue el mensaje que legó también Arturo Doreste en su "Huella":

> Dejó en mi vida
> tu amor:
> una herida
> y una flor.
>
> Gracias, lejana y querida,
> gracias te da mi dolor,
> porque dejaste en mi vida
> la tortura de la herida
> y el perfume de la flor.

Otra joya de sensibilidad amorosa brilla en el centro de la "Inquietud", del poeta chileno Juan Guzmán Cruchaga:

> ¿De dónde vienes, compañera mía,
> y a través de qué tiempo y qué distancia?
> Acabas de llegar y estás de viaje.
> Vienes del horizonte y no descansas.

> Tienes el ansia en rectitud de vuelo,
> el color de la ausencia en la mirada,
> y en los párpados finos un miedoso
> y sensitivo sobresalto de alas.

José P. H. Hernández era dado a las hipérboles románticas. Viene bien reproducir aquí una breve estrofa suya que no tuvo la suerte de su famosísimo "Madrigal", pero que mantiene el mismo corte enamorado:

> Era la noche en el jardín silente
> y fue la hora azul de tu llegada
> al borde misterioso de la fuente;
> y la noche, azorada,
> por huir de la aurora de tu frente
> cayó en la inmensidad de tu mirada.

También hay que volver a Nervo. ¿Quién no recuerda "Lo más inmaterial"?:

> Me dejaste (como ibas de pasada)
> lo más inmaterial, que es tu mirada.
> Yo te dejé (como iba tan de prisa)
> lo más inmaterial, que es mi sonrisa.
> Pero entre tu mirada y mi risueño
> rostro, quedó flotando el mismo ensueño.

José Pedroni se inspiró en un simple grano de maíz, y de él logró un símil bendecido por un amor que es todo ala y ternura:

> Un grano de maíz, morado y prieto
> pusiste, amiga, en la ceniza cálida,
> y haciéndote reír, de pronto el grano
> se hizo una linda florecilla blanca.
>
> Así también en tu regazo tibio
> pusiste un día a descansar mi alma,
> y el grano de maíz que era mi pena
> se abrió como una flor sobre tu falda.

Tesoro de poemas breves　　　　　　　　　　　　　　　　407

Muy pocos poetas han logrado describir el deseo de un encuentro tan poéticamente como Torres Bodet. En sólo ocho versos heptasílabos queda plasmada, inconfundible, exacta, su "Impaciencia":

> Estamos, esta noche,
> tendidos al futuro,
> como dos arcos trémulos
> en un brazo robusto.
>
> Flechas iguales vibran
> en los dos arcos mudos...
> ¡Ay, si partieran juntas
> se rompería el mundo!

José Martí fue el poeta del amor intenso, cuya fuerza máxima quedó vertida -como su sangre- sobre la tierra cubana. Al decir amor en Martí, se dice patria. Su entrega fue total y no se concibe la bandera de Cuba sin la sombra bienechora de sus encendidos discursos, sin la fuerza lírica de su prosa revolucionaria, sin el abrazo generoso de su poesía. Pero Martí amó también a la mujer. Unas veces a una entre muchas; otras, a muchas en una. Pero la amó y las amó, elegantemente. Y cuando hubo alguna que le pagó con ingratitudes, siempre hubo otra que le dio el consuelo necesario:

> Mi amor del aire se azora.
> Eva es rubia, falsa es Eva;
> viene una nube y se lleva
> mi amor que gime y que llora.
>
> Se lleva mi amor que llora
> esa nube que se va.
> Eva me ha sido traidora.
> ¡Eva me consolará!

Aurelio Martínez Mutis escribió en "Apunte de geografía" un originalísimo poemita, con un símil final perdurable en color negro:

> Una ilusión cosmopolita engaña
> al querer indagar por tu país:

tus pies son del Japón, tu piel de España,
tu talle de París.
Tu boca, fresca y ácida sandía,
de América es quizá, quizá judía:
mas yo sé que tus ojos sin rival
-oscuros como el alma de un bandido-
son dos negros etiopes que han venido
del Africa Central.

DE LA OSCURA TRISTEZA

Gotas de hiel se desprenden en versos. Síntesis melancólicas y resquebrajamientos hondos. A veces, los poetas no pueden seguir escribiendo. Y se detienen casi al comienzo del camino: El poema se reduce a una lágrima sola o a dos lágrimas, cuando son dos estrofas. Esclavo en cárceles interiores parece encontrarse Luis Ángel Casas cuando relata su intimidad en "Cadena perpetua":

> Tengo el silencio atado a mi sonrisa,
> y la sonrisa atada a un ataúd;
> pues mi voz es el canto de la brisa
> cuando pasa sin prisa
> sobre un triste laúd.
>
> Y en este corazón deshabitado,
> en donde el grillo del dolor se escucha,
> un pobre diablo su prisión serrucha
> sin obtener jamás el resultado.

Enrique González Martínez retrata otra prisión, con arrobadora y suave filosofía personal, en "La apacible locura":

> Frescura en el alma... Frescura
> en la canción...
> y una apacible locura
> guardada en la cárcel oscura
> del embrujado corazón.

Y, siguiendo por el camino carcelario, hay que reparar en golpes

Tesoro de poemas breves

poéticos que se popularizan. Unos versos del cubano Luis Conte Agüero, cuando estaba preso en su patria por motivos políticos, pueden servir como ejemplo. Un custodio le preguntó al poeta qué sensación experimentaba como preso, y esta fue la respuesta:

> Las cadenas no son penas
> para quien lleva en las venas
> sangre de libertador.
> Las cadenas son ajenas
> pues en verdad son cadenas
> para el encadenador.

Hay otra forma de tristeza en Dámaso Alonso cuando juega con "El niño y la cometa". Al final nos deja una ansiedad breve y triste como sus versos:

> El niño que sonreía
> —mano inhábil, ojo atento—
> y la cometa en el viento
> su corazón se cernía.
>
> Ave, cometa de un día,
> su corazón soñoliento.
> Pues el corazón quería
> huir, pero no podía,
> pero no sabía, al viento.

En sus *Versecillos,* Arévalo Martínez se siente un romántico triste y empedernido que lo hace exclamar:

> ¡Ah la poesía! Delirios, engaños,
> mala calentura que en abril nos tienta.
> Sólo que otros curan a los dieciocho años
> y yo a los cuarenta.

Triste es la soledad, que desde los albores del idioma castellano queda descrita en unos pocos versos... José María Pemán tradujo versículos del *Llibre de Amic e Amat,* de Ramón Llul, el beato Raimundo Lulio, de quien se conserva una estatua yacente en la iglesia de San Francisco de Palma de Mallorca, donde nació el filósofo y polígrafo español. Como una curiosidad rescatada del Siglo XIII, he aquí la versión de Pemán sobre una estrofa del "Doctor Iluminado":

> Al mundo que le rompía
> su trato con la Verdad,
> el Amigo le decía:
> -No me traigas compañía
> que me sabe a soledad.

Pero toda la *oscura tristeza* parece quedar clavada en un verso alejandrino, que es también un poema -un brevísimo poema- que Pablo Neruda tituló "Mi alma":

> Mi alma es un carrousel vacío en el crepúsculo.

Es un solo verso. Es todo un poema. Y es casi imposible de igualar esa potencia creadora, cuando en el reducido espacio de catorce sílabas, queda vibrante en su soledad una tristeza tan apabullante, un vacío interior tan despoblado de esperanza.

POESÍA DESCRIPTIVA: UN RETO

Las descripciones, con su carga de lógica, son difíciles de poetizar. Campoamor, lamentablemente, fue un maestro del género. El gran reto es la novela en verso, que termina siempre por convertirse en un deplorable ejemplo de musicalidad antipoética. Pero lo breve salva esa dificultad, y nadie puede ignorar la poesía que prevalece en los próximos ejemplos, todos descriptivos.

García Lorca deambuló, en pocos años, por los más diversos estilos. Sin embargo, en todos dejó su voz imposible de confundir con otras voces, y supo prender, en la solapa de los contrastes, la medalla de su originalidad. Por eso, cuando le cantó a "Agosto", pudo haber dejado sin firmar aquellos versos que, definitivamente,

Tesoro de poemas breves　　　　　　　　　　　　　　　　411

no podían haber sido escritos por otro poeta:

>Agosto.
>Contraponientes
>de melocotón y azúcar,
>y el sol dentro de la tarde,
>como el hueso de una fruta.
>
>La panoche guarda intacta
>su risa amarilla y dura.
>
>Agosto.
>Los niños comen
>pan moreno y rica luna.

Frío en el concepto es Lugones, aunque no menos poético. Todo el misterio de la creación quiere encontrar un motivo en sus versos, y el poeta canta y describe, con el relámpago de una respuesta, lo que seguirá siendo una pregunta siempre. Todo, simplemente, porque al parecer Lugones padecía de un insomnio que empeoraba con la estridencia de un grillo nocturno. Y no habrá sido así, exactamente, pero pudo haberlo sido, con lo que se establece una diferencia cuando es un poeta el que no puede dormir, y retrata entonces "El infinito":

>Canta el grillo: La alta alameda
>a las estrellas se levanta.
>El silencio es como una seda,
>y el grillo canta, canta, canta...
>
>Rueda la máquina del mundo,
>pavorosa en su inmenso brillo.
>Y allá cerca, meditabundo,
>hay un astrónomo profundo
>que le da cuerda con el grillo.

Horacio Rega Molina, tras una noche de frío, encuentra un ave muerta en su ventana. Y siente la necesidad de describir aquella muerte, pero de forma poética. Años después, otro poeta, José

Agustín Balseiro, diría que "matar un pájaro es matar una canción". Ahora, Rega Molina se limita a escribirle seis versos a "El pájaro muerto":

> Bajo el frío invernal de la mañana,
> aterido el plumón y el pico abierto
> yace un pájaro inerte en la ventana.
>
> Y uno lo ve tan lírico y tan blando,
> que no parece que estuviera muerto
> sino que, loco, se durmió cantando.

En los versos de Luis Cané hubo conatos de protesta social, sin que él traicionara su poesía con el uso de un carné de sindicato elevado al panfleto político. Acaso en una breve estrofa que Cané tituló "Rosal", es donde mejor se demuestra que un poeta puede protestar por cualquier cosa, siempre que lo haga poéticamente:

> Si el rosal en la plaza del pueblo
> da una rosa en invierno,
> los señores serios
> mandan arrancar el rosal
> por florecer antes de tiempo.

He ahí toda una lección filosófica que describe lo contraproducente de un conservadurismo recalcitrante. Cosas nobles y buenas de la vida pueden llegar a destiempo, pero ello no es razón para el rechazo radical.

ALPINISTAS DE LO INACCESIBLE

Martínez Villena anduvo tras una meta irrealizable que hizo mella en cuatro alejandrinos desesperados:

> ¡Oh mi ensueño, mi ensueño! Vanamente me exaltas:
> ¡Oh el inútil empeño por subir donde subes!
> ¡Estas alas tan cortas y esas nubes tan altas!
> ¡Y estas alas queriendo conquistar esas nubes!

Tesoro de poemas breves

La respuesta a ese *anhelo inútil* parece flotar, también alejandrinamente, en una de las muchas estrofas que, escritas por Fojo Hermida, fueron publicadas bajo el epígrafe de *Gotas:*

> Andarás mil caminos, seguirás mil estrellas,
> -será vano tu esfuerzo, será inútil tu afán-:
> Las estrellas que alcances nunca serán tan bellas
> como las que tus manos jamás alcanzarán.

Pero siempre hay quien se resigna... Y Enrique García Carpy lo consigue, con alejandrina y sencilla transparencia:

> Las horas de mi vida se han ido lentamente;
> se fue, con sus sonrisas, la cándida niñez,
> se fue, sin dejar huellas, la juventud ardiente...
> se fue, con sus pesares, la trémula vejez..
>
> Mi vida fue una tibia mañana palpitante,
> y fue una tarde llena de languidez sensual...
> Mi vida es una noche tranquila y rutilante,
> en cuyo abismo flota la calma sideral.

POETA

En los versos anteriores se aprecia que García Carpy siente como poeta. Acepta la inevitabilidad de la experiencia vivida con la dejadez espiritual de un sabio. Y puede haber, y de hecho hay, sin duda, infinitos caracteres poéticos, aunque acaso todos quepan en una definición de lo que es un poeta. ¿Algo diferente? Por supuesto, como supo descubrirlo Baldomero Fernández Moreno en sus versos titulados "Poeta":

> Un hombre que camina por el campo,
> y ve extendido entre dos troncos verdes
> un hilillo de araña blanquecino
> balanceándose un poco al aire leve.
>
> Y levanta el bastón para romperlo,
> y ya lo va a romper, y se detiene.

BIBLIOGRAFÍA BÁSICA

Para una fácil localización de los libros mencionados en esta obra, los datos más importantes de casi todos los títulos aparecen detallados en las Notas. En esta Bibliografía básica están el nombre del autor, el título de su libro y la Nota correspondiente.

- Acosta, Agustín, *Ala,* Nota 86, pág. 125.
- Alonso, Dámaso, *Cuatro poetas españoles,* Nota 60, pág.68.
- Alonso, Dámaso, *La "Epístola moral a Fabio", de Andrés Fernández de Andrada,* Nota 81, pág. 120.
- Alonso, Dámaso, *Hijos de la ira,* Nota 94, pág. 140.
- Alonso, Dámaso, *Poesía española,* Nota 96, pág. 141.
- Añorga, Joaquín, *Redacción y Estilística,* Minerva Books, Ltd., New York, 1975, ISBN: 0-8056-0097-9.
- Arellano, Jorge Eduardo, *Contribuciones al estudio de Rubén Darío,* Managua, Dirección General de Bibliotecas y Archivos, 1981.
- Aristóteles, *La poética,* Nota 189, pág. 335.
- Arroyo, Anita, *Razón y pasión de Sor Juana,* Nota 134, pág. 212.
- Báez, Vicente (Editor), *La Enciclopedia de Cuba,* Nota 195, pág. 339.
- Balaguer, Joaquín, *Semblanzas literarias,* Nota 136, pág. 222.
- Balaguer, Joaquín, *Apuntes para una historia prosódica de la métrica castellana,* Nota 164, pág. 275.
- Balbín, Rafael de, *Sistema de rítmica castellana,* Nota 99, pág. 144.
- Barcia, Roque, *Diccionario de sinónimos,* (1963-1965) Nota 88, pág. 129.
- *Bécquer, Estudios sobre Gustavo Adolfo,* Nota 185, pág. 330.
- Bécquer, Gustavo Adolfo, *Obras Completas,* Nota 100, pág. 147.
- Bousoño, Carlos, *Invasión de la realidad,* Espasa Calpe, S.A., Madrid, 1962.
- Bousoño, Carlos, *La poesía de Vicente Aleixandre,* Nota 208, pág. 375.
- Buesa, José Ángel, *Método de versificación,* Nota 78, pág. 111.
- Buesa, José Ángel, *Año bisiesto,* Nota 122, pág. 187.
- Buesa, José Ángel, *Oasis,* Nota 184, pág. 329.

- •Cabrisas, Hilarión, *Breviario de mi vida inútil,* Nota 160, pág. 271.
- •Caillet Bois, Julio, *Antología de la poesía hispanoamericana,* Editorial Aguilar, Madrid, Segunda edición de 1965.
- •Capote, María, *El Modernista y su Isla, Agustín Acosta,* Ediciones Universal, Miami, Florida, 1990, ISBN: 0-89729-550-1.
- •Caro Baroja, Julio, *Ensayo sobre la literatura de cordel,* Nota 212, pág. 385.
- •Carrizo, Juan Alfonso, *Cancionero popular de Tucumán,* Notas 15 y 69, págs. 26 y 83.
- •Casas, Luis Ángel, *Trece cuentos nerviosos,* Nota 139, pág. 234.
- •Cernuda, Luis, *Antología poética,* Nota 196, pág. 341.
- •Correa, Gustavo, *Antología de la poesía española,* Nota 85, pág. 124.
- •Cruz, Sor Juana Inés de la, *Obras Completas,* Nota 133, pág. 212.
- •Darío, Rubén, *Poesías Completas,* Nota 178, pág. 309.
- •Domínguez Caparrós, José, *Diccionario de métrica española,* Nota 113, pág. 167.
- •Espina Pérez, Darío, *Poemario de Historia Universal,* Nota 209, pág. 382.
- •Espina Pérez, Darío, *Antología poética hispano-americana, Volumen 2,* Ediciones Universal, Miami, Florida, 1984, ISBN: 9977-47-040-5.
- •García, Michel, *Pero López de Ayala, "Libro de poemas" o "Rimado de Palacio",* Biblioteca Románica Hispánica, Editorial Gredos, S.A., Madrid, 1978, la obra consta de dos tomos, ISBN: 84-249-1355-8, obra completa en rústica; ISBN: 84-249-1356-6, obra completa en tela.
- •García Nieto, José, *Nuevo elogio de la lengua española - Piedra y cielo de Roma,* Nota 90, pág. 134.
- •Gayol Fernández, Manuel, *Teoría literaria,* Nota 76, pág. 105.
- •González Esteva, Orlando, *De la poesía,* Nota 97, pág. 141.
- •González Martínez, Enrique, *Los senderos ocultos,* Nota 172, pág. 289.
- •González Porto-Bompiani, *Diccionario literario,* Editorial Montaner y Simón, Barcelona, 1959, Segunda edición de 1967, la obra consta de doce tomos.
- •Henríquez Ureña, Pedro, *La versificación irregular en la poesía castellana,* Notas 119 y 147, págs. 181 y 246.
- •Ibarbourou, Juana de, *Obras Completas,* Nota 116, pág. 173.
- •Jirón Terán, José, *Investigaciones en torno a Rubén Darío,* Managua, Dirección General de Bibliotecas y Archivos, 1981.
- •Lapesa, Rafael, *Poetas y prosistas de ayer y de hoy,* Biblioteca Románica Hispánica, Editorial Gredos, S.A., Madrid, 1977, ISBN: 84-249-0727-2 (rústica), ISBN: 84-249-0728-0 (tela).

Bibliografía básica

- Lázaro Carreter, Fernando, *Diccionario de términos filológicos*, Nota 125, pág. 195.
- Ligaluppi, Oscar Abel, *Antología poética argentina*, Fondo Editorial Bonaerense, Buenos Aires, 1981.
- Ligaluppi, Oscar Abel, *El soneto hispanoamericano*, Fondo Editorial Bonaerense, La Plata, Buenos Aires, Argentina, 1984.
- Ligaluppi, Oscar Abel, *Son de sonetos*, El Editor Interamericano, La Plata, Buenos Aires, Argentina, 1989, ISBN: 950-9845-12-4.
- Linares Pérez, Marta, *La poesía pura en Cuba*, Nota 150, pág. 251.
- López, Guarionex, *De cuando en cuando*, Nota 87, pág. 128.
- Llerena, Mario, *Un manual de estilo*, Ediciones Evangélicas Internacionales, Inc., Miami, Florida, Segunda edición, julio de 1990.
- Machado, Antonio, *Poesía y prosa*, Nota 193, pág. 337.
- Marasso, Arturo, *Rubén Darío y su creación poética*, Nota 182, pág. 317.
- Marcilese, Mario, *Antología Poética Hispanoamericana Actual*, Nota 89, pág. 133.
- Mendizábal, Federico de, *Poesías Completas* de Francisco Villaespesa, Nota 179, pág. 312.
- Menéndez y Pelayo, Marcelino, *Nueva biblioteca de autores españoles*, Nota 37, pág. 38.
- Menéndez y Pelayo, Marcelino, *Las cien mejores poesías líricas de la lengua castellana*, Nota 123, pág. 187.
- Menéndez Pidal, Ramón, *Flor nueva de romances viejos*, Nota 12, pág. 26.
- Menéndez Pidal, Ramón, *Poesía juglaresca y orígenes de las literaturas románicas*, Instituto de Estudios Políticos, Madrid, 1957.
- Monterde, Francisco, *Sor Juana Inés de la Cruz, Obras Completas*, Nota 133, pág. 212.
- Navarro Tomás, Tomás, *Métrica española*, Nota 167, pág. 284.
- Nelson, Dana Arthur, *El libro de Alixandre*, Nota 16, pág. 27.
- Neruda, Pablo, *Crepusculario*, Nota 156, pág. 261.
- Onrubia de Mendoza, José, *Sonetos del Siglo XX*, Editorial Bruguera, S.A., Barcelona, Bogotá, Buenos Aires, Caracas, México y Rio de Janeiro, 1970.
- Ortega y Gasset, José, *La deshumanización del arte y otros ensayos estéticos*, Nota 200, pág. 357.
- Palma, Ricardo, *Tradiciones peruanas completas*, Nota 127, pág. 196.
- Paraíso, Isabel, *El verso libre hispánico*, Nota 108, pág. 154.
- Paz, Octavio, *Libertad bajo palabra*, Nota 82, pág. 120.

- Paz, Octavio, *Sor Juana Inés de la Cruz o las trampas de la fe,* Nota 63, pág. 75.
- Paz, Octavio, *El arco y la lira,* Nota 92, pág. 140.
- Paz, Octavio, *El signo y el garabato,* Nota 216, pág. 392.
- Pereira, Antonio, *Contar y seguir,* Nota 128, pág. 203.
- Pereira Gamba, Próspero, *Poesías, Ensayos líricos,* Nota 101, pág. 147.
- Ribera Chevremont, Evaristo, *El semblante,* Nota 70, pág. 87.
- Rivera, José Eustasio, *Tierra de promisión,* Nota 135, pág. 219.
- Sainz de Robles, Federico Carlos, *Historia y Antología de la Poesía Española,* Nota 35, pág. 38.
- Sainz de Robles, Federico Carlos, *Ensayo de un Diccionario de la Literatura,* Nota 126, pág. 196.
- Sánchez Boudy, José, *Aché, Babalú Ayé,* Nota 143, pág. 244.
- Sánchez Boudy, José, *Ekué Abanakué Ekué,* Nota 143, pág. 244.
- Sánchez Boudy, José, *Leyendas de azúcar prieta,* Nota 143, pág. 244.
- Sánchez Boudy, José, *Candelario Soledá,* Nota 143, pág. 244.
- Sánchez Priede, José María, *A güiro limpio,* Nota 144, pág. 244.
- Sánchez Priede, José María, *Güiro, clave y cencerro,* Nota 144, pág. 244.
- Torres, Edelberto, *La dramática vida de Rubén Darío,* Nota 204, pág. 367.
- Urbino, Víctor, *Romanzas guajiras,* Nota 106, pág. 150.
- Urrutia Iturbe, Ángel, *Sonetistas pamploneses,* Nota 120, pág. 182.
- Vallejo, César, *Obra poética completa,* Nota 58, pág. 63.
- Videla, Gloria, *El ultraísmo, Estudios sobre movimientos poéticos de Vanguardia en España,* Biblioteca Románica Hispánica, Editorial Gredos, S.A., Madrid, 1971, Segunda edición.
- Villa, Álvaro de; Boudy, José Sánchez, *Lezama Lima: peregrino inmóvil,* Nota 151, pág. 252.
- Villaespesa, Francisco, *Poesías Completas,* Nota 179, pág.312.
- Wilson, Leslie N., *La poesía afroantillana,* Nota 141, pág. 239.
- Zamora Vicente, Alonso, *Lengua, literatura, intimidad,* Editorial Taurus, Madrid, 1966.

ÍNDICE DE MATERIAS Y DEFINICIONES

Hay definiciones expuestas directamente en este Índice de materias porque no están ni en las Notas ni en el texto.

A
- *acento accidental o supernumerario,* Nota 4 -pág. 439.
- *acento constituyente,* Nota 4-pág. 439.
- *acróstico,* Nota 25-pág. 446.
- *aféresis,* Nota 203-pág. 478.
- *alejandrino,* Nota 54-pág. 454 y pág. 256.
- *aliteración o paronomasia,* Nota 83-pág. 459.
- *alusión perifrástica:* (ver *perífrasis).*
- *anacreóntica,* págs. 382-383.
- *anadiplosis o conduplicación,* págs. 10, 74-89.
- *anáfora* o *epanalepsis,* págs. 9, 16-23.
- *anapéstico,* Notas 4-pág. 439; 111-pág. 462 y 182-pág. 474.
- *anisosilabismo,* Nota 17-pág. 445.
- *antítesis,* págs. 321-330.
- *apócope,* Nota 203-pág. 478.
- *armonía,* Nota 64-pág. 456.
- *arte mayor,* págs. 255-257.
- *arte menor,* págs. 255-257.
- *asíndeton,* Nota 10-pág. 443.
- *asonancia,* págs. 114-115, 143-144.
- *asonante, rima,* págs. 114, 143-148.

B
- *balada:* Composición de honda emotividad, regularmente en estrofas iguales, basada en temas tradicionales. Sus raíces provienen de la Edad

Media europea, como la *balata* italiana.

•*Barroco,* págs. 212-213.

•*bisílabo:* Verso de dos sílabas. En castellano no existe el verso de una sola sílaba (monosílabo), porque sería agudo, y habría que añadirle otra sílaba, como se hace con todos los versos agudos. Como a los versos esdrújulos se les resta una sílaba, hay sólo tres casos de versos bisílabos: "can", una sílaba gramatical, pero dos sílabas métricas, por ser aguda; "canta": dos sílabas gramaticales y también dos sílabas métricas, por ser llana; y "cántaro", tres sílabas gramaticales, pero dos sílabas métricas, por ser esdrújula. (Ver la pág. 259).

•*blanco, verso,* Nota 53-pág. 454 y págs. 151-154.

C
•*cabo,* Nota 24-pág. 446.
•*cabo roto, rima de:* (ver *rima de cabo roto).*
•*cacofonía,* Nota 9-pág. 442.
•*canción,* Nota 27-pág. 447.
•*canción petrarquista,* Nota 27-pág. 447.
•*Cancionero de Lope de Stúñiga,* pág. 33.

•*Cancionero de Palacio,* pág. 68. El *Cancionero de Palacio* o *Cancionero musical de los siglos XV y XVI,* fue publicado por el compositor español Francisco Asenjo Barbieri, (1823-1894).

•*cantar de gesta,* Notas 11-pág. 444 y 27-pág. 447.
•*cesura,* págs. 257-259.
•*circunlocución,* (ver *perífrasis).*
•*colores de las vocales,* según Rimbaud, pág. 229.
•*complexión,* págs. 11, 105-109.
•*compuesto,* verso, págs. 255-256.
•*concatenación,* Nota 1-pág. 437.
•*conduplicación o anadiplosis,* págs. 10, 74-89.
•*conduplicación encadenada,* Nota 1-pág. 437.
•*consonancia,* págs. 115, 148-149.
•*consonante, rima,* págs. 115, 148-149.

Índice de materias y definiciones

•*constituyente,* acento, Nota 4-pág. 439.
•*conversación melódica,* pág. 152.
•*conversión,* pág. 10.
•*copla,* págs. 383-386.

•*copla de arte mayor:* Consta de ocho versos de arte mayor que se combinan siguiendo el esquema siguiente: ABBAACCA. Fue empleada por Juan de Mena en *El Laberinto de Fortuna:*

> Aquel que allí ves al cerco trabado
> que quiere subir e se falla en el aire
> mostrando su rostro robado donaire,
> por dos deshonestas feridas llagado,
> aquel es el dávalos mal afortunado,
> aquel es el limpio mancebo Lorenzo,
> que fizo en un día su fin e comienzo,
> aquel es el que era de todos amado.

•*cosante:* Serie de estrofas tradicionales de Galicia y Portugal, formadas de dos versos rimados, seguida cada una por un estribillo. Ya en Berceo puede apreciarse el *cosante,* con un solo verso entre cada estribillo:

> El discípulo lo vendió,
> ¡eya velar!,
> el Maestro non lo entendió.
> ¡Eya velar!

En Diego Hurtado de Mendoza, las estrofas se ajustan mejor a la definición académica:

> Aquel árbol del bel veyer
> face de maña quiere florecer.
> Algo se le antoja.
> Face de maña flores quiere dar,
> ya se demuestra, salidlas mirar.
> Algo se le antoja.

Al *cosante,* por su configuración, se le llama también *cantar paralelístico.* (Ver la Nota 14-pág. 445).

•*Creacionismo*, pág. 337.
•*cuaderna vía*, Nota 11-pág. 444 y pág. 182.

•*cualitativa, versificación:* Sistema de versificación castellana, basado en la cualidad.

•*cuantitativa, versificación:* Sistema de versificación grecolatina, basado en los pies métricos. En castellano ha habido muchos intentos de adaptación a la versificación clásica, casi todos inspirados en el principio de las sílabas tónicas para las sílabas largas y las sílabas átonas para las sílabas breves. Con la intención de reproducir el hexámetro, José Eusebio Caro ensayó la versificación cuantitativa en su poema "En alta mar":

> ¡Céfiro!, ¡rápido lánzate!, ¡rápido empújame y vivo!
> Más redondas mis velas pon: del proscrito a los lados...,

y Rubén Darío en "Salutación del optimista":

> Ínclitas razas ubérrimas, sangre de Hispania fecunda,
> espíritus fraternos, luminosas almas, ¡salve! (Ver *versificación acentual*).

•*cuarteta*, Nota 73-pág. 457.
•*cuarteto*, Nota 34-pág. 448.

D

•*dactílico, endecasílabo*, Notas 4-pág. 439 ; 111-pág. 462 y 182-pág. 474.
•*dadaísmo*, pág. 204.

•*Decadentismo:* Refinamiento exagerado, preciosismo o estilo que se opone a cualquier innovación.

•*decasílabo de himno*, pág. 306.
•*décima*, Nota 6-pág. 441 y pág. 383.

•*desarticulación:* Palabra usada en este texto, que define la división caprichosa de los versos para que, al ser leídos individualmente, se confundan con la prosa, como el siguiente ejemplo de Neruda, tomado de su poema "Nacimiento":

Índice de materias y definiciones

> Parral se llama el sitio
> del que nació
> en invierno.
> Ya no existen
> la casa ni la calle:
> soltó la cordillera
> sus caballos,
> se acumuló el profundo
> poderío,
> brincaron las montañas
> y cayó el pueblo
> envuelto en terremoto.

Realmente, esas catorce líneas son tres heptasílabos y cuatro endecasílabos:

> Parral se llama el sitio
> del que nació en invierno.
> Ya no existen la casa ni la calle:
> soltó la cordillera sus caballos,
> se acumuló el profundo poderío,
> brincaron las montañas
> y cayó el pueblo envuelto en terremoto.

•*decasílabo,* Nota 55-pág. 454.
•*décima,* Nota 6-pág. 441 y pág. 383.
•*decir,* Nota 21-pág. 446.
•*diástole,* págs. 299-315, 320.
•*dodecasílabo,* Nota 75-pág. 457 y pág. 258.
•*dolora,* Nota 187-pág. 475.

•*Dramática:* Uno de los tres géneros en los que se divide la Poesía, conjuntamente con la *Lírica* y la *Épica.* La dramática es la poesía que se expresa acompañada de la actuación escénica: se trata de la belleza junto a la acción -obras literarias concebidas para el escenario, con distintas manifestaciones. Las tres grandes divisiones de la *poesía dramática* son los *Poemas dramáticos menores:* monólogos, diálogos, pasos o pasillos teatrales, farsas, poesía dramática, pastoril o bucólica; égloga, drama pastoril, entremés o juguete cómico, revista, loa, apropósito, sainete y auto sacramental. *Poemas dramáticos musicales:* jácaras, tonadillas, diálogos para cantar, danzas, zarzuelas y óperas y, finalmente, *Poemas dramáticos mayores:* comedia, tragedia y drama.

E

- *elegía,* Nota 33-pág. 448.
- *encabalgamiento,* Nota 197-pág. 476 y págs. 341-342.
- *endecasílabo enfático,* Nota 4-pág. 439.
- *endecasílabo heroico,* Nota 4-pág. 439.
- *endecasílabo melódico,* Nota 4-pág. 439.
- *endecasílabo puro,* pág. 256.
- *endecasílabo sáfico,* pág. 256.
- *endecasílabo yámbico,* Nota 4-pág. 439.

- *endecha:* Poema escrito con versos de arte menor (tetrasílabos, pentasílabos...), basado en un hecho triste. Las combinaciones métricas fluctúan, y más bien se tiene en cuenta el tema luctuoso. Desde ese punto de vista, está escrito en endechas el poema "La señorita muerta", del poeta argentino Raúl González Tuñón:

> Ellos comen y duermen,
> trabajan, se fatigan,
> mientras ella, sentada,
> toda dentro vacía,
> ¡oh señorita muerta, la Pobre Señorita!

- *endecha heroica:* (ver *endecha real).*

- *endecha real:* A diferencia de la *endecha* propiamente dicha, la *endecha real* sí obedece a una configuración métrica determinada. Se trata de estrofas de cuatro versos, los tres primeros heptasílabos y endecasílabo el cuarto, con los versos pares asonantados. Sin embargo, la rima puede ser consonante, y a veces la endecha real aparece escrita en versos blancos, o sea, sin rima.

- *eneasílabo,* págs. 187, 308, 319.
- *epanadiplosis,* págs. 10, 89-105.
- *epanáfora,* págs. 9-10, 23-65.
- *epanalepsis o anáfora,* págs. 9, 16-23.
- *epéntesis,* Nota 203-pág. 478.

Índice de materias y definiciones 425

•*Épica:* Uno de los tres géneros en los que se divide la Poesía, conjuntamente con la *Lírica* y la *Dramática*. La poesía épica se produce cuando el poeta interpreta la belleza objetiva, cuando narra lo que percibe fuera de él. La *Épica* tiene muy diversas subdivisiones que a veces se entrelazan, partiendo de la base de *poemas menores* y *poemas mayores*. En los primeros caben tres grupos: filosóficos, históricos y satíricos. Los filosóficos y los históricos pueden manifestarse también en la poesía gnómica, lapidaria; en los cantares épico-filosóficos, proverbios poéticos, fábulas, poemas didácticos, romances épicos, cantares épicos, baladas y leyendas. Los satíricos se encuentran en composiciones breves y epigramas, que pueden ser narrativos, satíricos propiamente dichos, chistosos, líricos, eróticos. Los *poemas mayores* de la *Épica* pueden ser romances populares y poemas eruditos. Entre los romances populares están los antiguos históricos y caballerescos y los de los trovadores: moriscos, religiosos, burlescos. Entre los eruditos hay los filosóficos, los didácticos, los épico-religiosos y también los heroico-cómicos. Pero el más importante de los géneros épicos es la *epopeya*.

•*epifonema,* Nota 45-pág. 452.
•*epífora,* págs. 10, 65-73.
•*epigrama,* págs. 386-389.

•*epinicio:* Canto de triunfo, himno, oda... Son famosos los *epinicios* de Píndaro.

•*Epístola moral a Fabio,* Nota 43-pág. 452 y pág. 119.

•*epopeya:* Es el más importante de los poemas épicos mayores. Narra hechos sublimes realizados por un pueblo o por un héroe. En la literatura occidental: *La Iliada* y *La Odisea,* de Homero; *La Eneida,* de Virgilio. Entre los hindúes: el *Ramayana* y el *Mahabharata*. En la Edad Media: *Beowulf* (inglesa), *La Canción de Rolando* (francesa), el *Cantar de Mio Cid* (castellano), la *Canción de los Nibelungos* (germánica). En el Renacimiento: *Orlando furioso,* de Ariosto; *Jerusalén Libertada,* deTorcuato Tasso; *La Araucana,* de Alonso de Ercilla; la *Faerie Queene,* de Spenser; *El Paraíso Perdido,* de Milton.

•*espinela:* (ver *décima*).

•*estancia,* Nota 176-pág. 473.

•*estrambote:* Verso o versos añadidos al final de un poema, casi siempre a un soneto. Ejemplo por antonomasia es el soneto de Cervantes "Al túmulo del rey Felipe II en Sevilla", que empieza:

> Voto a Dios que me espanta esta grandeza...,

con tres versos añadidos (estrambote) al final:

> Y luego in continente
> caló el chapeo, requirió la espada,
> miró al soslayo, fuese, y no hubo nada.

Pero aunque ya apenas se usa hoy, prevalecen ejemplos modernos de estrambote como en el soneto "Sentidos", de Jaime Torres Bodet:

> Un ciego oye la luz y el color toca
> -en mí- cuando, al cerrar los ojos lentos,
> dejo que sólo vivan los momentos
> que nacen del contacto de tu boca.
>
> Un sordo ve la voz y el canto evoca
> cuando, al callar tus últimos acentos,
> vuelven a amanecer mis pensamientos
> en una aurora de cristal de roca.
>
> Inmóvil, correría por seguirte
> y cantaría, mudo, por hablarte
> y, muerto, nacería por quererte;
>
> pues en mi vida ya no existe parte
> que, sin oídos, no supiera oírte
> y, sin labios, besarte y, sin luz, verte...
>
> *Y, sin alma ni cuerpo, recordarte.*

•*estribillo:* versos que se repiten al final de cada estrofa y a veces también al comienzo. Un ejemplo es la "Letrilla satírica" de Quevedo: "Poderoso caballero/ es don Dinero".

Índice de materias y definiciones

•*estrofa:* Agrupación de dos o más versos. La estrofa menor que existe, por tanto, es el *pareado*.

F
•*Futurismo,* pág. 337.

G
•*gaita gallega, verso de,* Notas 4-pág. 439; 111-pág. 462 y 182-pág. 474.
•*galaico antiguo, endecasílabo,* Nota 4-pág. 439.
•*glosa,* Nota 46-pág. 453.
•*gradación,* Nota 1-pág. 437.

H
•*haikú,* Nota 215-pág. 481 y págs. 389-392.
•*hemistiquio,* Nota 65-pág. 456 y pág. 256.
•*heptasílabo,* Nota 66-pág. 456.
•*hexadecasílabo,* págs. 284, 290.
•*hexasílabo,* Nota 56-pág. 455.
•*hiato,* Nota 8-pág. 442.
•*hipermetría,* Nota 163-pág. 470.
•*hipérbaton,* pág. 178.
•*humorada,* Nota 188-pág. 475.

I
•*isosilabismo,* Nota 17-pág. 445.

J
•*jarcha,* Nota 113-pág. 463.
•*jitanjáfora,* págs. 216, 251-253.

L
•*Laberinto de Fortuna, El,* págs. 304, 421.
•*leonino, verso,* pág. 195.
•*letrilla,* Nota 38-pág. 449.
•*libre, verso,* Nota 53-pág. 454 y págs. 151-154.
•*Libro de Apolonio,* pág. 180.

•*lira:* Estrofa de cinco versos aconsonantados, con tres heptasílabos (primero, tercero y cuarto), y dos endecasílabos (segundo y quinto). Señalando los heptasílabos con letras minúsculas, por tratarse de versos de arte menor, y los endecasílabos con letras mayúsculas, como es propio de los versos de arte mayor, el siguiente esquema corresponde a la posición de las rimas en la lira: aBabB. Esta forma pertenece a la lira clásica, o sea, la original que Garcilaso de la Vega tomó del poeta italiano Bernardo Tasso, padre de Torcuato Tasso. La lira de Garcilaso apareció por primera vez en su poema "A la flor de Gnido", cuyo primer verso menciona la palabra "lira":

> Si de mi baja *lira*
> tanto pudiese el son, que en un momento
> aplacase la ira
> del animoso viento,
> y la furia del mar en movimiento.

•*lira irregular:* Cualquier combinación posible que se realice con versos heptasílabos y endecasílabos, de cuatro, cinco o seis versos aconsonantados de diversas formas, pero diferentes a la lira de Garcilaso. Cuando a la lira se le añaden más versos, se convierte en *estancia.*

•*Lírica:* Uno de los tres géneros en los que se divide la Poesía, conjuntamente con la *Epica* y la *Dramática.* En la lírica, el poeta canta lo que lleva en su intimidad, lo subjetivo, sus ideas más personales. Igual que los otros dos géneros, la *Lírica* cuenta con *poemas menores* y *poemas mayores.* Los menores son las coplas y cantares populares, humoradas, doloras, madrigales, baladas, anacreónticas, epitalamios, romances, villancicos, letrillas, epigramas y sonetos. Los poemas mayores líricos son las odas (elegíacas, satíricas, heroicas, religiosas y morales); los himnos (religiosos y patrióticos); las canciones (trovadorescas e italianas). También es lírica la *poesía pastoril,* que se divide a su vez en idilios, églogas y serranillas, aunque en este caso se trata de poemas menores.

M
•*madrigal,* Nota 3-pág. 439.
•*media rima,* (asonante) pág. 196.
•*mester de clerecía,* Notas 11-pág. 444 y 54-pág. 454.

Índice de materias y definiciones

•*mester de juglaría,* Nota 11-pág. 444.
•*metaplasmo,* Nota 203-pág. 478.
•*métrica,* pág. 198.
•*Modernismo,* págs. 314, 350, 367.
•*Modernismo en Cuba,* pág. 125.
•*monorrimo,* págs. 180-182, 197.
•*monosílabo,* pág. 259.

N

•*Neoclasicismo,* Nota 40-pág. 449 y pág. 389.

O

•*octava real,* Nota 62-pág. 455.
•*octava rima,* Nota 62-pág. 455.
•*octosílabo,* Notas 5-pág. 441 y 119-pág. 464.
•*oda,* Nota 33-pág. 448.
•*onomatopeya,* Notas 61-pág. 455 y 84-pág. 459.
•*ovillejo,* Nota 132-pág. 467.
•*oxímoron,* págs. 322-323.

P

•*paradoja,* págs. 321-325, 330-333.
•*paragoge,* Nota 203-pág. 478.
•*paralelístico,* Nota 14-pág. 445.
•*paronomasia, paranomasia o aliteración,* Nota 83-pág. 459.

•*pareado:* La menor de las estrofas, formada solamente por dos versos, que pueden ser de arte menor o de arte mayor, rimados o no y con versos de medida igual o diferente.

•*Parnasianismo,* págs. 314, 349-350.
•*pentadecasílabo,* Nota 162-pág. 470.

•*pentasílabo:* verso de cinco sílabas, Gertrudis Gómez de Avellaneda en "La pesca en el mar", o el argentino Esteban Echeverría en "La ausencia":

Un himno alcemos
jamás oído,

> del remo al ruido,
> del viento al son...
>
> ***
>
> Perdió su hechizo
> la melodía
> que apetecía
> mi corazón.

•*perífrasis:* Circunlocución. Figura que consiste en expresar con varias palabras lo que podría expresarse con una sola. Uno de los vicios del *Culteranismo* fue el abuso de las perífrasis, de los rodeos para expresar las ideas. De ahí las *alusiones perifrásticas,* como cuando Góngora describe a Cupido:

> Ciego que apuntas y atinas,
> caduco dios, y rapaz,
> vendado que me has vendido,
> y niño mayor de edad.

En la pág. 212 hay un interesante ejemplo de *perífrasis* de Quevedo.

•*pie forzado:* Obligación impuesta al poeta para que termine una composición con determinado verso preconcebido. Por extensión, cualquier condición de antemano que sirve de encargo a la creación de un poema. (Ver la Nota 46-pág. 453 y la pág. 234).

•*pie quebrado,* Nota 211-pág. 480.
•*plagio,* Nota 42-pág. 450.
•*pleonasmo,* Nota 202-pág. 478.
•*polimetría,* Nota 17-pág. 445.
•*polisíndeton,* Nota 10-pág. 443 y pág. 372.
•*Postismo,* Nota 114-pág. 463.
•*prosopografía,* Nota 207-pág. 479.
•*prosopopeya,* Nota 131-pág. 466.
•*prótesis,* Nota 203-pág. 478.

Q

•*quinteto,* Nota 74-pág. 457.
•*quintilla,* Nota 59-pág. 455.

Índice de materias y definiciones 431

R

•*redondilla,* Nota 7 -pág. 442.

•*redundancia:* Repetición innecesaria, *pleonasmo* vicioso. (Ver la Nota 202-pág. 478).

•*reduplicación,* págs. 5, 11-16.
•*Renacimiento,* págs. 303-304.
•*retruécano,* Nota 44-pág. 452.
•*rima abundancial,* (evidente) págs. 160, 196.
•*rima alejada,* (lejana) págs. 174-175, 197.
•*rima al medio,* (interna) págs. 193, 197.
•*rima al mezzo,* (interna) págs. 193, 197.
•*rima apagada,* (evidente) págs. 160, 196.
•*rima asonante,* págs. 114, 143-148, 196.
•*rima con B-V,* pág. 185.
•*rima con eco,* pág. 194.
•*rima con G-J,* pág. 183.
•*rima consonante,* págs. 115, 148-149, 196.
•*rima con superlativos,* pág. 158.
•*rima con S-Z,* pág. 184.
•*rima continua,* (monorrimo) págs. 180-182, 197.
•*rima con verbos,* págs. 155-158.
•*rima con vocablos en oposición,* págs. 158-159.
•*rima con Y-Ll,* pág. 183.
•*rima débil,* (evidente) págs. 160, 196.
•*rima de cabo roto,* Nota 127-pág. 465 y págs. 195-196.
•*rima de consonantes simuladas,* (falsa) págs. 172-174, 196.
•*rima de reiteración,* págs. 167-172, 306.
•*rima doble,* (interna) págs. 193, 197.
•*rima entera,* (consonante) págs. 115, 148-149, 196.
•*rima entre estrofas,* págs. 175-176.
•*rima eslabonada,* (interna) págs. 193, 197.
•*rima evidentes,* pág. 160.
•*rima falsa,* págs. 172-174.
•*rima femenina,* pág. 197.
•*rima francesa,* pág. 197.
•*rima hiperbática,* págs. 178-180.

•*rima hipermétrica,* págs. 188-193.
•*rima imperfecta,* (irregular) pág. 182.
•*rima injertada,* (interna) págs. 193, 197.
•*rima interior,* (interna) págs. 193, 197.
•*rima interna,* pág. 193.
•*rima inusitada,* págs. 164-167.
•*rima irregular,* pág. 182.
•*rima isofónica,* (irregular) pág. 182.
•*rima lejana,* págs. 174-175.
•*rima masculina,* pág. 197.
•*rima medial,* (interna) págs. 193, 197.
•*rima peónica,* pág.197.
•*rima periódica,* (lejana) págs. 174-175, 197.
•*rima pobre,* págs. 155-164.
•*rima potencial,* págs. 149-151.
•*rima sintáctica,* pág. 186.
•*rima total,* (consonante) págs. 115, 148-149, 196.
•*rima vocálica,* (consonante) págs. 115, 148-149, 196.
•*romance,* págs. 32, 181.
•*Romanticismo,* Nota 40-pág. 449.
•*rubaiyat o rubayata,* págs. 392-393.

S

•*sáfico, endecasílabo,* Nota 4-pág. 439.
•*sáficos adónicos,* Nota 4-pág. 439 y pág. 258.
•*sátira,* Nota 33-pág. 448.

•*seguidilla:* Son muchas y diferentes las composiciones poéticas ligeras que toman el nombre de *seguidilla,* aunque casi invariablemente se componen de cuatro a siete versos de arte menor, con los pares asonantados. Sor Juana Inés de la Cruz, por ejemplo, las cultivó con distintas métricas, como las que dedicó a la "excelentísima señora condesa de Galve, por comparaciones de varios héroes":

> Ulises es su pelo
> con Alejandro:
> porque es sutil el uno,
> y el otro largo.

Índice de materias y definiciones 433

> Un Colón es su frente
> por dilatada,
> porque es quien su Imperio
> más adelanta.
>
> A Cortés y Pizarro
> tiene en las cejas,
> porque son sus divisas
> medias Esferas...

Estas *seguidillas* de Sor Juana son de versos heptasílabos impares sueltos y pentasílabos pares asonantados, muy usadas por José Martí en su libro *Ismaelillo* y, posteriormente, por García Lorca. Tomás Navarro Tomás, en su *Métrica española,* página 276, cita otra *seguidilla* de Sor Juana con versos impares decasílabos acentuados en tercera y sexta sílabas, y versos pares hexasílabos asonantados:

> Sin farol se venía una dueña
> guardando el semblante,
> porque dice que es muy conocida
> por las Navidades.

En la Nota 131-pág. 466 aparece una seguidilla de Félix María de Samaniego.

- *serventesio,* Nota 57-pág. 455.
- *serranilla,* Nota 28-pág. 447.
- *sexteto,* Nota 186-pág. 475.
- *sextilla,* Nota 186-pág. 475.
- *Siglo de Oro,* págs. 34-35.
- *silva,* Nota 176-pág. 473.
- *Simbolismo,* págs. 349-350.
- *sinalefa,* Nota 79-pág. 458 y pág. 112.
- *síncopa,* Nota 203-pág. 478.
- *sinéresis,* Nota 166-pág. 471.

- *sinestesia:* Académicamente, "imagen o sensación subjetiva, propia de un sentido, determinada por otra sensación que afecta a un sentido diferente". Ejemplo de Quevedo: "Y *escucho* con mis *ojos* a los muertos".

•*sinonimia:* Uso deliberado de palabras sinónimas, sin caer en redundancia o pleonasmo, como el verso de Darío en *Cantos de vida y esperanza:* "Sentimental, sensible, sensitiva".

•*sintagma,* pág. 342.
•*sístole,* págs. 299, 315-320.
•*sonetillo:* Como advierto al final de la Nota 2-pág. 437, cuando los catorce versos de un soneto son de *arte menor,* asumen el nombre de *sonetillo.* He aquí uno de Manuel Mantero, titulado "Introducción a los sueños":

> Prisionero de lo humano,
> yo quisiera conocer
> otros balcones del ser
> para mirar lo lejano.
>
> Me fatigan frente y mano,
> su monótono quehacer.
> Entro en el anochecer.
> (...para mirar lo cercano).
>
> Me desnudo ante el espejo,
> me devuelve, doble y frío,
> un andrógino reflejo.
>
> Sexo, torso, boca, diente...
> ¡Cómo te odio, diente mío,
> futuro sobreviviente!

•*soneto,* Nota 2-pág. 437 y pág. 383.
•*Sonetos del amor oscuro,* de Federico García Lorca, Nota 218-pág. 481 y pág. 50.
•*sueltos, versos,* Nota 26-pág. 447.
•*supernumerario, acento,* Nota 4.-pág. 439.
•*Surrealismo,* Nota 192-pág. 476 y págs. 337-338.

T

•*tercerilla,* Nota 214-pág. 480.
•*terceto,* Nota 43-pág. 452.

Índice de materias y definiciones 435

•*tetrasílabo:* Verso de cuatro sílabas. Jorge Manrique escribió pies quebrados con tetrasílabos agudos, Nota 211-pág. 480.
•*tetrástico,* Nota 11-pág. 444.
•*tetrástrofo,* Nota 11-pág. 444.
•*tipográfico, verso,* Nota 53-pág. 454.
•*tridecasílabo,* pág. 264.
•*tridecasílabo ternario,* págs. 260, 265.
•*trisílabo:* Verso de tres sílabas, como los tres gerundios consecutivos de Manuel Machado en "La Fiesta Nacional": "andando, / marcando, / ritmando..."

U

•*Ultraísmo,* Nota 194-pág. 476 y pág. 393.

V

•*Vanguardismo,* págs. 47-48, 151-154, 235.

•*versificación acentual:* versos que no están sujetos a conteo silábico, sino a la disposición de los acentos. Ejemplos por antonomasia son el "Nocturno", de José Asunción Silva y la "Marcha triunfal", de Rubén Darío. Silva usó el *troqueo,* pie de la poesía grecolatina, formado por una sílaba larga y una breve:

Una noche,
una noche toda llena de murmullos...

Darío usó el *anfíbraco,* una sílaba larga entre dos breves: (ver las páginas 129-131).

Anuncian el advenimiento triunfal de la gloria.

•*verso blanco,* Nota 53-pág. 454 y págs. 153-154.
•*verso compuesto,* págs. 255-256.
•*verso libre,* págs. 153-154.

•*villancico:* Composición de motivo religioso o navideño, que empieza con un estribillo, llamado *cabeza,* y sigue con la *mudanza, verso de enlace* y *vuelta.* Hay variedad de *villancicos,* cuyos metros más comunes son los hexasílabos y los octosílabos. En Sor Juana Inés de la Cruz asume diversas formas: comienza con el *estribillo* y prosigue con *coplas, redondillas,* etc. A veces coloca el *estribillo* al final, y su métrica en ocasiones es fluctuante. José Domínguez Caparrós, en la página 195 de su *Diccionario de métrica española,* (ver *Bibliografía básica,* pág. 416), pone un ejemplo exacto de *villancico* de Juan del Encina:

cabeza:

Ningún cobro ni remedio
puede mi vida cobrar
sino vuestro remediar.

primera mudanza:

que si vos no remediáis
doy la vida por perdida.

segunda mudanza:

si remedio me negáis
yo no siento a quien lo pida

vuelta, el primer verso es el llamado de enlace:

Pues por vos pierdo la vida,
por vos la puedo cobrar,
que no hay otro remediar.

NOTAS

(1) La *concatenación,* con sus características especiales, puede considerarse también como una figura de reiteración. La *concatenación* es conocida además como *gradación* o *conduplicación encadenada,* y es una forma poética poco usual en castellano, por lo que tiene de juguete lírico, de rejuego con las palabras, que llegan al borde mismo de la frontera con lo humorístico. Son famosos los versos de Antonio Machado, *Consejos, coplas y apuntes:*

> La plaza tiene una *torre,*
> la *torre* tiene un *balcón,*
> el *balcón* tiene una *dama,*
> la *dama* tiene una flor...,

versos influyentes que tocan al poeta ecuatoriano Abel Castillo Romero:

> Guayaquil tiene una *torre*
> y la *torre* una *campana*
> y la *campana* una voz
> que me resuena en el alma...

En cuanto al nombre que también se le da a la *concatenación,* de *conduplicación encadenada,* ningún ejemplo mejor que el de Góngora, en su soneto "De la brevedad engañosa de la vida":

> Mal te perdonaría a ti *las horas;*
> *las horas* que limando están *los días,*
> *los días* que rozando están los años.

(2) La estructura del *soneto clásico* es la siguiente: combinación de catorce versos *endecasílabos,* cuya distribución es de dos *cuartetos* y dos *tercetos.* En cuanto a su contenido, lo más importante es el desarrollo de una idea que se resuelve en una *epifonema.* Ejemplo excelente de soneto clásico en

su forma, con lenguaje elegante y descripción de lo que es, precisamente, un soneto, es el titulado "La medalla del soneto clásico", escrito en 1925 por Rubén Martínez Villena:

> Ánfora insigne do la fiebre augusta
> vertió la miel de su labor divina;
> ejercicio de brava disciplina,
> troquel de bella suavidad robusta.
>
> Añeja forma donde Apolo ajusta
> fuerza viril en gracia femenina;
> ¡aún alzas hoy tu majestad de ruina
> bajo el desprecio de la edad injusta!
>
> Reliquia noble que tomé del arca
> donde un viejo perfume de Petrarca
> alienta en Argensola y en Arguijo;
>
> mi triste devoción cuaja una gota,
> y, hecha un endecasílabo, la fijo,
> ¡como una perla, en tu medalla rota!

El soneto es una de las formas cerradas más perdurables de la poesía en varios idiomas. De origen italiano, se supone que nació en el Siglo XIII, y se ha dicho, inclusive, que su inventor fue Pietro delle Vigne. Acusado de conspirar contra el emperador Federico II, Delle Vigne fue encarcelado y le fueron arrancados los ojos. En la cárcel se suicidó al lanzarse de cabeza contra una pared... No parece haber una base sólida para aceptar a Delle Vigne como creador del soneto, pero sí es evidente que Dante y Petrarca otorgaron al soneto la aristocracia definitiva para que su influencia llegara a nuestros días. El primer intento de escribir la mágica pieza en castellano lo hizo el Marqués de Santillana, con sus cuarenta y ocho sonetos "fechos al itálico modo". La aclimatación definitiva, cien años después, estaría a cargo de Juan Boscán y Garcilaso de la Vega, cuando el verso *endecasílabo* quedó arraigado a la versificación española. Desdeñado mucho después por los románticos, el soneto fue reivindicado por el *Modernismo,* pero esta vez con nuevos metros y formas disímiles, aunque manteniendo siempre su estructura de catorce versos: dos estrofas de cuatro versos y dos estrofas de tres. Entre las últimas antologías dedicadas al soneto, se destacan *Sonetistas pamploneses,* recopilación de Ángel Urrutia Iturbe, y *El soneto hispanoa-*

Notas

mericano y *Son de sonetos,* de Oscar Abel Ligaluppi. También en 1970 se publicó en España *Sonetos del Siglo XX,* edición a cargo de José Onrubia de Mendoza, con estudios críticos sobre sonetos escritos por Miguel de Unamuno, Antonio Machado, Juan Ramón Jiménez y Gerardo Diego. (Cuando los catorce versos de un soneto son de *arte menor,* asumen el nombre de *sonetillo).* (Ver un sonetillo de Manuel Mantero, pág. 434).

(3) El *madrigal* es un poema breve de honda delicadeza amorosa. Aunque se le relaciona con versos heptasílabos y endecasílabos, ha llegado a asumir las más diversas formas métricas.

(4) El *endecasílabo* es el verso de once sílabas no sólo métricas, sino acentuales, porque debe estar acentuado en determinada o determinadas sílabas. Esos acentos son llamados *constituyentes,* y determinan que el verso sea prosódicamente correcto. Los demás acentos en el verso *endecasílabo* son *accidentales* o *supernumerarios.* Como norma general de este libro, no tengo en cuenta el acento en penúltima sílaba, que es característico de todos los versos castellanos, sin excepción. Usando las definiciones de Tomás Navarro Tomás, los *endecasílabos* acentuados en sexta sílaba son *yámbicos.* En esa clase, Navarro Tomás distingue el acentuado en primera y sexta sílabas como *enfático;* el acentuado en segunda y sexta sílabas como *heroico* y el acentuado en tercera y sexta sílabas como *melódico.* Las acentuaciones después de la sexta sílaba son, en estos casos, *accidentales* o *supernumerarias.* Por mi cuenta, voy a poner ejemplos de *endecasílabos yámbicos* con acentuaciones exclusivamente como las descritas por Navarro Tomás.

Endecasílabo enfático:

"*Nóche* con *diamantínos* alfileres", Renato Leduc, mexicano, "Estrofas en retorno de un amor menguante".

Endecasílabo heroico:

"Con *fírme concluír* que estoy contento", Juan Boscán, "Soneto".

Endecasílabo melódico:

"Sin *medír* tu *desdén,* sin que un reclamo...", Miguel Angel Peguero, dominicano, "Amor callado".

Siguiendo con las definiciones de Tomás Navarro Tomás, el *endecasílabo sáfico* es el que tiene el *acento constituyente* en cuarta sílaba. (Claro que este verso necesita otro acento en la octava sílaba para cerrar el arco fonético). Sigo ahora poniendo ejemplos para una mejor comprensión de los *endecasílabos sáficos*.

> *Endecasílabo sáfico*, propiamente dicho, acentuado en cuarta sílaba y, además, en sexta u octava:
>
> "La *generósa músa* de Quevedo", Gaspar Núñez de Arce, "Estrofas I".
>
> "Su cetro de *óro* y su *blasón* divino", Manuel José Quintana, "A España, después de la Revolución de Marzo".
>
> *Endecasílabo provenzal*, acentuado solamente en cuarta sílaba:
>
> "Y me *batí* caballerosamente", José de Diego, puertorriqueño, "Después del combate".
>
> *Endecasílabo sáfico adónico*, con acentuación *constituyente* en cuarta y octava sílabas, pero con *cesura* en quinta sílaba:
>
> "Dulce *vecíno* de la *vérde* selva", Esteban Manuel de Villegas, "Sáficos".

Endecasílabo a la francesa, con acento en cuarta sílaba, pero en una palabra aguda, y los otros acentos constituyentes pueden caer en sexta u octava sílabas, como en "Soliloquio nocturno", del poeta cubano Benito Domínguez:

> Debo *guardár* mi escándalo sanguíneo
> en el *baúl* más frío del silencio.

Endecasílabo dactílico, anapéstico o *de gaita gallega*, con acentuación *constituyente* en cuarta y séptima sílabas:

> "*Acribilláda* en los *viéntos* de fronda", Ramón López Velarde, "El

Notas

retorno maléfico".

Endecasílabo galaico antiguo, con acento *constituyente* en quinta sílaba, y otras acentuaciones *supernumerarias:*

"Las azules *lámparas* ya apagadas", Mery Flores Saavedra, boliviana, "Hijo".

Según Tomás Navarro Tomás, desde el punto de vista rítmico, sólo hay cuatro endecasílabos: *enfático, heroico, melódico* y *sáfico.* Sin embargo, en sentido general y según el uso, predominan dos tipos de *endecasílabos:* el *sáfico,* con acentuación *constituyente* en cuarta y octava sílabas, y el *yámbico,* con acentuación *constituyente* en sexta sílaba, aunque además esté acentuado en cuarta y octava.

(5) El *octosílabo,* verso de ocho sílabas, es considerado como el más español de todos. Su florecimiento mayor ocurrió en el *Romancero:*

Por aquellos prados verdes,
¡qué galana va la niña!;
con su andar siega la yerba,
con los zapatos la trilla...

(6) La *décima* o *espinela,* llamada así en honor del poeta español que la popularizó, Vicente Espinel, consta de diez versos *octosílabos,* cuyas rimas se distribuyen de la manera siguiente: a b b a a c c d d c. Se trata de dos *redondillas (a b b a* y *c d d c),* enlazadas por dos versos centrales *(a c),* el quinto y el sexto, para formar una sola estrofa. Puede tomarse de ejemplo la *décima* siguiente del poeta cubano Jesús Orta Ruiz, de "Décimas a la décima":

Viajera peninsular,
¡cómo te has aplatanado!
¿Qué sinsonte enamorado
te dio cita en el palmar?
Dejaste viña y pomar
soñando caña y café
y tu alma española fue
canción de arado y guataca
cuando al vaivén de la hamaca

te diste a "El Cucalambé".

Las primeras décimas castellanas las escribió Juan de Mal Lara, y describen las cuatro estaciones en su *Mística pasionaria.*

(7) La *redondilla* es la estrofa de cuatro versos de *arte menor*, aconsonantados, regularmente *octosílabos,* cuyas rimas obedecen al siguiente esquema: a b b a. El siguiente ejemplo es de Francisco Henríquez:

> Humilde, casi sumisa
> llegabas a mi retiro,
> a secar con un suspiro
> perfumado, mi camisa.

(8) El *hiato* es la ruptura artificial de una *sinalefa* para agregarle una sílaba al verso. No importa que entre la vocal con que finaliza una palabra y la vocal con que comienza la siguiente haya coma o punto, puesto que esos signos ortográficos no afectan a la *sinalefa.* Por eso, en el poema "Eternidad", del chileno Matías Rafide, aparece un *hiato* para que el *endecasílabo* no quede convertido en un *decasílabo:*

> Breve luz en la *muerte, ola* viva...,

y lo mismo sucede con el poema "Convocatoria", de la argentina Pilar Rue, con punto en vez de coma:

> Condicionada al *hombre. Es* por eso...,

y hay todavía un caso más pernicioso en "La selva oscura", de Núñez de Arce, con dos *hiatos* en un verso, para lograr que un *eneasílabo* se convierta en un *endecasílabo:*

> *La eterna* aspiración *que encanta.*

(9) La *cacofonía* es el sonido desagradable que se produce por la repetición de una sílaba, como cuando el poeta español José L. Carreño escribe:

> La historia aburrida de *nuestra tragedia.*

Notas 443

Sin embargo, posiblemente no haya otro idioma tan cacofónico como el castellano, y por tratar de evitar una *cacofonía*, no debe caerse en el extremo opuesto de alterar la expresión poética con un rodeo inusitado, una pirueta verbal, un *hipérbaton*, etc. Y recuerdo que, en una entrevista con Octavio Paz, me hablaba él elogiosamente de un verso de San Juan de la Cruz:

> Un no sé *qué que quedan* balbuciendo...,

"es un ejemplo también de *cacofonía*", me atreví a decirle, y la respuesta de Paz, como todas las suyas, fue sencilla y definitiva: "Pero es una *cacofonía* eficaz, diría yo".

(10) El *polisíndeton* es la repetición de conjunciones para darle énfasis a la exposición. No tiene que ser solamente con la copulativa *ye,* que en el *Cantar de Mio Cid* está representada por la *e,* sino con otras conjunciones, como la de negación *ni,* que como *nin* ya aparece con Berceo en *Milagros de Nuestra Señora:*

> Non serié organista *nin* serié violero,
> *nin* giga *nin* salterio, *nin* mano de rotero,
> *nin* estrument *nin* lengua, *nin* tan claro vocero...,

cuya versión modernizada sería:

> *Ni* órgano *ni* viola, rabel *ni* sinfonía,
> *ni* salterio, *ni* música, *ni* clara vocería,
> *ni* los más acordados sones de juglaría...

Con el *asíndeton* sucede todo lo contrario, porque se trata de evitar las conjunciones para que el texto gane en robustez sin el énfasis del *polisíndeton*. El poeta español Manuel Curros Henríquez, en "El árbol maldito", escribió:

> Por respirar tus densos efluvios penetrantes,
> la víbora abandona su rústico dosel,
> sus pútridos pantanos los cínifes vibrantes,
> sus hoyos las serpientes...,

pero el mejor ejemplo de *asíndeton* que he encontrado es el de Vicente

Aleixandre, en "Se querían":

> Día, noche, ponientes, madrugadas, espacios,
> ondas nuevas, antiguas, fugitivas, perpetuas,
> mar o tierra, navío, lecho, pluma, cristal,
> metal, música, labio, silencio, vegetal,
> mundo, quietud, su forma. Se querían, sabedlo.

Son veinte sustantivos y cuatro adjetivos con una sola y casi imperceptible conjunción, en este caso disyuntiva, que se forma en *mar o tierra*.

(11) La *cuaderna vía* es el *tetrástico monorrimo* del Siglo XIII, usado en el *mester de clerecía,* con influencia francesa. Aparece en libros como los de *Apolonio* y *Alexandre,* en los versos del*Cantar de Roncesvalles,* rescatados por Menéndez Pidal, y en Gonzalo de Berceo, de quien es el siguiente ejemplo:

> Quiero fer una prosa en román paladino,
> en cual suele el pueblo fablar con su vecino,
> ca non son tan letrado por fer otro latino:
> bien valdrá, como creo, un vaso de bon vino.

Conviene advertir aquí que, erróneamente, en muchos textos se dice que esta estrofa es un *tetrástrofo monorrimo,* cuando en realidad se trata de un *tetrástico monorrimo.* Para aclarar las dudas, *tetrástico* se refiere a la estrofa de cuatro versos, y *tetrástrofo* es el poema de cuatro estrofas.

El *mester de clerecía* surgió en España como poesía culta en oposición al *mester de juglaría,* poesía popular cultivada posiblemente desde el Siglo X, como los *cantares de gesta* recitados por los juglares: *Cantar de Mio Cid, Gesta de los siete Infantes de Lara* y otros, además de los llamados debates: *Disputa del alma y del cuerpo, Disputa de Elena y María,* etc.

(12) Menéndez Pidal, Ramón, *Flor nueva de romances viejos,* Selecciones Austral, Espasa Calpe, S.A., Madrid, Cuarta edición, 1980, I.S.B.N: 84-239-2010-0.

(13) Los españoles Gaspar Melchor de Jovellanos (1744-1811), escritor, poeta, dramaturgo y político; y Agustín Durán (1793-1862), literato y

Notas

erudito.

(14) El *paralelismo* consiste en la repetición de una misma idea en dos o más versos o en dos o más estrofas, y esas ideas pueden ser antitéticas. También ocurre el *paralelismo* cuando se hacen versos o estrofas con una misma estructura. Un caso de *paralelismo estrófico*, por ejemplo, resalta en la "Canción de la vida profunda", de Barba Jacob, que comienza cada estrofa con la misma forma: "Hay días en que somos..."

(15) Carrizo, Juan Alfonso, *Cancionero popular de Tucumán*, Tomo I, pág. 95.

(16) Nelson, Dana Arthur, *El Libro de Alixandre*, Editorial Gredos, Madrid, 1979, I.S.B.N: 84-249-0787-6 (rústica) 84-249-0788-4 (tela).

(17) El *isosilabismo* es la versificación regular, con versos de igual medida, y *anisosilabismo* es todo lo contrario, o sea, versos con distinta cantidad de sílabas en versificación irregular. La combinación de distintos metros, pero con igual cadencia, logra gran auge con las *silvas* y las *estancias*, en poemas construidos con versos *heptasílabos* y *endecasílabos*. Posteriormente, al ampliarse la cantidad de versos que son prosódicamente afines, surge la *polimetría*, que es lógicamente *anisosilábica*, y un magnífico ejemplo es el torrencial *Himno a la Luna*, de Leopoldo Lugones:

> Luna, quiero cantarte,
> ¡oh, ilustre anciana de las mitologías!,
> con todas las fuerzas del arte...

El primer *soneto polimétrico* escrito en castellano, aparentemente, fue el "Madrigal de madrigales", de Manuel Machado, con versos *heptasílabos, eneasílabos, endecasílabos* y *alejandrinos*:

> ¿Qué nuevo nombre a ti, creadora de poetas,
> esencia de la juventud,
> si todas las magníficas y todas las discretas
> cosas se han hecho y dicho en tu virtud?
>
> ¿Qué madrigal a ti, compendio de hermosuras,
> luz de la vida, si

>   mis pequeños poemas y mis grandes locuras
>   han sido siempre para ti?
>
>   En la hora exaltada
>   de estos nuevos loores
>   toda la gaya gesta de tu poeta es...
>
>   tirar de la lazada
>   que ata el ramo de flores
>   y que las flores caigan a tus pies.

(18) sieruo: siervo.

(19) cruesa: crudeza.

(20) Para la definición de la *apócope,* consultar la Nota 203, (pág. 478) que agrupa las licencias poéticas conocidas como *metaplasmo.*

(21) Con ese nombre, *decir,* se titulaban muchos poemas de la Edad Media.

(22) firmalles: broches.

(23) algalia: almizcle, cierta grasa de origen animal que se usa para la preparación de cosméticos.

(24) Casi específicamente en el Siglo de Oro, el *cabo* era una estrofa que se le añadía a un poema.

(25) Cuando con la primera letra de cada verso se forma un nombre o una frase, el procedimiento toma el nombre de *acróstico.* El ecuatoriano José Alejandro Guzmán Rodríguez, por ejemplo, en "Ángel de amor", hace un *acróstico* con el nombre de su madre, Ángela Rodríguez Avilés de Guzmán Cárdenas. Reproduzco la tercera estrofa, que corresponde a uno de los apellidos, *Avilés:*

>   **A**madísima madre, madrecita mía;
>   **V**aso de amor colmado de ternura,
>   **I**nfinita belleza llena de dulzura:
>   **L**uciste en tu pecho de alabastro blanco,

Notas

> Emblema universal de madre singular,
> Sublime y abnegada esposa sin igual.

El *acróstico* se usa cada vez menos por lo que tiene de forzado, de antinatural. La obligación de escribir versos que comiencen con determinada letra para formar con ella un nombre o frase, es un procedimiento pueril que arrastra al ripio.

(26) El *verso suelto* es el que no rima con otro aunque esté en una composición rimada. Lo que diferencia, precisamente, a la *silva* de la *estancia,* es que la primera se escribe con versos rimados y se le intercala algunos versos sin rima, mientras que la segunda es completamente rimada.

(27) *Canción* es el nombre dado a diferentes estrofas cultivadas desde la Edad Media, y muchos ejemplos de ellas fueron recogidos por el *Cancionero General* y el *Cancionero de Barbieri.* Hay *canciones trovadorescas,* escritas con *redondillas* y *quintillas; canciones petrarquistas* basadas en *endecasílabos; canciones de gesta,* que vienen a ser los *Cantares de Gesta,* poema épico tradicional que exalta a la patria, a sus héroes, a los acontecimientos extraordinarios... Entre los muchos cultivadores de las canciones en *arte menor* se destaca el poeta español del Siglo XVI, Gaspar Gil Polo. He aquí una estrofa suya de la "Canción de Nerea":

> Licio, al cual en sufrimiento
> amador ninguno iguala,
> suspendió allí su tormento
> mientras miraba el contento
> de su pulida zagala.

Hay otro tipo de *canción* medieval, escrita en *estancias,* a la que se le añadía música, propia de poetas catalanes, franceses y, lógicamente, provenzales. Hay, en fin, diversas composiciones poéticas que se bautizan con el nombre de *canción.*

(28) La *serranilla* es un poema casi siempre amoroso, dedicado a una mujer de la sierra (serrana), escrito preferiblemente con versos de *arte menor.* El ejemplo del Marqués de Santillana es insoslayable:

> Moza tan fermosa
> non vi en la frontera
> como una vaquera
> de la Finojosa...

(29) proíses: proas.

(30) Sancho Rayón, José, bibliófilo, autor de *Ensayo de una biblioteca española de libros raros y curiosos formada con apuntamientos de don Bartolomé José Gallardo.*

(31) marlota: sayo.

(32) aljuba: Especie de gabán con mangas.

(33) La *oda* es el poema lírico en su más alta expresión. Cultivada principalmente en Grecia por Píndaro, que fue su mayor exponente, llegaría posteriormente a los poetas latinos con Horacio a la cabeza. Los principales temas de la *oda,* poema lírico mayor, son la *elegía,* la *sátira,* la religión, la moral y los hechos heroicos. La *elegía* es el poema lírico que relata la muerte o se usa para conmemorar cualquier situación de tristeza suma. La *sátira,* por su parte, sirve para *satirizar* humorísticamente los errores ajenos. Pero hay también la llamada *sátira seria* -no ya jocosa como la anterior- que, aunque basada igualmente en el buen humor, busca enmendar grandes problemas, inclusive relacionados con el crimen.

(34) El *cuarteto* es la estrofa de cuatro versos, de *arte mayor,* aconsonantada, cuyas rimas se colocan mediante el esquema siguiente: A B B A. El poeta español Rafael Montesinos comienza su soneto "Vida" con el siguiente cuarteto *endecasilábico:*

> Nació. Vivió feliz. Sorbió la vida
> de un solo y bello trago adolescente.
> Buscó su soledad, y hallóse enfrente
> de una terrible, inesperada herida.

(35) Sainz de Robles, Federico Carlos, *Historia y Antología de la Poesía Española,* Editorial Aguilar, Madrid, Quinta edición, 1967, Tomo I, página 906, la obra consta de dos tomos.

Notas

(36) *Sáfico,* ver la Nota 4, pág. 439.

(37) *Nueva Biblioteca de Autores Españoles,* fundada por Marcelino Menéndez Pelayo, Lasa Editorial Bailly-Bailliere, Madrid, 1915, Tomo IV dedicado a los orígenes de la novela, página 460.

(38) La *letrilla* es una composición poética amorosa, con un estribillo que se repite al final de cada estrofa. Ese estribillo expresa brevemente la intención central del poema. La letrilla puede ser también satírica o festiva, y entre sus principales cultivadores en nuestro idioma están Quevedo, Góngora y Bretón de los Herreros. De este último es el siguiente ejemplo, tomado de "Letrillas satíricas". Todas terminan con el verso "me casaría contigo", excepto el último, que dice "no me casaré contigo":

> Eres mi bien y mi norte,
> graciosa y tierna Clarisa,
> y a tener tú menos prisa
> de llamarme tu consorte,
> pongo al cielo por testigo,
> *me casaría contigo.*

(39) Vicente López y Planes (1787-1856). Según confiesa el poeta, escribió *El triunfo argentino,* "en memoria de la heroica defensa de Buenos Aires contra el ejército de 12,000 hombres que la atacaron los días 2 al 6 de junio". Se refiere a la reconquista de Buenos Aires que hizo el héroe popular francés Santiago de Liniers y Bremond, al enfrentarse a los ingleses en 1807.

(40) En la Poesía, el *Romanticismo* ejerció una virtud revitalizadora ante la parálisis del *Clasicismo,* al poner el arte al alcance de las grandes mayorías, a lo que contribuyeron políticamente la independencia de Estados Unidos de América (1776), la Revolución Francesa (1789-1795) y los grandes cambios ocurridos en el mundo desde el Siglo XVIII. Precisamente, es a finales de ese siglo cuando nace la escuela romántica en Alemania, con los principales iniciadores que fueron Schiller y Goethe y un gran cultivador posterior en Heine. En lo fundamentalmente técnico, el *Romanticismo* surgió como una oposición a los rigurosos preceptos académicos del *Neoclasicismo,* cuya tendencia era mantener viva la escuela clásica, tanto en arte como en literatura. Fue entonces cuando, alimentando sus raíces en

la Edad Media, se le dio bríos a la cultura con nuevos elementos poéticos, como los *romances,* las *baladas* y otras muchas formas ligeras de expresión, con el recurso de importantes cambios métricos y la casi erradicación de formas académicas y clásicas, como el *soneto,* por ejemplo. Así, el *Romanticismo* representó el más importante avance de la literatura mundial, porque a partir de entonces el poeta comenzó a escribir para el pueblo y no por encargos monárquicos. Era el triunfo de la Democracia. Y, por supuesto, el individualismo lírico -transición de lo objetivo a lo subjetivo- devino posteriormente hacia la exageración cursi del sentimiento, versificación descuidada y tremendamente melancólica, exótica y fantástica. Ello dio lugar a que surgiera en Francia el *Parnasianismo* primero y el *Simbolismo* después, como una reacción contra la exuberancia romántica. Walter Scott y Lord Byron fueron los principales representantes del *Romanticismo* en Inglaterra; Hugo, Musset, Lamartine y Chateaubriand, en Francia; y a España llegó con cierto retraso, reflejándose en la obra del Duque de Rivas, Espronceda, Zorrilla y muchos otros, pero con la figura más importante en Bécquer. Hay que tener en cuenta que el mayor impulso que tuvo el *Romanticismo* fue en lengua francesa, ya que su difusión en el mundo entero se debe a ese idioma.

Resumiendo: el *Romanticismo,* que surgió como una consecuencia de los formidables cambios políticos ocurridos en el mundo después de 1700, contribuyó posteriormente, desde un punto de vista no sólo artístico, sino social, a preparar al hombre para que se enfrentara a las nuevas formas de vida. Alumbró los caminos abiertos por la Democracia después de siglos de Monarquía, y antepuso su espontaneidad e individualismo frente a la paralizante y nefasta influencia del arte dirigido.

(41) Enrique José Varona (1849-1933), escritor, filósofo y humanista cubano, reformador de la educación de su país y Vicepresidente de la República de 1913 a 1917.

(42) El *plagio* es la copia o la imitación de una obra ajena para hacerla pasar por propia. Según José Ángel Buesa, en la página 87 de su *Método de versificación,* (ver la Nota 78) el *plagio* es "una forma de latrocinio exhibicionista, porque equivale a apoderarse de un sombrero y saludar con él a su legítimo propietario". Sin embargo, el propio Buesa cayó en la trampa del subconsciente, cuando involuntariamente escribió el verso "y él pregunta qué tienes y tú dices que nada...", en su "Elegía lamentable". Fue el poeta Rafael Enrique Marrero quien le llamó la atención, ya que ese

Notas 451

verso es muy parecido a otro de un poema famoso de la literatura cubana, "Canción del sainete póstumo", de Rubén Martínez Villena: "Y te dirán ¿qué tienes? Y tú dirás que nada..." Buesa reconoció la falta y cambió el verso, en un caso que pudo haber sido tomado, injustamente, como un *plagio*. Por eso en la segunda edición de *Nuevo Oasis*, página 138, aparece el siguiente pareado:

> ...y más si, al despertarte, lo miras extrañada,
> y él pregunta qué tienes y tú dices que nada...,

que fue cambiado en próximas ediciones por otro:

> ...y aunque, tras tu sonrisa de mujer satisfecha,
> se te empañen los ojos, al llegar a una fecha...

Y ya que trato el tema del *plagio* en relación con Buesa, creo honesto confesar una experiencia propia. Mi hermana Consuelo Viciedo murió el 26 de mayo de 1982. De inmediato, escribí cuatro estrofas, la primera de las cuales decía:

> Se llamaba Consuelo.
> Pocas veces un nombre fue más justo.
> Nada le producía mayor gusto
> que enjugar el dolor con su pañuelo.

Publicado en *Diario Las Américas*, de Miami, Florida, Estados Unidos, el 30 de mayo de 1982, Buesa recibió el periódico en Santo Domingo y me escribió rápidamente, para recordarme la famosa "Elegía por Mercedes", de Carilda Oliver Labra, cuyo primer verso dice: "Se llamaba Mercedes". Evidentemente, a mí también me había traicionado el subconsciente. Buesa, a quien en aquel momento le quedaban dos meses y medio de vida, tal vez ya sabía que me estaba escribiendo su última carta que, con la premura, dejó sin fecha. El cuño del correo estaba fechado en junio 9, y la carta decía: "Debe haber sido una reminiscencia de afinidad de tema, pero que pudo obviarse, por ejemplo: 'Yo tenía una hermana. Su nombre era Consuelo'. O, simplemente: 'Su nombre era Consuelo'". Es en esa carta en la que Buesa me cuenta, con su delicadeza habitual, para restarle importancia a mi descuido, la anécdota anterior del verso suyo muy parecido al de Martínez Villena. Y también, como para que yo me consolara por el desliz, me decía entonces que en el poema de Carilda Oliver Labra hay un verso con un antecedente directo de Vladimir Nabokov. Porque la poetisa cubana dice: "A veces suspiraba con la mano", y en *La verdadera vida de Sebastián Knight,* se lee: "La mano derecha de mi vecino suspiró..." El libro de Nabokov fue publicado en 1945 y el poema de Carilda Oliver Labra es de los años cincuenta. Por mi parte, seguí el consejo de Buesa y publiqué el poema "Consuelo" en mi libro *Esta mujer...,* de 1983, con el verso sugerido por él.

(43) El *terceto* es una estrofa de tres versos de *arte mayor.* Las dos últimas estrofas de los *sonetos* son *tercetos.* En una composición de *tercetos* aconsonantados, riman el primer verso con el tercero, y el segundo con el primer y tercer versos del *terceto* siguiente. La composición concluye con un *serventesio,* para que el segundo verso del último *terceto* no quede *suelto,* o sea, sin rima. El esquema gráfico sería el siguiente: ABA/ BCB/ CDC/ DEDE. Ejemplo, el final de la *Epístola Moral a Fabio:*

> La codicia en las manos de la suerte
> se arroja al mar, la ira a las espadas,
> y la ambición se ríe de la muerte.
>
> ¿Y no serán siquiera tan osadas
> las opuestas acciones, si las miro
> de más ilustres genios ayudadas?
>
> Ya, dulce amigo, huyo y me retiro
> de cuanto simple amé: rompí los lazos.
> Ven y sabrás el grande fin que aspiro,
> antes que el tiempo muera en nuestros brazos.

(44) El *retruécano* consiste en repetir una frase, pero a la inversa, para alterar el significado o para darle más fuerza expresiva al concepto. Ejemplo de Sor Juana Inés de la Cruz:

> Poner bellezas en mi entendimiento
> y no mi entendimiento en las bellezas.

(45) La *epifonema* queda expuesta al final del poema, por uno o varios versos, para condensar con una expresión todo lo que se quiere decir en los versos anteriores. El largo poema de Darío "Titecotzimí", escrito en 1890 y

Notas

publicado en *El canto errante,* relata una historia de la América india, cuyo final se resuelve en un último y solitario verso: "Y así empezó el reinado de Tutecotzimí". Pero a veces la *epifonema* queda resumida no en un verso, sino en una sola palabra, como en "Alborada", de Urbina:

> Un ocre resplandor se aviva y crece;
> rompe la luz en triunfo sus cadenas,
> y se deshace en púrpura. *Amanece.*

(46) La *glosa* consiste en tomar de patrón una estrofa o unos versos preferiblemente ajenos, y repetir cada uno de esos versos al final de cada estrofa de un poema propio. Alfonso Reyes, por ejemplo, al escribir "Glosa de mi tierra", utilizó una cuarteta muy popular de la música mexicana:

> Amapolita morada
> del valle donde nací:
> si no estás enamorada,
> enamórate de mí...,

entonces, escribió cuatro décimas y, como *pie forzado*, las terminó repitiendo cada uno de los versos anteriores. He aquí la segunda décima:

> Al pie de la higuera hojosa
> tiende el manto la alfombrilla;
> crecen la anacua sencilla
> y la cortesana rosa;
> donde no la mariposa,
> tornasola el colibrí.
> Pero te prefiero a ti,
> de quien la mano se aleja;
> vaso en que duerme la queja
> "del valle donde nací".

(47) Dos Ríos: Región oriental cubana, donde el río Contramaestre entra al río Cauto, el más caudaloso de la Isla. En esa zona murió José Martí peleando por la independencia de Cuba. "La caricia del agua que corre: la seda del agua", escribió Martí en su Diario, en referencia al Contramaestre.

(48) Michelangelo Buonarroti, pintor, escultor y arquitecto italiano (1475-1564), conocido en español como Miguel Ángel.

(49) En el *Tema décimo* de este libro, titulado "Tesoro de poemas breves", en la sección "Lirismo femenino concentrado", reproduzco otros versos de Juana de Ibarbourou, (pág. 395) dedicados a Lima en su cuarto centenario.

(50) odilo: Según el naturalista alemán Carlos Luis Reinchenbach, Barón de Reinchenbach (1788-1869), odilo es una fuerza polar que existe en todos los cuerpos, especialmente en el humano. Hay personas que sienten esos efectos, que son algo así como el magnetismo animal.

(51) ruca: En Argentina y Chile, voz araucana que define la choza de los indios o cualquier cabaña que sirva de refugio.

(52) chicha: En voz indígena peruana es una bebida alcohólica.

(53) El *verso blanco* es el verso que no rima. Antiguamente se le conocía como *verso libre,* pero hubo que rebautizarlo con el nombre de *blanco* para que no se confundiera con el *verso libre,* creado posteriormente, y llamado también *verso tipográfico,* porque no obedece a ninguna regla fonética específica. Ejemplo de *versos blancos,* del poeta español José Luis Prado Nogueira, es el siguiente tomado de "Remedios":

> Ya soy rico de ti, que has comulgado
> conmigo la belleza. Te deseo
> la salvación en que me salvo a solas:
> un instante de luz para tu alma...

(54) El verso *alejandrino* es el de catorce sílabas, formado por dos *hemististiquios* de siete sílabas cada uno, o sea, *heptasílabos.* El *alejandrino* es de origen francés; proviene de *Le Roman d'Alexandre* del Siglo XII, oda que cantaba las hazañas de Alejandro Magno. Arribó pronto a España y aparece en el *Misterio de los Reyes Magos* y la *Disputa del alma y del cuerpo,* entre los siglos XII y XIII. Con sus irregularidades normales, fue el metro principal del *mester de clerecía.* En francés, el *alejandrino* tiene solamente doce sílabas, por tratarse de un idioma de palabras totalmente agudas, sin la equivalencia española de añadirles una sílaba a los versos agudos.

(55) El verso de diez sílabas, con acentuación fija en tercera y sexta sílabas, como el usado por Aurelio Elías Mera, es conocido como *decasílabo de*

himno. Hay otras dos formas de verso decasílabo: Con dos hemistiquios de cinco sílabas cada uno, como el de José Jacinto Milanés, "Tórtola mía, }{ sin estar presa...", o sin acentuación fija, como el de Lugones, "Canto del sol en el don divino".

(56) El verso *hexasílabo* es el de seis sílabas.

(57) El *serventesio* es la estrofa aconsonantada formada por cuatro versos de *arte mayor,* con rimas cruzadas de acuerdo con el siguiente esquema: A B A B. El siguiente *serventesio* es del "Soneto 21", de Julia Prilutzky Farny, poetisa argentina nacida en Kiev, Ucrania, en 1912:

> Hablan, gritan, aúllan... Es el coro
> desafinado de la muchedumbre:
> ya me envuelve su pórtico sonoro,
> su exasperante y vago olor de herrumbre.

(58) Para el estudio de las epanáforas en los versos de Vallejo, utilicé el libro *César Vallejo* (obra poética completa), con introducción de Américo Ferrari, Alianza Tres, Lima, Perú, 1974, tercera reimpresión de 1988, ISBN: 84-206-3097-7.

(59) La *quintilla* es la estrofa aconsonantada de cinco versos de *arte menor,* preferiblemente *octosílabos;* no pueden rimar tres versos consecutivamente ni terminar en *pareados.* Respetando esas reglas, el poeta puede hacer cualquier combinación de rimas.

(60) Alonso, Dámaso, *Cuatro poetas españoles,* (Garcilaso, Góngora, Maragall, Antonio Machado), Editorial Gredos, Biblioteca Románica Hispánica, dirigida durante muchos años por el propio Dámaso Alonso, Madrid, 1962, página 92.

(61) En este mismo libro, el*Tema quinto* está dedicado a la *onomatopeya.*

(62) La *octava rima* u *octava real,* es la estrofa endecasilábica de ocho versos con el esquema siguiente: A B A B A B C C. La *octava italiana* rima A B B C D E E C. Como puede observarse, los versos primero y quinto son *sueltos,* es decir, no riman entre sí, ni con ninguno otro, en tanto que los versos cuarto y octavo riman, pero son siempre agudos.

(63) Paz, Octavio, *Sor Juana Inés de la Cruz o Las trampas de la fe,* Fondo de Cultura Económica, México, 1982, primera reimpresión de 1985 de la tercera edición de 1983, página 395, ISBN: 968-16-1211-6.

(64) Es interesante anotar lo expresado por Francisco Villaespesa en el prólogo del libro *El hilo de agua,* de Raúl Rubianes, por tratarse de juicios que siguen teniendo vigencia en las postrimerías del Siglo XX: "En medio de la desorientación caótica de esta hora, de la sequedad espiritual y de la aridez lírica del momento, entre la retórica fósil de la vieja sensibilidad y la retórica aún más fosilizada de las sensibilidades nuevas, el libro de Raúl Rubianes nos da una sensación reconfortante de cosa vivida al lado de tanta cosa muerta... Nada de refinamientos verbales, de descoyuntamientos rítmicos... El verso fluye natural y espontáneo, como un hilo de agua, y la imagen y la idea, la emoción y la nostalgia, se confunden de tal manera con la forma, que constituye un todo bello e indisoluble, dentro de la más perfecta armonía".

(65) El *hemistiquio* es cada parte del verso *compuesto* separada por la *cesura.* Pueden ser *hemistiquios regulares,* de igual medida, como en los alejandrinos, que dos versos de siete sílabas hacen uno de catorce; y pueden ser *hemistiquios irregulares,* de medidas diferentes, como el verso de veintidós sílabas creado por Francisco Luis Bernárdez, con un *hemistiquio eneasílabo* y otro *tridecasílabo:* "El ancho río de la patria }{ viene cantando de una fuente dolorosa".

(66) El *heptasílabo* es el verso de siete sílabas. Combinado con *endecasílabos,* forma las *silvas* y las *estancias,* entre otras composiciones.

(67) rrabé: Evidentemente, *rabel* (del árabe *rabed),* instrumento musical pequeño, parecido al laúd, con tres cuerdas, que se toca con un arco igual que el violín.

(68) cordojo: ira.

(69) *Cancionero popular de Tucumán,* recogido y anotado por Juan Alfonso Carrizo, Tomo II, página 65. (Ya este cancionero fue mencionado en el mismo tema de *Figuras de reiteración,* en la sección dedicada a la *epanáfora:* "¡Ay!, dolor y sentimiento./ ¡Ay!, pena y melancolía...", pág. 26).

Notas

(70) Todos los ejemplos de *conduplicaciones* de Evaristo Ribera Chevremont, los tomé de su libro de sonetos *El semblante,* Universidad de Puerto Rico, 1964, con prólogo de Concha Meléndez. Las *conduplicaciones* entre estrofas de los sonetos "Tira y lazada" y "Presencia", están entre el último verso del segundo *cuarteto* y el primer verso del primer *terceto;* y las de los sonetos "Hilo y madeja" y "Universo del color", entre el último verso del primer *terceto* y el primer verso del segundo *terceto.*

(71) Natividad Pérez de Cáceres, mi madre.

(72) El soneto de Nicolás Cócaro lo encontré en la *Antología poética argentina,* del Fondo Editorial Bonaerense (hoy El Editor Interamericano), que dirige el poeta y crítico Oscar Abel Ligaluppi, 1981, página 70.

(73) La *cuarteta* está formada por cuatro versos de *arte menor,* regularmente *octosílabos,* que riman a b a b. El siguiente ejemplo es de Francisco A. de Icaza:

> Aunque voy por tierra extraña
> solitario y peregrino,
> no voy solo, me acompaña
> mi canción en el camino.

(74) Las reglas del *quinteto* son exactamente iguales a las de la *quintilla,* sólo que con versos de *arte mayor.* (Ver la Nota 59, pág. 455).

(75) El *dodecasílabo* es el verso de doce sílabas. Entre sus muchas formas, puede ser de dos *hemistiquios hexasílabos,* como el de Juan de Mena en el *Laberinto de Fortuna:*

> Baxé más mis ojos, }{ mirando las gentes...,

o un *hemistiquio heptasílabo* y otro *pentasílabo,* (de seguidilla) como los citados de Julián del Casal:

> Una noche mi padre}{ siendo yo niño...,

o formado por tres *tetrasílabos,* como el de Chocano:

Nuevas formas, }{ nuevos triunfos,}{ nuevas palmas...,

o de un *hemistiquio octosílabo* y otro *tetrasílabo,* como el descubierto por el gramático y humanista español Elio Antonio de Nebrija (1441-1522):

Pues tantos son los que siguen }{ la pasión.

(76) Gayol Fernández, Manuel, doctor en Filosofía y Letras y en Derecho Civil; profesor titular de Español; Jefe de Cátedra y ex Director del Instituto de Segunda Enseñanza de Sagua la Grande, Cuba, es el autor de *Teoría literaria,* obra en dos tomos publicada por *Cultural Centroamericana,* Guatemala, 1970, con cuidadosas enseñanzas sobre elocución general y arte métrica.

(77) "Pisando la dudosa luz del día", verso final de la novena estrofa de la *Fábula de Polifemo y Galatea,* de Góngora.

(78) Buesa, José Ángel, *Método de versificación,* Editorial Ramallo Bros. Printing, Inc., San Juan, Puerto Rico, 1974. El día 28 de enero de 1979, Buesa me dedicó su *Método* en los siguientes términos: "A Luis Mario, que ya no necesita este libro para nada. José Ángel". No era verdad. El libro de Buesa lo necesitaba entonces y lo sigo necesitando ahora. Y al escribir esta nota once años después de la dedicatoria -a 6 de mayo de 1990-, agradezco póstuma y públicamente la cordial intención de quien fue mi maestro y mi amigo, y lo desmiento con honestidad, respeto y gratitud.

(79) La *sinalefa* se forma cuando la vocal final de una palabra se funde con la vocal primera de la palabra siguiente, y le resta, de esa manera, una sílaba al verso. De ahí que "encantadora risa" mantiene las siete sílabas gramaticales, mientras que "risa encantadora" sólo tiene seis sílabas poéticas, por la sinalefa contenida en las vocales A y E: *risa[ ]encantadora.*

(80) Stéphane Mallarmé (1842-1898), poeta francés de obra breve y amplio vocabulario, evasivamente hermético, influyente y con discípulos alrededor del mundo.

(81) Alonso, Dámaso, *La "Epístola moral a Fabio", de Andrés Fernández de Andrada,* Biblioteca Románica Hispánica, Editorial Gredos, S.A., Madrid, primera edición de 1978, ISBN: 84-249-0763-9 (rústica), 84-249-

Notas

0764-7 (tela).

(82) Octavio Paz, *Libertad bajo palabra,* Letras Mexicanas, Fondo de Cultura Económica, México, tercera reimpresión de 1978 de la Segunda edición de 1968, ISBN: 968-16-0156-4. Conservo con justa, honda satisfacción, mi ejemplar de *Libertad bajo palabra* con la siguiente dedicatoria: "A Luis Mario, en la eufonía verbal y mental, Octavio Paz, Miami, a 11 de Enero de 1987".

(83) La *aliteración* es la repetición de las mismas letras, que se usa a veces deliberadamente para lograr sonidos onomatopéyicos. El poema "Granadas de gas asfixiante" del poeta nicaragüense Salomón de la Selva, por ejemplo, imita con sonidos el ruido de las granadas en la guerra: *"Pló-pló-pló-pló* hacen las granadas..." La *paronomasia* o *paranomasia,* semejanza de voces por la vocal acentuada, tiene cierta relación con la *aliteración.*

(84) El *Tema quinto* de este libro es "La onomatopeya", con una sección titulada "Onomatopeyas aliteradas - Consonantes y vocales", pág. 225.

(85) Correa, Gustavo, *Antología de la poesía española (1900-1980),* Biblioteca Románica Hispánica, Editorial Gredos, S.A., Madrid, Tomo II, página 264, la obra consta de dos tomos, ISBN: 84-249-1592-5 (obra completa), ISBN: 84-249-1593-3 (Tomo I), ISBN: 84-249-1594-1 (Tomo II).

(86) La publicación del libro *Ala* propuesta para la década de los noventa, es otra obra encomiable de la Editorial Cubana, Miami, Florida. En el prólogo que me fue encomendado, analizo varios aspectos técnicos del contenido de ese libro, en el que Agustín Acosta sobresale como el primer gran poeta modernista cubano. También leí el 3 de agosto de 1986, en el Koubek Center de la Universidad de Miami, la ponencia *Cuba: modernismo pleno con Agustín Acosta,* en el acto de clausura del Círculo de Cultura Panamericano, dedicado a honrar la memoria del Poeta Nacional de Cuba en el centenario de su nacimiento. Esa ponencia fue publicada en *Diario Las Américas,* de Miami, Florida, el 7 de agosto del mismo año, y en la revista *Círculo,* Volumen XVI, 1987, página 37, ISBN: 0009-7349-001533.

(87) Precisamente, èl único libro que publicó Guarionex López, *De cuando*

en cuando, Santo Domingo, República Dominicana, 1977, fue prologado por José Ángel Buesa.

(88) El libro *Diccionario de sinónimos,* de Roque Barcia, que tuve hace años y que no he vuelto a encontrar ni hallar, acaba por convencer de que no existen dos palabras de idéntico significado.

(89) Los datos sobre el poeta Mario Busignani los tomé de la *Antología Poética Hispanoamericana Actual,* Mario Marcilese, Serie Literaria II, Editora Platense, La Plata, 1968, edición al cuidado de Albertina Sonol de Mogilner, Tomo I, página 123, la obra consta de dos tomos.

(90) El poema *Nuevo elogio de la lengua española* fue el discurso de ingreso de José García Nieto como académico de la Real Academia Española, el 13 de marzo de 1983, cuando pasó a ocupar la silla que José María Pemán dejó vacía al morir. El discurso de contestación estuvo a cargo de Camilo José Cela, y todo fue publicado en un libro de doble título: *Nuevo elogio de la lengua española - Piedra y cielo de Roma,* Espasa Calpe, S.A., Selecciones Austral, Madrid, 1984, ISBN: 84-239-2133-9.

(91) "Patria", de Ricardo Miró, escrito y premiado en el extranjero, es el poema más conocido de este bardo, que fue coronado Poeta Nacional de Panamá en 1937.

(92) Paz, Octavio, *El arco y la lira,* Lengua y estudios literarios, Fondo de Cultura Económica, México, D.F., Tercera reimpresión de 1981 de la Tercera edición de 1972, página 53, ISBN: 968-16-0782-1.

(93) Es necesario exceptuar las literaturas clásicas grecolatinas que, gracias al musicalísimo golpe de los pies métricos, no necesitaban de la rima y la utilizaban sólo en composiciones jocosas.

(94) La "Elegía del moscardón azul" aparece en la página 69 del libro de Dámaso Alonso *Hijos de la ira,* Colección Austral No.595, Espasa Calpe, S.A., Madrid, Segunda edición, 1958.

(95) Es de notar que Dámaso Alonso se refiere a "hallazgos" y no a "encuentros". Es decir, el hallazgo, que siempre es sorpresivo -no así el encuentro, propiciado por la búsqueda-, denota la espontaneidad de

Notas

Verlaine para rimar sus versos, sin búsquedas agotadoras, como las del propio don Dámaso en una ocasión para rimar con "azúcar". Un conocedor del idioma como Dámaso Alonso no puede haber usado el término "hallazgos" sin medir su elocuente y sutil significado.

(96) Alonso, Dámaso, *Poesía española,* Ensayo de métodos y límites estilísticos, Biblioteca Románica Hispánica, Editorial Gredos, Madrid, 1966, página 58.

(97) González Esteva, Orlando, *De la Poesía,* Ediciones Isimir, Miami, Florida, 1979, página 7.

(98) En la sección "Otros ejemplos", del *Tema segundo* de este libro dedicado a la *eufonía,* defino las características de este verso de dieciocho sílabas original de Fontana. (Pág. 122).

(99) Balbín, Rafael de, *Sistema de rítmica castellana,* Biblioteca Románica Hispánica, Editorial Gredos, Madrid, 1962, página 219.

(100) A. Cardona y J. Alcina, *Obras Completas, Gustavo Adolfo Bécquer,* Editorial Bruguera, Barcelona, 1970, Edición especial de 1978, página 108, ISBN: 84-02-05485-4.

(101) Pereira Gamba, Próspero, *Poesías, Ensayos líricos, descriptivos i dramáticos,* Librería de Ramírez, Imprenta de Torres Amaya, Carretera del Norte número 251, Bogotá, 1854, páginas 149, 150 y 151. Poseo un tomo de la edición príncipe de esta obra, en cuya primera contratapa aparece la siguiente dedicatoria con letra de imprenta, pegada posteriormente: "A monseñor Lorenzo Barili/ Rafael María Gaitán/ Bogotá, 1857". Probablemente ese Gaitán es pariente cercano del general y patriota colombiano José María Gaitán (1800-1868), que combatió en la batalla de Ayacucho donde hizo prisionero al teniente general español de origen francés, José Canterac. Este libro que obra en mi poder tiene en la primera página una inscripción indescifrable escrita a mano, con la fecha de marzo 13 de 1907. Agradezco este libro a la doctora Olimpia Rosado, notable gramatóloga cubana, que lo recibió de Celia Rubio de García Porraspita.

(102) Página 22 del *Método de versificación.* (Citado en la Nota 78, pág. 458).

(103) Raimundo Lazo (1904-1980) es autor de numerosos libros especializados en literatura hispanoamericana y cubana en particular. Profesor de la Universidad de La Habana, historiador, ensayista y crítico, es autor de obras de reconocida importancia, como *El libro en Hispanoamérica: La teoría de las generaciones y su aplicación al estudio histórico de la literatura cubana.*

(104) Luis Ángel Casas, poeta y escritor nacido en La Habana en 1928, ex Secretario Perpetuo de la Academia Cubana de la Lengua, es un especialista en versificación cuantitativa, que ha escrito tesis académicas sobre la adaptación de los pies grecolatinos al castellano. Actualmente Casas es académico correspondiente de la Academia Internacional de Pontzen de Letras, Ciencias y Artes (Nápoles, Italia), y de la Academia Norteamericana de la Lengua Española.

(105) Daniel Castañeda, (1898-1959) nacido en Ciudad de México, estudió también los aires populares de la música, contenidos en libros como *Balance de Agustín Lara, Ritmos de danza* y *El corrido mexicano, su técnica,* entre otros.

(106) Urbino, Víctor, *Romanzas guajiras,* Producciones El Pregonero, Miami, Florida, Reimpresión aumentada de 1985.

(107) agibílibus o agílibus, sustantivo masculino de poco uso para nombrar a la persona con habilidad en el logro de la conveniencia propia.

(108) Paraíso, Isabel, *El verso libre hispánico,* Biblioteca Románica Hispánica, Editorial Gredos, Madrid, 1985, página 286, ISBN: 84-249-0988-7 (rústica), 84-249-0989-S (guaflex).

(109) Página 47 de la *Antología Poética Hispanoamericana Actual.* (Citada en la Nota 89, pág. 460).

(110) Este primer verso: "Crece la lluvia y la tormenta crece", ya lo cité en la página 91, como ejemplo de *epanadiplosis,* en el *Tema primero,* con el dato de un antecedente del Siglo de Oro español.

(111) Verso anapéstico o de *gaita gallega,* (ver la Nota 182, pág. 474) es el endecasílabo con acentuaciones constituyentes en cuarta y séptima sílabas,

Notas

como el siguiente del poeta español Ángel Espinosa: "Vuela la **Grácia** divína y alada". Hay poetas, como Agustín Acosta, a quienes les gusta intercalar versos de gaita gallega dentro de los endecasílabos puros, y hasta defienden esa costumbre. El primer verso del siguiente serventesio de Acosta, tomado de "Los últimos instantes de Jambrina", es una prueba:

> Todos te **lló**ran Ber**ná**rdo Jambrina
> con la tristeza que olvidar no pudo
> la estéril esperanza de la encina
> frente al dolor del horizonte mudo.

(112) En las páginas 133-137 hay una serie de alejandrinos eufónicos entre los que podría figurar este verso de Romero Cordero.

(113) Ubicada por muchos estudiosos dentro de la lengua romance, la *jarcha* es una manifestación poética escrita en dialecto mozárabe. Cristianos y musulmanes en la España de la Edad Media, con elementos tomados del árabe, finalizaban ciertas composiciones con estrofas desde dos a cuatro versos irregulares, que eran conocidas como *jarchas*. José Domínguez Caparrós, en la página 87 de su *Diccionario de métrica española* (ver la Nota 153, pág. 469), cita el siguiente ejemplo de jarcha:

> Vayse meu corachón de mib,
> ¿ya, Rab, si se me tornarád?
> ¡Tan mal meu dolor li-l-habib!
> Enfermo yed, ¿cuándo sanarád?

Y también ofrece la traducción:

> Mi corazón se me va de mí,
> Oh Dios, ¿acaso se me tornará?
> ¡Tan fuerte mi dolor por el amado!
> Enfermo está, ¿cuándo sanará?

(114) El *Postismo* fue fundado por Carlos Edmundo de Ory en 1945. Conjuntamente con su compatriota pintor Eduardo Chicharro, (hijo) y el italiano Silvano Sernesi, De Ory publicó *Los nuevos prehistóricos,* y siguiendo su relación con los pintores, en 1951 dio a conocer, con el dominicano Darío Suro, el *Manifiesto introrrealista*.

(115) El delicado poema "A Emma", lo dedicó Martí a Emma Campuzano, joven que carecía del don de hablar. El 13 de marzo de 1888 fue publicado en *El Cubano,* órgano habanero, con la siguiente inscripción: "Ofrecemos a nuestros lectores la bellísima composición que dedicó a la simpática muda Srta. Emma Campuzano, nuestro amigo muy querido José Martí, sobre cuyo talento nada decimos, pues ya sabemos los cubanos lo que vale ese incansable obrero del pensamiento". No, los cubanos no sabían todavía en 1888 lo que valía aquel poeta llamado José Martí. El mismo redactor de la nota elogiosa publicada en *El cubano,* estaba muy lejos de sospechar que unos años después, aquel "incansable obrero del pensamiento" se iba a convertir en el Apóstol de la Independencia de Cuba.

(116) *Juana de Ibarbourou, Obras Completas,* compilación, anotaciones y noticia biográfica por Dora Isella Russell, Editorial Aguilar, Madrid, Tercera edición, 1968 página 538.

(117) Ibídem, página 501.

(118) cobdiciaduero: codiciable.

(119) Pedro Henríquez Ureña estudió esos primeros octosílabos, "escritos en castellano contaminado de gallego", y acudió también a ejemplos de Alfonso X:

>   Senhora, por amor de Dios,
>   aved algún duelo en mí...,

y de Alfonso XI, ya sin contaminación gallega:

>   En un tiempo gogí flores
>   del muy noble paraíso...

Estos versos reproducidos por Pedro Henríquez Ureña están en su obra más importante en el campo filológico: *La versificación irregular en la poesía castellana.* (Ver la Nota 147, pág. 468).

(120) Urrutia Iturbe, Ángel, *Sonetistas pamploneses,* Colección Breve "Temas Pamploneses", Ayuntamiento de Pamplona, páginas 73 y 74, ISBN: 84-505-8663-1.

Notas 465

(121) Página 2005, Segundo tomo de la *Historia y Antología de la Poesía Española*. (Citada en la Nota 35, pág. 448).

(122) Buesa, José Ángel, *Año bisiesto*, Publicaciones de la Universidad Nacional Pedro Henríquez Ureña (UNPHU), Santo Domingo, 1981, página 62.

(123) Menéndez Pelayo publicó ese verso de Bécquer con la palabra "intervalos" sin acento, en *Las cien mejores poesías líricas de la lengua castellana*. Sin embargo, en ediciones póstumas, "intérvalos" ha vuelto a aparecer acentuado, como en la reproducción de la Tercera edición de la Editorial Porrúa de México, 1978, página 234.

(124) *Obras Completas, Gustavo Adolfo Bécquer*. (Obra citada en la Nota 100, pág. 461).

(125) Lázaro Carreter, Fernando, *Diccionario de términos filológicos*, Biblioteca Románica Hispánica, Editorial Gredos, Madrid, Cuarta reimpresión de 1977 de la Tercera edición corregida de 1968, página 261, ISBN: 84-249-1111-3 (rústica), 84-249-1112-1 (tela).

(126) Sainz de Robles, Federico Carlos, *Ensayo de un Diccionario de la Literatura,* Tomo II, Editorial Aguilar, Madrid, cuarta edición reformada, corregida y aumentada, 1973, página 255, ISBN: 84-03-27997-3 (Obra completa), 84-03-27032-1 (Tomo II).

(127) Sobre los *versos de cabo roto,* Ricardo Palma relata un antecedente. A principios de 1605 salió de la imprenta *El Quijote,* pero un año antes eran populares en Sevilla las *coplas de cabo roto.* Según Palma, que tomó los datos de un viejo periódico de Madrid, Alonso Álvarez de Soria, joven inquieto, calavera y burlón, creó el *verso de cabo roto,* en alusión a los bravucones de Triana que, presumiendo de valientes, dejaban sin pronunciar la última sílaba de un periodo, fanfarronamente. Pero Álvarez de Soria fue muy lejos con sus burlas, y para fatalidad suya, envolvió en ellas a quien tenía poco sentido del buen humor, nada menos que el Asistente de Sevilla, Bernardino de Avellaneda, señor de Castrillo, quien se las arregló para colgar al poeta en forma afrentosa y sin juicio previo. Nada valió que otros poetas sevillanos pidieran perdón para su colega. Y concluye Palma su *Tradición española* con la siguiente afirmación: "En

cuanto a los *versos de cabo roto,* de que fue el inventor, (Palma se refiere a Álvarez de Soria) a pesar del empeño de Cervantes por popularizarlos, puede decirse que no han hecho ni harán fortuna. Nacieron con desgracia". (Esta historia, con el título de "Los versos de cabo roto", aparece en la página 246 de las *Tradiciones Peruanas Completas,* Edición y prólogo de Edith Palma, nieta del autor, Editorial Aguilar, Madrid, 1964, Quinta edición).

(128) Antonio Pereira, *Contar y seguir,* Selecciones de poesía española, Editorial Plaza y Janés, S.A., Barcelona, 1972, páginas 152, 157, 175 y 230.

(129) Brácara Augusta: Portugal (nombre romano).

(130) Ese verso de Julián del Casal ya lo cité en el *Tema tercero* en la sección "Rima hiperbática", página 180.

(131) La *prosopopeya* es una figura patética que consiste en atribuirles cualidades humanas a objetos, seres incorpóreos, etc. "Polvo serán, mas *polvo enamorado"*, dice Quevedo en su famoso soneto. También consiste en hablarle a un objeto que, obviamente, no puede escuchar. Así dice Agustín Acosta en el primer verso de su poema "Martí": "Montañas: decidme la frase primera, vosotras que tanto lo amábais..." Otra forma de prosopopeya es atribuirles facultad de hablar a los seres inanimados, como en "La canción de la Muerte", de Espronceda, cuando la propia Muerte dice: "Débil mortal, no te asuste..." Esa misma forma de prosopopeya, de las cosas abstractas o de los propios animales que hablan, aparece profusamente en las fábulas, pero atenuada por la ligereza de la intención, o sea, sin patetismo. Un ejemplo es la siguiente seguidilla de Félix María de Samaniego:

> Dijo la zorra al busto,
> después de olerlo:
> Tu cabeza es hermosa,
> pero sin seso.
> Como este hay muchos
> que, aunque parecen hombres,
> sólo son bustos.

Notas

(132) El *ovillejo,* popularizado por Cervantes en *El Quijote,* es una estrofa de diez versos aconsonantados, y los primeros seis los forman tres pareados, que son octosílabos con pie quebrado. Finaliza con una redondilla, cuyo último verso octosílabo es la unión de los tres quebrados. He aquí un ovillejo cervantino:

> ¿Quién mejorará mi suerte?
> ¡La muerte!
> Y el bien de amor, ¿quién le alcanza?
> ¡Mudanza!
> Y sus males, ¿quién los cura?
> ¡Locura!
> De ese modo no es cordura
> querer curar la pasión,
> cuando los remedios son
> muerte, mudanza y locura.

(133) *Sor Juana Inés de la Cruz, Obras Completas,* Prólogo de Francisco Monterde, Editorial Porrúa, México, Sexta edición, 1985, página 172, ISBN: 968-432-630-5.

(134) Arroyo, Anita, *Razón y pasión de Sor Juana,* Editorial Porrúa, México, 1980, página 73, ISBN: 968-432-521-5.

(135) *Tierra de promisión* es también el título con que José Eustasio Rivera bautizó el soneto "Atropellados por la pampa suelta...", y de su puño y letra lo dedicó "Para Mundial", la revista fundada por los uruguayos Alfredo y Armando Guido. Darío fue Director Literario de esa publicación. Una de las últimas publicaciones de *Tierra de promisión* se debe a *El Áncora de Editores,* Bogotá, Derechos reservados: Ernestina Rivera de Rivera, 1985, ISBN: 84-89209-55-3.

(136) Balaguer, Joaquín, *Semblanzas literarias,* (Buenos Aires, 1948), Editorial de la Cruz Aybar, S.A., Santo Domingo, Segunda edición, 1985, página 172.

(137) En el *Tema tercero* de este libro, *La rima,* se explican detalladamente las características fonéticas de las consonantes B y V, en la sección titulada "Rimas con B-V" (página 185).

(138) Primera serie de 1859, parte XXVII: "Les raisons du Momotombo" (Las razones del Momotombo), en *La leyenda de los siglos,* de Hugo.

(139) Casas, Luis Ángel, *Trece cuentos nerviosos* (Narraciones burlescas y diabólicas), Colección Caniquí, Ediciones Universal, Miami, Florida, 1990, página 86, ISBN: 0-89729-501-3.

(140) Revista *Vuelta,* México, D.F., Año XIII, Septiembre de 1989, Número 154, página 69.

(141) Wilson, Leslie N., *La poesía afroantillana,* Colección Ebano y Canela, Ediciones Universal, Miami, Florida, 1979, página 11, ISBN: 0-89729-237-5.

(142) Ibídem, página 75.

(143) Entre los libros de José Sánchez Boudy dedicados a la poesía afrocubana, sobresalen los siguientes, todos de Ediciones Universal de Miami, Florida: *Aché, Babalú Ayé,* 1975, ISBN: 84-399-4490-X; *Ekué Abanakué Ekué,* Colección Espejos de Paciencia, 1977; *Leyendas de azúcar prieta,* 1977; *Afro-Cuban Poetry* (De Oshun a Yemayá), En inglés y español, Traducción, estudio, notas y edición de Claudio Freixas, Colección Espejo de Paciencia, 1978, ISBN: 0-89729-192-1; y *Candelario Soledá,* Colección Espejo de Paciencia, 1986, ISBN: 0-89729-427-0.

(144) Los dos libros de José María Sánchez Priede, ambos de la Colección Espejo de Paciencia de Ediciones Universal, Miami, Florida, publicados por su hijo, José Sánchez Boudy, son los siguientes: *A güiro limpio,* 1975 y *Güiro, clave y cencerro,* 1977.

(145) *Ekué Abanakué Ekué,* página 23. (Citado en la Nota 143).

(146) *Aché, Babalú Ayé,* página 10. (Citado en la Nota 143).

(147) Henríquez Ureña, Pedro, *Obras Completas,* Recopiladas por Juan Jacobo de Lara, Dirección de Publicaciones de la Universidad Nacional Pedro Henríquez Ureña, Santo domingo, República Dominicana, 1978, Tomo X, página 296, la obra consta de diez tomos.

(148) Seguramente, el mejor estudio que se ha hecho de la poesía de Gastón F. Deligne, se debe a Joaquín Balaguer, en su libro *Semblanzas literarias*. (Citado en la Nota 136, pág. 467).

(149) Página 252 del *Diccionario de términos filológicos*. (Citado en la Nota 125, pág. 465).

(150) Linares Pérez, Marta, *La poesía pura en cuba,* Colección Nova Scholar, Editorial Playor, S.A., Madrid, 1975, página 67, ISBN: 84-359-0108-4.

(151) Villa y Sánchez Boudy (Alvaro de Villa y José Sánchez Boudy), *Lezama Lima: peregrino inmóvil,* (Paradiso desnudo), colección Polymita, Ediciones Universal, Miami, Florida, página 27, ISBN: 84-399-2539-5.

(152) Ibídem, página 29.

(153) Domínguez, Caparrós, José, *Diccionario de métrica española, Colección Filológica Paraninfo,* Madrid, 1985, páginas 31 y 32, ISBN: 84-283-1366-0.

(154) Para una explicación más detallada del verso endecasílabo, ver la Nota 4, pág. 439.

(155) Ver la Nota 17, pág. 445.

(156) Neruda, Pablo, *Crepusculario,* Editorial Losada, Buenos Aires, Séptima edición, 1982, página 47, ISBN: 950-03-0190-3.

(157) Al mencionar las sílabas acentuadas en los versos, invariablemente omito la penúltima, porque esa sílaba siempre está acentuada en versificación castellana. Sin excepción alguna, todos los versos en idioma español están acentuados en penúltima sílaba. Así, los versos octosílabos (ocho sílabas) están acentuados en la sílaba séptima; los endecasílabos (once sílabas) están acentuados en la sílaba décima... Esas acentuaciones son naturales por requerimientos de la lengua y se hace ocioso mencionarlas.

(158) Ver la Nota 8, pág. 442.

(159) Federico Mistral, poeta francés (1830-1914), Premio Nobel de Literatura en 1904.

(160) El título del poema hubiera sido más correcto "Para que te acuerdes de mí...", puesto que *recordar* no es un verbo pronominal. Pero sucede que ese título forma parte también del primer verso: "Para que te recuerdes de mí, toda tu vida...", razón por la que algunos antólogos han hecho una corrección: "Para que te acordaras de mí, toda tu vida...", y otros, menos afortunados, han escrito simplemente: "Para que te acuerdes de mí, toda tu vida...", con lo que ponen a cojear el verso con una sílaba de menos... Por lo demás, tengo una edición príncipe del libro *Breviario de mi vida inútil*, con la que me obsequió el hijo del poeta, Rubén H. Cabrisas, en 1985. El libro fue publicado en 1932, en los Talleres Tipográficos de Carasa y Cia., S. en C., República del Brasil Num. 12, Habana, Cuba.

(161) Página 15 del *Método de versificación*. (Citado en la Nota 78, pág. 458).

(162) *Pentadecasílabo*, verso de quince sílabas formado por tres secciones de cinco sílabas cada una. En su *Métrica española*, (ver la Nota 167, pág. siguiente) el insoslayable filólogo español Tomás Navarro Tomás menciona en la página 356, el verso de quince sílabas del diplomático y autor también español, Sinibaldo de Mas, en su traducción del *Arte poética* de Horacio. El verso usado por Sinibaldo de Mas "puede considerarse en general como un conjunto de un heptasílabo y un octosílabo, aunque en algunos casos la sinalefa que se produce precisamente en la sílaba séptima indica que el metro pudo ser concebido como unidad simple, sin división de hemistiquios". Y además de esta explicación, Navarro Tomás reproduce versos de la traducción hecha por Sinibaldo de Mas. Pongo dos como ejemplo, y señalo la cesura en ambos:

> ¿Por qué a turbarme vienes }{ entre sueños engañosa
> si me despierto luego y }{ más maldigo de mi suerte?

(163) En el Tema III de este libro, *La rima,* en la sección "Rimas hipermétricas", pongo variados ejemplos de hipermetría. (Págs. 188-193).

(164) Balaguer, Joaquín, *Apuntes para una historia prosódica de la métrica castellana,* Santo Domingo, 1974.

Notas

(165) Se refiere Darío a Ramón Llull (Beato Raimundo Lulio), filósofo, poeta, escritor de novelas y místico español, que nació en 1235 en Palma de Mallorca y murió en 1315.

(166) La contracción que, por requerimientos métricos se hace en una palabra, para restarle una sílaba sobrante al verso, se conoce como *sinéresis*. Cuando Unamuno escribe el verso de doce sílabas: "De su saber nos tiene el alma en rehenes", dentro de una composición endecasilábica, se hace necesario leer "renes" en vez de "rehenes". La creación de ese falso diptongo, mediante una contracción, es la *sinéresis*.

(167) Navarro Tomás, Tomás, *Métrica española,* Las Americas Publishing Company, New York, 1956, Segunda edición de 1966, página 152.

(168) El Tema Séptimo de este libro trata sobre la *sístole* y la *diástole*.

(169) En correcto francés, "dame tu mano" es "donne-moi ta main", pero Verlaine acudió a una licencia poética al eliminar el pronombre *moi* por necesidad métrica.

(170) Miguel Labordeta, poeta español, nació en Zaragoza en 1921, es autor entre otras obras de *Lumido 25,* 1948; *Transeúnte central* y *Memorándum,* 1950 y *Oficina de horizonte* (teatro), 1960.

(171) La oda *A Roosevelt* fue escrita por Darío en Málaga, en diciembre de 1903. Cuando la prensa difunde la famosa frase del presidente de Estados Unidos, Theodore Roosevelt: "I took Panamá", Darío reacciona con indignación. Después del verso citado, concluye el poema:

> Hay mil cachorros sueltos del León Español.
> Se necesitaría, Roosevelt, ser, por Dios mismo,
> el Riflero terrible y el fuerte cazador,
> para poder tenernos en vuestras férreas garras.
> Y, pues contáis con todo, falta una cosa: ¡Dios!

Sin embargo, menos de tres años después, en julio de 1906, Darío escribe en versos que sugieren los hexámetros, la "Salutación al Aguila":

> Bien vengas, mágica Águila de alas enormes y fuertes,

a extender sobre el Sur tu gran sombra continental...

Es una reivindicación de los versos dedicados a Roosevelt, y Darío recibe una carta de protesta que le envía el poeta, polígrafo y político venezolano Rufino Blanco Fombona: "¿Cómo no lo han lapidado...?", a lo que Darío responde con su flema habitual: "Lo cortés no quita lo cóndor..."

(172) El soneto "Tuércele el cuello al cisne", de Enrique González Martínez, se tiene como la primera ilustre reacción contra la escuela dariana. En ese soneto, González Martínez menciona "las formas" y recomienda huir de ellas si no van "acordes con el ritmo latente de la vida profunda...", pero, acaso sin advertirlo, el mismo poeta que así hablaba estaba haciendo uso de formas puestas en boga por Rubén Darío, como es la cesura sin pausa. El soneto de González Martínez fue publicado en el libro *Los senderos ocultos,* de 1911, cinco años antes de morir Darío. Cuarenta años después, el poeta mexicano hacía una aclaración necesaria: "Dejando a un lado lo esencial en la poesía del gran nicaragüense, se prolongaba en sus imitadores lo que podríamos llamar exterioridad y procedimiento. Claro está que en los imitadores faltaban la gracia, el virtuosismo excepcional y la encantadora personalidad del modelo. No alcanzaban tampoco los secuaces de Darío su emoción lírica, perceptible en él desde *Prosas profanas,* aun en poemas donde la agilidad técnica y el dominio de la forma parecían ser la única intención creadora; mucho menos la que, en *Cantos de vida y esperanza,* lograra, ya íntegra, madura y sabia, la poesía de Rubén".

(173) Rodrigo Díaz de Vivar, el Cid Campeador, héroe guerrero de la Edad Media española, se casó con Jimena Díaz, prima del rey Alfonso VI de Castilla y León y nieta de Alfonso V. El Cid se unió a Sancho II de Castilla para enfrentarse a Sancho IV de Navarra. Su vida legendaria y admirable fue recogida en el *Cantar de Mio Cid,* conocido también como *Poema de Mio Cid,* obra anónima, cumbre primera de las letras castellanas, escrita hacia 1140.

(174) Cyrano de Bergerac (Héctor Savinien), poeta y dramaturgo francés (1619-1655), escritor satírico, personaje belicoso y agresivo, en él se inspiró el poeta y novelista francés, Edmond Rostand, para escribir la comedia *Cyrano de Bergerac.* Con motivo del estreno de esa obra en Madrid, la revista *Vida Literaria* le pidió esos versos a Darío, y los publicó

Notas   473

el 20 de enero de 1899.

(175) La forma de verso alejandrino con la primera sección aguda y la segunda esdrújula, es de las más difíciles de encontrar. Además del verso de López Velarde, hay otro de Pablo Neruda, (ver la página 410) de su poema "Mi alma", que dice así:

    Mi alma es un *carrousel*}{ vacío en el *crepúsculo*.

Los alejandrinos esdrújulo-agudos, sin embargo, sí son más accesibles, inclusive en poetas como José Zorrilla, tan dados a escribir ambos hemistiquios llanos. Y del poema "Las nubes", precisamente, es el siguiente alejandrino esdrújulo-agudo de Zorrilla:

    Al brillo de un relámpago }{ que aumenta la ilusión.

(176) Las *silvas* son las estrofas de más de seis versos y preferiblemente no más de veinte, heptasílabos y endecasílabos, sin un orden específico, con rimas aconsonantadas y algunos versos sueltos. Cuando las estrofas tienen igual cantidad de versos, y todos los versos riman, se llama *estancia*. La *estancia*, por ende, es una ampliación de la *lira*.

(177) Adolfo Mussafia, filólogo y académico nacido en Austria (1834-1905), se especializó en las lenguas romanas, dialectos italianos e Historia de la Edad Media.

(178) *Rubén Darío, Poesías Completas,* Edición, introducción y notas de Alfonso Méndez Plancarte, sacerdote y escritor mexicano, aumentada con nuevas poesías y otras adiciones por Antonio Oliver Belmás, poeta y ensayista español, Editorial Aguilar, Madrid, Undécima edición, 1968; la primera edición fue publicada en 1952. (M. Aguilar y Aguilar, S.A. de Ediciones realizaron anteriormente en repetidas tiradas, a partir de 1932, las Obras Poéticas Completas de Rubén Darío, ordenadas por Alberto Chiraldo).

(179) *Poesías Completas,* Francisco Villaespesa, Ordenación, prólogo y notas del poeta y dramaturgo español Federico de Mendizábal, Editorial Aguilar, S.A., Madrid, 1954, Tomo II, página 1085, la obra consta de dos tomos.

(180) Página 2005, Segundo tomo de la *Historia y Antología de la Poesía Española*. (Citada en en la Nota 35, pág. 448).

(181) En el *Tema tercero* de este libro, en la sección "La rima sintáctica", relato lo sucedido con un verso de Bécquer: "veíase a *intérvalos*". En Bécquer, con toda seguridad, fue un error ortográfico debido a un defecto de pronunciación, y no la deliberada solución de una sístole. (Págs. 187-188).

(182) Cuando Darío escribió el poema "Pórtico", prólogo que Salvador Rueda le había pedido para su libro *En tropel:* "Libre la frente que el casco rehúsa...", surgió una polémica en España. Leopoldo Alas escribió entonces que aquellos no eran versos endecasílabos castellanos, porque habría que leerlos de la siguiente forma:

    Píndaro diole *sús* ritmos preclaros.

Toma entonces la palabra Menéndez Pelayo y le dice a Darío -desmintiendo a Clarín- que sí son versos endecasílabos, llamados de *gaita gallega* (con acentuación en cuarta y séptima sílabas), y recuerda un viejo cantar:

    Tanto bailé con el ama del cura,
    tanto bailé que me dio calentura.

El poeta y filólogo chileno, Eduardo de la Barra, prologuista de la primera edición de *Azul...* de Darío y autor en 1895 del estudio *El endecasílabo dactílico,* justifica entonces que Darío manifestara la novedad de aquellos versos, porque extraídos de voces arcaicas "adquieren nuevo lustre y nueva vida". (Si se quiere ahondar más en el tema, puede consultarse el libro *Rubén Darío y su creación poética,* del poeta y crítico argentino Arturo Marasso, Editorial Kapelusz, Buenos Aires, Argentina, 1954, página 107. (Ver la Nota 111, pág. 462).

(183) Página 522, Tomo IV de la *Nueva Biblioteca de Autores Españoles*. (Citada en la Nota 37). Federico Carlos Sainz de Robles, en la página 1045, Tomo II de su *Ensayo de un Diccionario de la Literatura* (citado en la Nota 126, pág. 465), nos pone en antecedentes de la aceptación extraordinaria del *Viage entretenido,* de Agustín de Rojas, novela en la que se inspiraron los franceses Théofile Gautier *(El capitán fracasa)* y Paul Scarron

Notas

(Le roman comique). Puede añadirse a la observación de Sainz de Robles que Scarron también fue influido por De Rojas en su *Jodelet ou Maître valet,* o sea, *Jodelet o el amo sirviente.* (A propósito, *amo sirviente,* expresión paradójica, formada con dos palabras antitéticas, viene a ser otro caso de oxímoron).

(184) La vigésima y última edición del libro *Oasis,* autorizada y revisada por su autor, José Ángel Buesa, data de 1977, bajo la firma de Ramallo Bros. Printing, Inc., Puerto Rico. No se puede saber a ciencia cierta cuantas ediciones piratas se han hecho de ese libro.

(185) *Estudios sobre Gustavo Adolfo Bécquer,* Consejo Superior de Investigaciones Científicas, Instituto "Miguel de Cervantes", Madrid, 1972, Tirada aparte de la *Revista de Filología Española,* como homenaje a Bécquer en el centenario de su muerte, página 119.

(186) El *sexteto* es la estrofa de seis versos de arte mayor, aconsonantados, sin regla fija para la disposición de la rima. La *sextilla* es igual al *sexteto,* pero de arte menor.

(187) La *dolora* es un poema dramático breve, envuelto en cierta filosofía irónica ante los reveses de la vida. El nombre de *dolora* fue aceptado oficialmente por la Real Academia Española, que fija su nacimiento hacia el año de 1846 y atribuye su paternidad a Ramón de Campoamor, gran cultivador de ese género. (Ver la Nota siguiente, que se refiere a la *humorada).*

(188) La *humorada* es una creación de Ramón de Campoamor, con cierto parentesco con la *dolora,* (ver la Nota anterior) pero dotada de buen humor no exento de sentimentalismo. Campoamor publicó sus *humoradas* entre 1886 y 1888, y las calificó de "rasgo intencionado de tendencia comicosentimental".

(189) Aristóteles, *La Poética,* Versión de Juan David García Bacca, Editores Mexicanos Unidos, México, Primera edición, 1985, página 99, ISBN: 968-15-0600-6.

(190) Página 275 del *Diccionario de términos filológicos.* (Citado en la Nota 125, pág. 465).

(191) Cuando reproduzco versos de la *Epístola moral a Fabio,* los tomo de la versión de Dámaso Alonso, en su obra citada en la Nota 81, pág. 458.

(192) Uso el término *Surrealismo* por ser, acaso, el más repetido en castellano. Este movimiento es conocido también como *Superrealismo, Sobrerrealismo, Suprarreslismo, Subrealismo...* El nombre le viene de Apollinaire, cuando en 1916 subtituló su obra *Les mamelles de Tirésias* como un "drama surrealista". (Ver págs. 337-338).

(193) Macrì, Oreste, *Antonio Machado, Poesía y prosa,* Editorial Espasa Calpe, Madrid, 1989, Tomo III, página 1207, la obra consta de cuatro tomos, ISBN: 84-239-3236-2 (Obra completa); ISBN: 84-239-3239-7 (Tomo III).

(194) El *Ultraísmo* debe su nombre a la revista *Ultra,* publicada en España desde 1919 hasta 1923. El primer teórico de ese movimiento fue Guillermo de Torre, y entre sus cultivadores se destacaron también, entre otros muchos y en aquella época, José Rivas Panedas, César A. Comet, Pedro Salinas, Jorge Guillén y Federico García Lorca.

(195) Este soneto de Nieves Xenes suele publicarse con el dato de que fue premiado con Medalla de Oro por la institución *Cuba y América,* creadora del concurso e indicadora del tema. Más o menos con esas palabras lo explica también *La Enciclopedia de Cuba,* Editor Vicente Báez, Enciclopedia y Clásicos Cubanos, Inc., San Juan y Madrid, Tomo I, página 450, la primera edición de la obra consta de nueve tomos, ISBN: 84-359-0094-0 (Obra completa); ISBN: 84-359-0173-4 (Tomo I).

(196) Santos Torroella, Rafael, *Antología Poética, Luis Cernuda,* Plaza y Janés, S.A., Barcelona, 1978, página 28, ISBN: 84-01-48048-5.

(197) La Real Academia Española describe el *encabalgamiento* como "distribuir en versos o hemistiquios contiguos partes de una palabra o frase que de ordinario constituye una unidad fonética y léxica o sintáctica". Sin embargo, hay aires contradictorios en lo que se refiere a "partes de una palabra", ya que ese es un caso diferente llamado *hipermetría,* que la misma docta institución del idioma castellano aclara que "se comete dividiendo una palabra para acabar con su primera parte un verso y empezar otro con la segunda". En este caso, José García Nieto hace uso de

Notas   477

la hipermetría adverbial en los siguientes versos de su *Nuevo elogio de la lengua española:* (Ver la Nota 90, pág. 460).

> ...a los barqueros que dividen *sabia-*
> *mente* la flor del agua y luego unen...

Pero la hipermetría puede ocurrir de muchas formas distintas, hasta con la separación de una solitaria vocal, como en el "Nocturno del hijo del rey", de Chocano:

> ...que -cuando mi madre calaba- nos *í-*
> *bamos* ciertas veces, a jugar, ocultos...

En cuanto al encabalgamiento propiamente dicho, de los innumerables ejemplos a los que se puede acudir, hay un poema del *Renacimiento* español, de Francisco de Aldana, que consta de una serie de preguntas indirectas en oraciones hiperbáticas, ya que en todas el poeta coloca el verbo al final, como ocure en el idioma alemán, pero no en castellano. Y es precisamente el verbo encabalgado después del verso anterior, que es el encabalgante:

> Aquel su cuerda enciende, este *su mecha*
> *sopla.* De balas este *boca y bolsa*
> *hinche.* Quien la trabada y *vieja malla*
> *cubre...*

Posteriormente, en "Sueño con claustros de mármol", Martí hace algo parecido, sólo que los verbos pertenecen al verso encabalgante:

> ...*las manos*
> *de piedra* les beso; *abren*
> *los ojos* de piedra; *tiemblan*
> *las barbas* de piedra; *empuñan*
> *la espada* de piedra; lloran.

(198) "Cabellera", dado a conocer en el "Suplemento Dominical" del periódico *El Nacional,* de México, el 2 de agosto de 1931, fue el primer poema publicado de Octavio Paz.

(199) Ese pasaje es el más popular de la ópera *Rigoletto,* con música de

Giuseppe Verdi y con letra de un poeta también italiano, Francesco María Piave. Aunque hurgando un poco más, detrás de *Rigoletto* hay otro poeta: Víctor Hugo y su drama histórico *El rey se divierte,* en el que se inspiró Piave para escribir el libreto de la famosa ópera.

(200) Ortega y Gasset, José, *La deshumanización del arte y otros ensayos estéticos,* Revista de Occidente, Madrid, 1925, Cuarta edición de 1956, página 47.

(201) Ibídem, página 32.

(202) *Pleonasmo* es sinónimo de *redundancia,* y su forma más regular ocurre cuando un adjetivo repite, sin necesidad, una característica esencial de un sustantivo: "Mezcladas con *blanca nieve",* de Juan de Mena. Y hay el caso del doble pleonasmo en un mismo verso de Fernando de Herrera: "Blanco tu *ardiente fuego* y *frío hielo".*

(203) Cuando Guillermo Valencia escribe "felice" en vez de "feliz", acude a una *paragoge,* que ocurre al añadirse letras o sílabas al final de una palabra. (Según la Real Academia Española, "infelice" es un "adjetivo poético"). Francamente es un antiguo recurso, obsoleto a estas alturas, para lograr un conteo métrico exacto o una rima más o menos necesaria. No obstante, el verso de Valencia puede escribirse simplemente "como el café de la *feliz* Arabia", sin que el verso pierda su natural cadencia endecasilábica, y sin que la rima se vea afectada, puesto que es una palabra interior en el verso. No sucede igual con una décima de "Los sabihondos", por ejemplo, del poeta español Ricardo León: "¡Que ha de decir, *infelice!"*

Ampliando la cuestión, hay tres formas de añadir sonido o sonidos, así como también hay tres formas de omitirlos, porque la operación puede realizarse al principio de la palabra, en el centro o al final. Se trata de licencias poéticas gramaticales que se denominan *metaplasmos.* He aquí las seis formas:

Aféresis: Omisión en el principio: *"Ora* va rastreando por la vía" ("ora" en vez de "ahora"), Garcilaso de la Vega, "Soneto XXXVI".
Síncopa: Omisión en el centro: "Si alguna vez en sombras *desparece"* ("desparece" en vez de "desaparece"), Julián del Casal, "Amor en el claustro". También puede haber una síncopa entre dos palabras: "Respira el

campo *desque* tú te fuiste" ("desque" en vez de "desde que"), Fray José Manuel Martínez de Navarrete, mexicano, "Llora Silvio la ausencia de Clori".
Apócope: Omisión en el final: "Y desde *entonce*, aunque de ti me alejo" ("entonce" en vez de "entonces"), Julio Arboleda, "Nunca te hablé".
Prótesis: Añadido en el principio: "Entre *aquestos* mancebos se señala" ("aquestos" en vez de "estos"), Martín Barco de Centenera, español, "Argentina".
Epéntesis: Añadido en el centro: "Que *límpida* me mira desde su luz celeste" ("límpida" en vez de "limpia"), Elías Nandino, mexicano, "Nocturno".
Paragoge: Añadido al final: "Que la *infelice* patria encadenada" ("infelice" en vez de "infeliz"), José María Heredia, "España libre". ("Infelice", como el ejemplo de Valencia con que comienza esta nota).

(204) Torres, Edelberto, *La dramática vida de Rubén Darío,* Biografías Gandesa, Ediciones Grijalbo, S.A., Barcelona-México, D.F., Cuarta edición corregida y ampliada, 1966, página 131.

(205) Oreste Macrì, en el Tomo II, página 908 de la obra que detallo en la Nota 193 (ISBN: 84-239-3238-9), aclara quién es el amigo José María Palacio a quien Antonio Machado le dedicó el poema mencionado. En carta fechada el 11 de febrero de 1958, Jorge Guillén le dice a Macrì que él conoció a Palacio, "periodista de Soria, y después del *Diario Regional* de Valladolid, empleado del Ministerio de Hacienda. Hombre en armonía con A.M.; precisamente por su hombría de bien y por su modestia". Palacio tenía enmarcado el original del poema escrito por Machado, y Guillén se preguntaba: "¿Qué habrá sido de aquella hoja? El buen Palacio murió. Sus hijas deben de conservar el precioso texto. ¡Si pudiéramos encontrarlo!"

(206) Coquivacoa: nombre indio del lago Maracaibo, de Venezuela.

(207) Aunque la *prosopografía* es la "descripción exterior de una persona o de un animal", describir subjetivamente a una persona es casi como presentar un retrato de ella. El brevísimo poema de sólo dos versos de Alberto Baeza Flores: "Para un recuerdo en la Florida: José Martí", es un insuperable ejemplo de prosopografía, en la que aparece en todo su valor una escultura en letras del Apóstol de la Independencia de Cuba:

> La frente clara, los ojos graves para ver más lejos,
> bigote errante, corazón sin mancha y traje negro.

(208) Bousoño, Carlos, *La poesía de Vicente Aleixandre,* Biblioteca Románica Hispánica, Editorial Gredos, Madrid, 1956, Tercera edición de 1977, página 38, ISBN: 84-249-0749-3 (rústica), 84-249-0750-7 (tela).

(209) Espina Pérez, Darío, *Poemario de Historia Universal,* Editorial Hispania, Miami, 1983.

(210) Dionisos (Dyonysos), dios griego hijo de Zeus y Sémele, (padre de los dioses, Júpiter de los romanos), bautizado por los romanos como Baco, dios del vino.

(211) El *pie quebrado* es el verso corto que se combina con otros más largos, normalmente de igual cadencia. Así aparece en las *coplas de pie quebrado* de Jorge Manrique, llamadas también *manriqueñas:*

> ...cuan presto se va el placer;
> cómo, después de acordado,
>   *da dolor;*
> cómo, a nuestro parecer,
> cualquiera tiempo pasado
>   *fue mejor.*

(212) Caro Baroja, Julio, *Ensayo sobre la literatura de cordel,* Ediciones de la Revista de Occidente, Madrid, 1969, página 46.

(213) Esta copla de Cervantes es una adaptación de una canción de Joan Escrivá, poeta español de la segunda mitad del Siglo XV. La canción del comendador Escrivá comienza así:

> Ven, muerte, tan escondida,
> que no te sienta conmigo,
> porq' el gozo de contigo
> no me torne a dar la vida.

Por supuesto, Cervantes supera al original.

(214) La *tercerilla,* llamada también *tercetillo,* es el *terceto de arte menor.*

Notas

(Ver *terceto* en la Nota 43, pág. 452).

(215) Haikú: Prefiero llamarlo así porque es el nombre más generalizado por el uso.

(216) Paz, Octavio, *El signo y el garabato,* Editorial Joaquín Mortiz, México, D.F., 1975, página 113.

(217) Página 405 de *Sor Juana Inés de la Cruz o Las trampas de la fe.* (Citado en la Nota 63, pág. 456).

(218) Los *Sonetos del amor oscuro,* de Federico García Lorca, fueron publicados el 17 de marzo de 1984 en el diario madrileño *ABC.* Ese mismo año, el 5 de abril, los publicó *Diario Las Américas,* de Miami, Florida, Estados Unidos, y casi con toda seguridad fue la primera vez que nueve de los once sonetos que permanecían inéditos, se daban a conocer en el continente americano. Ese mismo día publiqué en la página 5-A del propio *Diario Las Américas* un estudio que hice de los sonetos de García Lorca, que eran el acontecimiento literario del año en lengua castellana. Y, finalmente, los once sonetos también los incluí en la *Antología poética hispano-americana, Volumen 2,* cuya selección de poemas y notas críticas me fueron encomendadas, bajo la dirección de Darío Espina Pérez y el asesoramiento literario de Mercedes García Tudurí y Rolando Espinosa, Ediciones Universal, Miami, 1984, página 84, ISBN: 9977-47-040-5.

ÍNDICE DE LAS NOTAS

(Nota 1-pág. 11 / Nota 83-pág. 122, etc.)

1-11 / 2-11 / 3-11 / 4-18 / 5-18 / 6-20 / 7-20 / 8-24 / 9-24 / 10-24 / 11-25 / 12-26 / 13-26 / 14-26 / 15-26 / 16-27 / 17-28 / 18-29 / 19-29 / 20-29 / 21-29 / 22-29 / 23-29 / 24-30 / 25-31 / 26-32 / 27-32 / 28-32 / 29-33 / 30-33 / 31-33 / 32-33 / 33-36 / 34-36 / 35-38 / 36-38 / 37-38 / 38-40 / 39-41 / 40-42 / 41-42 / 42-43 / 43-44 / 44-44 / 45-44 / 46-45 / 47-50 / 48-52 / 49-53 / 50-53 / 51-54 / 52-54 / 53-54 / 54-56 / 55-57 / 56-57 / 57-57 / 58-63 / 59-65 / 60-68 / 61-71 / 62-74 / 63-75 / 64-81 / 65-82 / 66-82 / 67-83 / 68-83 / 69-83 / 70-87 / 71-94 / 72-97 / 73-100 / 74-101 / 75-101 / 76-105 / 77-108 / 78-111 / 79-111 / 80-119 / 81-120 / 82-120 / 83-122 / 84-122 / 85-124 / 86-125 / 87-128 / 88-129 / 89-133 / 90-134 / 91-136 / 92-140 / 93-140 / 94-140 / 95-141 / 96-141 / 97-141 / 98-143 / 99-144 / 100-147 / 101-147 / 102-149 / 103-150 / 104-150 / 105-150 / 106-150 / 107-151 / 108-154 / 109-157 / 110-160 / 111-163 / 112-163 / 113-167 / 114-171 / 115-171 / 116-173 / 117-174 / 118-180 / 119-181 / 120-182 / 121-187 / 122-187 / 123-187 / 124-188 / 125-195 / 126-196 / 127-196 / 128-203 / 129-203 / 130-203 / 131-208 / 132-212 / 133-212 / 134-212 / 135-219 / 136-222 / 137-225 / 138-230 / 139-234 / 140-238 / 141-239 / 142-241 / 143-244 / 144-244 / 145-244 / 146-244 / 147-246 / 148-247 / 149-251 / 150-251 / 151-252 / 152-252 / 153-255 / 154-256 / 155-260 / 156-261 / 157-261 / 158-262 / 159-265 / 160-271 / 161-272 / 162-274 / 163-275 / 164-275 / 165-277 / 166-282 / 167-284 / 168-284 / 169-285 / 170-286 / 171-287 / 172-289 / 173-290 / 174-290 / 175-296 / 176-300 / 177-303 / 178-309 / 179-312 / 180-313 / 181-313 / 182-317 / 183-326 / 184-329 / 185-330 / 186-330 / 187-332 / 188-332 / 189-335 / 190-335 / 191-336 / 192-337 / 193-337 / 194-338 / 195-339 / 196-341 / 197-342 / 198-344 / 199-349 / 200-357 / 201-357 / 202-359 / 203-363 / 204-367 / 205-367 / 206-373 / 207-373 / 208-375 / 209-382 / 210-382 / 211-383 / 212-385 / 213-385 / 214-385 / 215-390 / 216-392 / 217-396 / 218-397.

ÍNDICE ONOMÁSTICO

La nacionalidad de las personas que están en este Índice onomástico aparece, con muy contadas y justificables excepciones, en la primera vez que se le menciona en el texto. Así, la nacionalidad de Agustín Acosta, Delmira Agustini y Vicente Aleixandre, por ejemplo, aparece en las páginas 22, 14 y 105, respectivamente.

A

Acosta, Agustín, 22, 95, 116, 125-126, 170, 191, 210, 258-259, 278, 279, 295, 335, 359, 361, 400, 415, 416, 459, 463, 466.
Acuña, Carlos, 358.
Acuña, Manuel, 10.
Acuña de Figueroa, Manuel, 389.
Adán, Martín (Rafael de la Fuente Benavides), 252.
Addison, Joseph, 382.
Agüero y Agüero, Francisco de, 118.
Agüero y Agüero, Joaquín de, 118.
Aguilar León, Luis, 76.
Agustini, Delmira, 14, 52, 86, 106, 133, 141, 161, 170, 190, 271-272, 365.
Alario, Mercedes, 52.
Alas, Leopoldo (Clarín), 474.
Albaroz, Albar, 24.
Alberti, Rafael, 107, 113, 302, 396.
Alcázar, Baltasar del, 35, 148-149, 388.
Alcina, J., 188, 461.
Alcmán, 346.
Aldama, Tata, 192.
Aldana, Francisco de, 477.
Aleixandre, José Javier, 227.
Aleixandre, Vicente, 105, 113, 375, 415, 443-444, 480.
Alexander, Lewis, 250.
Alfonso V, 472.
Alfonso VI, 24, 472.
Alfonso X (El Sabio), 181, 464.
Alfonso XI (El Justiciero), 181, 464.
Almafuerte (ver Palacios, Pedro Bonifacio).
Alonso, Dámaso, 29, 68-69, 119-120, 133, 140-141, 342, 358, 409, 415, 455, 458, 460-461, 476.
Alonso, Eduardo, 401.
Alonso y Trelles, José (El Viejo Pancho), 70.
Altamirano, Adolfo, 124.
Altolaguirre, Manuel, 186.
Álvarez Bravo, Armando, 252.
Álvarez Gato, Juan, 90.
Álvarez de Villasandino, Alfonso, 83.

Álvarez de Soria, Alonso, 465-466.
Amber, Ángeles, 133, 345.
Ameller Ramallo, Julio, 134.
Amórtegui, Octavio, 149.
Anacreonte, 382-383.
Andrade, Olegario Víctor, 76.
Andrade Cordero, César, 345.
Antolínez, Martín, 24.
Anzoátegui, Ignacio B., 76.
Añorga, Joaquín, 415.
Apollinaire, Guillaume, 47, 476.
Aragón, Fernando de, 34.
Aragon, Louis, 338.
Araya, Carlomagno, 95.
Arboleda, Julio, 57-58, 479.
Arciniegas, Ismael Enrique, 363.
Arcipreste de Hita (ver Ruiz, Juan).
Areco de Gañi, Nair, 131.
Arellano, Jorge Eduardo, 415.
Arévalo Martínez, Rafael, 61, 134, 169, 185, 203, 409.
Argüello, Santiago, 296.
Argüello, Solón, 290.
Arguijo, Juan de, 91, 438.
Argumosa, Miguel Angel de, 93.
Ariosto, Luigi, 425.
Aristóteles, 335, 415, 475.
Arolas, Juan, 42.
Arp, Hans, 204.
Arrieta, Rafael Alberto, 81, 134, 463.
Arroyo, Anita, 212, 415, 467.
Artaud, Antonin, 338.
Artel, Jorge, 245.
Arturo, Aurelio, 226-227.
Arvelo Torrealba, Alberto, 333.
Arze de la Zerda, Jaime, 343.
Asclepiades de Samos, 347.
Asturias, Miguel Ángel, 351.
Austria, Guillermo, 324.
Avellaneda, Bernardino de, 465.
Avellaneda, La (ver Gómez de Avellaneda, Gertrudis).
Avilés, Juan, 253.

B

Bach, Juan Sebastián, 123.
Báez, Vicente, 415, 474.
Baeza Flores, Alberto, 134, 144, 152, 296, 351, 402, 479-480.
Balaguer, Joaquín, 134, 210, 222, 275-276, 415, 467, 469, 470.
Balart, Federico, 327.
Balbín, Rafael de, 143-144, 415, 461.
Balseiro, José Agustín, 123, 403, 411-412.
Baluarte, Amparo, 205.
Ball, Hugo, 204.
Ballagas, Emilio, 187, 242, 355.
Bally, Charles, 342.
Banchs, Enrique, 79.
Banville, Théodore de, 314.
Barahona de Soto, Luis, 211.
Baráibar, Federico, 382.
Barba, Jaime, 345.
Barba Jacob, Porfirio, 13, 70, 72-73, 134, 445.
Barberius Aurelianensis, Mesinierus J., 330.
Barbieri, Francisco Asenjo, 420, 447.
Barcia, Roque, 415, 460.
Barco Centenera, Martín del, 479.
Barili, Lorenzo, 461.
Barra, Eduardo de la, 474.
Barrenechea, Julio, 19.
Barrera, Claudio, 134.
Barrera Valverde, Alfonso, 295.
Bartrina, Joaquín María, 196.
Basho (Matsuo Munefusa), 390.
Basterra, Ramón de, 266-267, 273, 278, 280-281, 287.
Baudelaire, Charles, 314, 349, 357.
Baudoin de Courtenay, Jan Niecyslaw, 342.
Bazil, Osvaldo, 174-175.
Bécquer, Gustavo Adolfo, 16, 47, 91, 145-148, 178, 187-188, 202, 209, 329, 395, 399-400, 415, 450, 461,

Índice onomástico

465, 474, 475.
Beethoven, Ludwig van, 126.
Bello, Andrés, 114, 123, 197.
Benarós, León, 333.
Benavente, Jacinto, 383-384.
Bengochea, Javier de, 205.
Beranger, Pierre Jean de, 382.
Berceo, Gonzalo de, 25, 28, 180-181, 303, 325, 421, 443, 444.
Bergerac, Cyrano de (Héctor Savinien), 290, 294, 472-473.
Bernárdez, Francisco Luis, 63, 95, 156, 158, 169, 260, 374, 398-399, 456.
Biaus, Tristán, 343.
Biest, Edmundo van der, 351.
Blanco, Andrés Eloy, 13, 18, 58, 79, 91-93, 134, 149, 155-156, 190, 193, 226, 247, 301, 353, 358, 373, 376-377.
Blanco Fombona, Rufino, 472.
Bleiberg, Germán, 168-169.
Blomberg, Héctor Pedro, 134.
Bolívar, Domingo, 285.
Bolívar, Simón, 55, 85.
Bonifaz Nuño, Rubén, 348.
Borges, Carmen R., 194.
Borges, Jorge Luis, 139, 171-172, 338.
Borrero, Juana, 81.
Boscán, Juan, 74, 325, 438, 439.
Boti, Regino, 125, 211, 273, 279.
Bousoño, Carlos, 10, 22, 84, 115-116, 190, 222-223, 231-232, 375, 415, 480.
Brahms, Johannes, 123.
Breton, André, 337.
Bretón de los Herreros, Manuel, 389, 449.
Brull, Mariano, 216, 251-252.
Buesa, José Ángel, 10, 99, 111-112, 117, 124, 126-128, 147, 149, 187-188, 201-202, 218, 272, 274, 295, 329-330, 362, 385, 415, 450-452, 458, 460, 465, 475.

Buonarroti, Michelangelo, 52, 453.
Burghardt, William Edward (Ver Du Bois, W.E.B.)
Burgos, Julia de, 134.
Busignani, Mario, 131, 133, 460.
Byrne, Bonifacio, 125, 257.
Byron, George Gordon, Lord, 450.

C

Cabral, Manuel del, 106, 148, 229, 240, 374, 401.
Cabrera Leiva, Guillermo, 185.
Cabrisas, Hilarión, 134, 271, 358, 416.
Cabrisas, Rubén H., 470.
Cáceres, Esther de, 106.
Caillet Bois, Julio, 416.
Calderón, Rodrigo, 388.
Calderón de la Barca, Pedro, 35, 66.
Calvetti, Jorge, 370.
Camacho Ramírez, Arturo, 208, 355.
Camín, Alfonso, 240-241.
Camoens, Luis de, 301, 381.
Campo, José María del, 45.
Campoamor, Ramón de, 20, 332, 404, 475.
Campos Cervera, Hérib, 134.
Campuzano, Emma, 464.
Cané, Luis, 245, 412.
Canterac, José, 461.
Capdevila, Arturo, 95, 190-191, 205, 404-405.
Capote, María, 416.
Cárcamo, Jacobo, 246.
Cardona, A., 188, 461.
Carlos V de Alemania (Carlos I de España), 34-35.
Carnevalli, Gonzalo, 369.
Caro, José Eusebio, 319, 422.
Caro, Miguel Antonio, 74, 155.
Caro, Rodrigo, 12, 179-180, 223, 316.
Caro Baroja, Julio, 384, 416, 480.
Carranza, Eduardo, 70, 184, 297, 338.
Carreño, José L., 442.

Carrera Andrade, Jorge, 13, 287.
Carrere, Emilio, 354.
Carriego, Evaristo, 351, 365.
Carrillo de Sotomayor, Luis, 37-38.
Carrizo, Juan Alfonso, 26, 83-84, 415, 445, 456.
Carvajal o Carvajales, 33.
Casal, Julián del, 101, 125, 180, 203, 258, 457, 466, 478.
Casas, Luis Ángel, 95, 150-151, 233-234, 351, 408, 416, 462, 468.
Casseux, Maurice A., 248.
Castañeda, Daniel, 150, 462.
Castillejo, Cristóbal de, 388.
Castillo, Eduardo, 351.
Castillo Elejabeytia, Dictinio del, 315.
Castillo Romero, Abel, 437.
Castro, Américo, 385.
Castro, Manuel de, 207.
Castro Saavedra, Carlos, 16, 172-173, 183, 359, 376.
Catulo, Cayo Valerio, 74, 382.
Cazorla, Roberto, 357.
Cela, Camilo José, 108-109, 290, 460.
Celaya, Gabriel, 286.
Cernuda, Luis, 341, 362-363, 416, 476.
Cervantes Saavedra, Miguel de, 138, 196, 261, 306-311, 385, 426, 466, 467, 475, 480.
Cervera, Juan, 194.
Césaire, Aimé, 244.
César, Julio, 304.
Cetina, Gutierre de, 11, 363, 382.
Cicerón, Marco Tulio, 330.
Cifuentes Sepúlveda, Joaquín, 14, 21, 88-89, 289.
Ciria y Escalante, José de, 117.
Clarín (ver Alas, Leopoldo).
Clifford, Carrie Williams, 250.
Cócaro, Nicolás, 97-98, 457.
Colón, Cristóbal, 251, 433.
Comet, César A., 476.
Contardo, Luis Felipe, 72.

Conte Agüero, Luis, 409.
Coppée, François Edouard Joachim, 314.
Corao, Ángel, 76.
Coronado, Carolina, 328.
Correa, Gustavo, 416, 459.
Corretjer, Juan Antonio, 57, 207.
Corrothers, James, 250.
Corte, José C., 164.
Cortés, Hernán, 41, 433.
Corugedo, Víctor F., 93.
Cossío Salinas, Héctor, 131.
Costa, Octavio R., 54-55.
Cota, Rodrigo de, 30.
Crémer, Victoriano, 134, 205.
Cruchaga Santa María, Ángel, 128, 134, 268-269, 351.
Cruz, San Juan de la, 37, 63, 322, 443.
Cruz, Sor Juana Inés de la (Juana Inés Ramírez de Asbaje), 75, 99, 212, 234-235, 238, 256, 321, 415, 416, 417, 436, 452, 456, 467, 481.
Cuadra, Pablo Antonio, 184.
Cucalambé, El (ver Nápoles Fajardo, Juan Cristóbal).
Cuenca, Héctor, 355.
Cullen, Countee, 250.
Curros Henríquez, Manuel, 443.

CH

Chacón, María Belén, 242.
Chacón Nardi, Rafaela, 11.
Chamier, Carlos Alfredo, 246.
Changmarín, Carlos Francisco, 246.
Chaplin, Charles, 297.
Chateaubriand, François Auguste René, Vizconde de, 450.
Chenault, Sara Frances, 250.
Chicharro (hijo), Eduardo, 171, 463.
Chiraldo, Alberto, 473.
Chocano, José Santos, 80, 116, 138, 148, 177-178, 189, 195, 219-220, 230-231, 257, 266-267, 287, 293,

Índice onomástico

336-337, 356-357, 362, 365, 369, 372, 457-458, 477.
Chopin, Federico, 123, 235.
Chumacero, Alí, 224-225.

D

Dante Alighieri, 364, 381, 438.
d'Aquino, Hernando, 135.
Darío, Rubén, 12, 14, 16, 59, 85, 86, 95, 97, 99, 117, 123-124, 125, 129-131, 141, 148, 152, 153, 181-182, 189, 194, 204, 208, 209-210, 216, 220, 221, 224, 225, 226, 230-231, 238-239, 260, 261, 262-264, 265-266, 269, 276-279, 285-298, 301, 305-306, 308, 310, 315, 317-318, 323-324, 331-332, 350, 354, 364, 366, 367, 402, 416, 417, 418-422, 434, 435, 450-451, 465, 471-472, 473, 474, 479.
Dávila, José Antonio, 371, 373-374.
Dávila Andrade, César, 376.
Debussy, Claude Achille, 123.
Deligne y Figueroa, Gastón Fernando, 247, 469.
Desnos, Robert, 338.
Díaz, Domingo, 45.
Díaz de Acosta, Consuelo, 361.
Díaz de Vivar, Rodrigo (El Cid Campeador), 24, 28, 45, 290, 302, 443, 444, 472.
Díaz, Jimena, 472.
Díaz-Landa, Pedro, 135.
Díaz Mirón, Salvador, 16, 340.
Díaz Ordóñez, Virgilio, 21, 131, 162, 175-176, 269-270, 340, 345, 392-393.
Dicenta, Joaquín, 157-158.
Diego, Gerardo, 12, 14, 19, 67, 73, 80, 84, 91-92, 107, 164, 204-205, 235-237, 338, 343, 396, 439.
Diego, José de, 440.
Dilthey, Wilhelm, 213.

Domenchina, Juan José, 288.
Domínguez, Benito, 440.
Domínguez, María Alicia, 22.
Domínguez Caparrós, José, 255, 416, 436, 463, 469.
Dorat, Jean, 382.
Doré, Jorge Antonio, 135.
Doreste, Arturo, 49, 370, 405.
D'Ors, Eugenio, 206.
Du Bois, W.E.B. (Burghardt, William Edward), 249.
Dunbar, Paul Lawrence, 249.
Durán, Agustín, 26, 444.
Durand, Oswald, 248.
Duyós, Rafael, 168.

E

Echeverri Mejía, Oscar, 333.
Echeverría, Aquileo J., 351.
Echeverría, Esteban, 429.
Egas, José María, 351.
Eguren, José María, 352.
Eitner, Gustavo, 387.
Éluard, Paul, 338.
Encina, Juan del, 436.
Enrique IV (de Castilla), 17.
Epicuro, 347.
Escobar Galindo, David, 256.
Ercilla, Alonso de, 425.
Escrivá, Joan, 157-158.
Espina, Antonio, 68.
Espina Pérez, Darío, 382, 416, 480, 481.
Espinel, Ileana, 205.
Espinel, Vicente, 441.
Espinosa, Rolando, 463, 481.
Espronceda, José de, 42, 450, 464.
Estorino, Julio, 354.
Ezra, Abraham Aben, 167.

F

Federico II (Emperador romano), 438.

Felipe, León, 15, 107-108.
Felipe I (El Hermoso), 34-35.
Felipe II, 35, 426.
Felipe IV, 388.
Fernández Ardavín, Luis, 166-167.
Fernández de Andrada, Andrés, 119-120, 415, 458.
Fernández Marcané, Leonardo, 244.
Fernández de Moratín, Leandro, 275.
Fernández de Moratín, Nicolás, 339.
Fernández Moreno, Baldomero, 60, 77, 84-85, 135, 146, 229-230, 258, 278, 281-282, 398, 413.
Fernández-Shaw, Carlos, 294.
Fernández Spencer, Antonio, 135.
Fernando V (Fernando de Aragón, El Católico), 34.
Ferrán, Jaime, 95.
Ferrari, Américo, 455.
Ferrero, Claudia, 195.
Ferrero, Mario, 195-196.
Fiallo, Fabio, 354.
Figuera Aymerich, Angela, 291.
Flores Saavedra, Mary, 441.
Flórez, Julio, 201-202.
Florit, Eugenio, 302.
Fojo Hermida, Carlos, 56, 80, 377, 413.
Fonfrías, Ernesto Juan, 364.
Fontana, Jaime, 80, 83, 121-122, 143, 184, 216-218, 288, 371.
Forner, Juan Pablo, 389.
Foxá, Agustín de, 104, 294.
Franco, Alberto, 95.
Franco, Luis L., 273-274, 278.
Freire, Isabel, 357.
Freixas, Claudio, 468.
Fuentes Montalvo, Yody, 150.
Furlan, Luis Ricardo, 131.

G

Gabriel y Galán, José María, 46-47.
Gaitán, José María, 461.

Gaitán, Rafael María, 461.
Galo Herrero, Gustavo, 328.
Galve, condesa de (María Elvira de Toledo), 432.
Gálvez, José, 62.
Gálvez, Pedro Luis, 315.
Gálvez de Portocarrero, Francisco, 195.
Gallardo, Bartolomé José, 448.
Gamboa, Isaías, 399.
Gaos, Amparo, 348.
Gaos, Vicente, 95, 105, 171.
Garcés, Jesús Juan, 158.
García, Gonzalo O., 183.
García, Michel, 416.
García Bacca, Juan David, 475.
García Baena, Pablo, 135.
García Carpy, Enrique, 116-117, 413.
García Lorca, Federico, 50-51, 64, 242, 310, 378, 396, 397, 410-411, 433, 434, 476, 481.
García Nieto, José, 15, 52, 76, 80, 135, 293, 416, 460, 476-477.
García Tudurí, Mercedes, 16, 135, 227, 289, 328, 365, 395, 481.
Garciasol, Ramón de, 301.
Gautier, Théophile, 314, 474.
Gavidia, Francisco, 352.
Gayol Fernández, Manuel, 105, 416, 458.
Gaztelu, Ángel, 195, 205.
Genta, Walter Homero, 19.
Gil, Idelfonso-Manuel, 329-330.
Gil-Albert, Juan, 68.
Gil Polo, Gaspar, 447.
Gleim, Johan Wilhelm Ludwig, 382.
Gobello, José, 142.
Goethe, Johan Wolfgang von, 381, 387, 449.
Gómez Carbonell, María, 135.
Gómez de Avellaneda, Gertrudis, 22, 429-430.
Gómez Kemp, Ramiro, 241.

Índice onomástico

Gómez Restrepo, Antonio, 362.
Góngora y Argote, Luis de, 84, 175, 189, 237-238, 299, 311, 388, 430, 437, 449, 455, 458.
González, Ángel, 355-356.
González, Fernando, 131.
González, Miguel, 341.
González Esteva, Orlando, 141, 191, 416, 461.
González Martínez, Enrique, 61, 126, 289, 329, 408, 416, 472.
González Prada, Manuel, 43-44, 101-102, 141-142.
González Tuñón, Raúl, 424.
Gonzalo Páez, José, 206.
Goñi, Lorenzo, 234.
Gorostiza, José, 396-397.
Gourmont, Rémy de, 349.
Grammont, Mauricio, 223.
Granados, Javier de, 132, 226.
Granata, María, 333.
Greiff, León de, 57, 72, 135, 149, 165.
Grindel, Eugène (ver Eluard, Paul).
Guardia, Alonso de la, 205.
Guarini, Giambattista, 382.
Guerra Flores, José, 203-204.
Guido, Alfredo, 467.
Guido, Armando, 467.
Guido y Spano, Carlos, 100-101.
Guillén, Jorge, 15, 19, 93, 476, 479.
Guillén, Manuel S., 91, 160.
Guillén, Nicolás, 241-242.
Guillén, Rafael, 96.
Guíñez, Pablo, 273.
Guirao, Ramón, 243.
Gutiérrez, Celedonio, 45.
Gutiérrez, Ricardo, 41-42.
Gutiérrez Nájera, Manuel, 103, 404.
Gutiérrez de la Solana, Alberto, 244.
Guzmán Cruchaga, Juan, 405-406.
Guzmán Rodríguez, José Alejandro, 446-447.

H

Ha-Leví, Yehudá, 89.
Hayashiya, Eikichi, 390.
Heine, Heinrich, 449.
Henríquez, Francisco, 342, 442.
Henríquez Ureña, Max, 12, 364.
Henríquez Ureña, Pedro, 12, 91, 246, 416, 464, 465, 468.
Heredia, José María, 210, 300-301, 479.
Heredia, José María de, 314, 364.
Hernández, Gaspar Octavio, 211.
Hernández, José, 46, 184, 245.
Hernández, José P. H., 406.
Hernández, Miguel, 59-60, 97-98, 290, 295.
Hernández Aquino, Luis, 206.
Hernández Catá, Alfonso, 242-243.
Hernández Rivera, Sergio Enrique, 82-83.
Herrera, Fernando de, 35-36, 75, 316, 478.
Herrera y Reissig, Julio, 99, 118-119, 165-166, 167-168, 226, 289, 296, 306, 320, 403.
Herrero Mayor, Avelino, 205.
Hierro, José, 94-95, 123, 295, 329, 333.
Hojeda, Fray Diego de, 161.
Holguín, Andrés, 96.
Homero, 103, 425.
Horacio Flaco, Quinto, 348, 353, 382, 448, 470.
Hostos, Eugenio María de, 123.
Huelsenbeck, Richard, 204.
Hughes, James Langston, 250.
Hugo, Víctor, 59, 230, 275, 350, 367, 450, 468, 478.
Huidobro, Vicente, 153, 157, 235, 337-338.
Hurston, Zora Neale, 250.

Hurtado de Mendoza, Antonio, 37.
Hurtado de Mendoza, Diego, 36-37, 421.

I

Ibáñez, Jaime, 53-54.
Ibarbourou, Juana de, 9, 16, 20, 21, 22, 51, 52-53, 66, 70, 85-86, 132, 145, 152, 159, 173-174, 270-271, 287, 342, 394-395, 416, 454, 464.
Icaza, Francisco A. de, 61-62, 80, 384, 457.
Iriarte, Tomás de, 389.
Isabel de Portugal (Reina de España y Emperatriz de Alemania), 35.
Isaza de Jaramillo Mesa, Blanca, 135, 363.

J

Jaimes Freyre, Ricardo, 352.
Jambrina, Bernardo, 463.
Jara Idrovo, Efraín, 354.
Jaramillo Arango, Roberto, 211, 359.
Jaume, Adela, 70.
Jáuregui, Juan de, 387.
Jesús, Santa Teresa de, 37, 307-308.
Jiménez, Amaro, 194.
Jiménez, Juan Ramón, 15, 183, 191, 210, 259-260, 264-265, 268, 280, 281, 326, 439.
Jiménez, Lilliam, 60.
Jiménez, Max, 246.
Jiménez, Ramón Emilio, 361-362.
Jiménez de Cisneros, Cardenal Francisco, 34.
Jiménez Martos, Luis, 10, 21, 70.
Jirón Terán, José, 416.
Joglar Cacho, Manuel, 77.
Jovellanos, Gaspar Melchor de, 26, 444.
Juan Pablo II, 126.
Juana la Loca, 34.

Juárez, Benito, 42.
Jurado Morales, José, 80.

K

Kempis, Tomás de, 301.
Khayyam, Omar, 392-393.
Korsi, Demetrio, 207, 246.

L

Labordeta, Miguel, 286, 471.
Laffón, Rafael, 205.
Laforgue, Jules, 349.
Laínez, Daniel, 246.
Lair, Clara, 355.
Laleau, Leon, 248-249.
Lamartine, Alphonse de, 450.
Lapesa, Rafael, 416.
Lara, Agustín, 462.
Lara, Juan Jacobo de, 468.
Lara, Napoleón F., 314.
Larrahona Kästen, Alfonso, 132.
La Rochefoucauld, François, Duque de, 388.
Lars, Claudia, 322.
Lasso de la Vega, Ángel, 347.
Lautréamont, Conde de (Isidore Lucien Ducasse), 349.
Lavié, Enrique, 157.
Lázaro Carreter, Fernando, 65, 90, 195, 251, 335, 417, 465.
Lazo, Raimundo, 149, 462.
Lebrón Saviñón, Mariano, 59.
Lecuona, Ernesto, 229.
Leduc, Renato, 439.
Leiva, Raúl, 135.
León, canónigo de Saint Victor, 195.
León, Fray Luis de, 188-189, 209.
León, Pablo, 20.
Lèón, Rafael de, 258.
León, Ricardo, 478.
León Ossorio, Adolfo, 96.

Índice onomástico 493

Leonardo de Argensola, Bartolomé, 20, 348, 388, 438.
Leonardo de Argensola, Lupercio, 36, 132, 388.
Leopardi, Giacomo, Conde de, 382.
Le Riverend, Pablo, 94.
Lessing, Gotthold Ephrain, 387.
Lezama Lima, José, 252, 418, 469.
Lezcano, Pedro, 96.
Ligaluppi, Oscar Abel, 121, 417, 439, 457.
Linarez Pérez, Marta, 251, 417, 469.
Lindo, Hugo, 70, 73, 97, 227.
Liniers y Bremond, Santiago de, 449.
Lisle, Leconte de, 301, 314.
Logau, Friedrich von, 387.
Lomuto, Jorge, 234.
Lope de Vega (Félix Lope de Vega Carpio), 36, 75, 90, 98, 124, 255, 311-312, 321-322, 327, 331, 388.
López, Guarionex, 113, 128, 417, 459.
López, Juan Francisco, 135.
López, Luis Carlos, 165, 341.
López Albújar, Enrique, 247.
López Anglada, Luis, 22.
López de Ayala, Pero, 29, 180.
López de Mendoza, Íñigo (ver Santillana, Marqués de).
López Velarde, Ramón, 135, 166, 260, 287, 296, 352, 440-441, 473.
López y Planes, Vicente, 41, 449.
Lorié Bertod, Francisco, 123.
Losada, Benito Raúl, 323, 355.
Loynaz, Dulce María, 395.
Lucrecio, 347-348.
Luelmo, José María, 202.
Lugones, Leopoldo, 136, 152, 192, 208, 209-210, 227, 236-237, 257, 263, 273, 276, 277, 293, 324, 398, 411, 445, 455.
Luis, Leopoldo de, 136, 343.
Lulo Guzmán, Víctor, 192, 355.

Ll

Llanos Borrell, Florencio, 99-100.
Llerena, Mario, 417.
Lloréns Torres, Luis, 58-59, 136, 360-361.
Llull, Ramón (Beato Raimundo Lulio), 277, 409-410, 471.

M

Macrì, Oreste, 476, 479.
Machado, Antonio, 10, 31, 60, 86-87, 100, 111, 183, 194, 199, 206-207, 224, 272, 288, 290, 297, 309-310, 323, 337, 359-360, 367-368, 372, 373, 391, 398, 402-403, 417, 437, 439, 455, 476, 479.
Machado, Joaquín, 199.
Machado, Manuel, 14, 21, 54, 58, 176-178, 227, 265, 278, 279-280, 343, 370-371, 386, 435, 445-446.
Madariaga, Salvador de, 49-50.
Maeterlinck, Maurice, 349.
Magallanes Moure, Manuel, 136, 328.
Maglorie, Clement (Hijo), 249.
Magno, Alejandro, 27, 432, 444, 445, 454.
Maitín, José Antonio, 45.
Mal Lara, Juan de, 383, 442.
Mallarmé, Stéphane, 119, 349, 458.
Manrique, Gómez, 65.
Manrique, Jorge, 30-32, 74, 90, 383, 435, 480.
Manrique, Rodrigo, 90.
Mantero, Manuel, 96, 194, 257, 434, 439.
Mar, Meira del, 22.
Maragall, Juan, 68-69, 258, 336, 455.
Marasso, Arturo, 136, 417, 474.
Marcial, Marco Valerio, 387.
Marcilese, Mario, 13, 19, 417, 460.
Marechal, Leopoldo, 371-372.

Marchena, Julián, 164.
Marinetti, Filippo Tommasso, 337.
Márquez, Nieves del Rosario 360.
Marquina, Eduardo, 62, 301.
Marrero, Rafael Enrique, 297, 450.
Martán Góngora, Helcías, 245, 293.
Martí, José, 102-103, 154, 171, 221-223, 318-319, 322-323, 339, 407, 433, 453, 464, 466, 477, 479-480.
Martínez Castro, Sara, 50, 56-57, 82, 84, 224, 256, 394.
Martínez de Navarrete, Fray José Manuel, 79, 479.
Martínez Estrada, Ezequiel, 352, 385-386.
Martínez Mutis, Aurelio, 77, 407-408.
Martínez Villena, Rubén, 225, 267-268, 297, 412, 438, 451.
Mas, Sinibaldo de, 470.
Massey de Sburlati, Mary, 15.
Mastronardi, Carlos, 295.
Matos Paoli, Francisco, 132.
Maya, Rafael, 18, 21, 265, 345, 368.
Mayo, Hugo, 220.
Mc Kay, Carlos (o Claudio), 250.
Mecenas, Cayo Cilnio, 348.
Medina, García de, 68.
Medrano, Humberto, 136.
Mejía, Medardo, 136.
Meléndez, Concha, 457.
Meléndez Valdés, Juan, 17, 40, 75.
Mena, Juan de, 303-304, 421, 457, 478.
Mendelssohn Bartholdy, Félix, 123.
Mendès, Catulle, 124, 314.
Méndez, Evar, 284-285.
Méndez, Laura, 19.
Méndez Herrera, José, 241.
Méndez Plancarte, Alfonso, 473.
Méndez Plancarte, Gabriel, 347.
Mendizábal, Federico de, 417, 473.
Menéndez Pelayo, Marcelino, 29, 33, 44, 187-188, 346, 384, 417, 449, 465, 474.
Menéndez Pidal, Ramón, 24, 26, 27, 417, 444.
Mera, Aurelio Elías, 57, 452.
Mera, Trajano J., 304-305.
Merino Reyes, Luis, 132.
Mesa, Enrique de, 13.
Miguel Ángel (ver Buonarroti, Michelangelo).
Milanés, José Jacinto, 366, 455.
Milton, John, 425.
Mimnermo, 347.
Miró, Ricardo, 136, 159, 460.
Mistral, Federico, 265, 470.
Mistral, Gabriela, 139-140, 142, 162, 288, 296.
Mitre, Bartolomé, 81.
Moctezuma I, Rey de los Aztecas, 209.
Molina, Ricardo, 279.
Molina, Tirso de (Fray Gabriel Téllez), 145.
Molinari, Ricardo E., 396, 397.
Mondaca, Carlos R., 162, 261, 268.
Montalvo, Antonio, 16.
Montalvo, Juan, 123.
Monterde, Francisco, 417, 467.
Montero López, Pedro, 71-72.
Montes de Oca, Marco Antonio, 401.
Montesinos, Rafael, 448.
Montoro, Antón de, 384-385.
Montoya Toro, Jorge, 371.
Morales, Alfonso, 113.
Morales, Luis Alberto, 343-344.
Morales, Rafael, 48, 96, 124, 226.
Morales, Tomás, 122, 173.
Moréas, Jean, 349.
Moreira, Rubinstein, 353.
Morice, Charles, 140.
Moritake, Arakida, 391.
Mortiz, Joaquín, 481.
Mota, Félix, 222.
Mota Merino, Víctor, 184.
Mozart, Wolfgang Amadeus, 198.

Índice onomástico

Mujía, María Josefa, 13.
Muñoz, Félez, 24.
Muñoz, Martín, 24.
Murciano, Carlos, 234.
Murga, Romeo, 359.
Mussafia, Adolfo, 303, 473.
Musset, Alfred de, 223, 450.

N

Nabokov, Vladimir, 452.
Nalé Roxlo, Conrado, 136, 169.
Nandino, Elías, 479.
Nápoles Fajardo, Juan Cristóbal (El Cucalambé), 442.
Navarro Tomás, Tomás, 185, 284, 417, 433, 439-441, 470, 471.
Natalia, Carmen, 132.
Nazoa, Aquiles, 80, 169-170, 194.
Nebrija, Elio Antonio, 458.
Nelson, Dana Arthur, 27, 417, 445.
Neruda, Pablo, 77, 96,136, 139, 194, 225, 261, 282-284, 293, 338, 369, 410, 417, 422-423, 469, 473.
Nervo, Amado, 13, 18, 56, 80, 84, 122, 142, 262, 287, 289, 291, 301, 308-310, 374, 406.
Niccolini, Giovani Battista, 387.
Nieto, Ricardo, 353, 400-401.
Noboa Caamaño, Ernesto, 162, 370.
Nora, Eugenio de, 124.
Núñez, José Luis, 20, 71.
Núñez de Arce, Gaspar, 161, 179, 440, 442.

O

Obeso, Candelario, 246.
Obligado, Pedro Miguel, 66-67, 280, 290.
Obrador, Gina, 340.
Oliver Belmás, Antonio, 471.
Oliver Labra, Carilda, 394, 451-452, 473.

Onís, Federico de, 243.
Onrubia de Mendoza, José, 417, 439.
Orta Ruiz, Jesús, 441.
Ortega Pascual, Guillermo, 297.
Ortega y Gasset, José, 357, 417, 478.
Ortiz, Fernando, 242.
Ortiz Guerrero, Manuel, 116.
Ory, Carlos Edmundo de, 171, 463.
Otero, Blas de, 77, 339.
Otero Reiche, Raúl, 132.
Othón, Manuel José, 18, 70, 301-302.
Ovidio Nasón, Publio, 348.
Oxholm, José M., 132.
Oyarzún, Luis, 246.

P

Pacheco, Athilano, 77.
Páez, José Gonzalo, 179, 206.
Palacio, José María, 367, 479.
Palacios, Pedro Bonifacio (Almafuerte), 81.
Palés Matos, Luis, 61, 145, 182, 192, 231, 239, 241, 243-244, 397-398.
Palma, Edith, 466.
Palma, Ricardo, 198, 417, 465-466.
Pallais, Azarías H., 291.
Pananti, Filippo, 387-388.
Pancho, El Viejo (Ver Alonso y Trelles, José)
Panero, Leopoldo, 105, 159, 171.
Paraíso, Isabel, 154, 417, 462.
Pardo García, Germán, 113.
Parra, Adán de la, 235.
Payán Archer, Guillermo, 210.
Payne, Roberto, 354.
Paz, Octavio, 75, 104-105, 120-121, 139, 152, 162, 166, 238, 344, 378-379, 390-392, 396, 417-418, 443, 456, 459, 460, 477, 481.
Paz Castillo, Fernando, 352.
Pedroni, José, 136, 406.
Pedroso, Regino, 243.
Peguero, Miguel Ángel, 439-440.

Pellicer, Carlos, 186-187.
Pemán, José María, 193, 294, 409-410, 460.
Penagos, Rafael de, 77.
Peñalosa, Joaquín Antonio, 130.
Pereda Valdés, Idelfonso, 247.
Pereira, Antonio, 15, 73, 203, 418, 466.
Pereira Gamba, Próspero, 147-148, 418, 461.
Pérez Alfonseca, Ricardo, 225, 293.
Pérez de Ayala, Ramón, 366.
Pérez de Cáceres, Natividad, 94, 457.
Pérez Castro, Efraín, 352.
Pérez Febres-Cordero, Francisco, 319-320.
Pérez de Guzmán, Fernán, 383.
Pérez Moro, Oscar, 94, 136, 358-359.
Pérez de Zambrana, Luisa, 12, 18, 42.
Petrarca, Francesco, 364, 382, 438, 447.
Pezoa Véliz, Carlos, 211.
Piave, Francesco María, 478.
Pichardo Moya, Felipe, 159, 270-271.
Pincay Coronel, Jorge, 23, 333.
Píndaro, 188, 346, 425, 448.
Pinillos, Manuel, 261-262.
Pino, Rafael, 184.
Pita Rodríguez, Félix, 107.
Pizarro, Francisco, 433.
Pla, Josefina, 288.
Plaza, Antonio, 132.
Plaza, José María, 128-129, 335.
Plinio el Joven, 387.
Poe, Edgar Allan, 370.
Polo de Medina, Salvador Jacinto, 144.
Pompa, Elías Calixto, 91.
Pondal Ríos, Sixto, 99.
Poveda, José Manuel, 125, 136, 239, 328.
Prado, Pura del, 150, 353, 394.
Prado Nogueira, José Luis, 454.
Preciado, Tomás, 96.

Préndez Saldías, Carlos, 12, 100-101.
Prévert, Jacques, 338.
Prieto, Ulises, 94.
Prieto y Arango, Fernando, 369.
Prilutzky Farny, Julia, 455.
Propercio, 382.
Pulgar, Hernando del, 17.

Q

Quesada, Alonso (Rafael Romero), 279.
Quevedo, Francisco de, 11, 23, 39-40, 47, 68, 84, 94, 132, 142, 168, 189, 212-213, 235, 237, 299-300, 308-310, 324-325, 326, 331, 349, 388, 426, 430, 433, 440, 449, 466.
Quintana, Manuel José, 17, 440.
Quirós, Pedro de, 388.

R

Rafide, Matías, 442.
Rash Isla, Miguel, 211.
Rayón, José Sancho, 33.
Rebolledo, Efrén, 103-104, 364.
Rechani Agrait, Luis, 82.
Redondo, Brígido, 96.
Reinchenbach, Carlos Luis, 454.
Rega Molina, Horacio, 115, 353, 411-412
Remos, Juan J., 213.
Resende, García de, 383.
Reyes, Alfonso, 15, 190, 216, 246-247, 251, 266, 453.
Ribera Chevremont, Evaristo, 62-63, 69, 87-88, 418, 457.
Rimbaud, Arthur, 229-230, 349, 420.
Rincón, Vicente, 132.
Río, Emilio del, 19.
Río Sainz, José del, 226, 340.
Rioja, Francisco de, 35.
Rivarola, Pantaleón, 245.

Índice onomástico

Rivas, Duque de (ver Saavedra y Ramírez, Ángel).
Rivas, Jorge, 159.
Rivas Panedas, José, 476.
Rivera, José Eustasio, 136, 218-219, 418, 467.
Rivera de Rivera, Ernestina, 467.
Riveros Tejada, Guillermo, 108.
Robledo Ortiz, Jorge, 16, 55-56, 137, 220-221, 298, 376.
Robles, Margarita, 72, 137.
Rodó, José Enrique, 123.
Rodríguez, Claudio, 21.
Rodríguez, Ernesto Luis, 78.
Rodríguez, Norman, 193, 353.
Rodríguez, Yamandú, 355.
Rodríguez Avilés de Guzmán Cárdenas, Ángela, 446.
Rodríguez Cárdenas, Manuel, 247-248.
Rodríguez de D'Acuña, Rebeca, 206.
Rodríguez Florido, Jorge, 296.
Rodríguez Galván, Ignacio, 44-45.
Rodríguez Marín, Francisco, 251-252.
Rodríguez Miranda, Gerardo, 132.
Rodríguez Uribe, Leonor, 82.
Rojas, Agustín de, 38-39, 326-327, 474-475.
Rojas, Jorge, 137, 373.
Rojas, Ricardo, 276.
Rokha, Pablo de, 122, 366.
Roldán, Mariano, 81.
Romero, Elvio, 13, 54, 78, 93, 99, 228-229, 269-270.
Romero, Rafael (ver Quesada, Alonso).
Romero Cordero, Remigio, 163, 463.
Romero Larrañaga, Gregorio, 43.
Roosevelt, Theodore, 287, 471-472.
Ros de Olano, Antonio, 82, 178-179.
Rosa Nieves, Cesáreo, 353.
Rosado, Olimpia, 461.
Rosenmann Taub, David, 294.
Rosenstein, Samy (ver Tzara, Tristán).

Rostand, Edmond Eugene Alexis, 472.
Roumain, Jacques, 248.
Rubianes, Raúl, 81, 456.
Rubio de García Porraspita, Celia, 461.
Rue, Pilar, 442.
Rueda, Salvador, 48-49, 318, 474.
Ruiz, Felipe, 209.
Ruiz, Juan (Arcipreste de Hita), 28, 67-68, 202, 325.
Ruiz de Torres, Juan, 191.
Rusell, Dora Isella, 173, 464.

S

Saavedra y Ramírez, Ángel (Duque de Rivas), 179, 450.
Sabat Ercasty, Carlos, 15, 281.
Sabines, Jaime, 14.
Sacks, Gustavo Rafael, 156.
Safo, 346-347.
Sahagún, Carlos, 78.
Sainz de Robles, Federico Carlos, 33, 313, 418, 448, 465, 474-475.
Salaverry, Carlos Augusto, 44.
Salazar Tamariz, Hugo, 114.
Salazar Valdés, Hugo, 245.
Sales, Gregorio de, 389.
Saleski Ulibarri, Aurelio, 19.
Salinas, Belisario, 315.
Salinas, Pedro, 93, 476.
Salmasius, Claudios (Claude de Saumaise), 387.
Salvadórez, Albar, 24.
Samaniego, Félix María de, 180, 433, 466.
Sampol de Herrero, Ana, 96.
Sanclemente, Álvaro, 80.
Sánchez, Francisca, 308, 309.
Sánchez Boudy, José, 13, 244, 252, 349, 418, 468, 469.
Sánchez de Calavera, Fernán, 29.
Sánchez Galarraga, Gustavo, 96.
Sánchez Mayáns, Fernando, 49.

Sánchez Priede, José María, 244, 418, 468.
Sancho II, 472.
Sancho IV, 472.
Sancho Rayón, José, 448.
Santacilia, Pedro, 43.
Santa Cruz y Montalvo, María de las Mercedes (condesa Merlín), 76.
Santillana, Marqués de (Íñigo López de Mendoza), 32- 33, 36, 438, 447-448.
Santos Torroella, Rafael, 341, 476.
Sanz y Sánchez, Eulogio Florentino, 327, 382.
Saussure, Ferdinand de, 342.
Savinien, Héctor (ver Bergerac, Cirano de).
Scarron, Paul, 474-475.
Scott, Walter, 450.
Schiller, Johann C. Friedrich, 235, 449.
Schubert, Franz Peter, 123.
Schultz de Mantovani, Fryda, 159.
Schumann, Robert, 123.
Selva, Mauricio, 246.
Selva, Salomón de la, 459.
Sernesi, Silvano, 171, 463.
Sienna, Pedro, 364.
Silva, Clara, 78.
Silva, José Asunción, 130, 159, 219, 220, 232, 435.
Silva, José Enrique, 19.
Silva, Medardo Ángel, 286, 369-370.
Siracusa, Hierón de, 346.
Sokán, Yamazaki, 391.
Solana, Rafael, 169.
Sonol de Mogilner, Albertina, 460.
Soria, Piedad R., 78.
Sosa Curbelo, Guillermo, 21.
Sosa de Maitín, Luisa Antonia, 45.
Soto Borda, Clímaco, 363.
Souvirón, José María, 187, 313, 404.
Souza, Cruz E., 245.

Spenser, Edmund, 425.
Storni, Alfonsina, 62, 72, 160, 310, 393.
Stravinski, Igor Fedorovich, 247.
Stúñiga, (o Estúñiga) Lope de, 33, 420.
Suárez, Jorge, 93.
Suárez Carreño, José, 94.
Suárez de Figueroa, Cristóbal, 90.
Sucre, Antonio José de, 135.
Suiffet, Norma, 114.
Sully Prudhome, René François Armand, 314.
Suro, Darío, 171, 463.
Sylva, César, 232.
Sylvain, Normil, 249.

T

Tablada, José Juan, 93, 389-392.
Talavera, Fray Hernando de, 29-30.
Tallet, José Zacarías, 239-240.
Talleyrand-Perigord, Charles M., 375.
Tápanes Estrella, Raúl, 329.
Tassis y Peralta, Juan de (Conde de Villamediana), 388.
Tasso, Bernardo, 428.
Tasso, Torcuato, 425, 428.
Thein, Gladys, 54.
Tibulo, 348, 382.
Toledo, Marcial, 132
Torquemada, Tomás de, 47.
Torre, Francisco de la, 90.
Torre, Guillermo de, 393, 476.
Torre, Josefina de la, 94.
Torrente Iglesias, Aurelio, 67, 360.
Torres, Edelberto, 367, 418, 479.
Torres Bodet, Jaime, 333, 407, 426.
Torres Naharro, Bartolomé de, 330-331.
Tortoló, Adolfo, 150.
Toussaint, Franz, 392.
Tzara, Tristán (Samy Rosenstein), 204.

U

Uhrbach, Carlos Pío, 125.
Uhrbach, Federico, 125.
Umaña Bernal, José, 202, 375.
Unamuno, Miguel de, 13, 20, 58, 66-67, 78-79, 354, 439, 471.
Urbina, Luis G., 20, 173, 186, 197, 203, 279, 293, 393, 453.
Urbino, Víctor, 150, 418, 462.
Ureña, Salomé, 12, 15, 18, 91, 179, 223-224, 312.
Ureta, Alberto J., 96, 102, 106.
Urrutia Iturbe, Ángel, 182, 418, 438, 464.

V

Vaca de Guzmán, José María, 41.
Valderrama, Pilar de, 31.
Valdés, Gabriel de la Concepción (Plácido), 76.
Valencia, Gerardo, 53.
Valencia Guillermo, 112, 159, 279, 288, 295, 296, 314-315, 363, 478, 479.
Valéry, Paul, 204.
Valverde, José María, 81, 232-233.
Valladares, Alejandro, 20.
Valle, Adriano del, 206.
Valle, Juvencio, 137.
Valle, Rafael Heliodoro, 96.
Valle-Inclán, Ramón del, 12, 14, 315.
Vallejo, César, 13, 63-65, 70, 99, 105, 106, 137, 279, 289, 293, 418, 455.
Vanegas, Juan de Dios, 203.
Varela, Héctor Fabio, 332-333.
Vargas y Ponce, José, 41.
Varona, Enrique José, 42, 450.
Vega, Daniel de la, 70-71, 137.
Vega, Garcilaso de la, 17, 208-209, 269, 357-358, 428, 438, 455, 478.
Vega, Julio de la, 137.
Vega de Alba, Gloria, 133.
Velarde, José, 161.
Velázquez, Diego Rodríguez de Silva, 15, 78-79, 107, 158.
Venegas Filardo, Pascual, 297.
Verdi, Giuseppe, 478.
Verdugo, Francisco, 388.
Verlaine, Paul, 48, 140-141, 285, 349, 350, 370, 461, 471.
Vicente, Gil, 124, 231.
Viciedo, Consuelo, 451.
Vidaurreta, José Luis, 150.
Videla, Gloria, 418.
Vigne, Pietro delle, 438.
Villa, Alvaro de, 252, 418, 469.
Villaespesa, Francisco, 21, 293, 312-313, 417, 418, 456, 473.
Villalobos, Asdrúbal, 345.
Villalón, Fernando, 79.
Villarta, Ángeles, 270.
Villarronda, Guillermo, 328.
Villegas, Esteban Manuel de, 153, 258, 382, 440.
Villegas, Micaela, 53.
Villiers, Balbina de, 137, 291.
Villiers de L'Isle Adam, Philippe Auguste Mathias, 349.
Virgilio, 348, 425.
Vitier, Atanasio, 278.
Vivanco, Luis Felipe, 153, 292.

W

Wagner, Richard, 86.
Walsh, María Elena, 137.
Walter Stubbs, Ricardo, 133.
Wernicke, Christian N., 387.
Wilson, Leslie N., 239, 241, 418, 468.

X

Xenes, Nieves, 112, 339-340, 476.

Y

Yarza, Palmenes, 323.
Yosef, 28-29.

Z

Zamora Vicente, Alonso, 418.
Zarco del Valle, M. R., 33.
Zardoya, Concha, 14, 19.
Zenea, Juan Clemente, 18, 137.
Zorrilla, José, 22, 156, 179, 215-216, 226, 285-286, 292, 316, 327, 450, 473.
Zorrilla de San Martín, Juan, 75.
Zúñiga, Horacio, 53.

ÍNDICE GENERAL

TEMA PRIMERO

Figuras de reiteración... (9)
La reduplicación: Al principio del verso (9). Al principio de varios versos seguidos (9). Al final del verso (10). Al final de un verso y al principio del siguiente (10). Al principio y al final de un mismo verso (10). Al final de varios versos seguidos (10). Dos versos con el mismo principio y el mismo final (11). En el centro del verso (11). Reduplicaciones modernistas (12). Colores en las reduplicaciones (13). La misma palabra tres veces (14). La misma palabra cuatro veces (15). Reduplicaciones con frases (15).

La epanalepsis (16). Epanalepsis en poetas posteriores (18). La misma palabra tres veces (19). Frases de dos palabras (20). Frases de dos palabras tres veces (22). Frases de tres palabras dos veces (22). Frases de cuatro palabras dos veces (23). Epanalepsis falsa (23).

La epanáfora (23). Siglo XIII (25). Siglo XIV (28). Siglo XV (30). Los Siglos de Oro (34). Siglos XVIII y XIX (40). Siglo XX: Vanguardismo y Poesía (47). Repetición de una sola palabra (48). Curiosidades con números (51). Repetición de dos palabras (52). La soledad de Bolívar (55). Repetición de tres palabras (56). Repetición de cuatro palabras (58). Repetición de cinco palabras (61). Repetición de seis palabras (62). Repetición de siete palabras (63). César Vallejo: algo excepcional (63).

La epífora (65). Con una sola palabra (67). Con palabras homógrafas

(69). Con una misma palabra tres veces (70). Variantes (70). Dos palabras dos veces (72). Dos palabras tres veces (73). Tres palabras dos veces (73).

La conduplicación (74). Repetición de una sola palabra (76). Con dos palabras (79). Con tres palabras (81). Con cuatro palabras (82). Con seis palabras (83). Entre estrofas (83). Rubén Darío (85). Juana de Ibarbourou (85). Delmira Agustini (86). Antonio Machado (86). Evaristo Ribera Chevremont (87).

La epanadiplosis (89). Heptasílabos (93). Octosílabos (94). Endecasílabos (95). Alejandrino (97). Trece en un soneto (97). Entre un verso y el siguiente, de una, dos, tres y cuatro palabras (98). Diversas formas (99). Un mismo verso al principio y al final de una estrofa (100). Dos versos repetidos al principio y al final de una misma estrofa (101). El mismo o los mismos versos al principio y al final de un poema (102). La misma estrofa al principio y al final de un poema (104).

La complexión (105). Camilo José Cela (108).

TEMA SEGUNDO

La eufonía.. (111)
Importancia de las vocales (111). Naturalidad de la sinalefa (112). Asonancias internas (114). Consonancias internas (115). Versos eufónicos sin determinada vocal (116). Poema completo sin determinada vocal (117). Uso reiterado de determinada vocal (118). Dámaso Alonso y la *Epístola Moral a Fabio* (119). Versos ejemplares de Octavio Paz (120). Otros ejemplos (121). Repetición de letras consonantes (122). Nombres utilizados eufónicamente (123). Cómo llegó a Cuba el *modernismo eufónico* (125). Lo que se aprende de un poeta (126). Versos eufónicos en un mismo poema (128). Eufonía en versificación acentual (129). Concurso de versos endecasílabos (131). Alejandrinos eufónicos (133). Consideraciones finales (137).

Índice general   503

TEMA TERCERO

La rima.. (139)

"No es un elemento esencial, pero es un elemento importante" (139). Dámaso Alonso y la rima (140). Delmira Agustini y la rima (141). Lo más importante (143). Asonancias y consonancias (143). Rimas asonantes (144). Rimas consonantes (148). Rima potencial (149). Definición técnica de la rima potencial (150).Verso libre y verso blanco (151). Aclaración de los términos *libre* y *blanco* (153). Rimas pobres (155). Rimas con verbos (155). Gerundios (156). Infinitivos (157). Rimas con superlativos (158). Rimas con vocablos en oposición (158). Adjetivos calificativos (160). Rimas evidentes (160). Calma, alma, palma... (160). Ojos, labios rojos (161). Madre, padre, cuadre, taladre... (162) Fútil, inútil - Trunca, nunca (163). Rimas inusitadas (164). Rimas de reiteración (167). Rimas falsas (172). Rimas lejanas (174). Rimas entre estrofas (175). Diferentes rimas en un mismo poema (176). Rimas hiperbáticas (178). El monorrimo (180). Rimas irregulares (182). Rimas con G-J (183). Rimas con Y-Ll (183). Rimas con S-Z (184). Rimas con B-V (185). Rimas sintácticas (186). Rimas hipermétricas (188). Rimas internas (193). Verso leonino (195). Rima de cabo roto (195). Definiciones (196). Resumen (197). Rima y métrica (198).

TEMA CUARTO

El lugar común.. (201)

Una experiencia personal (201). Tendencias al tópico (202). El *Dadaísmo* (204). Lugares comunes justificables (207). Cabellos de oro (208). El barroco (212).

TEMA QUINTO

La onomatopeya.. (215)

Onomatopeyas métricas (216). Onomatopeyas acentuales (218). Onomatopeyas con ritmo estrófico: lentitud, rapidez (221). Onomatopeyas aliteradas - Consonantes y vocales (225). Onomatopeyas con rimas internas (230). Onomatopeyas con repetición de vocablos (231).

Juegos verbales (233). Dos poemas onomatopéyicos (235). Onomatopeyas en la poesía afroantillana (237). Negritud y fin de siglo (244). Otros poetas, otros países (245). La jitanjáfora (251).

TEMA SEXTO

La cesura .... (255)

Verso de arte menor y verso de arte mayor (255). Contradicciones sobre el verso de arte mayor (256). Endecasílabos con cesura (257). Versos compuestos modernistas (259). Preposiciones en la cesura: preposición *por* (259). Preposición *en* (261). Preposición *para* (262). Dos monosílabos que se convierten en un bisílabo llano (262). Preposición *de* (264). Una palabra bisílaba llana y un monosílabo, que se convierten en una palabra trisílaba llana (266). Pronombre relativo *que* (268). Artículos determinados *el, las, los* (268). Conjunción copulativa *y* (269). Artículos indeterminados *un, una* (270). Sinalefa en la cesura (271). Sinalefa en la cesura con el primer hemistiquio esdrújulo (273). Una experiencia personal (274). Hipermetría en la cesura (275). Versos influyentes de Rubén Darío (276). De la espontaneidad a la mecánica (277). Variantes (279). ¿Decasílabo de once sílabas? (281) ¿Alejandrino de quince sílabas? (282). ¿Alejandrino de dieciséis sílabas? (284). Cesura sin pausa (285). Clasificación A, versos de Darío (286). Clasificación A, versos de otros poetas (286). Clasificación B, versos de Darío (287). Clasificación B, versos de otros poetas (287). Clasificación C, versos de Darío (288). Clasificación C, versos de otros poetas (288). Clasificación D, versos de Darío (289). Clasificación D, versos de otros poetas (289). Clasificación E, versos de Darío (290). Clasificación E, versos de otros poetas (290). Clasificación F, verso de Darío (290). Clasificación F, versos de otros poetas (291). Clasificación G, verso de Darío (291). Clasificación G, verso de otro poeta (291). Clasificación H, verso de Darío (291). Clasificación I, verso de Darío (292). Clasificación I (292). Nueve formas de versos alejandrinos (296). Dificultades de las nuevas rutas (297). Conclusión (298).

TEMA SÉPTIMO

La diástole y la sístole...................................... (299)

Orígenes del traslado de los acentos (302). Transición con Juan de Mena (303). Diástole como recurso para lograr la rima (304). Diástole como recurso para lograr rima y métrica (305). Diástole sobre el imperativo del verbo (306). Diástole sobre el adjetivo (310). Diástole sobre el nombre (311). Diástole en el *Romanticismo* hispanoamericano (312). Diástole ortográficamente incorrecta (312). Palabras que cambian de significado al producirse el cambio acentual (313). Diástole en el *Modernismo* (314). El *Parnasianismo* (314). La sístole (315). Confusión por una supuesta sístole (316). Sístole en Martí y desacuerdo entre gramáticos (318). Sístole que favorece a la rima, pero perjudica a la métrica (319). Resumen (320).

TEMA OCTAVO

La antítesis y la paradoja.............................. (321)

El oxímoron (322). Antítesis que deviene en paradoja (324). Antítesis en todas las épocas (325). *El viage entretenido* (326). Antítesis en el *Romanticismo* (327). Antítesis más actuales (328). "El libro de las antítesis" (329). Paradojas (330). Darío y el *Canto a la Argentina* (331). Otras paradojas (333).

TEMA NOVENO

La metáfora, el símil y la imagen........................ (335)

Diferencia entre metáfora y símil (335). Diferencia entre metáfora e imagen (336). Metáforas surrealistas (337). Metáfora "a medias" (338). Metáforas (339). Metáforas múltiples (341). Metáfora encabalgada (341). Imágenes (342). Metáforas o imágenes entrelazadas con símiles (344). Particularidades del símil (345). Símiles en Grecia y en Roma (346). Originalidad de los símiles (349). *Simbolismo* y *Modernismo* : gracia metafórica (349). Símiles entre seres con vida, sentimientos y objetos inanimados (350). Símiles con animales irracionales (353). Colores usados en los símiles (357). Blanco y verde (357). Verde cubano (360).

Blanco y rojo, blanco y negro (361). Tonos grises (362). Negro y rojo (363). Rosado y amarillo (366). Reiteración del azul en Antonio Machado (367). Azul (368). Ojos como puñales (369). Símiles dobles (370). Símiles triples (373). Símiles cuádruples (374). Símiles múltiples (375). Conclusión (378).

TEMA DÉCIMO

Tesoro de poemas breves.. (381)
Síntesis anacreóntica (382). El soneto y la décima (383). Sabiduría y gracia de las coplas (383). Mordacidad del epigrama (386). José Juan Tablada y el *haikú* (389). Octavio Paz y sus estudios sobre el *haikú* (390). Filosofía del *rubaiyat* o *rubayata* (392). A un ultraísta (393). Lirismo femenino concentrado (393). Ritmo, tradición y modernidad: Perpetuación de lo fugitivo (395). Evocaciones becquerianas (399). Símiles acuáticos (400). Eros anecdótico (403). De la oscura tristeza (408). Poesía descriptiva: un reto (410). Alpinistas de lo inaccesible (412). Poeta (413).

BIBLIOGRAFÍA BASICA... 415

ÍNDICE DE MATERIAS Y DEFINICIONES........................... 419

NOTAS... 437

ÍNDICE DE LAS NOTAS.. 483

ÍNDICE ONOMÁSTICO.. 485

ÍNDICE GENERAL... 501

Opiniones sobre

Ciencia y arte del verso castellano

Breves opiniones extraídas de lo escrito sobre la primera edición de este libro. No van en orden cronológico, sino alfabético:

Es un libro que se lee con la misma avidez que una novela de intriga. **Juan Adriaensens Menocal**

Hay el regocijo de compartir con nosotros la magnificencia de la poesía integral, las diversas formas de una expresión sedimentada en el verso castellano, pero que va de Homero a Octavio Paz, de Virgilio a Neruda. Por eso, al estilo de Horacio, su libro debería haberse titulado *Del arte de amar la poesía.* **Luis Aguilar León**

No es común en estos tiempos que se escriban libros de esta naturaleza sobre temas de alto valor literario sumamente especializados. **Horacio Aguirre,** Editorial de *Diario Las Américas.*

Ciencia y arte del verso castellano es un texto cuya información, metodología y utilidad son de gran valor para todos los amantes de la poesía. **Armando Álvarez Bravo**

Lo mismo para los que siguen al pie de la letra las reglas de la preceptiva clásica, que para los que han roto con ella, es indispensable. No debe faltarle a ningún amante de las bellas letras ni a ningún centro de enseñanza. **Anita Arroyo**

Esfuerzo enorme por la labor de investigación, por la cantidad increíble de datos, ejemplos y orientaciones que han de servir para los que saben mucho y para los que saben poco. **Mario Barral**

La ilustración, con abundancia de ejemplos claros y clásicos de poetas de distintos países, escuelas y épocas, no puede calificarse sino de genial inspiración, llevada a la práctica, obviamente, con tesonera y meticulosa investigación. **Emilio Bernal Labrada**

Selección esmerada; estudio ordenado; material valioso; amplitud en el proyecto; rigor en el estudio y en la exposición. **Odón Betanzos Palacios**

Si se busca conocer profundamente la técnica del verso, si se quiere saber cuáles son los factores que determinan lo que es una buena poesía, habrá que recurrir en lo adelante a *Ciencia y arte del verso castellano*. **Guillermo Cabrera Leiva**

Se trata de una importante obra sobre el verso castellano, escrita de manera más profunda que lo que se ha venido tratando hasta ahora, y sin que resulte difícil su entendimiento para poetas, escritores, profesores, alumnos y lectores interesados. **Román Campa**

Es un verdadero tributo a la lengua española y un reconocimiento al caudal de valores positivos que heredamos de España. **María Capote**

Ciencia y arte del verso castellano es un libro moderno para lectores modernos: un libro que aspira a unir, y lo consigue, estos dos conceptos: modernidad y eternidad. **Luis Ángel Casas**

Opiniones sobre la primera edición

Dados los tan extraviados rumbos que ha tomado la poesía y la proliferación de poetas que se han producido, sería muy saludable para éstos asomarse a las aleccionadoras páginas de una obra que nos enseña que la poesía no es sólo arte, sino que tiene también mucho de ciencia. **Octavio R. Costa**

Existen muchos libros sobre el tema de la Preceptiva poética, en varios de sus aspectos; pero éste que nos ocupa comprende todo lo que puede exponerse acerca de la mecánica del verso porque es un curso de versificación y, al propio tiempo, un texto de consulta: en él se clasifica y estudia acuciosamente el verso, que es al poema como la célula al tejido. **Darío Espina Pérez**

Este exitoso libro (y es mucho el entusiasmo que sentimos ante un trabajo tan bien logrado), constituye una obra de consulta obligada para profesores, poetas y para aquellos que se inician en las arduas labores de 'domar el rebelde, mezquino idioma', como afirmara certeramente el hondo Bécquer. **Leonardo Fernández Marcané**

Ciencia y arte del verso castellano es un hermoso libro didáctico y poético al mismo tiempo, que sin dudas logrará resonancia académica muy pronto. **Miguel González**

La obra tiene un mérito sobresaliente y singularísimo: es interesante, no aburre, no cansa, no es mera ciencia, sino literatura atractiva; esto, por sí solo, la coloca en jerarquía especial en el campo del estudio de la poesía. **Alberto Gutiérrez de la Solana**

Perfectos estudios estilísticos y deleitables ejemplos oportunos provenientes de la gran poesía universal. **Mariano Lebrón Saviñón**

Acontecimiento extraordinario y homenaje a la Poesía son los términos que mejor definen la importancia que alcanza en el campo literario *Ciencia y arte del verso castellano*. **Edgardo Lescano Abella**

Solamente la multiplicidad de ejemplos, aun pasando por alto las reglas, constituye un festín sonoro que refresca el espíritu. **Mario Llerena**

Gran esfuerzo, sin perder de vista nunca lo práctico. Y gran utilidad como una antología de poemas en castellano. **Manuel Mantero**

La obra de Luis Mario es ya clásica en las letras cubanas. Como libro, *Ciencia y arte del verso castellano* es la voz de su época. **Ovidio Mañalich**

Ciencia y arte del verso castellano: verdadero tratado de preceptiva poética. **Humberto Medrano**

Luis Mario hace una radiografía del verso, luego da su diagnóstico e indica la terapia. Si el autor que utiliza sus recetas tiene salud poética, esto ayudará mucho para que sus versos crezcan en felicidad creadora. Los que crean saberlo todo sobre la creación poética, deben leer este libro. Y los que humildemente desean aprender, aprenderán todo. **Astur Morsella**

Luis Mario ha logrado crear una obra excepcional en su género; su libro es un tesoro de gran utilidad permanente que, contrario a otros estudios sobre las riquezas de nuestro idioma, es cultivador, ameno, muy interesante, sumamente ilustrativo y permite, con sólo hojear una de sus 506 páginas, penetrar por la puerta ancha al mundo del verso castellano. **José Bernardo Pacheco**

Es una hermosa obra hecha para que sobreviva y para que sea nuestra mejor consejera, ayudándonos a embellecer el verso castellano como él se merece. **Oscar Pérez Moro**

No tengo reparos en afirmar que la obra del profesor Luis Mario supera a todos los textos que conozco de la materia, no sólo en español, sino también en inglés. **Herminio Portell-Vilá**

Opiniones sobre la primera edición

El libro renueva y afina sus ideas con los ejemplos y la disciplina en todas sus páginas. **Daniel Efraín Raimundo**

Ciencia y arte del verso castellano es uno de los textos en español más útiles que se han publicado, sobre esa especialidad, en Estados Unidos en los últimos tiempos. **Marcos Antonio Ramos**

No creo que haya en español un tratado de preceptiva literaria tan lleno de ejemplos, observaciones críticas y consideraciones sintéticas... Y todo, contado sin pedantería, sin desbordar nunca las propias limitaciones del tema, con la flexibilidad de quien sabe lo que de absoluto u obsoleto hay, de lo que es modo permanente y moda transitoria en la República de las Letras. **José Ignacio Rasco**

Decía La Bruyere que 'hay ciertas cosas en que la mediocridad es intolerable', y citaba como ejemplo la poesía... *Ciencia y arte del verso castellano* es un magnífico remedio para alejarse de la mediocridad. **Ariel Remos**

Una acumulación de esfuerzo, talento y buen sentido. Es un libro de cabecera para consultar por dónde van y hasta dónde llegaron todos los caminos. **Guillermo Riveros Tejada**

Luis Mario pinta un elemento en cada capítulo de su libro y con cada uno de ellos brinda a sus lectores una forma segura de entender la estructura de la composición de la poesía. (Luis Mario portrays one element in each one he brings his readers closer to underestanding the structure and composition of poetry). **Ileana Ros-Lehtinen,** congresista federal de Estados Unidos de América, registrado en el *Congresional Record* de la Cámara de Representantes el 30 de octubre de 1991.

Una lírica vocación florece en cada página del valiosísimo libro *Ciencia y arte del verso castellano,* que adopta la forma de un mensaje positivo, dado a través de sus más de 500 páginas. **Rosendo Rosell**

Ciencia y arte del verso castellano guiará a muchos jóvenes y a otros no tan jóvenes para conocer, comprender y respetar el arte supremo de la versificación. **María Elena Saavedra**

Es uno de los mejores libros escritos en la materia y el más completo publicado por un cubano. **José Sánchez Boudy**

Ciencia y arte del verso castellano es un libro para ser estudiado por poetas, por personas amantes de la literatura, pero también lo considero un delicioso manjar de lectura para cualquier persona medianamente culta. **Raúl Tápanes Estrella**

Es una obra maestra que será de mucha utilidad no sólo a los estudiantes de Literatura Española y de Humanidades de nuestras Universidades y Escuelas Superiores, sino a los amantes de la buena literatura. **Víctor Vega Ceballos**

Ciencia y arte del verso castellano constituye en sí un tratado muy original sobre la técnica y otras características del arte de versificar en nuestra lengua. **Alberto Yannuzzi**

Interesante libro *Ciencia y arte del verso castellano,* que tantas y tan útiles noticias nos proporciona. **Alonso Zamora Vicente**

* * *

Este libro se terminó de imprimir
en el mes de noviembre de 1992
en los Talleres Gráficos de
EDITORA CORRIPIO, C. por A.
Calle A esq. Central
Zona Industrial de Herrera
Santo Domingo, Rep. Dominicana